POUR MON FILS, POUR MON ROI

La reine Anne, mère de Louis XIV

PHILIPPE ALEXANDRE
BÉATRIX DE L'AULNOIT

POUR MON FILS POUR MON ROI

La reine Anne, mère de Louis XIV

ROBERT LAFFONT

Le papier de cet ouvrage est composé de fibres naturelles, renouvelables, recyclables et fabriquées à partir de bois provenant de forêts plantées et cultivées durablement pour la fabrication du papier.

ISBN 978-2-266-19849-3

PHILIPPE ALEXANDRE
& BÉATRIX DE L'AULNOIT

Philippe Alexandre est journaliste et écrivain. Il a travaillé dans la presse écrite et à RTL pendant plus de vingt-cinq ans ; il a publié des essais politiques et des biographies historiques.
Béatrix de l'Aulnoit est rédactrice en chef adjointe du magazine *Marie Claire* ; elle a publié plusieurs essais sur Gorbatchev, les hommes et les femmes en France et au Japon.
Ensemble, ils ont écrit sept ouvrages, notamment *La Dernière reine : Victoria, 1819-1901* (Robert Laffont, 2000) et *La Dame des 35 heures* (Robert Laffont, 2002).

PHILIPPE ALEXANDRE
BÉATRIX DE L'AULNOIT

Une porte cachée dans la tapisserie s'ouvrit et une femme apparut. Buckingham vit cette apparition dans la glace. Il jeta un cri, c'était la reine ! Anne d'Autriche avait alors vingt-six ans… Ses yeux jetaient des reflets d'émeraude… Sa main et ses bras étaient d'une beauté surprenante… Ses cheveux qui, de blonds qu'ils étaient dans sa jeunesse, étaient devenus châtains et qu'elle portait frisés très clairs avec beaucoup de poudre encadraient admirablement son visage… Buckingham resta un instant ébloui…

Alexandre Dumas, *Les Trois Mousquetaires.*

MAISON DES HABSBOURG D'ESPAGNE

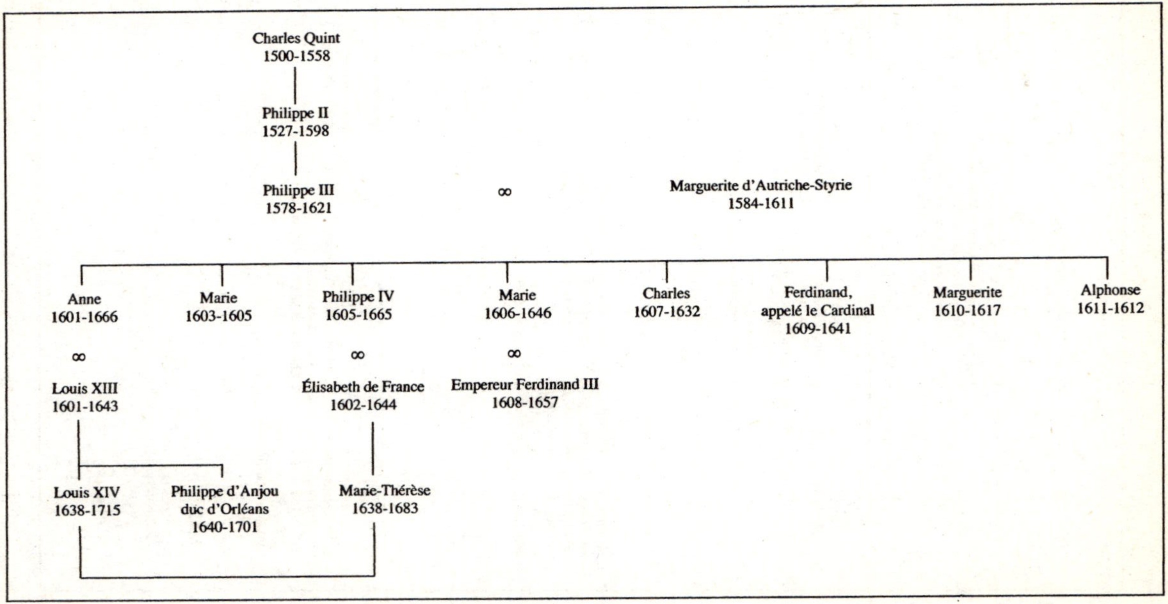

MAISON D

- Antoine, duc de Bourbon et de Vendôme (1518-1562) ∞ Jeanne III d'Albret, reine de Navarre (1528-1572)
  - Henri (1551-1553)
  - Henri IV, roi de France (1553-1610) ∞ 1. Marguerite de Valois (1553-1615) 2. Marie de Médicis (1573-1642)
    - Louis XIII (2.), roi de France (1601-1643) ∞ Anne d'Autriche (1601-1666)
      - Louis XIV, roi de France (1638-1715) ∞ 1. Marie-Thérèse d'Autriche (1638-1683) 2. Françoise d'Aubigné marquise de Maintenon
        - Louis (1.), le Grand Dauphin (1661-1711) ∞ Marie de Bavière (1660-1690)
      - Philippe, duc d'Orléans (1640-1701) ∞ 1. Henriette d'Angleterre (1644-1670) 2. Charlotte-Élisabeth de Bavière (1652-1722)
    - Élisabeth (2.) (1602-1644) ∞ Philippe IV roi d'Espagne (1605-1665)
    - Christine (2.) (1606-1663) ∞ Victor-Amédée Ier de Savoie (1587-1637)
    - Nicolas (2.), duc d'Orléans (1607-1611)
    - Gaston (2.), duc d'Orléans (1608-1660) ∞ 1. Marie de Bourbon-Montpensier (1605-1627) 2. Marguerite de Lorraine (1615-1672)
      - Anne Marie (1.), duchesse de Montpensier (1627-1693)
    - Henriette (2 (1609-1669 ∞ Charles roi d'Anglete et d'Écoss (1600-1649
      - Charles I roi d'Anglet (1660-168
  - Louis, comte de Marle (1553-1557)
  - Catherine (1559-1604 ∞ Henri I de Lorrain (1563-1642

BOURBONS

Louis Ier
prince de Condé
(1535-1569)
∞ Françoise de Longueville
(1549-1601)

Henri Ier
prince de Condé
(1552-1588)
∞ Charlotte
de la Trémoille
(1568-1629)

François
prince de Conti
(1558-1614)
∞ Louise de Guise
(?-1631)

Charles
comte de Soissons
(1566-1612)
∞ Anne de Montafié
(1577-1644)

Henri II
prince de Condé
(1588-1646)
∞ Charlotte
de Montmorency
(1594-1650)

Louis
comte de Clermont
comte de Soissons
(1604-1641)

Marie
(1606-1692)
∞ Thomas de
Savoie-Carignan

Anne Geneviève
(1619-1679)
∞ Henri
duc de Longueville

Louis II
le Grand Condé
(1621-1686)
∞ Claire Clémence
de Maillé-Brézé
(1628-1694)

Armand
prince de Conti
(1629-1666)
∞ Anne-Marie Martinozzi
(1637-1672)

Henri Jules
prince de Condé
(1643-1709)
∞ Anne de Bavière
(1648-1723)

Louis Armand Ier
prince de Conti
(1661-1685)
∞ Anne (Mlle de Blois)
(1666-1739)

François Louis Ier
prince de Conti
(1664-1709)
∞ Marie-Thérèse de
Bourbon-Condé

1

L'adoration

La minute de silence dure depuis plusieurs jours. Point de cris, de tumultes, d'invectives ni d'éclats de rire. Paris se tait. Paris prie.

Depuis vingt-trois ans, le royaume demande à Dieu de lui donner un dauphin. Mais depuis vingt-trois ans, le Ciel est sourd à cette France, fille aînée de l'Église, qui implore la fin de sa malédiction. Comme si depuis la Saint-Barthélemy, la grâce divine s'était détournée. Deux rois assassinés, les Espagnols aux portes de Paris. Et à présent un couple royal stérile malgré sa piété dévorante.

Anne a bientôt trente-sept ans. Le même âge que son royal époux, Louis le treizième du nom, fils d'Henri IV le Grand, ce souverain si généreux en enfants légitimes et en bâtards. Ils se sont mariés adolescents. Après tant de fausses couches et d'espoirs déçus, tant de pèlerinages à Chartres et à Saint-Fiacre, patron des jardiniers et des bonnes graines, la Providence pourrait enfin déposer, dans le berceau prêt depuis si longtemps, un héritier de la Couronne.

C'est la Vierge, avec son cœur de mère, qui aura pris en pitié les larmes de la reine et de son peuple. *La Gazette* de Renaudot, la première, le 30 janvier 1638, alimentait les rumeurs : « Tous les princes, seigneurs et gens de condition se sont allés réjouir avec

Leurs Majestés à Saint-Germain sur l'espérance conçue d'une très heureuse nouvelle de laquelle, Dieu aidant, nous vous ferons part dans peu de temps. » Six semaines plus tard, *Le Mercure français* refusait encore d'y croire : « La France conçoit une espérance certaine du plus insigne bonheur qui lui soit arrivé sous ce règne auguste et plein de merveilles. » Mais le 22 avril confirmait la grossesse royale : « Le mouvement de l'enfant senti presque tous les jours par Sa Majesté donna cette assurance à tous les bons Français. » *La Gazette* voit dans cette espérance de maternité « un gage de la protection particulière du Ciel vers cette Couronne, vers la plus grande et la meilleure reine que la France ait jamais eue ».

Bien sûr, un heureux événement après vingt-trois ans sans enfant, c'est un mystère qui ne s'explique que par l'intervention divine. Les lavandières des bords de Seine, les marchandes de la Halle se racontent avec émerveillement les détails de l'étreinte prodigieuse. Un soir de décembre, le roi rendait visite, dans un couvent du faubourg Saint-Antoine, à Louise de La Fayette, si pure, si douce, et qu'il avait tant aimée. Pour ne pas céder à la tentation, l'un comme l'autre avaient décidé de se quitter et elle avait pris le voile. Désormais, ils ne se parlaient plus qu'à travers une grille. Mais ce soir-là, le tendre dialogue avec la novice avait duré jusqu'à la nuit tombée. Une nuit de tempête à ne mettre dehors ni un chat ni un roi. Louis XIII devait se rendre au château de Saint-Maur où l'on avait déjà fait transporter son lit. Ses gardes l'en dissuadèrent. Le plus sage était de rentrer au Louvre et de dormir dans la chambre de son épouse.

Une jeune carmélite a, depuis, confié que Jésus était venu lui révéler la grossesse de la reine bien avant que les médecins ne l'annoncent à leur illustre patiente. On dit même que Vincent de Paul aurait averti la pieuse souveraine, dès le lendemain de la fameuse nuit, que ses prières seraient exaucées.

En vérité, si belle soit la légende, Anne et Louis désiraient tant assurer la dynastie que, malgré les conflits incessants attisés par la belle-mère Marie de Médicis et le Premier ministre, le cardinal de Richelieu, ils remplissaient avec zèle leurs devoirs conjugaux. Le roi, peu soucieux de partager sa paternité avec tous les saints du paradis, s'écriait avec agacement qu'il y était pour quelque chose et que ce n'était pas un miracle qu'un mari qui couchait avec sa femme lui fît un enfant !

Encore faut-il s'assurer contre les accidents qui sont monnaie courante. Mais oui, la reine a peur ! Le médecin de la cour, le docteur Bouvard, a dû convenir qu'avec une première grossesse, aux approches de la quarantaine, Sa Majesté risquait de beaucoup souffrir et longtemps.

Sa propre mère, Marguerite d'Autriche, épouse de Philippe III d'Espagne, est morte en couches à vingt-six ans à la naissance de son huitième enfant.

Comment Anne ne serait-elle pas hantée par ce souvenir ? Elle n'avait que onze ans. Elle sait aussi que trois de ses frères et sœurs n'ont pas survécu. Elle est forte, d'une santé robuste. Fière, elle ne se plaint jamais. Quand on est arrière-petite-fille de Charles Quint et reine de France, on ne s'apitoie pas sur soi-même. Par-dessus tout, elle a tellement souffert, menacée pendant des années d'être répudiée, comme une princesse inutile venue d'un pays ennemi, que son bonheur présent la récompense de tant de larmes versées !

Depuis l'incroyable nouvelle, elle redouble de prudence à chaque pas, portant précieusement le cadeau providentiel qui palpite sur son cœur. Elle ne quitte plus Saint-Germain où elle est à l'abri des pestilences parisiennes. Les deux châteaux avec leurs jardins à l'italienne, les grottes peuplées de monstres marins, les terrasses qui descendent vers la Seine sont qualifiés de « huitième merveille du monde ». En février, une procession a apporté la ceinture de Notre-Dame du Puy-en-Velay qui protège désormais le ventre royal. En juillet, le père général des Capucins est venu escorté de deux douzaines de religieux faire présent à la reine d'un vase et d'un chapelet du bois de Saint-François. Depuis le 15 août, les prières continuelles montent de toutes les églises et chapelles de Paris. Le saint sacrement est exposé sur les autels. La foule à genoux, les prêtres, les chapelains psalmodient sans se lasser dans un pieux bourdonnement : un dauphin... un dauphin... un dauphin... « Ce ne fut plus que neuvaines, que pèlerinages et que vœux, particulièrement à la Vierge et à sainte Anne », écrit *La Gazette*.

Devins, astrologues et voyantes du royaume ont offert à la cour leurs services. Un vacher du village de Sainte-Geneviève-des-Bois a fait savoir que la naissance aurait lieu le 4 septembre : on ne l'a pas pendu pour s'être trompé de quelques heures.

Gaston, frère du roi, est arrivé à Saint-Germain dès le 24 août pour bien vérifier de ses propres yeux le sexe de l'enfant. Un moine lui a assuré que ce serait une fille. Il est le seul à l'espérer pour rester l'héritier présomptif du trône de France.

Depuis trois semaines, le roi ne quitte plus le château neuf. À bout de nerfs, il écrit à Richelieu qu'il rêve d'« être hors d'avec toutes ces femmes ». Il est parti à la chasse où il a attrapé froid et se sent tout patraque. La reine a résolu d'accoucher dans la chambre de son royal époux pour ne pas voir ses appartements envahis par une foule de curieux. Louis XIII la lui cède volontiers. On y a transporté le grand baldaquin d'Anne avec ses tentures. Et aussi le lit de travail doté d'un dispositif pour soutenir les pieds. Et encore une chaise d'accouchement en velours rouge rembourrée dont le siège est évidé pour faciliter l'arrivée du bébé dans les mains de la sage-femme.

Mais c'est le Ciel dont la reine attend qu'il accomplisse son ouvrage. Un autel occupe l'autre partie de la chambre. Sur la nappe de dentelle est exposée la mâchoire de sainte Marguerite venue de l'abbaye de Saint-Germain-des-Prés. Selon la légende, la vierge et martyre avalée par un dragon lui perça le ventre avec une croix pour s'en délivrer. Désormais, elle protège les accouchements royaux. La relique est là dans sa châsse en or sertie de diamants offerte par Marie de Médicis en remerciement de l'heureuse naissance de Louis XIII.

Dans la soirée du samedi, une première alerte précipite la cour au château neuf. Il n'y a que trois cents mètres à parcourir dans une allée noire de monde où se bousculent gardes, femmes de chambre, valets et une nuée de chapelains. La princesse Charlotte de Condé ouvre le cortège. Cousine du roi, son vrai titre de gloire est d'avoir été à quinze ans l'ultime gourmandise d'Henri le Grand. Le Vert-Galant l'a mariée à Condé, homosexuel notoire. Le « vice italien », fort répandu à la cour depuis les Valois, devait permettre au roi de lutiner en paix sa jolie cousine. Hélas, l'ombrageux Condé s'est empressé de fuir en Flandres pour arracher sa jeune femme aux caresses du vieux bouc malodorant.

À la suite des princes se mêle une population disparate dans laquelle le prévôt des marchands, le président de la Cour des comptes et le confesseur de la reine côtoient les prélats du royaume. Il ne manque que le premier d'entre tous, le plus puissant et le plus redouté, bizarrement retenu par des travaux militaires, à quelques lieues, en Picardie, contre les Espagnols dont il s'épuise à combattre l'hégémonie. Longtemps, Richelieu a reporté sa haine de la monarchie très catholique sur Anne qu'il accuse d'espionner le royaume de France pour le compte de ses deux frères. Mais les attaques sournoises du cardinal-duc ont sans doute valu à la reine sa grande popularité. À la cour où les ragots font les délices de tous, on murmure qu'elle a repoussé ses honteuses avances et qu'il en a conçu un mortel dépit. Et lui qui ne cesse de s'ériger en roi a désormais perdu sa place aux côtés de la souveraine.

Dans la chambre où va se dérouler la somptueuse liturgie de l'accouchement, la sage-femme dame Péronne est à pied d'œuvre. Et Marie de Hautefort au chevet d'Anne. À vingt-deux ans, blonde, belle et ennemie de Richelieu, elle est fille d'honneur de la reine. Louis XIII lui a fait une cour platonique pleine de soupirs, de brouilles et de furtives réconciliations. Mais sans jamais provoquer une ombre de jalousie chez son épouse. Les deux femmes sont amies et échangent tous leurs grands et petits secrets. De l'antichambre, prêts à intervenir, le docteur Bouvard et son confrère Honoré, le plus fameux chirurgien du royaume pour les accouchements à risque, suivent les cris et les halètements de la souveraine bien-aimée.

À la lumière vacillante des chandelles, l'évêque de Lisieux, en grands habits sacerdotaux, se prosterne devant la mâchoire de sainte Marguerite. La reine, en proie aux douleurs prescrites par l'Ancien Testament, lui a demandé de célébrer la messe. Dans ces heures d'angoisse où son destin va s'accomplir, elle veut entrer en communion avec la Providence et surtout avec sa patronne, sainte Anne, qui elle aussi a été très tard mère de Marie. Au palais de l'Escorial, son grand-père Philippe II a construit sa chambre à côté du maître-autel, d'où il pouvait suivre la messe. Elle a hérité de cette foi castillane qui faisait s'écrier au monarque le lendemain d'une défaite ou d'une victoire : « Dieu l'a voulu. » Elle ne doute pas que le Ciel veuille lui donner ce fils que tout son peuple attend.

Le roi est agité par une émotion qu'il ne peut masquer. Régulièrement, il s'approche du chevet d'Anne pour lui soutenir la nuque de son bras. Au plus fort des douleurs, alors que la reine semble prête à rendre l'âme, il souffle à l'oreille de Marie de Hautefort qui ne peut maîtriser ses larmes : « Je serais assez content si l'on peut sauver l'enfant. »

Devant l'autel, l'évêque de Meaux entame à son tour une seconde messe et de nouveau s'élève le murmure des répons psalmodiés par des diacres en surplis et repris par la cour agenouillée.

Le jour commence à poindre. Un voile de brume automnale recouvre encore les arbres dorés qui enserrent la Seine. Sur l'autre rive, des guetteurs sont postés, attendant le signal de la naissance. Il leur revient la charge d'annoncer à Paris et au monde le sexe de l'enfant. Des cavaliers venus de Saint-Germain doivent croiser les bras sur leur poitrine si c'est une fille, ou faire tournoyer au-dessus de leur tête leur feutre empanaché pour un dauphin. Au loin se devine la flèche de l'abbaye de Saint-Denis où reposent les reines et rois de France et de Navarre.

Louis XIII a faim. Tant d'émotions… Avant même d'avoir pu achever son repas, il est averti que l'enfant apparaît. Il court. À peine a-t-il pénétré dans la chambre, on lui annonce que Dieu lui a donné un dauphin. Il tombe aussitôt à genoux pour rendre grâce au Ciel. Dame Péronne lui présente le bébé, aux cheveux noirs, drus et déjà bien poussés. Il lui ressemble ! La bouche sensuelle est celle de sa mère. Le nez droit et long celui des Bourbons. Jamais Louis XIII ne prêtera l'oreille à d'odieuses rumeurs ni ne mettra en doute sa paternité.

Mme de Motteville, confidente et mémorialiste d'Anne d'Autriche, soutient qu'il fallut presque le forcer à embrasser sa femme. Mais elle n'assistait pas à la scène.

À coup sûr, le roi, moqué par le monde entier de n'avoir pas d'héritier, ne peut détourner les yeux du bébé que dame Péronne emmaillote déjà près de la cheminée. Il est comme paralysé par un bonheur qu'il avait cessé d'espérer. Son frère Gaston est d'ailleurs lui aussi « tout étourdi », mais pour un autre motif. À trente ans, il vient de perdre un royaume et son titre d'héritier. Beau comme un Médicis, il a été associé à tous les complots et conjurations contre le cardinal qu'il a failli tuer de sa propre épée. Mais il est léger, veule et inconstant. Lors des grandes maladies du roi, les gardiens de la Couronne avaient prévu de le marier avec Anne, en cas de veuvage. La reine, interrogée comme une criminelle par le cardinal, a répondu, sans détour : « Je n'aurais pas gagné au change. »

Princesses, prélats, courtisans, tous se pressent au pied du lit. Anne se sent comblée comme la Vierge. C'est un grand mystère divin qu'elle vient d'incarner. Certains parlent d'un miracle comparable à la naissance de Moïse. « Ma joie cause du chagrin à bien des gens », dit Louis XIII à Brienne, secrétaire d'État à la maison du roi. Anne rit. Jamais, même dans les heures sombres, elle n'a manqué d'humour.

« Je te baptise, Louis Dieudonné, au nom du Père, du Fils et du Saint-Esprit », prononce d'une voix forte l'évêque de Meaux en versant quelques gouttes d'eau sur le front du nouveau-né. L'enfant sacrifie à son premier devoir de monarque. Anne est rassurée. En attendant son vrai baptême, son fils ondoyé est devenu chrétien. Sans même l'avoir vu, *La Gazette* écrira le lendemain : « Cette mâle vigueur qui luit déjà au travers de ses membres enfantins nous promet des trophées ! »

Devant la reine en extase, Louis goûte sa première tétée au sein de sa nourrice, Élisabeth de la Giraudière, femme d'un procureur d'Orléans. Il en épuisera huit avant qu'on ne lui trouve une robuste paysanne, Perrette, la femme d'un voiturier de Poissy.

Déjà, les gardes suisses du roi s'alignent sur l'esplanade entre les deux châteaux. Mgr le dauphin quitte la chambre de sa mère dans une corbeille d'argent pour être porté religieusement jusqu'à ses appartements de l'aile sud du château vieux. Au premier étage, sa chambre, tel un merveilleux berceau, est entièrement tendue d'un épais damas blanc à fleurs de lys.

Au terme de cette première marche triomphale, il est remis à sa gouvernante, la marquise de Lanzac. Cette veuve à poigne de cinquante-six ans, toujours vêtue de noir, est la fille du maréchal de Souvré, l'ancien gouverneur de Louis XIII, qui ne manquait jamais de lui administrer le fouet sur ordre d'Henri IV. Elle a été choisie contre le gré d'Anne par Richelieu qui tient à affirmer, en tout, son autorité.

Dans ce concert d'allégresse, le roi et sa cour gagnent sans perdre une minute la chapelle du château vieux pour un *Te Deum* : « *Sanctus, Sanctus, sanctus Dominus Sabbaoth...* » Les cloches de Saint-Germain font sonner dans le ciel la fierté du royaume. Relayées, depuis midi, par le gros bourdon de Notre-Dame et toutes les églises de Paris, miraculeusement prévenues en quelques minutes, par des cavaliers au triple galop. *La Gazette* ne manque pas de souligner ce supplément de miracle : « Chacun sait que Saint-Germain est éloigné de cinq lieues... de sorte que cette occurrence montre que les poètes n'ont point tort de donner des ailes à la Renommée. »

De sa fenêtre, Anne peut presque apercevoir Paris qui s'embrase. Le prévôt des marchands a immédiatement envoyé des ordres pour que tous les quartiers de la capitale allument des feux de joie et des lampions aux fenêtres. Les princes font étinceler leurs hôtels comme des joyaux. Mais ce sont les prêtres qui donnent aussi le signal des réjouissances. La palme revient au collège de Clermont éclairé par les jésuites d'une incroyable multitude de flambeaux.

Place de Grève, face à l'Hôtel de Ville, l'artificier du roi fait dresser devant la foule exubérante et ébahie une féerique machinerie en forme de rocher couvert de nuages que surmonte une nef symbolique, emblème de la capitale. Et pour tous ceux qui ne savent pas lire, les badauds répètent à haute voix les vers inscrits en lettres d'or :

Il n'est point pour toi de naufrage
Puisque tu vois sur ton rivage
Un dauphin qui se joue avec des alcyons.

Dans la nuit, les canons de l'Arsenal et de la Bastille accompagnent le concert des cloches. On danse sur le Pont-Neuf, on danse sur tous les ponts et, sur chaque place, des bals sont improvisés. Paris, ivre de joie, perce les barriques et le vin coule à flots. Il se déverse même comme une pluie miraculeuse du toit de l'hôtel d'un généreux bourgeois. Un riche marchand ouvre sa grande porte et, dans la cour, le vin jaillit là aussi des quatre bouches de la fontaine tandis que les valets distribuent à volonté jambon, pâté, cervelas et gorge de porc.

Les *Te Deum* se succèdent au milieu des pétards et d'une joie assourdissante. La fête dure trois jours et quatre nuits durant lesquels boutiques et échoppes restent fermées. Le lundi, les moines de Saint-Germain-des-Prés rapportent en grande dévotion la mâchoire de sainte Marguerite et, après la procession, les religieux percent eux aussi des barriques de vin autour d'un immense feu de joie. Le mardi, c'est au tour des jésuites de la rue Neuve-Saint-Honoré d'organiser les réjouissances : ils font s'élever dans le ciel un soleil dont les rayons en communiquant avec sa dame la lune font naître un dauphin couronné par les anges.

L'apparition de l'aube symbolisant celle du futur roi, les Parisiens font assaut de lyrisme. Chaque rue est fière de son poème :

Partout où ce grand astre épandant sa lumière
Ramènera les jours de la saison première
On verra l'abondance et les arts et les jeux.

De village en village, la nouvelle se répand à la vitesse de l'éclair. Toulouse allume ses feux de joie dès le mardi soir. À Verdun, ils embrasent tant le ciel que les soldats en campement autour de la ville croient à une attaque espagnole. Les capitales amies saluent elles aussi la naissance de l'héritier qui assure la survie du royaume de France. À Venise, un cortège de cent vingt gondoles se déploie sur le grand canal. À Rome, c'est un galion de quarante mètres qui descend le Tibre.

La petite ville de Saint-Germain est désormais le centre du monde. Sur la place, face à l'église, se dresse un obélisque soutenu par quatre dauphins crachant le vin joyeux des coteaux de Suresnes. Chacun veut voir l'enfant du miracle. Mais aux portes de la ville, des capitaines filtrent les entrées pour s'assurer qu'aucune maladie n'empoisonnera l'air. Autour de Louis Dieudonné, six femmes montent la garde dont une remueuse exclusivement chargée de balancer le berceau royal.

Le surlendemain de sa naissance, le bébé soleil a donné sa première audience aux magistrats du Parlement arrivés de Paris en robe rouge et noir. Depuis, le procureur Molé ne cesse de revivre cette heure éblouissante : « Il était sous un grand pavillon de damas blanc à fleurs qui était tout le large de la chambre avec des paravents des deux côtés : une grande balustrade au-devant en sorte que l'on le pouvait voir de douze ou quinze pieds de loin… Mme de Lanzac sa gouvernante était assise au fond en une chaire et tenait M. lc dauphin, dormant, le visage découvert sur un oreiller de satin blanc, et le montrait et dit qu'il aurait les yeux pour voir ses fidèles serviteurs. »

Mais le visiteur le plus assidu, c'est le roi qui loge au même étage. Le premier jour, il est allé quatre ou cinq fois dans la chambre pour voir téter son fils. Il ne cesse de s'extasier. Le dimanche, il écrit au pape Urbain VIII : « Cet enfant étant venu plusieurs années depuis que nous sommes mariés, nous reconnaissons en sa naissance une très particulière bénédiction de Dieu sur nous et sur la reine… Nous avons jugé à propos d'en donner avis à Votre Sainteté… Nous lui demandons sa sainte bénédiction pour le dauphin notre fils, qu'il croisse dans la crainte de Dieu, qu'un jour il puisse servir l'Église et le Saint-Siège comme les rois nos prédécesseurs l'ont fait. » Le pape répondra l'été suivant en envoyant une layette bénie : des langes de toile d'argent à broderies d'or, des taies d'oreiller au point de Gênes. Le nonce, en les apportant, touchera le bébé pour bien témoigner que le pape reconnaît la France comme « fille aînée de l'Église ». Sa lignée terrestre n'a nul besoin d'un certificat : ses oncles sont roi d'Espagne, empereur d'Autriche et roi d'Angleterre. Sa mère lui donnera l'ambition d'être le plus grand.

Trois semaines après la naissance, c'est la cérémonie des relevailles. Anne assiste à la messe dans la chapelle du château vieux. Elle communie. Défiant un protocole devenu dérisoire, elle porte elle-même son fils à l'autel pour le consacrer à Dieu. Puis elle le garde longtemps dans ses bras, le caressant, au bord des larmes. Rompant un autre usage qui dissuadait les reines de vivre avec leurs enfants, elle passe le plus clair de son temps à côté du berceau. Jamais un héritier du trône n'aura été l'objet d'autant d'amour. Mais il y a vingt-six ans, le mariage de ses parents tenait déjà du miracle.

2

Une délicate réconciliation

Il est temps de marier Louis XIII. En 1611, il a dix ans, l'œil vif, la repartie cinglante. C'est un adolescent gracieux, élancé, avec des joues rondes et une fossette au menton. Depuis un an, il porte la large fraise blanche. « Préférez-vous l'Espagne ou l'Angleterre ? » lui demande sa mère, Marie de Médicis. En cette fin d'après-midi du 19 novembre, la régente, enveloppée de ses voiles de deuil, reçoit, comme tous les jours, son fils dans ses appartements du Louvre. « Espagne, Espagne », répond le jeune roi qui aura toujours des appétits de grandeur. L'Espagne est la première monarchie de la chrétienté. Outre la péninsule reconquise sur les Maures, elle possède le Portugal, la moitié de l'Italie, Naples, la Sicile, les Flandres, les Philippines, les îles de la Sonde… Mais surtout les fabuleuses Indes d'Amérique avec leurs trésors pillés aux Aztèques et aux Incas, le tabac, le cacao, le sucre, l'indigo, les plantes médicinales, et ces mines d'or et d'argent dont les lingots rapportés chaque année par une armada de galions financent les bataillons d'archers aux uniformes jaune et rouge qui, depuis Charles Quint, font trembler l'Europe.

Marie écoute à peine le souhait de ce fils à qui elle ne manifeste guère de tendresse. Elle ne l'a jamais caressé enfant et lui préfère Gaston, son petit dernier.

À trente-huit ans, elle est lourde, avec une peau blanche et molle. Son intelligence est médiocre et Henri IV n'a jamais caché qu'il avait épousé la Médicis pour sa dot. Elle en garde le sobriquet de « la grosse banquière ». Le Vert-Galant l'a trompée dès le lendemain de ses noces. Et ses dernières amours avec la divine Charlotte de Condé ont fait se gausser les cours européennes. Marie a trop gémi lors de son assassinat pour être sincère. Elle a trouvé à la Bastille les caisses du Trésor royal remplies par Sully. Elle ne songe qu'à les vider, pour se couvrir de diamants et s'acheter le soutien des huguenots et des princes du sang.

La régente a renvoyé les vieux serviteurs du roi Henri. Sully, qui la méprise, a préféré se retirer dans ses terres du Poitou. La volumineuse Médicis parle mal le français. Elle suit aveuglément les conseils de son amie d'enfance, une parvenue florentine de basse souche, Léonora Galigaï, la seule à savoir la coiffer. Le mauvais ange de Marie a des yeux noirs de sorcière qui épouvantaient Henri IV. Elle forme avec son époux Concini, autre aventurier rapace, un couple que la France entière exècre. Entourés d'un ramassis d'escrocs, ils font main basse sur les richesses du royaume et monnayent les charges de l'État. Ils sont aussi payés par Madrid pour favoriser les intérêts catholiques.

Le trio florentin a fait entrer au Conseil de régence le nonce apostolique et l'ambassadeur d'Espagne. Quel outrage à la mémoire et à la politique d'Henri IV qui refusait de se laisser étouffer par les deux branches de la maison d'Autriche. À la veille de sa mort, le roi de France se préparait à franchir le Rhin à la tête de ses armées pour soutenir deux princes protestants qui disputaient le duché de Juliers aux Habsbourg.

Le grand-duc de Toscane connaît la balourdise de sa nièce Marie et pousse lui aussi à la paix. Son ambassadeur à Madrid, le marquis Borri, a été le premier à évoquer avec les Espagnols une double alliance : le mariage de l'infante avec Louis et celui de sa sœur chérie Élisabeth avec l'infant Philippe.

En 1602, venu saluer le petit dauphin quelques mois après sa naissance, l'ambassadeur d'Espagne Hieronoma Taxis en rêvait déjà : « Il n'est rien qui ne se puisse faire. La reine de France est grosse, et la reine d'Espagne aussi. Le roi et la reine d'Espagne ont une demoiselle et maintenant ils auront un fils. Et pour vous ce sera une fille et puis on mettra tout ensemble. » Le pape y voit le triomphe de l'Église sur la « religion prétendue réformée ».

La mère d'Anne est une Habsbourg. Elle a grandi en Autriche à Gratz où ses parents, modèles de piété, emmenaient leurs quinze enfants visiter les hôpitaux et terminaient chaque journée par la prière en famille. À quatorze ans, Marguerite d'Autriche a accepté de quitter ses montagnes natales et d'épouser son cousin Philippe III à condition de conserver son directeur de conscience, le jésuite Haller, alors que la tradition réserve ce privilège à un franciscain. Elle a menti, affirmant qu'elle ne maîtrisait pas assez bien l'espagnol pour se séparer de lui. Seul péché de cette reine qui portait avec une grâce majestueuse ses robes de brocart ou de satin rouge, alliant élégance et beauté à une vertu immaculée.

Au contraire de celle de France, la famille royale d'Espagne est un exemple de morale chrétienne. Le roi Philippe III adore sa dévote épouse, qui ne peut lui reprocher nulle infidélité mais seulement d'avoir abandonné la conduite de ses affaires et de ses plaisirs à son favori, le duc de Lerme. Les deux hommes ne sont pas des aigles en politique. Le duc organise les chasses et s'enrichit en vendant au prix fort des terrains qu'il achète pour une poignée de ducats. Le souverain se consacre à la foi. À six ans, il récitait des rosaires entiers. Il y a gagné le titre de Philippe le Pieux.

Son père, Philippe II, a créé sa nouvelle capitale à Madrid au cœur de la Péninsule. Mais la cour est encore en perpétuelle transhumance et Ana-María-Mauricia a vu le jour, le 22 septembre 1601, à Valladolid dans un palais Renaissance cerné par les églises et les couvents. Anne est le prénom de sa grand-mère paternelle, elle aussi une Habsbourg ; Maurice celui du saint du jour de sa naissance. L'infante ne quitte guère ses appartements et ses duègnes que pour accompagner sa mère au monastère de Santa Ana sa patronne ou à l'église voisine de San Pablo où son petit frère, l'infant Felipe, est baptisé en grande pompe le 29 mai 1605.

Trois ans plus tard, la famille royale s'installe pour de bon à l'alcázar de Madrid, dans une grosse bourgade encore en ébauche autour de son château fort hérité des Maures et de quelques riches monastères recueillant les pieuses veuves de la cour. Ce plateau désertique est couvert de forêts de pins et d'oliviers. Au loin, les montagnes sont coiffées de neige. L'hiver, un vent glacial couvre les mains d'engelures. L'été est irrespirable. Philippe II a élu cette cité et ses remparts parce qu'ils sont au centre géométrique de la Péninsule.

Anne a le même âge que Louis. Et, comme lui, elle est l'aînée. Coïncidence qui frappe les contemporains. Depuis la naissance des deux enfants, les astrologues ont prédit ce mariage que les diplomates ne cessent de négocier. Même l'ambassadeur de Venise, Cavalli, vante à Paris les charmes de la petite princesse, ses cheveux blonds, ses yeux verts, mais aussi la vivacité de son esprit.

Devant le comte de Sore qui part pour l'Espagne, Henri IV questionne le dauphin : « Comment aimez-vous l'infante ? — Comme mon cœur », répond Louis. À cinq ans, il emmaillote sa chienne d'un lange et la met dans son lit : « Et voilà madame l'infante, voilà une belle infante. » Il l'embrasse, fait apporter un miroir qu'il pose devant elle : « Voyez, voyez, voilà là-dedans une belle peinture. » Dans une lettre à son père, il appelle Anne sa « maîtresse l'infante ». Et quand Mlle de Vendôme lui demande : « Monsieur, coucherai-je avec vous ? », il proteste : « Ho ! Ho ! Vous n'êtes pas l'infante. » Le roi ne cesse de le taquiner : « Mon fils, ferez-vous un beau bébé à l'infante ? »

Son médecin Héroard note dans son *Journal* : « Un gentilhomme breton qui revenait d'Espagne racontait les beautés de l'infante, et l'amour qu'elle avait pour M. le dauphin. Il écoutait avec plaisir sans en faire semblant, et comme le roi d'Espagne avait défendu à l'infante de dire qu'elle aimât le dauphin, il répondit : "Je battrais bien ce roi d'Espagne. — Mais Monsieur, lui dis-je, on dit qu'elle se veut déguiser pour vous venir voir. Si elle était à Paris, la lui iriez-vous voir ?" Le dauphin répliqua : "Je ferais faire un lit qui serait grand jusqu'à Paris et je m'en irais tout du long entre deux draps et je la prendrais dans son lit puis la mènerais ici. Je m'en vas envoyer quérir le menuisier qu'il commence dès ce soir un lit qui soit grand d'ici à Paris, qui passe par-dessus la rivière et qu'il y fasse des petites fenêtres des deux côtés. Je irai tout seul." Je lui dis : "Monsieur vous porterez la bougie ? — Excusez-moi, fait le dauphin, je n'ai pas peur." »

Louis vit à Saint-Germain au milieu des bâtards de son père. L'air y est meilleur qu'aux abords pestilentiels du marais parisien. Henri IV a exigé que toute sa progéniture soit élevée dans le même palais, ce qui n'a pas manqué d'irriter Marie de Médicis. Chaque année, elle est enceinte et, chaque année, un enfant naturel s'ajoute à la nichée royale. La grosse *mamma* s'évertue à expliquer au dauphin que lui seul sera roi parce qu'« il est sorti du ventre de maman ». Dûment chapitré, il traite de « chiens » les bâtards de son père. Cela ne l'empêche pas d'être jaloux de ses demi-frères Vendôme, les fils de la belle Gabrielle d'Estrées, qui, plus grands et plus âgés, suivent le roi à la chasse et à Paris.

Il a le culte de son père. À quatre ans, il voulait s'appeler Henri et non Louis. Il court à sa rencontre, lui saute au cou. Le roi blêmit de joie en l'apercevant et l'embrasse longuement. Le dauphin lui sert son vin à table, lui donne son pain, lui fait un gâteau. Il gambade devant lui et pleure quand il le sent fâché.

Avec Henri IV, il reçoit une éducation de prince. Sans indulgence : il est fouetté pour des bagatelles. Mais sans rigidité : son père l'emmène au Conseil et le tient entre ses jambes puis, le soir, au retour de la chasse, partage dans son lit une soupe aux pois avec lui.

Du Vert-Galant, il a hérité un langage cru et des gestes osés. Il appelle sa nourrice « ma folle, mon cul, ma mère, ma belle ». Il est amoureux de celle de sa petite sœur dont il baise les tétons avec transport. Quant à sa femme de chambre, il la couche dans son lit, les jambes en l'air et se vante d'avoir aperçu « son cul gras et son conin ». Mais quand Mathurine, la folle de la reine, lui lance : « Seras-tu aussi ribaud que ton père ? », après un silence il répond gravement : « Non. »

Ses sentiments pour l'infante se sont rafraîchis depuis que son père s'est déclaré pour les protestants d'Allemagne. Quand on l'interroge : « Aimez-vous les Espagnols ? », il imite le ton concupiscent du roi pour répondre : « Non, mais j'aime bien l'Espagnole. » Le 29 janvier 1607, l'aumônier lui fait dire les commandements de Dieu et, quand il doit répéter : « Tu ne tueras point », il affirme : « Ni les Espagnols. Ho, je tuerai les Espagnols qui sont ennemis de papa. » Chaque soir, il prie Dieu de donner « longue vie à papa ».

Le coup de poignard de Ravaillac le tue, lui aussi. Désormais, il a peur. Avant de s'endormir, il accroche une épée au-dessus de son lit. Il a huit ans.

Une semaine après l'assassinat, il se rend à cheval entendre la messe à Notre-Dame : « Il ne se vit jamais une si grande acclamation de peuple criant : "Vive le roi" et mêlée de larmes. » La veille, sa gouvernante Mme de Montglat l'a entendu murmurer : « Je voudrais bien n'être pas si tôt roi et que le roi mon père fût encore en vie. »

Des Bourbons, il a le goût de la chasse. La belle Corisande, maîtresse d'Henri IV, lui a donné sa première arbalète. Il s'en sert pour éteindre les bougies. Il tue à l'arquebuse un pinson en haut d'un noyer. Il a sa volière de petits rapaces et y consacre de longues heures qui le consolent de ses chagrins. Il fait l'admiration de la cour pour ses talents de danseur. Tout jeune, il maîtrise le branle, la pavane, la courante, la bourrée. Il aime la musique et compose des airs dont certains passeront à la postérité. La chapelle de Fontainebleau lui a donné le goût de la peinture. Curieux et doué d'une excellente mémoire, il veut connaître le nom de tout ce qu'il a sous les yeux, surtout à l'Arsenal, d'où il est reparti avec un petit canon d'argent, cadeau dont il se vante au prince de Condé. Familiarisé enfant avec la guerre, il participera à toutes les batailles de son règne sans jamais trembler devant le feu ennemi. Mais ce n'est pas un homme de livres ou de grimoires. Il préfère le solide, l'architecture, les jardins, et même la cuisine.

Depuis l'assassinat, les huguenots en viennent à contester la légitimité du mariage d'Henri IV. Et Marie de Médicis organise en toute hâte le sacre de son fils à Reims. Mais c'est pour mieux confier le pouvoir au couple de Florentins diaboliques qui s'emploient à abaisser le petit roi. Concini se couvre la tête devant lui. Son épouse le traite de « *cretino* ».

À l'âge où commence l'apprentissage d'un homme, Louis ne grandit plus. Adulte, il avouera : « J'ai fait l'enfant. » Il craint que la Galigaï, avec ses poudres de sorcière, ne l'empoisonne. Il devient maladivement introverti, méfiant à l'égard des femmes. À commencer par sa mère qui dilapide l'héritage du roi Henri le Grand, le bien-aimé.

Il reste envahi par le souvenir de son père. Alors qu'il mange une poignée de cerises, avec les noyaux il trace un grand H dans son assiette. Le 9 juin 1611, en entendant *Dessous la loi d'un si grand roi*, air d'un ballet de son père, il pleure. Son demi-frère César de Vendôme mêle ses larmes aux siennes.

L'automne suivant, à Madrid, c'est Anne qui sanglote au pied du lit de sa mère. Le 3 octobre 1611, Marguerite d'Autriche meurt à vingt-six ans en mettant au monde son huitième enfant à l'Escorial.

Comme chaque année, la famille royale y a fui la fournaise de la ville. Dans ces montagnes, si proches de la capitale, l'air est frais et léger comme en Autriche. Plus qu'un palais d'été, l'Escorial est un terrifiant monastère. Philippe II l'a construit pour offrir une sépulture à Charles Quint, son père. Il porte le nom de San Lorenzo pour commémorer l'incroyable victoire de Saint-Quentin sur les Français le 10 août 1557, jour de la Saint-Laurent. Le connétable de Montmorency avait commandé une fausse manœuvre qui coûta à la France trois mille morts, cinq mille blessés : « Messieurs, s'était-il écrié à ses officiers, c'est ici qu'il faut mourir. » Apprenant la nouvelle dans son monastère de Yuste, Charles Quint s'était presque évanoui de joie. Il croyait exaucé son vœu de monarchie universelle. « Mon fils est-il à Paris ? » demandait-il trois fois par jour. Mais Philippe II avait préféré raser Saint-Quentin où Coligny s'était barricadé, laissant à la France le temps de se ressaisir.

Nouvelle Mecque de la chrétienté, l'Escorial est le symbole de la foi guerrière et sans pitié des Habsbourg, de leur arrogante ambition. Charles Quint ne cesse de rappeler dans ses *Instructions* à son fils que la catholique monarchie espagnole tire sa puissance de son implacable reconquête contre les Maures : « N'agis jamais et à aucun prix de manière à déplaire à Dieu. Alors, il sera pour toi sur cette terre un fidèle auxiliaire, un guide et un appui. » La péninsule est quadrillée de monastères bénédictins, cisterciens, franciscains, chartreux, dominicains. Là sont nés Ignace de Loyola, fondateur de l'ordre jésuite, et Thérèse d'ávila, réformatrice du Carmel. Là a vécu le Greco, peintre habité par ce mysticisme héroïque.

Sur cette terre, les Habsbourg sont aussi le bras armé de Dieu contre la religion prétendue réformée aussi bien en Allemagne, en Flandres qu'en Angleterre. En France, ils ont fourni or, hommes et chevaux à la Ligue catholique. Ils ont applaudi lorsque le moine Jacques Clément a poignardé Henri III devenu l'allié du huguenot Henri de Navarre. Ils n'ont jamais cru à la conversion d'Henri IV et, depuis son assassinat, manipulent sa superstitieuse veuve et les insatiables Concini.

L'archevêque de Tolède, ancien précepteur de Philippe II, a eu l'idée d'un statut « *de limpieza de sangre* » : le sang pur de tout soupçon d'hérésie. Pour obtenir une charge, clerc, militaire ou fonctionnaire doit exhiber son arbre généalogique prouvant qu'il ne court dans ses veines pas une goutte de sang juif ou maure. Le grand maître de l'Inquisition siège au Conseil de Philippe III. Chaque année, le père d'Anne préside aux autodafés publics qui brûlent les hérétiques sur la plaza Mayor. En 1609, il a chassé les juifs convertis de son royaume, se privant ainsi de deux cent mille de ses sujets les plus industrieux. L'année suivante, la grande joie de son épouse a été de fonder le monastère de la Encarnación relié par un souterrain à l'Alcázar.

Sur son lit de mort entouré de reliques, la reine Marguerite donne sa bénédiction au double mariage d'Anne avec le roi de France et de son fils aîné l'infant Philippe avec madame Élisabeth.

Les deux cours portent désormais le deuil.

Marie de Médicis piaffe d'impatience, mais attend le début de l'année 1612 pour annoncer la nouvelle orientation politique : « Il n'y a moyen si propre ni si convenable pour effacer les ressentiments de la haine et de l'inimitié que l'injure des guerres a accoutumé d'enraciner profondément en la mémoire des peuples comme les mariages contractés entre les Couronnes ennemies. » L'ambassadeur envoie à Madrid un portrait du roi. Au Louvre, la Florentine commande de dessiner sous les fenêtres de la future reine un « jardin de l'Infante » qui ira jusqu'aux berges de la Seine. Les bans sont publiés le 25 mars, jour de l'Annonciation. De Madrid, Lope de Vega s'exclame : « France, aujourd'hui t'arrivent des merveilles que les oracles t'ont promises. »

Trois jours de fêtes doivent célébrer l'événement place Royale, ancien marché aux chevaux qu'Henri IV a couronné de trente-six pavillons de brique et pierre au toit d'ardoise, vendus comme habitations. On y compte quatre cent cinquante cheminées et toutes les commodités pour loger deux mille personnes. Cela fait des lustres que Paris n'a pas assisté à une course de bague à l'ancienne.

À l'aube, le duc de Mayenne, fils du très catholique duc de Guise, se rend en carrosse chez l'ambassadeur d'Espagne pour le mener au Louvre où la régente, ses enfants et la cour ont quitté le deuil : « On ne voyait que pierreries et clinquants », ironise *Le Mercure*. Don Cárdenas s'avance et, selon le protocole de Madrid, salue le genou en terre la jeune Élisabeth, future reine d'Espagne.

Le long cortège se dirige alors vers la place Royale. Louis est assis entre les deux veuves de son père : Marie de Médicis, qu'il n'aime point et qui le lui rend bien, et la reine Margot, qu'il adore et qui ne cesse de s'exclamer : « Ah qu'il est beau ! » Elle lui laissera en héritage tous ses joyaux et ses biens.

Devant les estrades s'élève un donjon, baptisé château de la Félicité, sur lequel on peut lire en lettres d'azur : « Henry, Marie, Louys, Anne, Philippe et Élisabeth ». Vingt-quatre trompettes et douze tambours à cheval annoncent le début de la cavalcade digne du carnaval. Une troupe bigarrée de cinq géants armés d'arcs et de flèches, de rois captifs, deux éléphants, deux rhinocéros, un char en forme de rocher couvert d'herbe, d'arbrisseaux et de nymphes, un autre traîné par des cerfs précède les « chevaliers de gloire » qui vont affronter les « chevaliers du soleil » à la course de bague. Avec leurs lances, les cavaliers au galop doivent décrocher une bague, ou plutôt un gros anneau, qui se balance en haut d'un mât. Les dix jeunes seigneurs en habit d'or ont été choisis pour leur nom, leur vaillance et leur élégance.

Une sibylle déclame des vers de Malherbe, chantre officiel de la cour :

La France à l'Espagne s'allie
Leur discorde est ensevelie
Et tous les orages finis
Armées du reste de la terre
Contre ces deux peuples unis
Qui êtes-vous ? Que paille et que verre...

Une autre s'adresse à Louis XIII :

Roi que tout honneur accompagne,
Vois partir du côté d'Espagne
Un soleil qui vient te chercher
Ô vraiment divine aventure
Que ton respect fasse marcher
Les astres contre leur nature.

À la nuit, un feu d'artifice embrase le château tandis qu'aux fenêtres de la place Royale s'allument des lampions. Une salve tirée par les mousquetaires donne le signal des canonnades. Chars, géants et éléphants ramènent au Louvre les dix chevaliers, mais la foule est si dense que le cortège n'atteint le palais qu'à minuit. Marie de Médicis a demandé que toutes les lanternes aux fenêtres et sur les toits soient peintes aux fleurs de lys. On n'aura à déplorer que deux incendies, l'un dans un grenier à foin rue de la Verrerie, l'autre au clocher de l'abbaye Sainte-Geneviève.

La seconde course, remise pour cause de giboulées, n'a lieu que le 6 avril. Il y manque l'un des chevaliers, blessé à mort entre-temps dans un duel. Les négociations sur le montant des dots s'achèvent fin mai. Elles ont été la source d'interminables discussions, la cour d'Espagne ne voulant rien céder sur le nombre des lingots et le poids des émeraudes. Finalement, il est convenu que l'équité sera strictement respectée entre les deux princesses : chacune recevra une dot de cinq cent mille écus et emportera cinquante mille écus de joyaux. Des chiffres vertigineux. Anne renonce aussi au trône d'Espagne où ne s'applique pas la loi salique.

Les deux ambassadeurs extraordinaires n'ont plus qu'à recueillir les signatures royales. C'est encore le très catholique duc de Mayenne que Marie de Médicis charge de cette mission historique. La cour d'Espagne entretient depuis toujours des relations exceptionnelles avec cette famille de Guise qu'elle rêvait d'asseoir sur le trône de France.

À Fontainebleau, Louis regarde s'éloigner le messager de son bonheur. Le duc monte dans la voiture de poste. Douze jours plus tard, il est à Bayonne où l'a précédé une véritable petite armée. Soixante-cinq mulets portent les bagages de sa suite, cent quatre-vingts autres ses seules malles. Viennent ensuite deux huissiers de la chambre, un maître d'hôtel, deux contrôleurs, cent vingt-trois valets, cinquante-deux pages, deux cent dix-sept gentilshommes, dix-sept barons, sept comtes, quatre marquis, un prince et enfin le duc de Mayenne. Trois carrosses vides suivent dans la poussière avec un grand vacarme.

Le long cortège chemine par une chaleur d'enfer à travers les montagnes désolées. À chaque étape, les villageois espagnols offrent corridas, danses et castagnettes aux seigneurs français. Le 4 juillet, dans son château de Lerme, proche de Valladolid, le favori du roi Philippe a préparé une réception que *Le Mercure* décrit avec enthousiasme : « Dès qu'ils furent descendus de cheval en la cour du château, ils sentirent une odeur de parfum qu'ils confessèrent tous n'en avoir jamais senti de pareil… La salle et les six belles chambres du premier étage étaient tendues de tapisseries d'or et d'argent dont les bordures étaient enrichies de rubis et d'émeraudes… Deux Maures sonnant la trompette ouvraient un cortège de paysans portant deux à deux de longues perches pleines de toutes sortes de gibier… Après eux, vingt mulets suivaient couverts de tapis de Turquie chargés les uns de fûts de vin, les autres de veaux, de moutons, de coqs d'Inde, de volailles, jambons, confitures et fruits. »

L'ambassadeur extraordinaire de Sa Majesté catholique, le duc de Pastrana, poursuit, lui, sa route pour Paris. Chacun doit arriver le même jour dans la capitale des deux pays. Une égalité scrupuleuse sera observée jusqu'au jour du mariage. Mais retardé par une forte fièvre, le duc de Mayenne faillit faire échouer ce plan de bataille protocolaire. Le duc de Pastrana atteint Bourg-la-Reine avec trois jours d'avance. L'escorte espagnole compte aussi trois cents hommes avec son troupeau de mulets chargés des bagages. On les fait patienter.

Le 17 juillet 1612, l'ambassadeur extraordinaire de France atteint enfin Santa Bárbara, dernier village avant Madrid, où piaffe toute la cour à cheval. Pas moins de cinq cents hidalgos sombres et austères comme dans une toile du Greco. La reine Marguerite est morte il y a neuf mois et la noblesse espagnole porte encore le deuil. Le duc de Mayenne et sa suite ont revêtu des pourpoints et des chapeaux noirs. Les valets sont en noir. Comme les chevaux, les mulets et même les carrosses, eux aussi drapés de noir : « Dès que M. de Mayenne les eut aperçus, il s'arrêta puis ce ne fut entre eux que compliments et salutations sans descendre de cheval. Ensuite, les cavaliers français et espagnols s'entremêlèrent, chacun se rangeant avec ceux de sa qualité. Au dernier rang M. de Mayenne avait à sa gauche le duc d'Albe. »

Aux fenêtres, les dames crient : « Bienvenus ! Bienvenus ! » en français. Anne, son père, son frère contemplent le spectacle à travers les jalousies d'un hôtel particulier. Ils veulent tout voir sans être vus.

Au même moment à Paris, Marie de Médicis, Louis, Élisabeth et la reine Margot, cachés eux aussi dans une maison, regardent les Espagnols traverser le pont Notre-Dame. Le duc de Pastrana s'est habillé aux couleurs de la France : habit bleu lamé d'argent et panache blanc. Son coursier isabelle, offert par Louis XIII, est harnaché de velours rouge. La régente lui a réservé, rue Saint-Antoine, l'hôtel de Roquelaure, dont elle a inspecté les meubles trois jours auparavant : « Il ne se pouvait rien voir de plus magnifique..., s'enthousiasme *La Gazette*. Le soir même, le roi envoya le grand écuyer, le duc de Luynes, lui dire qu'il était très aise de son arrivée et pour lui demander des nouvelles de l'infante. »

À Madrid, le duc de Mayenne loge chez le marquis de Spinola. Les gentilshommes français de sa suite dorment dans des draps de soie. Suprême honneur, le roi les autorise à circuler librement dans son palais. Et même à voir dîner les futurs mariés, permission jamais accordée à ses sujets.

Vêtu d'une longue cape noire, Philippe III, entouré de son fils et de son ministre, reçoit l'ambassadeur de France trois jours plus tard : « Le duc de Mayenne fit une grande révérence devant le dais et, lors, Sa Majesté catholique ôta son chapeau après s'être levée de son siège. Puis, s'étant approchée de lui, elle l'embrassa et soudain se couvrit, commandant au duc de se couvrir aussi. » Après avoir remis ses lettres de créance et présenté ses condoléances pour la mort de la reine, Henri de Mayenne évoque l'objet de son ambassade. Dans une salle voisine, sous un grand dais, Anne attend, assise à la mode mauresque, sur un coussin de drap d'or. Après lui avoir baisé les mains « comme à la reine », le duc lui remet une lettre de Louis.

Au Louvre, Marie de Médicis a drapé de velours violet à fleurs de lys d'or l'estrade de la Grande Galerie et ordonné une fastueuse mise en scène florentine. Sur son trône, la régente, encadrée des deux futurs mariés, regarde s'avancer à pas comptés trente gentilshommes espagnols vêtus de noir avec la grande fraise blanche. Le duc de Guise, « dans un habillement de damas rouge esparpilloté de blanc en broderie d'or et d'argent », conduit l'ambassadeur qui tient à la main deux lettres. Après avoir plongé en trois révérences, le duc de Pastrana en tend une au roi, qui se lève et l'embrasse : « Je remercie le roi d'Espagne mon frère de sa bonne volonté, la mienne sera toujours disposée à l'honorer comme mon père et à l'aimer comme mon frère. » Héroard note que, « soit par dessein, soit par oubli », il saute une phrase du discours : « Et que j'userai de ses bons conseils. » Peut-être était-il trop impatient de proclamer la suite : « L'infante se peut assurer de mon entière affection à son service et que je l'aimerai parfaitement. »

Le lendemain, on paraphe et on signe les contrats de mariage. Rive gauche, la reine Margot donne un grand bal dans son hôtel de Sens. Louis fait admirer aux Espagnols ses talents de danseur. À Madrid, la cour a elle aussi quitté le deuil et le duc de Mayenne parade dans son habit d'argent brodé d'or : « Les gants, la ceinture, la garde de l'épée et la dague, la cape, le bonnet de velours noir étaient tellement chargés de pierreries qu'il serait malaisé d'en dire la valeur », note *Le Mercure*. Seul le roi est en noir, devenu symbole de la monarchie depuis que son ancêtre le duc de Bourgogne Philippe le Bon en a fait la couleur du pouvoir. Pour affermir leur autorité sur le trône d'Espagne, les Habsbourg n'ont de cesse d'imposer une affolante étiquette.

Virginale, l'infante porte une robe de satin blanc. Et c'est presque déjà devant sa reine que le duc s'incline pour lui adresser les compliments de toute la France. Les grands d'Espagne et la cour défilent en mettant le genou à terre. Dans un mois, Anne fêtera ses onze ans. Elle a déjà une haute idée de sa destinée. Lors des discussions entre les deux cours, les Espagnols avaient menacé la France de donner au roi la fille cadette de

Philippe III pour épouse. Furieuse, l'aînée avait répliqué que si elle n'était pas reine de France, elle entrerait dans un couvent.

Le jour où il prend congé, l'ambassadeur extraordinaire « la supplia de lui commander quelque chose pour dire au roi très chrétien. Elle lui répondit en français que tout ce qu'elle désirait qu'il lui dît de sa part était qu'elle avait une grande impatience à le voir ». Sa gouvernante, la comtesse d'Altamira, se récrie en espagnol : « Quoi, Madame, que dira le roi lorsque le duc de Mayenne lui rapportera comme vous désirez d'être si tôt en la compagnie des hommes ? » Mais Anne répond avec vivacité : « Vous m'avez appris à toujours être honnête. Ne vous étonnez donc pas si je dis la vérité ! »

L'infante souhaite voir une dernière fois les Français et la prodigieuse cavalcade défile sous les fenêtres du palais où elle n'est pas seule. Toutes les dames soupirent devant ces galants cavaliers qui, l'espace de quelques jours, leur ont fait oublier le pointilleux protocole des Habsbourg. Les deux cortèges se croisent à Bordeaux. Le 1er octobre, le duc de Mayenne se précipite au Louvre pour raconter les festivités de Madrid. La cour se gargarise d'avoir au moins marqué un point sur les Espagnols : les couvertures des mulets français étaient neuves alors que celles du duc de Pastrana avaient déjà servi !

3

Mariage sur l'eau

La cour d'Espagne est à Burgos, l'antique capitale de Castille dont la flamboyante cathédrale est un hommage à Dieu qui a permis la reconquête du royaume. Et le triomphe de la Couronne sur terre et jusqu'aux Amériques. De Burgos, le Cid est parti combattre les Maures. Dans son palais, Isabelle la Catholique a reçu Christophe Colomb à son retour du premier voyage aux Indes. Plus de mille personnes accompagnent la petite fiancée de France et se pressent le long du fleuve avec les carrosses, les chevaux et les mulets pour transporter bagages et trousseau.

D'une voix pleine d'émotion, le 16 octobre 1615 Anne renonce à ses droits à la couronne : « Moi, doña Ana, infante d'Espagne, et par la grâce de Dieu reine promise et future de France, déclare à tous ceux que ces présentes verront ma renonciation ainsi qu'il suit : moyennant les cinq cent mille écus d'or qui m'ont été promis par le roi mon père, je renonce à tous mes droits présents et futurs sur l'héritage et sur les biens de doña Marguerite ma mère, que Dieu ait en sa gloire, de même qu'à la succession du roi mon père et mon seigneur et à tout ce que je pourrais prétendre comme fille et héritière de Leurs Majestés catholiques et parce que je suis majeure et au-dessus de l'âge de treize ans, je reconnais la valeur de ces articles et me tiens contente de cette dot qui a été la plus considérable de toutes celles qui ont été jusqu'ici accordées aux infantes d'Espagne et pour donner plus d'assurance à ma renonciation, je jure par les Saints Évangiles contenus en ce missel sur lequel je pose ma main droite… »

Deux jours plus tard, elle est mariée par procuration. Cette fois, son oui est empreint d'allégresse. Sa robe de satin rouge brodée de perles et d'argent met en valeur sa beauté adolescente, sa blondeur héritée de l'Autriche et ses yeux couleur d'émeraude. Devant l'autel gothique surchargé d'or, le duc de Lerme tient la place de Louis.

À la jeune épousée, le roi d'Espagne et son Premier ministre donnent de sévères instructions afin que la nouvelle reine de France n'oublie jamais les intérêts de la cour où elle a grandi. Elle doit prendre exemple sur la piété de sa mère pour combattre l'hérésie qui gangrène la France. Elle doit être l'alliée de sa tante Isabella-Clara et de son mari l'archiduc, gouverneur des Flandres, de son oncle l'empereur d'Autriche et surtout du trône d'Espagne où son frère Philippe succédera à son père.

On lui brosse un portrait très diplomatique de sa future belle-mère dont elle doit absolument être l'amie : « Un des points essentiels de conduite de madame l'infante sera toujours d'agir avec une prudence extrême et beaucoup de flatteries afin de plaire à la reine mère qui est réellement attachée au roi. Il faut se tenir pour averti que cette dame qui ne paraît pas savoir grand-chose en sait beaucoup et qu'elle est la main la plus sûre pour raffermir nos affaires en France. » Les ducats ne manqueront jamais pour acheter les consciences : « Quant aux intelligences secrètes qu'on doit avoir à cette cour, on n'a pas à en parler, sinon pour dire qu'il faut toujours être bien informé alors même qu'il en coûterait cher. »

Le duc de Monteleón qui accompagne Anne à Paris reçoit également l'ordre de rappeler sans cesse à la reine infante ses devoirs de princesse d'Espagne. Le duc de Lerme l'a flanqué de sa cousine, la comtesse de la Torre, promue dame d'honneur et chargée d'espionner les moindres mots de la jeune mariée, y compris ses conversations très privées avec le roi de France.

Ces consignes feront sa tragédie. La fille aînée de Philippe III a le culte de sa famille, de ses jeunes frères et sœurs dont elle est devenue la « maman » depuis la mort de la reine Marguerite. Au contraire de Philippe II marié quatre fois, son père restera l'homme d'une seule épouse. Anne est sa fille préférée.

Au Louvre, Louis s'impatiente d'avoir une reine à aimer. Dans un mois, il fêtera ses quatorze ans. Mais c'est un roi sans royaume. Infantilisé par les Concini, il est toujours fouetté. Sur ordre de sa mère, son médecin le saigne et le purge presque quotidiennement. Il ne doit qu'à son exceptionnelle constitution de rester en vie. Il bégaie, signe de ses contradictions intérieures. Il a des colères terribles, nées de son impuissance. Il s'exaspère de voir l'héritage de son père dilapidé et la France dépecée. Il a des mouvements de révolte.

La chasse seule apaise les tumultes qui l'oppressent et parfois même l'empêchent de dormir. Charles d'Albert, futur duc de Luynes, est le seul qui sache déchiffrer les ombres de cette âme. À trente-six ans, il pourrait être le père de Louis.

Fils aîné d'un gentilhomme désargenté de Provence, il est, comme d'Artagnan, monté à la cour avec ses deux frères pour faire fortune. Beau, malin, hardi, il plaît aux femmes. Son intelligence est médiocre mais son ambition démesurée.

Entré en 1611 dans la maison royale, ce grand chasseur est maître du cabinet des oiseaux. Une place précieuse car Louis adore la chasse au vol. Très vite, le fauconnier provençal ne se contente plus de traquer grives et cailles avec ses linottes et ses émerillons. Il a son logis au Louvre, il approche le jeune souverain à toute heure du jour et a, avec lui, de longues conversations. Dans ce palais souillé par la cupidité florentine et par la sottise de Marie de Médicis, Louis XIII trouve enfin une voix qui l'éclaire sur sa mission sacrée et la sauvegarde de l'héritage paternel.

Habile sans familiarité, Luynes aiguillonne l'énergie de l'adolescent et bientôt se révèle indispensable. Dans un premier coup d'éclat, le roi lui donne une charge libérée par le prince de Condé : le gouvernement d'Amboise.

C'est Luynes encore qui, le 17 août 1615, à quatre heures du matin, prend place dans le carrosse qui emporte le roi à Bordeaux pour épouser cette infante qui lui est destinée depuis toujours. Jamais le jeune monarque n'a été si seul. En mars, sa tendre reine Margot qui l'aimait comme une mère est morte en lui léguant tous ses biens. Et voilà que sa sœur chérie Élisabeth va le quitter pour toujours. Gaie et ardente, elle lui rappelle leur père.

Les deux cours ont décidé de célébrer le mariage à mi-chemin entre les deux capitales. Elles auraient pu choisir Toulouse. Mais c'est une ville cathare et Bordeaux, avec sa cathédrale Saint-André, est plus digne de bénir le mariage du roi de France.

Le futur époux porte sa cuirasse. Avant de danser de bonheur, il doit affronter une armée de mécontents dressés contre la tyrannie infâme des Concini. Mais ce n'est pas seulement contre les Florentins que les rebelles partent en guerre. Les mariages espagnols ont mis le feu aux poudres. Les vieux amis d'Henri IV, le connétable de Lesdiguières, Rohan, Sully et bien d'autres huguenots, s'opposent à cette alliance matrimoniale qui va ruiner leur parti.

Pour ses noces très politiques, Louis est précédé par les escadrons de chevau-légers, les Suisses avec leurs arquebuses, les sergents et leurs hallebardes.

La régente, partie quatre heures plus tard seule dans sa litière, retrouve ses enfants à Bourg-la-Reine. Marie a exigé que la Galigaï la suive. Sa coiffeuse favorite a bouclé ses malles et entassé ses diamants dans sa cassette en rageant contre les dangers qu'elle allait rencontrer en traversant la France. Après le passage de la Loire, on entre en terre huguenote et mille deux cents cavaliers couvrent le cortège. Dans les campagnes désolées par la guerre civile, même l'avoine manque pour les chevaux.

À la tête de cette petite armée, caracole le très catholique duc de Guise. Le jeune roi se porte à la tête de ses soldats dès qu'une menace se profile à l'horizon. Ses soldats le suivent avec fierté. À cheval, Louis montre son élégance vraiment royale. « Il était merveilleusement découplé. L'armure le vêtait comme un gant noir… Ce fut le dernier roi chevalier de France et qui monta à l'assaut flamberge au vent », écrit La Varende. L'adolescent aime l'odeur de la poudre, les armes, la chasse où son feutre gris à plume tombante lui va à ravir et rehausse sa fière allure. Son père lui a donné pour sous-gouverneur M. de Pluvinel, chef des écuries royales, qui a suivi Henri III en Pologne et a créé à son retour à Paris la première académie d'où sort toute une génération de fringants cavaliers.

À Poitiers, Élisabeth attrape la petite vérole. Et le cortège s'arrête pour un mois à l'abri des remparts de la place forte. Anne a aussi contracté cette maladie il y a quelques mois. Mais elle a pris soin de ne jamais se gratter, ni même de toucher sa peau. Marie de

Médicis donne le même conseil à sa fille. Les deux princesses n'en garderont aucune séquelle.

Après tant de périls, les futurs mariés entrent à Bordeaux dans une galiote tendue de damas cramoisi au milieu des acclamations. La régente pleure de joie d'être entourée de ses enfants sains et saufs.

À Burgos, le roi d'Espagne verse aussi des larmes. Mais de chagrin. Dans une dépêche, le duc de Mayenne écrit : « Nous vous assurons que c'est une dure séparation que celle du roi catholique et de sa fille. Il l'aime si fort qu'il ne peut la quitter. »

La petite vérole d'Élisabeth a retardé d'un mois la séparation tant redoutée et permis à Anne de visiter en famille tous les monastères, gardiens du royaume, et de prier devant les retables, chefs-d'œuvre des artistes flamands amenés par Charles Quint. À Fontarabie, les adieux sont déchirants. La jeune reine infante s'agenouille devant son père : « Je vous ai donné le plus beau parti de la chrétienté », dit-il en la bénissant. Il lui a aussi offert un trousseau qui deviendra légendaire. Les coffres arrimés aux trois cents chevaux et mulets arabes contiennent des objets de culte en vermeil, des verres en cristal, des assiettes, des grands plats et des candélabres en argent pour que ses dîners en public offrent à la cour une idée de la grandeur espagnole. Surtout, deux tables en argent comme le Louvre n'en a jamais vu témoignent des richesses du Nouveau Monde. Du Mexique, les conquistadors ont aussi rapporté le chocolat, une boisson vantée par les Aztèques pour ses vertus fortifiantes et aphrodisiaques. Anne va en lancer la mode dans Paris toujours à l'affût de nouveautés.

La blonde infante a la peau si douce qu'elle n'aime que les draps de batiste très fin. Elle en emporte des douzaines, et aussi des chemises et des mouchoirs ornés de dentelle de Flandres. Pour son pied, petit et beau, vingt-quatre paires de chaussures en cuir de Cordoue. Pour protéger ses blanches mains qui émerveilleront toute l'Europe, des gants parfumés dont l'Espagne a la spécialité. D'innombrables robes de toutes les couleurs, en soie, en velours ou en moire. Trois tenues d'apparat brodées de perles particulièrement somptueuses. Des bijoux, des bagues, des boucles d'oreilles, des ceintures en or et diamants ou émeraudes. Un vrai trésor dont le joyau est un énorme diamant carré comme bague de fiançailles.

L'échange des reines doit se faire au milieu de la Bidassoa, large rivière parsemée d'îles boisées qui marque la frontière des royaumes. Sur ses rives se dressent deux riches pavillons dont les murs sont couverts de soie blanche pour la France, de soie jaune pour l'Espagne : « On désirait, écrit *Le Mercure*, rendre toutes choses égales sans qu'une nation eût aucun avantage sur l'autre. Mais les Espagnols placèrent sur leur couronne un monde et une croix et il fallut la détruire… »

Sur les collines françaises, le duc de Guise a disposé quatre mille hommes, huit cents chevaux et quatre canons, car la rumeur prête aux rebelles huguenots l'intention d'enlever les deux héroïnes. À chaque alerte, les villages catholiques sonnent le tocsin pour « courir sus aux parpaillots ».

D'Irun où elle s'est reposée, Anne, telle une fille de sultan, arrive en litière fermée. Son père a choisi le tissu de sa robe, un drap d'or rayé de bleu, brodé de perles avec de grandes manches bouffantes et une haute collerette blanche. Le duc d'Ossuna, fils du duc de Lerme, la conduit jusqu'à son pavillon. Les grands d'Espagne qui l'accompagnent sont en habit d'or et « si brillamment parés qu'ils feraient reluire plusieurs soleils ».

Le double ponton de bois flotte au milieu de la rivière. Deux bateaux emmènent les petites mariées qui s'avancent avec gravité l'une vers l'autre avant de s'embrasser.

Le lendemain, Anne est à Bayonne où l'inévitable Luynes lui remet une lettre de Louis : « Madame, ne pouvant selon mon désir me trouver auprès de vous en votre entrée en mon royaume pour vous mettre en possession du pouvoir que j'y ai, comme de mon entière affection à vous aimer et vous servir, j'envoie vers vous Luynes, l'un de mes plus chers serviteurs pour en mon nom vous saluer et vous dire que vous êtes attendue, pour vous offrir moi-même l'un et l'autre. Je vous prie de le recevoir favorablement et le croire dans tout ce qu'il vous dira de la part de votre plus cher ami et serviteur. Louis. »

Anne, qui parle un peu le français, la lit à deux reprises avec une joie enfantine et répond de sa main en espagnol : « Seigneur, je me suis beaucoup entretenue avec Luynes des bonnes nouvelles qu'il m'a données de tout le désir qu'a Votre Majesté de me voir bientôt auprès d'elle, et je désire extrêmement m'y rendre pour y servir la reine, ma mère. Luynes m'a donné toutes sortes d'assurances et il me tarde beaucoup de me mettre en route pour baiser la main de Votre Majesté, que Dieu veuille bien garder. Je baise la main de Votre Majesté. Anne. »

À cette lettre, l'infante ajoute un chapelet à gros grains consacré au rosaire, cadeau usuel, en Espagne, d'une dame à son chevalier. Et aussi la liste des membres de sa suite. Plus de cent chapelains, médecins, apothicaires, cuisiniers, sans oublier deux spécialistes du chocolat, l'accompagnent alors que le contrat de mariage n'en prévoit que la moitié. Anne veut être servie par doña Estefaña, sa nourrice qui ne l'a pas quittée depuis son berceau. Elle a aussi son confesseur, le père Fernandez. Le zélé Luynes assure que le roi et sa mère sont disposés à satisfaire ses moindres désirs.

À Bordeaux, le poète Malherbe chante :

Cette Anne si belle
Qu'on vante si fort
Pourquoi ne vient-elle ?
Vraiment elle a tort
Son Louis soupire…

Après avoir beaucoup pleuré le départ de sa sœur, le monarque ne peut plus attendre. Il saute sur son cheval et galope à travers la lande sablonneuse. À Castres, il se dissimule dans une maison et demande au duc d'Épernon d'arrêter le carrosse. Pendant que le vieil ami d'Henri IV balaie le sol de son chapeau à plumes, Louis croise le doux regard de sa reine. Sur la route du retour, il dépasse le cortège et la salue en lançant avec humour : « *¡Yo soy incognito!* » C'est leur premier sourire. Galvanisé, il arrive une heure avant elle à Bordeaux.

En procession, les échevins sortent de la ville couverte de lampions. Le canon tonne. Douze pages porteurs de torches ouvrent la route jusqu'à l'archevêché où Marie de Médicis, imposante dans sa robe noire, accueille la jeune reine et la mène, sous les regards curieux de la cour, jusqu'au roi debout devant son trône. Les deux adolescents se dévisagent tendrement, échangent quelques mots. Puis Louis conduit Anne à son appartement.

Le lendemain, il la rejoint alors qu'elle vérifie sa tenue dans une glace. Le monarque lui présente le marquis de Souvré, son gouverneur, puis Héroard, qui raconte : « Elle a besoin d'une plume rouge pour mêler avec de la blanche. Le roi lui présente son chapeau où il y avait les deux, lui disant qu'elle en prît ce qu'elle en voudrait. Elle le fait, le lui rend et soudain il lui dit : “Il faut aussi que vous me donniez un de vos nœuds qui était incarnat.” Elle, souriant, le lui donne. »

Le 25 novembre 1615, le mariage est célébré dans la cathédrale Saint-André envahie par la foule dès quatre heures du matin. Des soupirs d'admiration saluent l'arrivée de Louis XIII qui s'avance, tel un prince charmant avec ses bouches brunes et son habit de brocard d'or et d'argent. Un Espagnol décrit la reine « plus belle qu'un ange ». Anne a revêtu le lourd manteau royal de velours bleu semé de lys d'or et porte sur ses cheveux blonds la couronne fermée : « Tous étaient frappés de l'incroyable ressemblance des épousés… Le roi regardait souvent la reine régnante en souriant. Et elle, quoique chargée du poids de ses robes et brillants, ne pouvait s'empêcher de lui sourire », s'attendrit *Le Mercure*.

Les deux mariés viennent tout juste de fêter leurs quatorze ans. Les peintres de l'époque les représentent comme des enfants. À Madrid, Élisabeth va attendre plusieurs années avant de partager le lit de son jeune époux. Le Vert-Galant avait dix-huit ans quand il est tombé dans les bras de sa reine Margot. Et Marie de Médicis vingt-huit ans quand il l'a déflorée. Mais la régente veut orchestrer publiquement la nuit de noces d'Anne et Louis pour empêcher toute contestation des huguenots sur la validité du mariage.

La plantureuse belle-mère conduit elle-même son fils jusqu'au lit nuptial : « Ma fille, voici votre mari que je vous amène, recevez-le auprès de vous et l'aimez bien, je vous prie. » Puis elle commande aux deux nourrices de contrôler les ébats. Ils ne doivent pas durer plus de deux heures.

Le pointilleux Héroard veille aussi. Pas un jour sans une saignée, sans une purge, sans une potion. Pas une heure sans qu'il n'analyse selles, urines et cauchemars du patient qu'Henri IV lui a confié. Quelques minutes après la brève étreinte, l'austère praticien de soixante-quatre ans fait déshabiller Louis XIII : « À dix heures un quart, revient après avoir dormi environ une heure et fait deux fois à ce qu'il nous a dit. Il y paraissait la glande rouge. Enquis comme il avait fait. Le roi : "Je lui ai demandé si elle le voulait bien, m'a dit que le voulait bien", etc. »

La nourrice de Louis, elle aussi aux ordres de Marie de Médicis, confirme que le couple royal a fait l'amour à deux reprises. Ce que la grosse banquière claironne triomphalement le lendemain à la cour. Peu importe les « mensonges d'État ». Peu importe que cette nuit bâclée ait gâché à tout jamais la vie conjugale du roi et de la reine de France. Quelques années plus tard, Louis XIII avouera à son confesseur jésuite, le père Arnoux, que ce coït forcé de Bordeaux lui a laissé des « répugnances insurmontables ».

Ballotté entre les favorites de son père qu'il traitait de « putaines » et la jalousie malsaine d'une mère sotte et cupide, le jeune monarque est certainement inhibé face aux femmes. De tous les proverbes qu'on lui a enseignés, il affectionne celui de Salomon : « L'homme est heureux qui a trouvé une femme vertueuse. » Artiste, délicat, sensible, il aurait aussi eu besoin de se sentir vraiment le roi et non un figurant.

Le 29 novembre à deux heures, le jeune couple entre solennellement dans Bordeaux sous les arcs de triomphe. Le soir, ils assistent à un splendide banquet au château Trompette et admirent en bateau le feu d'artifice. Mais leurs tendres échanges sont déjà obscurcis par le fracas de la guerre qui gagne les provinces françaises : « On ne parlait que du départ de Leurs Majestés », écrit *Le Mercure*.

Le retour à Paris dure plus de quatre mois. Près de Libourne, Louis se recueille dans le champ de bataille où son père a infligé une cuisante défaite aux Guise catholiques. Anne voyage avec la reine mère. Le soir, elle s'endort dans son lit espagnol qui la suit depuis Madrid. Pendant que la régente signe avec Condé la paix de Loudun, le « petit » couple se retrouve pour jouer aux cartes ou confectionner du massepain, pâtisserie orientale dont la gourmande Anne raffole.

Autour d'elle, sa duègne doña Estefaña monte la garde. Et aussi quelques Françaises qui ont fréquenté les monastères de Castille, comme la mère de Mme de Motteville. Cette dernière la décrit après son mariage : « Elle était assise sur des carreaux à la mode d'Espagne au milieu d'un grand nombre de dames, habillée à l'espagnole d'un satin vert en broderies d'or et d'argent, ses manches pendantes et renouées sur les bras avec des gros diamants qui lui servaient de boutons. »

À Amboise, dont Luynes est le gouverneur, pour la première fois les nouveaux mariés dînent ensemble. Après Chambord, Anne, éblouie, découvre Fontainebleau. Bientôt, ils seront à Paris, où le peuple s'impatiente de voir cette reine qu'on dit si belle, mais qui est espagnole.

4

Une reine chasse l'autre

Sur le Pont-Neuf, le farceur Tabarin avec son grand chapeau à clochettes annonce chaque jour l'arrivée du couple royal dans son palais du Louvre. Louis XIII est parti neuf mois plus tôt chercher son infante qui fait grincer bien des dents. Mais un souffle d'espoir traverse ce peuple de Paris accablé d'impôts. Et si Anne apportait enfin la paix ? Le 16 mai 1616, *Le Mercure* s'enflamme : « Dès la pointe du jour, on n'entendit que tambours dans Paris… »

À Montrouge, dix mille bourgeois en armes leur souhaitent la bienvenue. Le monarque inspecte les bataillons. Le prévôt des marchands ploie le genou et déjà la reine peut goûter à la malice égrillarde du peuple de Paris : « Puissions-nous, Madame, voir fleurir le lys français dans la toison d'Espagne par une heureuse lignée que nous implorons du Ciel. »

Pour son entrée le roi, en costume blanc, monte son cheval gris, Soleil, qu'il appelait autrefois le « beau cheval de papa ». La reine le suit dans une litière tirée par des mulets. Bouche bée, la foule contemple ses boucles blondes, ses gros diamants, sa robe à broderies d'or et d'argent, les torsades de pierreries : « La calomnie avait fait dire, à ceux-là qui ne désiraient l'alliance avec l'Espagne, diverses choses de la personne même de la reine, écrit *Le Mercure*. Lesquels, lorsqu'ils la virent si belle et si ressemblante au roi, devinrent comme muets. »

Depuis la porte Saint-Jacques, la litière royale s'avance avec peine dans ce Paris étudiant aux ruelles tortueuses et aux innombrables clochers. La reine infante admire l'église Sainte-Geneviève, patronne de la vieille cité, la Seine, les tours de Notre-Dame où le cortège s'arrête pour une prière d'action de grâces, les ponts surchargés de maisons, le donjon du palais où l'attend son destin. Autour du pont-levis se bousculent pourpoints de velours mauve, soutanes, robes de satin vert et de drap taupe, livrées jaunes des valets, justaucorps gris des hallebardiers. Une foule bariolée qui, ce soir, boira à la santé des époux royaux et du dauphin qui ne manquera pas de voir bientôt le jour. À Paris, tout est plaisirs et fêtes. Au contraire de la monacale forteresse de l'Escorial.

En pestant, la grosse Médicis a dû déménager au rez-de-chaussée ses tapisseries, ses coffres de pierreries, son imposante garde-robe. On a fait murer l'escalier dérobé qui la reliait à sa chère Léonora Galigaï. Anne s'installe au premier étage, dans les appartements des reines de France, avec la vue ensoleillée sur le jardin de l'Infante aux gracieuses broderies de buis et de cyprès dessinées à son intention. Plus bas coule la Seine, couverte de bateaux tirés par des bœufs ou des chevaux. En face, de l'autre côté du fleuve, se devine le palais en brique et pierre de la reine Margot.

L'ambassadeur Monteleón a déjà pris la plume pour son rapport au duc de Lerme : « L'appartement que l'on donne à notre infante est fort convenable, mais celui destiné à ses femmes est bien petit. On m'a dit au reste que celui que la reine mère a pour ses femmes est bien plus petit encore. La comtesse de la Torre et la comtesse de Castro sont logées dans le palais. » Mais il se plaint : « La maison de la jeune reine n'est pas constituée. »

Le roi a plusieurs fois réclamé de nommer quelques dames auprès de son épouse, mais on lui a répondu que toutes les charges sont pourvues par la Galigaï. La sorcière a promu grand aumônier d'Anne, une de ses créatures, Richelieu, qui n'est encore qu'évêque de Luçon[1]. Quant à Marie de Médicis, elle conserve son titre de reine.

Pourtant l'ambassadeur Monteleón écrit à Madrid : « La reine infante est vue chaque jour par ses sujets avec un nouveau plaisir. » Les premiers jours, chambres du Parlement et échevins de l'Hôtel de Ville défilent au Louvre. Le roi donne un grand bal où Anne, habillée d'une basquine mauresque couverte de diamants, de perles et d'émeraudes, s'amuse fort à danser quelques-unes des sarabandes à la mode de Castille, de Grenade et de Cordoue : « Le roi a donné ces jours derniers un superbe bal déguisé et masqué où Leurs Majestés ont beaucoup dansé, écrit Monteleón. Je me réjouis en voyant la reine infante si grande et si belle entourée tantôt des hommages, tantôt des respects de l'assemblée. Bien qu'il soit d'usage en France que la reine ne danse pas avec son mari, le roi s'est conduit à merveille avec son épouse. Il y avait grande affluence à ce bal. On voyait l'évêque de Luçon, grand aumônier de la reine infante (il n'en existe pas deux en France d'aussi zélés pour le service de Dieu, de la Couronne et du bien public), M. de Villeroi, M. de Sillery, le maréchal et la maréchale d'Ancre, tous déguisés. »

Une semaine après son arrivée, la jeune reine accompagne son époux à la chasse aux Tuileries où, sous ses yeux, il tue un marcassin. Elle est encore à

1. Par commodité, nous l'appellerons désormais Richelieu.

ses côtés lorsque le 22 juin, dans la Grande Galerie du Louvre, il touche les écrouelles de plus de mille malades. Puis il lui fait les honneurs de Saint-Germain. Le lendemain, alors qu'elle visite les fameuses grottes avec ces jets d'eau inventés par Henri IV, Louis ne peut s'empêcher de « mouiller » les Espagnols, ce qui aurait fait s'esclaffer son père.

Il s'agace de ces duègnes noires figées par une étiquette féroce, de ces chapelains illuminés, de ces ambassadeurs qui, avec leur incroyable orgueil, dressent autour de son épouse une armure d'airain comme s'ils étaient toujours à l'Alcázar de Madrid. Déjà mille intrigues se tissent contre cette invasion espagnole dans la maison royale. En vérité, dans cette cour traversée de factions déchaînées, la reine infante est presque une ennemie pour Louis.

Au duc de Lerme, Anne écrit : « Je suis ici entourée de soins et de prévenances. Mais bien souvent l'Espagne me manque. La comtesse de la Torre me témoigne chaque jour davantage son attachement : dites-le au roi mon père afin qu'il en éprouve le contentement que je crois. Que Dieu ait en sa garde sa catholique personne et la vôtre également, mon compère. Ana. » Isolée dans ses appartements, elle se raccroche à ses souvenirs de soleil et de prières comme le raconte Mme de Motteville : « Ma mère qui avait été plusieurs années en Espagne… lui fut d'un grand secours dans les premières années de son arrivée en France dans lesquelles elle ne prenait plaisir qu'à tout ce qui représentait l'Espagne… » Ses belles-sœurs lui ont présenté une bénédictine mystique, Marguerite d'Arbouze, qui parle castillan et avec qui elle a de longues conversations.

À Saint-Jean-de-Luz, Anne regrettait déjà le pain espagnol. Au Louvre, elle réclame qu'on lui envoie des oranges, des grenades, des melons. Son dîner se compose d'*oilli poutrido*, un pot-au-feu composé de quatre viandes. Le 1er juillet, note Héroard, « la reine est pour la première fois servie à la française ». Mais avec ses dames, elle raille beaucoup les mœurs de la cour de France. L'ambassadeur s'en plaint : « La reine infante se porte bien et si nous pouvions, pour rendre parfaite cette majesté, corriger quelques irrégularités de caractère, je regarderais cela comme d'une grande importance. Tout le monde pense avec raison que son jeune âge est la cause de cette légèreté. Elle ne parle jamais qu'avec des plaisanteries comme un enfant. On ne peut obtenir d'elle qu'elle s'applique à des choses sérieuses. Elle les oublie au reste avec une incroyable facilité et sa pétulance est telle qu'on n'a pas le temps d'y remédier ou de la prévenir… Il a été convenu que le père confesseur viendrait chaque jour passer quelques instants auprès de Sa Majesté pour avoir avec elle une conversation familière et secrète, mais je redoute chez la reine le dégoût que fera naître cette familiarité. »

À quatorze ans, Anne est à peine une femme. Pour se grandir, elle porte des patins. Le roi lui rend deux visites protocolaires par jour. Mais il a bien d'autres soucis entre les Concini qui lui volent son royaume et les récriminations de sa mère auxquelles s'oppose le prince de Condé. Le 28 juillet, Louis s'évanouit dans la chambre de Marie de Médicis où la chaleur est étouffante. À quatre heures, il est chez Anne qui lui a préparé une collation, mais il n'y touche pas. Le lendemain, elle lui fait porter du massepain et des grenades. Cette fois, il en mange et elle lui en renvoie le jour suivant.

Le 1er septembre, Condé est arrêté dans l'antichambre de la reine mère et embastillé. Le Louvre est en ébullition. Monteleón accourt : « Aussitôt la nouvelle de ce mouvement, je me suis promptement rendu auprès de la reine infante. Elle s'est montrée la digne fille de Votre Majesté, n'ayant laissé apercevoir aucune marque de trouble et paraissant aussi tranquille qui si elle avait été dans le palais royal de Madrid. Je suis resté toute la journée dans son antichambre. »

Concini est le maître. Les Espagnols n'en sont pas fâchés. Au Louvre comme dans les rues, le Florentin parade, désormais entouré d'une centaine de gardes en pourpoint rouge et noir et armés jusqu'aux dents. Deux mois plus tard, les nerfs de Louis lâchent. À plusieurs reprises, à son médecin, il s'est plaint de la tête et du ventre. Il s'est mis au lit. Peu après quatre heures, son premier valet de chambre entend un grand râle. Il ouvre les rideaux du baldaquin. C'est une crise d'épilepsie. On le maintient debout pendant qu'Héroard tente de lui desserrer les dents avec le doigt. En vain. « Le sieur de la Piolière lui met le manche de son couteau en la bouche », rapporte le médecin, affolé. Le soir, après deux clystères, il dîne en présence d'Anne, accourue dans ses appartements.

Hélas ! plus que sa jeune épouse, c'est sa couronne bafouée qui occupe tout l'esprit de Louis. Avec Luynes, son compagnon de chasse, il cherche le faucon qui s'abattra sur l'odieux Concini. Ce sera le capitaine des gardes du roi, Vitry.

Les comploteurs se réunissent dans la chambre du favori. Anne en est malade à son tour. Le 17 avril, elle est saignée au pied.

Le lundi 24, Vitry exécute le Florentin à la porte du Louvre. C'est la fin de la matinée. La reine, qui se couche et se lève tard, à la mode espagnole, est à sa toilette. De ses appartements du premier étage, elle entend les coups de feu, puis Louis, escorté du colonel des gardes corses d'Ornano, crier d'une fenêtre aux soldats dans la cour : « Merci, grand merci à vous ! À cette heure je suis roi ! » Des ordres, des cliquetis d'armes, des pas lourds : la Galigaï est séquestrée dans sa chambre. Sa cassette de bijoux saisie.

Des crieurs à cheval accompagnés d'archers partent annoncer que « la justice du roi a mis fin aux exactions du maréchal d'Ancre ». Le corps de l'usurpateur italien déposé en cachette à Saint-Germain-l'Auxerrois est traîné le lendemain sur le Pont-Neuf, pendu à une potence et dépecé par une foule ivre de fureur qui oblige les passants à clamer : « Vive le roi ! » devant la dépouille sanglante.

Le lendemain, Louis XIII préside pour la première fois son Conseil. Seul avec les anciens secrétaires d'État. À Villeroi, il s'écrie en l'embrassant : « Mon père, je suis roi à présent, ne m'abandonnez point. » En début d'après-midi, il rend visite à son épouse. Il y retourne le soir. Apitoyée, la petite reine a recueilli le fils des Concini, Henri, qui n'a que dix ans et qu'elle a vu souvent danser des rôles d'anges et d'amours dans les ballets de Marie de Médicis.

L'ambassadeur Monteleón renseigne jour après jour Madrid sur le coup d'État qui fait planer une ombre sur l'alliance entre les deux royaumes catholiques. Déjà Louis a décidé d'appuyer le duc de Savoie, dont la forteresse de Verceil est assiégée par les Espagnols, en lui envoyant son connétable huguenot, le maréchal-duc de Lesdiguières.

À l'étage inférieur, la reine mère se tord les mains en gémissant et prenant le Ciel à témoin qu'elle n'a jamais songé à s'opposer au service du roi mais ardemment désiré la paix pour la France. Elle n'a qu'un mot pour ses deux canailles florentines : « Il y a longtemps que je leur ai dit de retourner en Italie. » À la porte de son antichambre, ses gardes sont désarmés et remplacés par ceux du roi. Elle est prisonnière. Louis refuse de la voir. Malgré ses prières de mère éplorée, seuls ses domestiques peuvent entrer dans ses appartements. Elle a ordre de ne communiquer avec personne, pas même avec son cher Gaston, ses deux filles ou sa belle-fille Anne.

Richelieu, qui fait partie de la clique Concini, se voit interdire d'entrer au Conseil par Villeroi. Il n'est plus secrétaire d'État : « Allez, ôtez-vous d'ici ! » lui lance le roi au visage. Anne perd son grand aumônier qui n'a pas pris le temps de percer son âme et ses mystères. L'ambitieux évêque est prié d'accompagner en exil sa bien-aimée protectrice Marie de Médicis.

Les adieux de la mère et du fils ont lieu le 3 mai, veille de l'Ascension. Le matin, Richelieu présente au roi les mots que sa mère doit prononcer, et Louis soumet sa réponse à son Conseil.

À deux heures de l'après-midi, la jeune reine descend avec son jeune beau-frère, Gaston d'Orléans, au rez-de-chaussée dans l'antichambre de Marie de Médicis. Quelques intimes assistent à l'événement inédit dans l'histoire de France : ce bannissement de la mère du roi, qui ressemble à une répudiation. Louis a revêtu son pourpoint immaculé et ses chausses écarlates des jours de fête. Son feutre noir à plume blanche fait de lui le digne successeur d'Henri IV.

La reine mère tient à la main le texte de son discours, mais au lieu de commencer comme prévu par « mon fils », elle dit « Monsieur ». Le monarque répond : « J'ai désiré de vous soulager de la peine que vous preniez en mes affaires. Il est temps que vous vous reposiez et que je m'en mêle. J'ai ma résolution de ne plus souffrir qu'un autre que moi commande en mon royaume… Adieu, Madame, aimez-moi et je serai bon fils. »

Le couple royal regarde s'éloigner le cortège de la mère abusive en route pour Blois. Dans le dernier carrosse est monté Richelieu. Une heure plus tard, Louis emmène sa jeune épouse pour une semaine au château de Vincennes, puissamment fortifié. Il faut purger le Louvre des miasmes de la corruption florentine. La Galigaï est toujours prisonnière dans sa chambre. Bientôt, elle sera embastillée avant d'être décapitée place de Grève.

Anne est désormais seule reine. Il lui reste à conquérir le cœur de son roi.

5

« *Cum voluptate* »

Le monde entier épie le grand lit à baldaquin de la reine mais, comme Anne, ne voit rien venir. De Paris, le nonce Bentivoglio envoie des notes régulières au Vatican pour rendre compte, au jour le jour, de la vie conjugale privée des plaisirs de la nuit. Le pape Urbain VIII sait qu'il y va de l'avenir de la chrétienté.

Le roi d'Espagne n'est pas moins anxieux. Les dépêches de l'ambassadeur Monteleón provoquent perplexité et colère à l'Alcázar de Madrid. L'infante a été sacrifiée à la raison d'État et à la sainte gloire de Dieu. Et depuis la nuit de noces de Bordeaux et l'annonce solennelle à toutes les ambassades de la consommation du mariage, le roi de France dédaigne le lit d'Anne et trahit ses devoirs conjugaux. Certes Louis a seize ans. Et sa sœur Élisabeth, depuis son mariage, vit à Madrid à l'écart de son époux. Mais celui-ci n'a que douze ans.

Louis aime la chasse par-dessus tout au point d'en rêver la nuit. Mais il n'est pas aussi insensible à la séduction féminine qu'une légende le prétendra pendant des siècles et jusqu'à nos jours. En juillet 1617, dans les appartements de la reine, il a paru succomber aux charmes d'une fille d'honneur, Mlle de Maugiron. Atteinte dans sa fierté d'infante d'Espagne, Anne, découvrant les tourments de la jalousie, a exigé son renvoi. La belle a été aussitôt mariée et exilée dans le Dauphiné avec une dot de dix mille écus payée par le Trésor.

Et voici qu'apparaît à la cour une nouvelle intrigante, Marie de Rohan, qui a quelques mois de plus que la reine. Cette beauté du diable ensorcelle le roi. Avec sa crinière de Diane chasseresse aux reflets roux, sa taille, sa gorge, ses bras, sa bouche et par-dessus tout son regard effronté, elle a les armes qui feront d'elle la grande aventurière du siècle : « Je crois, dira-t-elle, que je suis destinée pour l'objet de la folie des extravagants. » Sa mère est morte quand elle avait deux ans et elle a été élevée de façon distraite par son père, Hercule de Rohan, compagnon d'Henri IV et très occupé, comme lui, à courir les jupons. Quelques jours après la naissance du dauphin, le roi, déposant le nouveau-né dans ses bras, s'est écrié avec son rire tonitruant : « Voilà un pesant fardeau, il était besoin d'un Hercule pour le porter. » Le duc était dans le carrosse lorsque le poignard de Ravaillac a frappé. Il a été blessé, et aussitôt rentré au Louvre, il a pris les mesures pour que l'ordre règne à Paris.

Prince de Guéménée et duc de Montbazon, il descend d'une famille qui possède la moitié de la Bretagne mais sa bourse est souvent plate. Grand veneur, il chasse avec le roi et ne consent à marier sa fille avec Luynes qu'après d'âpres négociations. Hercule se résout à cette mésalliance lorsque, le 12 août, Louis donne à son favori le château de Lésigny, près de Melun, l'hôtel de la rue de Tournon et toutes les pierreries de la Galigaï. Anne ne reçoit qu'un collier de perles.

Les fiançailles sont pourtant célébrées dans sa chambre un mois plus tard. Cérémonie princièrement intime à laquelle assistent quelques seigneurs triés sur le volet : « Luynes vit en régent du royaume avec le roi et sa femme en princesse du sang avec la reine », écrit la duchesse de La Force. Éblouissante, parée de tous les joyaux de l'héritage de la sorcière florentine, Marie de Rohan, à l'heure de la bénédiction nuptiale, n'a rien perdu de son charme incendiaire. Après le grand banquet, le couple s'en va dans sa demeure de Lésigny consommer le mariage. Parfaitement et sans témoin. Quinze jours plus tôt Anne a visité l'élégant château de brique et pierre sculptée. Elle y a rejoint Louis parti trois jours chasser le perdreau en compagnie de son favori. Elle n'y a passé que quatre heures. Ils ont goûté au bord du lac par une chaleur étouffante. Elle est rentrée au Louvre. Seule. La cour jase. En octobre, Anne tombe malade. Si sérieusement que le 4 novembre, Louis entre à sept heures du matin dans sa chambre pour la prier de prendre ses potions. « Y taste du bout des doigts pour la persuader, ne peut », écrit Héroard, toujours épiant une étincelle de tendresse. Le médecin ajoute que, coïncidence, le lendemain le roi donne audience à « un ambassadeur d'Espagne qui, selon les dires, ressemble au roi d'Espagne ».

Quelques jours plus tard, la reine est hors de danger. Le 11 novembre, Anne doit accompagner le roi en Normandie. Louis lui rend visite cinq fois par jour pour s'assurer qu'elle peut entreprendre ce voyage. Monteleón l'en dissuade et en informe immédiatement Madrid : « Le roi très chrétien étant sur le point de partir pour Rouen voulait y mener la reine infante et nous a fait prévenir de l'accompagner. Je choisis une occasion favorable et, dans une conversation familière avec un des ministres de Sa Majesté, je lui dis qu'il était peu prudent de faire voyager la reine infante dans sa convalescence. Peu après je fis demander au roi la permission de demeurer auprès de l'infante. À la première occasion, Sa Majesté très chrétienne s'approchant de moi avec une certaine précipitation me dit :

“Je vous remercie, monsieur le comte de Monteleón, de nous avoir fait éviter une imprudence. Non seulement la reine ne me suivra pas, mais je vous permets de rester avec elle.” »

Dans la même missive, l’Espagnol réclame pour la reine des oranges « semblables à celles que je reçus l’année dernière et si belles qu’on les aurait dites cueillies sur l’arbre de la veille ». Guérie par l’élixir des agrumes espagnols, Anne retrouve son mari le 31 décembre à Saint-Germain, où elle l’accueille à l’entrée de la galerie. Mais malgré cette longue séparation, Louis ce soir-là s’endort à neuf heures et demie. La reine est encore et toujours seule. Et vierge.

Ils rentrent à Paris le 5 janvier 1618 mais, le lendemain, le roi soupe chez son favori. Le mois de janvier est un calvaire. La pétulante duchesse est l’astre de la cour et son appartement le cœur du Louvre. Chaque soir, le roi monte chez Luynes où la belle Marie le charme et surtout le divertit. La cour n’a pas été aussi joyeuse depuis le Vert-Galant. Louis XIII y découvre une insouciance qu’il n’a jamais connue du temps de sa mère. Il y retrouve les fidèles de son père entourés de jeunes femmes s’initiant au jeu de la séduction.

Quel contraste avec le protocole empesé des Habsbourg, avec cette comtesse de la Torre dont les yeux noirs épient chacun de ses gestes, avec ces duègnes qui jacassent à mi-voix comme si elles récitaient le rosaire, avec ces moines illuminés qui se jettent aux pieds d’Anne. Si la femme est un péché, avec Marie de Luynes, il est infiniment aimable.

Humiliation, la reine doit monter à l’étage des Luynes, le 25 février, pour voir le roi danser son ballet de carnaval et sourire aux dames. Monteleón s’en indigne : « Les trois frères Luynes sont des cavaliers bien intentionnés mais de peu d’étoffe et de peu de talent. Et cependant le roi s’y est fort attaché », écrit l’ambassadeur. Le favori, plus avide encore que Concini, arrache, en mai 1618, la charge très convoitée de gouverneur d'Île-de-France et de la ville de Soissons, avant de se faire nommer duc et pair, connétable puis garde des Sceaux : « Bien qu'il n'eût jamais entendu parler d'affaires ni vu autre chose que des chiens et des oiseaux d'où il avait tiré tout son avancement, ne connaissant ni le dedans ni le dehors du royaume, il en prit néanmoins le gouvernail avec autant de hardiesse que s'il eût jamais fait d'autre métier », écrit le marquis de Fontenay-Mareuil, page et compagnon de jeu de Louis XIII mais qui, lui, a beaucoup voyagé en Espagne, en Allemagne et en Italie. Quelques années plus tard, l'ambassadeur d'Angleterre lord Herbert décrira, effaré, l'indigence culturelle du favori : « Il était question de quelque affaire en Bohême lorsqu'il demanda si c'était un pays situé dans l'intérieur des terres ou sur le bord de la mer ! » Parfois, au Conseil, Louis XIII le reprend : « Taisez-vous, vous n'y connaissez rien ! »

Sa fulgurante ascension met le fauconnier dans une position précaire et il recommande à sa femme de déployer ses charmes auprès du roi. Il y va de leur fortune ! Son frère Cadenet deviendra dans quelques mois, après son riche mariage, duc de Chaulnes, pair et maréchal de France, gouverneur de Picardie. À l'autre, Brantes, gentilhomme de la chambre, qui épousera l'héritière du duc de Luxembourg, on a donné le commandement des chevau-légers. Leur sœur Antoinette sera dame d'atour d'Anne. Son mari, ex-violon du duc de Montmorency, gouverneur de Calais. Un autre beau-frère, premier maître d'hôtel de Gaston. Marie, stratège démoniaque, a des talents que la France entière ne tarde pas à découvrir. Sans le sauf-conduit des Luynes, personne ne peut aborder le roi, à la cour ou aux champs. Pas même Anne.

Le 23 juin, Louis est à Lésigny. Il est arrivé sans son épouse qui préside seule la fête de la Saint-Jean à l'Hôtel de Ville de Paris. La reine assiste au bal avec ses deux petites belles-sœurs, Christine et Henriette, et allume l'immense bûcher avant le feu d'artifice. Le surlendemain, elle rejoint son époux à Lésigny, mais elle se sent importune et s'en retourne à la fin de la journée. Cette fois, la coupe est pleine. Et de surcroît Marie de Luynes est enceinte. De retour au Louvre, Anne verse des flots de larmes amères. D'Espagne, outre l'*Imitation de Jésus-Christ*, elle a emporté *Amadis de Gaule*. Ce roman de chevalerie très populaire depuis sa parution à Saragosse en 1508 est devenu son livre de chevet. C'est l'histoire d'un chevalier errant, héritier du fabuleux roi de Gaule, qui multiplie les exploits et échappe à tous ses ennemis pour retrouver la dame de ses pensées, fille du roi du Danemark. Désespéré par la jalousie de sa belle, il se retire quelque temps dans un monastère et prend le nom de « beau ténébreux ». Mais il finira par l'épouser. En quittant son père, Anne croyait trouver en France un autre chevalier qui braverait tous les obstacles pour conquérir son cœur. Amer contraste avec Louis qui néglige sa reine, se laisse happer par les artifices d'une intrigante et reste une semaine à pêcher la carpe chez la belle ensorceleuse.

Le duc d'Uzès, son écuyer d'honneur, s'en va à Lésigny avertir Louis XIII des chagrins de sa jeune femme. Pour la nouvelle visite de la reine, le 1er juillet, le roi fait un effort et s'avance au-devant de son carrosse. Mais il pleut et Anne repart de nouveau, abandonnant son mari aux charmes irrésistibles de la duchesse.

Le lendemain Louis, de retour au Louvre, rend à son épouse ses deux visites protocolaires et monte chez les

Luynes où se jouent une comédie et une farce. Il y retourne le lendemain. Et encore le surlendemain.

Chagrin, désarroi, doute… À bout de forces, la reine infante s'alite. Monteleón démêle les fils de l'intrigue : « Le roi est plein de prévenances et de petits soins pour la duchesse. Je pense que ces soupçons sont plutôt le produit de l'imagination exaltée de la reine infante et des bavardages malicieux de ses femmes qu'ils ne sont une réalité. Le roi est reconnu trop sage, trop vertueux pour qu'on puisse lui imputer aucune action coupable. Il faut exhorter la reine à se rapprocher de son époux, à l'aimer tendrement. Il faut lui conseiller ces mille petits soins de coquetterie propres à fixer les cœurs un peu volages. » Philippe III intervient et fait la leçon à sa fille bien-aimée : « Elle doit donner à son royal époux les témoignages d'une vive tendresse comme le veut la loi de Dieu. »

Anne répond en fille modèle qu'« elle aimait trop le roi très chrétien pour ne pas obéir avec joie aux ordres de son père : elle promit de faire telles caresses à son mari qui ne laisseraient aucun doute sur son amour et ne permettraient pas au roi de se séparer d'elle ». Monteleón ajoute son grain de sel : « Sa Majesté a précisé qu'elle se montrerait aimable avec les personnes que le roi affectionnait et particulièrement envers le duc de Luynes et la duchesse sa femme. "Je ne saurais concevoir à l'égard de cette dernière, me dit la reine infante en finissant, aucun sujet de jalousie car elle passe pour une femme d'honneur." Je ne sais à quel point on peut croire à la sincérité des paroles de la reine car tandis qu'elle me parlait, elle paraissait contrainte et la rougeur lui montait au front. »

Héroard a déclaré que le roi cesserait d'être trop jeune à dix-sept ans et pourrait alors se comporter en mari. Mais depuis son anniversaire, le 28 septembre,

Louis n'arrive toujours pas à franchir le cordon noir des Espagnols pour gagner le lit de sa femme.

Tous les historiens, comme la cour, s'étonnent que le fils aîné d'Henri IV manifeste si peu d'appétit sexuel. Mais c'est oublier aussi qu'Anne est arrivée dans cette cour libertine avec sa fraise en dentelle de rigueur à Madrid où sa gouvernante, la comtesse d'Altamira, répétait que c'est péché de plaire aux hommes. Fontenay-Mareuil, qui a accompagné l'ambassade extraordinaire du duc de Mayenne en Espagne, a été saisi, à l'Alcázar, par « la merveilleuse quantité de femmes auprès d'elle ». Mais il décrit aussi leur réclusion probablement héritée des Maures : « Nuls hommes n'entrent jamais dans le quartier des dames… Et elles ne sortent guère que pour aller aux églises et autres lieux de devoirs. »

Anne a hérité de la foi brûlante de sa mère. Les jours où elle communie, elle assiste à deux messes et récite plusieurs chapelets par jour. Le 3 octobre 1618, Philippe III lui a écrit une lettre lui rappelant que sept ans plus tôt, la pieuse reine Marguerite s'éteignait à San Lorenzo de l'Escorial.

De Madrid à Paris, les courriers vont bon train. De sa sœur chérie, Élisabeth, sa « mignonnette », Louis reçoit souvent des lettres tristes. La princesse des Asturies se plaint de la cour espagnole où le roi est en deuil et les fêtes sont proscrites. Ses duègnes jugent « trop délurée » la fille d'Henri IV. Indigné, Louis est plein de fureur contre ces Espagnols qui infligent d'intolérables brimades à sa sœur.

Il ne supporte plus de voir le duc de Monteleón et le confesseur relever chacune de ses paroles pour en alimenter leurs lettres à Madrid et s'attirer les faveurs du roi Philippe. Il accuse la comtesse de la Torre d'extorquer des sommes astronomiques à la reine. Anne est prise dans le tourbillon de la colère royale.

Qui est donc coupable dans cette tragédie intime ? L'orgueilleuse petite reine dévorée par sa jalousie, le favori cupide ou le roi obsédé par le souvenir de son père et la menace de monarchie universelle à laquelle l'Espagne prétend ?

Une conjuration parrainée par Rome et Madrid se met en place pour forcer les charmes qui entravent la couronne de France. Le cardinal Bentivoglio fait le siège du jésuite Arnoux, confesseur du roi, tandis que Monteleón harcèle le duc de Luynes. Le favori annonce que le roi viendra remplir chez sa femme ses devoirs conjugaux lorsque la sinistre cohorte de la reine sera renvoyée en Espagne.

L'ambassadeur, le premier, prend congé du roi le 7 novembre 1618. Nommé par le duc de Lerme, il n'a plus de soutien à Madrid. Le favori de Philippe III vient en effet d'être disgracié et a perdu tous ses biens. Fin novembre, la cousine de la Torre se voit aussi obligée de remplir ses coffres. Les autres dames et chapelains suivent en cortège. Anne ne conserve que son confesseur, le père Fernández, et sa nourrice, sa chère Estefaña.

Pour comble de malheur, le 23 novembre, elle attrape la rougeole. Autour de son lit, de peur de la contagion, il n'y a plus que des médecins avec leur grand chapeau noir qui parlent latin et non le doux langage d'Amadis.

Son gerfaut à l'affût sur son poing ganté de cuir, Louis parcourt, à grandes enjambées, les marches de l'escalier qui monte chez Luynes. Le 30 novembre, il part pour Saint-Germain flanqué de son favori et de son rapace : « Cet oiseau se jetait sur les chiens, se jeta sur la tête du cheval du roy », écrit Héroard, effrayé. Revenu au Louvre le 10 décembre, le monarque se rend enfin après trois semaines au chevet de sa femme. Le lendemain, elle lui offre une comédie, cette fois française et non espagnole. Mais le nouvel ambassadeur Fernando Girón écrit au roi d'Espagne : « Leurs rapports sont aigres. »

Dans les appartements d'Anne règne désormais son ennemie, la duchesse de Luynes, nommée surintendante. La belle conquérante est enceinte de huit mois. Malgré son gros ventre, elle gouverne avec autorité les réjouissances et les trois cents personnes de la maison de la reine. Elle la sert à tous ses repas et verse aussi dans sa tasse son chocolat chaud aux vertus réputées aphrodisiaques par les Aztèques. Les Luynes sont au zénith. La duchesse accouche fin décembre d'une petite fille dans ses somptueux appartements du Louvre, privilège réservé aux princesses du sang. En janvier, Louis y fête les Rois et chaque soir y répète son ballet du carnaval qui couronnera les réjouissances organisées pour le mariage de sa sœur Christine avec le duc de Savoie. Cette alliance déplaît à Madrid, parce qu'elle ferme l'accès des Alpes à ses troupes vers l'Allemagne et les Flandres. À Paris, l'influence d'Anne ne compte guère.

L'ambassadeur Fernando Girón s'exaspère. Le 17 janvier 1619, il écrit à Philippe III : « Voilà quarante-huit jours que la comtesse de la Torre est partie. Le roi et la reine vivent toujours en frère et sœur. »

Le 20 janvier, Catherine de Vendôme, fille de la belle Gabrielle d'Estrées et du Vert-Galant, épouse le duc d'Elbeuf. Après le souper, le roi se rend dans la chambre des mariés pour leur « faire la guerre », c'est-à-dire raconter les plaisanteries salaces et histoires érotiques censées émoustiller le jeune couple. Mais si le duc, âgé de vingt-deux ans, consomme son mariage à trois reprises, Louis revient dans sa chambre à onze heures et s'endort après avoir bu sa tisane.

Trois jours plus tard, il assiste à un ballet chez la reine, mais à minuit il est au lit. Malgré les prières de tous les prêtres et prélats de sa cour, il ne veut plus entendre parler des maudites Espagnoles. De Madrid, il a reçu une nouvelle lettre de sa tendre Élisabeth qui lui a serré le cœur : pour la punir d'avoir envoyé un bijou à sa sœur Christine à l'occasion de son mariage, ses duègnes viennent de lui confisquer tous ses joyaux.

Luynes, qui recueille les doléances, décide d'agir « pour le grand bien de la chrétienté », comme le supplie le nonce Bentivoglio. Surtout pour assurer son avenir. Un dauphin consolidera le trône et sa place de favori. Le 25 janvier 1619, le roi, après sa visite protocolaire, quitte Anne à dix heures du soir. Il se couche lorsqu'il voit surgir son ami dans sa chambre. Héroard décrit la scène : « À onze heures ou environ, sans qu'il y pensât, Monsieur de Luynes vient pour le persuader à coucher, etc. Il résiste fort et ferme, par effort, jusques aux larmes. Y est emporté, couché, s'esforce 2 fois comme l'on dit, haec omnia me inscio. À deux heures revient. Desvetu, mis au lict, s'endort jusqu'à neuf heures après minuit. »

Ce double effort est salué par *Le Mercure* : « Tout le monde se réjouit de l'accomplissement du mariage du roi et la France fait des millions de vœux à Dieu qu'il donnât à la reine un dauphin. » L'ambassadeur de Venise Angelo Contarini annonce dans une dépêche que « le roi n'a fait qu'un lit avec la reine et a consommé le mariage ». Le marquis de Puisieux, secrétaire aux Affaires étrangères, écrit à notre ambassadeur à Rome : « Les meilleures nouvelles que je puisse vous mander est que le roi depuis quatre jours a commencé… De quoi Leurs Majestés ont reçu un réciproque contentement et le public une très grande consolation. Ce n'est pas une petite affaire et je suis sûr que le nonce n'aura oublié de l'écrire à Sa Sainteté à laquelle vous le devez confirmer comme un avis très important dedans et dehors le royaume. J'espère que ce bon commencement sera suivi d'effets très favorables et heureux. » Le père Joseph affirme à un ministre d'Espagne : « Le matin qui suivit cette première nuit, le roi promit à la reine avec serment qu'il lui serait fidèle et n'aimerait jamais aucune autre femme. » Madrid se réjouit de la « perfection » du mariage et, malgré sa « gravité espagnole », Philippe III ne cache pas sa joie. L'ambassadeur Fernando Girón l'assure que l'événement va enfin donner à la reine infante un pouvoir réel pour défendre les intérêts de l'Espagne.

Le 27 janvier, Louis retourne chez Anne et, cette fois, il y demeure jusqu'à six heures du matin.

Le 30, il s'y rend en robe de chambre.

Le 3 février, Héroard note que le couple fait l'amour à deux reprises.

Une semaine plus tard, Louis marie sa sœur Christine au duc de Savoie. Encore une sœur qu'il adore. Elle le lui rend bien. La princesse a pour lui une véritable passion et a pris son parti contre sa mère lorsque Marie de Médicis a été exilée à Blois. Le soir, le roi la conduit à sa chambre et assiste aux ébats. Car l'époux, âgé de trente et un ans, possède l'art de combler les femmes : « Il y resta tant que le prince fut couché et quelque temps après. » Christine, qui n'a que treize ans mais déjà le diable au corps, lui dit : « Sire, faites, vous aussi, la même chose avec la reine et bien vous ferez ! »

Le 12 février, à minuit, dans la salle du Louvre, le roi danse son grand ballet qui, quatre heures durant, raconte les aventures de Tancrède inspirées d'une poésie du Tasse. La forêt enchantée et les prodiges de machineries éblouissent la cour. Anne n'a d'yeux que pour son roi charmant tandis qu'un chœur de chérubins entonne :

L'éclat de vos beautés si dignes de louanges
Faisait croire à nos yeux que vous étiez un ange

Mais le soleil et nous
N'avons rien de beau, reine, à l'égal de vous.

Les lampions à peine éteints, une nouvelle provoque la stupéfaction du couple royal : Marie de Médicis s'est échappée de Blois. Une évasion rocambolesque. En pleine nuit, la grosse banquière est descendue par la fenêtre le long d'une corde en tenant serrée entre ses seins sa cassette de bijoux. À mi-parcours, elle a laissé tomber le précieux fardeau et manqué elle-même de s'écraser dans le fossé à proximité duquel l'attendait le duc d'Épernon avec un carrosse peint en noir pour éviter d'attirer l'attention. Mais désormais au Louvre la donne a changé. Anne est devenue pleinement la reine. Louis ne répond pas aux lettres dont le bombarde sa mère. Le jour, il gouverne son Conseil. La nuit, il découvre dans le grand lit de sa jeune épouse que les devoirs conjugaux donnent plaisir, joie et bonheur. Le 18 mars 1619, Héroard, toujours là, note dans son Journal que le roi a fait l'amour « *cum voluptate* », le latin seul pouvant traduire la splendeur du royal accouplement.

6

Que le ciel est gai

La cour est attendrie. Louis et Anne sont amoureux. Ils n'ont pas vingt ans et ne se quittent plus. Début avril, à Saint-Germain, ils jouent au palemail ensemble avant de partir pour les châteaux de la Loire. La peste, une fois de plus, ravage Paris. Mais le roi craint tout autant les récriminations de sa volcanique mère. Il a envoyé à Angoulême, où Marie de Médicis s'est réfugiée sous la protection du duc d'Épernon, gouverneur du Poitou, le cardinal de La Rochefoucauld pour négocier, par un traité en bonne et due forme et en dix articles, la paix avec la rebelle Florentine.

Le couple royal n'est nullement pressé de sceller d'un baiser la réconciliation. Ni Anne de retrouver une belle-mère sans cœur qui la tient pour quantité négligeable. Les carrosses du roi et de la reine quittent Saint-Germain le 7 mai 1619. Cette fois, ils se suivent. Et Anne tient toute sa place de souveraine dans le sillage de son époux. Naturellement, les Luynes sont du voyage avec leur petite fille de quatre mois. Et la jeune duchesse de Savoie, Christine, qui ne montre elle non plus aucune impatience à revoir sa mère. Après son mariage, elle a laissé son nouveau mari rendre visite seul à Marie de Médicis à Angoulême.

Les chariots avec les baldaquins, la vaisselle d'argent, les candélabres, les coffres remplis de vêtements, les dames d'honneur et d'atour, forment un lent cortège enchanteur qui chemine par la vallée de Chevreuse. Les aubépines sont en fleur et les cerisiers couverts de fruits. Non, on ne se hâte pas, le voyage va durer quatre mois. Chaque matin, le couple assiste à la messe et aux vêpres le dimanche. Le ciel est sans nuages. Seul Héroard ronchonne contre la chaleur excessive. Il recommande la sieste et prescrit ses tisanes.

Neuf jours plus tard, à Orléans, par une journée radieuse, Anne et Louis embarquent à six heures du matin pour profiter de la fraîcheur de l'aube. Un lever très matinal pour une Espagnole. Après quatre heures de douce navigation au fil de l'eau, la galiote royale a parcouru dix lieues. Les toits de Beaugency défilent, dominés par le donjon carré et la flèche de Notre-Dame où s'est tenu en 1152 le concile entérinant le divorce de Louis VII et Aliénor d'Aquitaine. Il faut mettre pied à terre pour franchir le pont. Puis le repas est servi à bord, tandis que l'on glisse à nouveau vers Blois où l'on accoste en fin d'après-midi.

Le lendemain, c'est toujours poussé par le fleuve que le cortège gagne Amboise. La jeune reine raffole de ces fastueuses demeures Renaissance bâties par François Ier pour la séduction et le plaisir. Elle n'en a pas connu de semblables dans la rude Espagne de son enfance.

Louis pêche dans la Loire, fait du bateau au milieu des oisons, va aux vêpres avant de rejoindre la reine dans son lit mais, aux dires d'Héroard, sans faire l'amour.

Le bébé des Luynes enflamme leur désir d'enfant. Mais le despote médecin veille. Il impose au roi des « délais de quinzaine » pour mieux assurer la conception d'un dauphin. Le bruit a déjà couru que la reine était enceinte. Mais cet espoir a été déçu. Louis n'en est que plus amoureux. Il ne cesse de lui promettre une fidélité éternelle.

Le couple s'en remet à la Providence pour exaucer son vœu le plus cher. Le dimanche 19 mai, jour de la Sainte-Trinité, il y a messe à la petite chapelle, puis grand-messe avec communion, et l'après-midi sermon et vêpres. Anne en profite pour demander au roi de France de toucher les écrouelles de cinq Espagnols. Il a dit oui, mais son amour conjugal ne va pas jusqu'à braver la maladie. Il s'en garde bien. Il répète souvent : « Ils croient que le roi ne peut pas attraper la peste mais je ne suis pas un roi de cartes. »

Le nouvel ambassadeur d'Angleterre, lord Herbert, est aussi du voyage pour présenter ses lettres de créance. Il souffre de la chaleur qu'il juge affreuse. En revanche, ce protégé du tout-puissant Buckingham, favori de Jacques Ier, n'a pas assez de superlatifs pour décrire le charme de la jeune souveraine : « La reine était excessivement blonde comme tous les princes de la maison d'Autriche et son caractère était si doux et si conciliant qu'on ne l'a jamais vue rendre un mauvais service à personne. Au contraire, elle s'est toujours entremise en faveur de ceux qui avaient des demandes à faire au roi… Elle était déjà mariée depuis plusieurs années sans avoir d'enfant bien qu'elle parût si propre à la maternité que ce ne pouvait être certainement de sa faute. »

Fin mai, le bateau royal repart en direction de Tours. On déjeune à nouveau en admirant les vignes et les jardins qui descendent vers les rives. Une semaine plus tard, Anne et Louis sont au Lude où on leur sert un festin de fraises et d'asperges. Le lendemain, nouveau festin de tourte à la crème et aux fraises arrosée de vin clairet. Et cela dure une semaine. À Champchevrier, il fait si chaud que le roi s'endort sur un tapis de Turquie à même le sol. À Marmoustier, il se baigne dans la Loire.

La croisière merveilleuse se poursuit par Azay-le-Rideau, Plessis-lès-Tours, où Anne lui joue une pastourelle avec quelques princesses et dames de la cour. Après la messe, le couple pêche une alose qu'ils mangent au court-bouillon. Le 9 août, Louis retrouve sa reine à Chenonceaux, qu'Anne a tenu à visiter avec ses dames tant la cour lui a chanté les splendeurs de cette perle des châteaux de la Couronne avec ses arches enjambant le Cher, cadeau d'Henri II à Diane de Poitiers. Ensemble, ils visitent les appartements réaménagés par Catherine de Médicis, le magnifique jardin de buis à la française et les parterres de roses.

Tout le mois d'août n'est que chasse, pêche et plaisirs. Presque chaque soir, Louis assiste à une comédie espagnole avant de s'endormir dans le lit conjugal.

Mais Marie de Médicis s'impatiente. Le 4 septembre, elle arrive à Couzières, le château construit près de Tours, sur les bords de l'Indre, par Hercule de Rohan, père de la duchesse de Luynes. Le lendemain, le roi part seul à cheval à la rencontre de sa mère. Dans le jardin de Couzières, la royale fugitive se jette en sanglotant dans les bras de son fils que ces derniers mois de bonheur ont transformé : « Comme vous êtes devenu grand ! » Le sensible Louis est à son tour gagné par les larmes. Le soir, Marie de Médicis s'installe à Tours pour quinze jours.

Dès le lendemain, elle rend visite à sa belle-fille dans sa chambre. Et déjà les querelles de préséance et d'étiquette reprennent. Louis retrouve Anne chaque nuit, mais le 14 septembre, il a la tête qui tourne et Héroard note que le roi est « brûlé par une humeur bilieuse ». Le 19, ce sont les adieux. Enfin !

Le couple royal part pour Amboise. Anne fête ses dix-huit ans le 22 septembre 1619. Ce soir-là, le roi donne un grand festin en l'honneur du départ de Christine et du prince de Savoie pour Turin. Louis, qui a retrouvé sa sérénité, célèbre l'anniversaire de son épouse en lui faisant deux fois l'amour. Le lendemain, en serrant sa sœur dans ses bras, il lui offre une chaîne de diamants. Avec émotion, il regarde s'éloigner la jeune femme si gaie et spontanée qui, comme son autre sœur Élisabeth, lui rappelle Henri IV. Plus tard, il écrira à son beau-frère : « Je veux croire que vous l'aurez bien chère parce qu'elle emporte, avec elle, une partie de mon cœur. »

Il est temps de regagner Paris. Mais la peste y sévit et, le 6 octobre, Anne et Louis s'arrêtent à Mantes où ils s'amusent à faire des confitures. Le 10, ils arrivent à Compiègne, où ils dînent de champignons avec les Luynes. Huit jours plus tard, ils chassent à Chantilly, où le prince de Condé et son épouse viennent s'agenouiller et demander pardon. Louis XIII relève la princesse, dernier amour du Vert-Galant, qui a donné naissance, en prison, à une fille, future duchesse de Longueville, prénommée Anne en hommage à la reine et Geneviève comme la sainte patronne de Paris.

Le 12 septembre, les souverains sont à Lésigny, le lendemain à Fontainebleau, puis à Saint-Germain. Ce n'est que le 10 décembre, après sept mois d'un lent voyage de noces à travers les jardins et les châteaux de France, qu'ils font leur entrée en carrosse à Paris.

Anne est épuisée. Mais ses médecins, qui décèlent un « état intéressant », jugent inutile de lui prescrire des remèdes. Mi-décembre, le bruit court dans les antichambres du Louvre, se répand dans Paris : « La reine est grosse. » Mais aussitôt cette nouvelle espérance de dauphin s'évanouit. Le tendre Louis redouble de prévenances. Luynes fait savoir à la cour d'Espagne, par une lettre du 23 décembre, que le roi aime sa femme « par-dessus toutes les choses de ce monde, qu'il le lui témoignait de tout son pouvoir et que cela était notoire à tous ».

Le 1er janvier 1620, lors de la cérémonie des nouveaux chevaliers du Saint-Esprit, ordre créé en 1578 par Henri III pour sceller la fidélité de la noblesse catholique, la reine apparaît amaigrie. L'ambassadeur de Venise, Contarini, qui assiste à l'un de ses dîners en public, est, lui, épouvanté par sa pâleur. Il écrit que « s'il ne l'avait vue manger, il n'aurait su dire si elle était morte ou vive ». Mais Anne ne sacrifie en rien ses devoirs. Elle soupe chez les Luynes pour fêter les Rois. Au menu : truffes à l'huile et fruits confits arrosés de houblon. Le 13 janvier, dans sa chambre, Cadenet, frère de Luynes, est fiancé à l'un des plus beaux partis du royaume : Mlle de Picquigny est héritière en Picardie de grandes terres, dont celle de Chaulnes qui fera bientôt de son mari un duc et pair.

La reine tient à répéter avec ses dames son ballet de carnaval qu'elle danse dans l'appartement des Luynes le 26 janvier. Les jours suivants, elle assiste aux autres ballets de l'Hôtel de Ville. Mais elle s'effondre, saisie d'une fièvre ardente. Elle délire. On la saigne, on lui pose des ventouses. Son état est si alarmant que, le 5 février, Héroard lui-même s'en inquiète dans le langage abscons des médecins de l'époque : « La reine était fort malade de fièvre continue et double tierce. » Désespéré, Louis est à son chevet quatre fois par jour. Il ne sort plus, renonce à toute cérémonie, tout protocole. Il refuse de prendre ses repas en public. Il lui tient la main, lui répète qu'il l'aime, qu'il ne veut pas la perdre, qu'il n'y a rien au monde qu'il ne ferait pour elle, « dût-il lui en coûter la moitié de son royaume ». Anne murmure qu'elle « voit bien qu'il l'aime de tout son cœur ».

Huit médecins se pressent autour d'elle. Quatre de la cour, quatre de la ville. Ceux de Paris veulent la saigner encore. Leurs confrères s'y opposent. Héroard n'ose décider. Pour les départager, le roi fait venir un vieux praticien qui a soigné son père et même Henri III. Le vénérable sage hoche la tête et déclare qu'il est préférable de mettre du sang dans les veines de Sa Majesté plutôt que de lui en ôter.

Le septième jour, on la croit perdue. Dans les appartements, la duchesse de Luynes et la princesse de Conti sanglotent. Le roi pleure aussi à chaudes larmes devant toute la cour. Seul l'ambassadeur d'Espagne, habitué à la gravité froide, habsbourgeoise, de l'Escorial, s'en déclare offusqué : « Ces larmes, quoique justes, n'étaient pas bienséantes à un roi. »

Devant l'ombre de la mort, Louis, à dix-huit ans, se moque de l'étiquette de Madrid ou de Vienne. Dans la chambre de la reine, il fait porter par les moines les reliques de saint Denis, celles de saint Charles et d'autres encore. Il fait un vœu à Notre-Dame-de-Lorette et, pour Anne, à Notre-Dame-de-Liesse, vierge noire rapportée par trois croisés de l'Aisne qui lui devaient d'avoir échappé aux geôles du Caire. À leur retour, ils ont édifié, dans leur région natale, près de Soissons, une chapelle devenue lieu de grand pèlerinage. Louis promet qu'il ira lui-même remplir le vœu de la reine. Il ordonne les offices des quarante heures réservés aux mourants. Paris n'est plus que processions et prières.

Le onzième jour, les médecins notent un léger mieux, la fièvre commence à décroître. Le 13 février, Louis peut écrire à sa sœur Élisabeth : « J'avais été grandement affligé de la maladie de la reine. Maintenant je reçois par ses meilleures dispositions un allègement incroyable. Je sais que vous y prendrez votre part. »

Deux semaines plus tard, il galope pour dire sa gratitude à Notre-Dame-de-Liesse qui a rendu sa reine à la vie. À une lieue de Clermont, il fait voler une corneille. Un aigle fond sur elle. Il lui brise l'aile droite d'un coup d'arquebuse.

Les relations avec son beau-père ne sont plus au beau fixe. Depuis le mariage avec la Savoie, Philippe III s'est emparé en Suisse de la Valteline. Ce passage des Alpes, au nord du lac de Côme, est crucial car il est désormais le seul à permettre aux armées des Habsbourg de circuler entre l'Italie, l'Allemagne et les Flandres. Les Espagnols ont massacré les Grisons protestants soutenus par Paris. Une vraie boucherie dont les Suisses se sont émus. Louis, furieux, a envoyé son fidèle Bassompierre en mission extraordinaire à Madrid réclamer justice, réparation et le départ des troupes d'occupation.

Mais le printemps revenu, ainsi que le sourire à la cour, le roi organise en l'honneur de la reine une grande course de bague semblable à celle qui a célébré leurs fiançailles huit ans plus tôt et qu'elle regrette tant d'avoir manquée.

Le 17 mai 1620, par un beau soleil, une foule heureuse se presse dans les rues Saint-Honoré et Saint-Antoine pour tenter d'atteindre la place Royale dont les maisons ont été décorées de tapis d'Orient. À deux heures, Anne arrive dans son carrosse de gala sous les acclamations, les applaudissements, les vivats. Avec Henriette, elle gagne la grande estrade tendue de velours bleu à fleurs de lys d'or.

En tête du cortège, le roi a sur la tête son panache blanc. Blancs aussi sont son costume et son petit coursier à la selle brodée d'or et d'argent. Il entre au son des trompettes, suivi d'une trentaine de seigneurs dont le prince de Condé, le comte de Soissons, les ducs de Guise, de Chevreuse, d'Elbeuf… Trois courses sont au programme. Louis décroche la bague à la deuxième et à la troisième. Trois concurrents sont ex aequo avec lui. Courtoisement, les autres champions décident de lui laisser la victoire.

Mais le monarque refuse et reprend un nouveau départ. La première course ne donne pas de vainqueur. À la seconde, Louis enlève l'anneau dans une explosion de joie. Anne, Henriette et toutes les dames n'ont d'yeux que pour ce roi charmant qui se dirige avec la bague vers son maître d'équitation, le grand Pluvinel, à qui il tient à en faire l'hommage. Mais l'ancien écuyer de son père lui désigne la reine. Anne en rougit de bonheur. D'autant qu'elle doit remettre au vainqueur une bague en or sertie d'un gros diamant. Elle le voit s'avancer vers l'estrade royale dont il escalade les marches. Il est son Amadis, son beau et brave chevalier dont elle relit chaque nuit la longue quête amoureuse.

Dans ses yeux verts brillent des larmes d'émotion. Louis, les apercevant, au mépris de tout protocole, se jette dans ses bras et l'embrasse d'un long baiser qui doit épouvanter l'ambassadeur d'Espagne. Le peuple de Paris, lui, crie son enthousiasme sans se soucier de l'étiquette.

En ce printemps, saison des amours, il ne se contente pas de ce défi à tous les usages pour exprimer ses sentiments. Quelques jours plus tard, il compose, à l'intention de la reine, une ode qu'il met lui-même en musique : la *Chanson d'Amaryllis*.

Il y a quelques mois, à l'automne 1619, le troisième volume du roman bucolique et précieux d'Honoré d'Urfé, L'Astrée, a connu un succès plus vif encore que les deux précédents. Dans les chambres des dames, les galants jouent au berger Céladon éperdu d'amour pour sa bergère Astrée. La marquise de Rambouillet tient chez elle un salon où toutes les femmes qui se piquent d'un peu d'esprit ont leur tabouret. Elle a fait tendre les pièces de son hôtel de couleurs nouvelles et de tons pastel. Les murs de sa célèbre chambre bleue gardent l'écho des sonnets et des quatrains sans lesquels aucun visiteur n'est reçu.

Louis XIII n'est pas à l'écart de cette fièvre poétique qui vient en réaction à toutes les violences et à la barbarie dont la France est le théâtre depuis la Saint-Barthélemy. La fille de son gouverneur, la ravissante et spirituelle Madeleine de Souvré, épouse du marquis de Sablé, tiendra dans quelques années un salon lui aussi très couru, place Royale. Les lettres que le monarque écrit à ses sœurs ou à son ancienne gouvernante, la marquise de Montglat, sont dans le style de l'époque, délicates et raffinées. L'héroïne de la *Chanson d'Amaryllis* est une bergère veillée par des nymphes :

Tu crois, ô beau soleil
Qu'à ton éclat, rien n'est pareil
En cet aimable temps
Que tu fais le printemps.
Mais quoi ! tu pâlis
Auprès d'Amaryllis.

Ô que le ciel est gai
Durant ce gentil mois de mai
Les roses vont fleurir
Les lys s'épanouir.
Mais que sont les lys
Auprès d'Amaryllis ?

Il conclut la dernière strophe en évoquant les larmes qu'il a vues dans les yeux de sa femme et qui l'ont transporté :

De ses nouvelles pleurs
L'aube va ranimer les fleurs.

Mais que fait leur beauté
À mon cœur attristé
Quand des pleurs je lis
Aux yeux d'Amaryllis.

« Gentil », « gai », ces deux adjectifs s'appliquent idéalement au caractère de la jeune reine. Anne et Louis se ressemblent. Ils ont en commun une éducation royale et le culte de la monarchie, mais surtout une grande piété et le goût du bonheur conjugal sans orage. Quand ils se promettent fidélité, ils sont à coup sûr sincères et heureux. Ils partagent aussi une fierté héritée de leurs ancêtres.

Il ne leur manque qu'un dauphin. Héroard continue de noter scrupuleusement chaque étreinte royale. En ce printemps, elles sont presque quotidiennes. Mais hélas infructueuses, alors qu'au Louvre on n'entend que vagissements de nouveau-nés. Le 8 juin, Anne est la marraine de la fille des Condé, la future duchesse de Longueville. Le baptême est célébré dans ses appartements. Le parrain est le duc de Luynes dont l'épouse est, elle aussi, grosse de deux mois.

Et pourtant, Paris n'a d'yeux que pour sa reine. Pour la fête de la Saint-Jean, c'est elle qui ouvre le bal de l'Hôtel de Ville au bras du séduisant comte de Soissons, cousin de Louis. Le prévôt des marchands a transformé ses salons en palais d'Orient et placé au milieu du vestibule des trônes sous un dais de velours brodé d'or et d'argent. Le couple royal fait honneur au grand buffet garni des meilleures conserves des épiciers Dupont et Racyne. La foule est si enthousiaste qu'elle renverse les tables et casse la vaisselle, ce qui fait rire le roi. Coiffé d'un chapeau garni d'œillets blancs, il met le feu au gigantesque brasier avant qu'un feu d'artifice n'illumine Paris. Anne aime les fêtes dont elle a été privée après la mort de sa mère.

Le lendemain, les échevins se rendent en cortège au Louvre pour remercier Sa Majesté d'avoir assuré par sa présence le succès de cette Saint-Jean parisienne. La reine infante vit toujours à l'heure de Madrid et passe de longues heures à sa toilette, baignant et massant son corps splendide avec des onguents, se fardant de rouge les joues et les lèvres, enfilant ses gants d'Espagne parfumés. Mais bien qu'elle soit à peine prête, Anne ouvre ses appartements aux représentants de la capitale, qui en sont tout confondus et se perdent en hommages sans fin. Elle leur assure que si un jour se présente l'occasion d'agir pour le bien de Paris, elle la saisira avec joie. Le soir, sous ses fenêtres, Louis XIII fait allumer des feux de Bengale et tirer un somptueux feu d'artifice.

Mais le temps n'est plus aux divertissements. Le 7 juillet 1620, le roi abandonne sa capitale aux belles mains d'Anne et part de nouveau en campagne. Sa mère a soulevé contre lui une « filière » de provinces depuis la Normandie jusqu'au-delà de la Garonne. Le pape a écrit à Marie de Médicis pour lui commander de ne pas prendre les armes contre son fils. Mais une épître pontificale est sans pouvoir devant la fureur de la Florentine qui, malgré la réconciliation de Tours, a perdu toute influence. À Angers, la grosse banquière boude.

En quittant le Louvre, Louis a déclaré que l'autorité de la reine « devait être respectée comme la sienne propre et ses ordres obéis sans discussion ». Régente, sans en avoir le titre, elle ne se montre pas indigne de ses premières responsabilités politiques. Elle reçoit à nouveau le prévôt des marchands, mais cette fois pour le serment des officiers de la milice bourgeoise. Sous sa signature, des édits royaux sont publiés le 14 juillet, interdisant la levée illicite de soldats. Surtout, elle envoie des troupes au secours du gouverneur d'Angers, que sa belle-mère menace de faire pendre.

Comme dans les romans de chevalerie, à Louis elle fait porter une écharpe à ses couleurs. Il lui répond : « J'aime avoir ce qui vient de vous. Je vous prie de le croire et que l'écharpe que vous m'avez envoyée m'est aussi bien agréable… Je réserve à la porter au jour de la montre générale de mon armée… Elle témoignera que j'étais seul au monde digne de porter les faveurs de votre main. » Est-ce elle qui lui a porté chance ? Le 17 juillet, Caen se rend contre toute attente et contre les princes qui déconseillaient de s'attaquer à cette ville qu'Henri III n'avait pu vaincre : « Si cela m'arrive on plaindra mon malheur, mais l'on ne me reprochera pas de la lâcheté en mes destins comme on ferait si nous temporisions davantage », a répondu le jeune monarque.

Le 4 août, sur la route de La Flèche, pour la première fois, il passe en revue son armée. Il monte Armenille, un cheval arabe, et arbore l'écharpe de sa dame. Trois jours plus tard, vêtu d'un collet de buffle doublé de satin, il gagne sa première bataille : Les Ponts-de-Cé qui tiennent la Loire. À son ancienne gouvernante, la marquise de Montglat qui s'inquiète pour lui, il écrit en jubilant : « Autant que je sais que vous m'aimez véritablement, je suis assuré que vous serez bien aise d'apprendre comme tout me réussit avec gloire et heureusement… N'en pleurez pas de joie ! Toutefois je crois que vous ne pourrez pas vous en empêcher. Cette bonne opinion que j'ai de vous fait que je vous en aime encore mieux. »

La défaite de Marie de Médicis et de son matamore, le duc d'Épernon, est un moment de bonheur que le roi veut surtout partager avec son épouse : « Venez, lui écrit-il, venez aussi gaiement que vous serez attendue de moi qui souhaite passionnément de vous voir. »

Avant de quitter Paris, la reine fait chanter un *Te Deum* à Notre-Dame pour fêter la fin de cette guerre impie entre une mère et son fils. Le 13 août, à Brissac, le roi accueille Marie de Médicis en compagnie de Condé, Luynes et de son frère Gaston, âgé de douze ans. La Florentine descend de sa litière, un masque sur le visage. En guise de réconciliation, elle donne un baiser à Louis et deux à Gaston. Anne arrive le surlendemain. Que durant cette guerre sa belle-fille ait assuré la régence, Marie de Médicis en crève de dépit. Qu'elle ait soutenu le gouverneur d'Angers contre elle, la reine mère lui en gardera une rancune tenace. Elle repart le 16 août pour Paris. Les deux femmes ne se croisent qu'une journée.

À Plessis-lès-Tours, Louis fait visiter à son épouse les cantonnements de son armée. Il lui montre les cartes de sa bataille. Le 3 septembre, à Poitiers, il lui présente les dix mille hommes de son infanterie qu'avec Luynes il emmène en Béarn pour mettre en œuvre la politique de son père. La mère d'Henri IV, Jeanne d'Albret, y a établi la religion réformée et spolié l'Église catholique. Depuis l'édit de Nantes, les deux religions cohabitent à nouveau, mais le parlement huguenot refuse de rendre leurs richesses aux prêtres et aux couvents. Louis XIII veut imposer la loi d'Henri le Grand à ces rebelles. Le roi très chrétien a assuré à sa reine infante qu'aucun de ses soldats ne posera le pied de l'autre côté de la frontière, en Espagne, chez Sa Majesté catholique.

Après avoir pris la route de Paris le 26 octobre 1620, Anne écrit au connétable dans son français trébuchant sur les conjonctions : « Je m'attends à vos promesses d'être bientôt de retour si ce n'est que vous meniez en Espagne cette grande armée. Je vous prie de croire que j'en ai grand-peur. »

Au Louvre, Marie de Médicis a repris possession de ses appartements. Et, après trois ans d'exil, retrouve sa superbe de régente. En toutes cérémonies, elle prétend avoir le pas sur sa belle-fille pourtant reine en titre. La volumineuse silhouette noire glisse sur les parquets, flanquée de ses nains et de son indispensable Richelieu qui est toujours M. de Luçon. Elle n'a pas cinquante ans et ses appétits politiques sont intacts.

Il y a dix ans, avec l'idée de l'agrandir, elle a racheté l'hôtel du duc de Luxembourg, derrière la rue de Tournon, où habitaient ses chers Concini. De Florence, elle a fait venir les plans du palais Pitti de son enfance. L'architecte Salomon de Brosse s'est mis à la tâche. La mort de ses favoris et son exil ont retardé le chantier. Mais aujourd'hui, dans ses appartements du Louvre, elle se sent à l'étroit et empoisonnée par toutes les pestilences des fossés. Surtout, elle supporte avec aigreur d'entendre au-dessus de sa tête les pas et les rires d'Anne et de ses dames.

Au fil des mois, la reine et la duchesse de Luynes sont devenues les meilleures amies du monde. Le retour de l'insupportable marâtre renforce leur complicité. La surintendante a placé sa belle-sœur, Antoinette du Vernet, comme dame d'atour. Avec Mlle de Verneuil, fille d'Henri IV, et la veuve du prince de Conti, toutes ravissantes et délurées, elles n'ont aucun mal à convertir Anne à la mode parisienne. Le dessinateur favori de Louis XIII, Daniel Dumonstier, trace le nouveau portrait de la reine qui n'est plus infante. Sa robe est décolletée, ses cheveux ne sont plus coiffés en boucles serrées mais tirés en arrière et bouffant légèrement au-dessus des oreilles. Une femme épanouie, ardente, bref, amoureuse. Après cinq semaines et quelques nuits délicieusement conjugales, Louis est reparti avec Luynes. Dans le Nord cette fois. Et contre les Espagnols dont les garnisons tombent l'une après l'autre : Abbeville, Rue, Montreuil, Hesdin, Boulogne. Il neige et il fait grand froid. Au Louvre, Anne et sa petite cour vivent au rythme de la grossesse de la duchesse. Lorsque Marie accouche, la reine ne la quitte pas une seconde. Le bébé naît le jour de Noël. Et c'est un garçon. Louis, à Calais avec l'heureux père de quarante-trois ans, fait tonner le canon et sonner toutes les cloches de la ville.

Le 12 janvier 1621, il est à Chantilly et rentre à Paris en chassant, un rapace posé sur son poing ganté de cuir. Au Louvre, les deux reines se disputent sa présence, mais c'est vers le bébé des Luynes et la jeune mère qu'il accourt. Le lendemain, il passe toute la nuit chez sa femme. Il y revient le plus souvent possible. Mais pourquoi la divine Providence refuse-t-elle à la reine le bonheur dont elle comble la duchesse ?

Le baptême du petit Louis-Charles de Luynes est digne d'un dauphin de France, avec banquet et grand bal. Le roi est parrain. Marie de Médicis la marraine. En cette époque de carnaval, le Louvre n'est qu'une fête. Chaque soir, il y a comédie italienne. Anne danse son ballet, le roi le sien. Dans la plaine du Roule, elle assiste avec la reine mère et Henriette à la volerie générale de la fauconnerie du roi. Le 8 mars, elle rejoint son époux à Saint-Germain, leur résidence de prédilection. Ils vont ensemble à la garenne chasser le lapin et le lendemain courir le cerf. Dans son carnet, Héroard s'essouffle à discipliner leurs étreintes. Le 6 avril, ils partent pour Fontainebleau.

Depuis plusieurs jours, les nouvelles de Madrid sont alarmantes. Le roi d'Espagne, Philipe III, est gravement malade. Deux ans plus tôt, Anne a déjà tremblé pour sa vie. Le 31 mars 1621, il agonise à Madrid, dans la pénombre de sa chambre, entouré de reliques et veillé par les grands d'Espagne figés dans un rituel sacré.

C'est seulement le 13 avril que l'ambassadeur d'Espagne, le marquis de Mirabel, flanqué du confesseur de la reine, annonce officiellement et en espagnol au roi le décès de Sa Majesté catholique. Louis XIII ordonne aussitôt le grand deuil. La cour et le Parlement assistent à la messe de requiem le 1er mai à Notre-Dame.

La reine laisse éclater sa douleur. Depuis leur séparation, son père la couvrait de cadeaux, la réconfortait lorsqu'elle était triste ou malade, l'exhortait à aimer son époux, à accomplir son destin de reine, et à s'en remettre à Dieu et à la Vierge. Il réclamait son portrait et voulait son bonheur. Elle aurait tant aimé lui annoncer la naissance de ce dauphin qui devait couronner l'union de l'Espagne avec la France !

Mais dans une dépêche à Rome, le 12 mars, le nonce Corsini a parlé de nouvelles espérances déçues. Alors qu'à Madrid Philippe IV va être roi et père à seize ans. Son épouse Élisabeth est grosse de deux mois. Louis XIII a écrit à sa sœur, sa chère mignonnette : « Je ne pouvais recevoir nouvelles qui m'apportassent plus de contentement que celle de votre grossesse. Je loue Dieu de cette bénédiction qu'il lui a plu de donner à votre mariage et le prie de tout mon cœur qu'il la continue toujours à l'accomplissement de vos bons désirs. »

En pleine détresse, Anne demande au roi la permission d'acquérir au faubourg Saint-Jacques une vieille bâtisse avec trois corps de bâtiment, le Petit-Bourbon, autrefois occupé par des moines. Elle veut y installer son amie, la mère Marguerite d'Arbouze. Cette bénédictine impose à Bièvre, dans son monastère du Val-Profond, la réforme de la vie religieuse décidée par le concile de Trente. Comme sa mère, la pieuse Marguerite, Anne veut pouvoir de temps en temps se retirer dans un cloître et prier pour sa famille.

La reine n'en a pas fini avec les deuils. Son oncle l'archiduc Albert d'Autriche, gouverneur des Flandres, s'éteint à son tour. Sa veuve, Isabella-Clara, prend les rênes de ces riches provinces espagnoles qui s'étendent d'Amiens à Anvers. Il y a six ans, lors de leurs adieux à la frontière des Pyrénées, son père lui a commandé de garder toujours pour cette tante au caractère exubérant une place dans son cœur. En vraie Habsbourg, Isabella-Clara a le sens de la famille. Comme Anne, elle n'a jamais eu d'enfants et, de Bruxelles, la reine reçoit fréquemment des cadeaux, notamment un perroquet du Nouveau Monde qui parle espagnol.

Le Flamand Franz Pourbus le Jeune, portraitiste de la cour d'Henri IV, peint Anne à cette époque dans une ample robe noire fermée par de gros nœuds, sans décolleté ni bijou à part le collier de perles et les boucles d'oreilles qu'elle ne quitte jamais. Ses poignets sont ornés de fines dentelles blanches de Malines gaufrées. Elle tient la patte d'un petit chien qui seul apporte une note de gaieté dans ce tableau baigné de mélancolie. Derrière elle, la Loire s'étend à perte de vue.

Mais le temps n'est plus aux amours ni aux larmes. La France est toujours déchirée dans son âme et sa chair par la guerre entre les deux religions. Louis est pressé d'en découdre avec les huguenots réunis à La Rochelle en assemblée générale. Furieux de la conversion forcée du Béarn au catholicisme, ces rebelles appellent le roi d'Angleterre à soutenir leur combat contre les papistes. À l'exemple des Provinces-Unies qui ont obtenu leur indépendance en 1609 sous le commandement du prince d'Orange, Guillaume de Nassau, l'assemblée générale a divisé le royaume en huit régions militaires, avec chacune à sa tête un grand nom de la noblesse : Soubise, Bouillon, La Force… tous huguenots de la meilleure qualité. Le duc de Rohan, gendre de Sully et cousin de la duchesse de Luynes, est leur général en chef. Ils ont attaqué Privas. Le couple royal quitte Fontainebleau pour Orléans, Amboise, Tours, Saumur où leur bateau accoste le 11 mai 1621.

Louis a méthodiquement tracé les plans des forteresses huguenotes à abattre. Le 29 mai, il fait tirer le canon devant Saint-Jean-d'Angély. Soubise, frère de Rohan, se rend après un siège d'un mois et court se barricader à La Rochelle. Anne et ses dames sont logées à une quinzaine de kilomètres à Aulnay puis à Brizambourg où le roi la retrouve le soir. Le 23 juin, c'est elle qui le rejoint au camp de Saint-Julien où il lui fait visiter les tentes de l'armée. La reine mère est là, elle aussi, mais dans un autre village. Louis XIII reste sur ses gardes. Comme l'armée file vers le sud, elle part sous bonne escorte à Angers.

Anne ne veut pas quitter son époux. Elle a peur pour lui : il méprise trop le danger. Quand il est venu la voir à Aulnay, une balle a bien failli le tuer. Ce soir-là, dans le lit de sa reine, le guerrier a trouvé un voluptueux repos.

Fin juin, le jeune couple arrive à Cognac. Bergerac tombe. Puis Clairac. Anne et Louis se retrouvent au hasard de la campagne. Après la reddition d'Agen, le roi a décidé de s'attaquer à Montauban appelé la « petite Genève française » car elle est administrée comme une république avec des consuls élus. Derrière les remparts hérissés de canons, deux habitants sur trois sont calvinistes, l'université et l'académie attirent des élèves de l'Europe entière. Le 14 août, Louis et Luynes, qui a désormais le titre de connétable, s'installent au château de Piquecos, propriété des Montpezat, à une portée d'arquebuse des fortifications de la cité rebelle. Anne est à dix lieues, à l'évêché de Moissac.

Les allées et venues sont fréquentes. Le roi galope pour souper et dormir dans la chambre de la reine. Parfois c'est Anne qui vient passer la journée à Piquecos. Un après-midi, alors qu'elle s'apprête à remonter dans son carrosse, Marie de Luynes lui annonce qu'elle reste coucher sur place. La jeune reine s'étonne : « Il n'y a point de lit ! — Hé, répond la diablesse, le roi n'en a-t-il pas un et mon mari un autre ? »

Ces plaisanteries galantes sont insupportables au roi de France. Comble de déplaisir, Louis apprend que la duchesse est encore enceinte. Mais de qui ? Le bruit court que le duc de Chevreuse, grand chambellan, a succombé aux charmes de la « jolie friponne éveillée », comme l'appelle Tallemant des Réaux. Le roi ne peut s'empêcher d'en informer le mari : « J'en ai eu grand plaisir à me venger d'elle et à faire déplaisir à lui. »

Luynes lui est devenu odieux. Non pas à cause de la conduite de sa femme mais bien parce qu'après trois mois de siège et seize mille boulets tirés par les trente-huit canons Montauban tient toujours. Louis XIII est indigné que, dans la nuit du 7 octobre, son connétable ait pris l'initiative de rencontrer Rohan pour tenter de négocier un cessez-le-feu. Affront suprême, le monarque a dû recevoir lord Carlisle, arrivé de Londres pour arbitrer entre les Français !

La rage au cœur, le souverain lève le camp le 6 novembre. Anne regagne Paris, laissant son époux remonter le cours de la Dordogne et assiéger Monheurt qui se rend au bout de trois jours, le 18 décembre. Pas de quartier ! La ville est brûlée, les remparts sont rasés. Luynes, qui a attrapé la scarlatine qu'on appelle la « fièvre pourpre », est mort trois jours plus tôt.

Au Louvre, la nouvelle ne fait pleurer ni Anne, ni la volage duchesse qui a déjà tourné la page, ni la cour jalouse de l'insatiable petit gentilhomme : « Vous êtes haï universellement parce que vous possédez seul ce que chacun désire », lui avait lancé avec superbe le duc de Rohan.

Marie de Médicis y voit une bénédiction du Ciel. À la tête du Conseil, la place est libre pour son cher Richelieu qui tente vainement de poser sur sa tête le chapeau de cardinal. Mais de Dordogne, Louis écrit à l'ambassadeur de Venise : « J'ai résolu de m'occuper de mes affaires. » Et à la reine qu'il est très absorbé.

Le 28 janvier, Anne accueille son roi à Paris. Le soir, Héroard note deux étreintes. Et encore le surlendemain. Cette fois, la reine est grosse. Mais curieusement, la sommité médicale de son temps, si pointilleuse sur la nécessité d'une procréation qu'attend la monarchie, semble ne s'être aperçue de rien. Et pas davantage l'ambassadeur de Venise, grand amateur de ragots. Ni le nonce apostolique qui ne quitte pas du regard la couche royale ! Personne ne mentionne un événement que, de Rome à Madrid, toute la chrétienté attend !

Imperturbable, le médecin du roi note que son patient a encore rempli son devoir conjugal les 17 et 19 février et de nouveau le 8 mars. Cinq jours plus tard, la reine assiste au Louvre à une fête donnée dans les appartements de la princesse de Condé. Accompagnée de la duchesse de Luynes et de Mlle de Verneuil, elle regagne sa chambre en passant par la Grande Galerie où les trois jeunes femmes courent joyeusement. Anne heurte une estrade et tombe. Chute fatale !

Le 16 mars 1622, Héroard, cette fois laconique, signale qu'à trois heures de l'après-midi la reine accouche d'un embryon de « quarante ou quarante-deux jours ».

À la vitesse de la foudre, la nouvelle fait le tour du Louvre. La consternation est générale. Plusieurs fois par jour Louis se rend au chevet de sa femme pour tenter de la réconforter. Cet acharnement du destin, en dépit de tant de prières et de vœux, les réunit douloureusement. Ni la duchesse ni aucune des dames n'ose l'informer de la chute de son épouse.

Déjà, Louis est repris par ses devoirs d'État et sa lutte contre l'hérésie. Son départ est fixé au dimanche des Rameaux. La foule se masse aux portes du Louvre, sur le Pont-Neuf et jusqu'à Notre-Dame pour saluer la nouvelle croisade du roi contre les huguenots. Mais Louis XIII s'éclipse par les Tuileries où « il passe la rivière, monte à cheval et part de Paris secrètement », note Héroard. Le jeune monarque a le cœur trop lourd pour affronter les regards de la foule : sans dauphin, un roi est maudit.

Le 23, à Orléans, mercredi des Cendres, il assiste aux Jacobins à la messe des Ténèbres. Le lendemain, il est aux Récollets, où il lave les pieds de douze enfants.

Ce soir-là, on lui apprend la vérité sur la fausse couche de la reine.

7

La belle-mère

La colère du roi éclate comme un orage jupitérien. Ainsi, dans ce Louvre où les rumeurs et les ragots font entendre leur pernicieuse musique dans tous les appartements, seul Louis est tenu à l'écart des plaisirs et des jeux auxquels la reine consacre ses nuits. Il est vrai que depuis leur mariage, le couple royal ne vit pas au même rythme. Souvent levé dès l'aurore comme ses oiseaux, le souverain s'épuise à la chasse quand il n'est pas à la guerre. Qu'il neige ou qu'il vente, il part chasser le loup ou le renard et tombe de fatigue lorsque les laquais allument les premières bougies. Dans sa chambre d'apparat, les princes lui présentent sa chemise de nuit à l'heure où la reine s'apprête à profiter des soirées brillantes et animées organisées par la pétillante duchesse de Luynes.

Le soir fatidique du 13 mars, après avoir prié, le roi s'est couché à dix heures du soir et a dormi sans trouble jusqu'à neuf heures du matin. Il n'était pas chez la princesse de Condé avec son épouse et la sulfureuse princesse de Conti, à qui le beau Bassompierre fait perdre la tête. Cette veuve de quarante-trois ans est loin d'avoir renoncé aux joies de l'amour. Et comme elle voudrait voir s'épanouir autour d'elle les mille fleurs de la galanterie, c'est elle qui a poussé le duc de Chevreuse, son frère, dans le lit de la duchesse de

Luynes. Depuis, Louis XIII la surnomme le « péché » et le dévot Michel de Marillac, la « maquerelle de Mme de Luynes ». La frivole Antoinette du Vernet ne vaut guère mieux. Elle vient de faire une fausse couche, alors que son mari est mort il y a plusieurs mois. Et qui s'en étonnerait ? Lorsqu'elle était autrefois attachée à Mme de Paulian, elle a déjà été chassée pour un premier scandale : Vernet, alors violon du duc de Montmorency, lui avait emprunté un « pain sur la fournée » avant de l'épouser. Quant à Mlle de Verneuil, elle complète le trio des veuves joyeuses. Tallemant des Réaux affirme qu'il n'y a jamais eu plus « folle tête » à la cour. Née des amours d'Henri IV et Henriette d'Entragues, la demi-sœur du roi a sans doute de qui tenir son hérédité galante.

Pour déniaiser la pieuse Anne, Marie de Luynes n'a rien trouvé de mieux que de lui lire les poésies gaillardes du *Cabinet satyrique*, une anthologie qui depuis deux ans connaît un succès fou malgré les anathèmes lancés en chaire par les prédicateurs. Les quatre incorrigibles pleurent de rire en récitant à la reine :

Mariez-vous, c'est chose honnête
Je n'en serai jamais marry
Mais ne soyez jamais si bête
Que d'épouser votre mari.

Hercule de Rohan, devenu duc de Montbazon, qui vient, lui, de se remarier avec une beauté de seize ans et n'est pas le dernier à l'avoir lu, a cru bon d'avertir le roi du dévergondage de sa duchesse de fille dont il craint la contagion. En février, le nonce a mis en garde la reine contre la perversité de ses amies et a suggéré à son confesseur de la ramener dans le chemin de son oratoire. Après la mort de Luynes, Louis XIII était bien décidé à chasser la duchesse des appartements de son favori situés juste au-dessus des siens. Il ne voulait pas qu'elle accouche au Louvre. Mais ses conseillers lui ont fait respectueusement observer que la surintendante y avait déjà eu deux enfants et qu'à l'époque il passait ses soirées à son chevet. Il s'est alors contenté de la reléguer à l'autre bout du palais.

Désormais, il entend remettre de l'ordre chez les dames de la reine dont le libertinage offusque les dévots. D'Orléans, le 25 mars, Louis prend sa plume la plus sévère et écrit une lettre qu'il fait porter à son épouse par messager spécial : « Le soin que je dois avoir qu'il y ait bon ordre dans votre maison m'a fait résoudre d'y apporter du changement qui n'y sera que pour un plus grand bien comme vous reconnaîtrez par le temps. J'envoie La Follaine vous faire entendre sur cela ma volonté, laquelle je vous prie d'effectuer au plus tôt et de vous rendre aussi prompte à me donner le contentement que j'en attends que je vous crois disposée à me faire recevoir tout celui que je me suis promis de vous. » Dans sa colère, il en oublie la syntaxe ! Le gentilhomme a deux autres lettres de Sa Majesté. La première destinée à la duchesse : « Ayant reconnu qu'il est du bien de mon service de régler à l'avenir la maison de la reine d'autre sorte qu'elle n'a été par le passé, j'ai estimé ne le pouvoir si bien faire qu'en la forme et les moyens que vous dira le sieur de La Follaine. » Elle a trois jours pour se retirer dans son hôtel de Luynes. Mme du Vernet est également bannie du Louvre. Quant à Mlle de Verneuil, âgée de dix-neuf ans, elle est confiée à la sage duchesse d'Angoulême chargée de lui trouver un mari.

Le splendide hôtel que Luynes a racheté en 1620 au marquis de La Vieuville est situé à deux pas du Louvre, à côté de celui de la marquise de Rambouillet. Mais à la lecture de ce réquisitoire, le sang Habsbourg d'Anne ne fait qu'un tour. Il est de son honneur de défendre son entourage. À son tour, elle s'assied devant son écritoire et dépêche son écuyer Putange pour transmettre au roi un plaidoyer contre le verdict qui frappe ses dames. Elle ajoute que la duchesse est surintendante de sa maison et qu'il lui est impossible de lui interdire l'accès du Louvre. En privé, elle s'emporte : « Pourquoi faudrait-il que les volontés d'un mari soient à une honnête femme des lois qu'elle doit observer ? » Il y a quatre ans, elle a déjà souffert le renvoi de ses chères Espagnoles. Aujourd'hui, dans les épreuves de femme qu'elle traverse, la joyeuse duchesse est la meilleure médecine pour lui rendre le sourire et la santé. Elle la console des méchancetés de sa jalouse belle-mère. « La disgrâce de Mme de Luynes était un outrage qu'elle avait de la peine à supporter », dira Mme de Motteville.

Avant son départ, le roi a par lettres patentes donné à Anne les pleins pouvoirs pour commander à sa place pendant son absence. Une décision qui a ulcéré Marie de Médicis. Depuis que la lumière a été faite sur la fausse couche, toutes voiles noires dehors, la Florentine est partie rejoindre son fils pour les fêtes de Pâques. À Orléans, elle s'emploie à jeter de l'huile sur le feu des fureurs royales et profite du conflit conjugal exacerbé pour reprendre son ascendant sur Louis XIII.

Comme défenseur de sa cause, Anne envoie auprès de son époux le sieur de Bonneuil, expert en diplomatie : « J'ai entendu tout ce que vous avez donné charge à Bonneuil de me dire. La résolution que j'ai prise ayant été avec bonne considération arrêtée, je n'y puis rien changer », répond Louis d'une plume impérieuse.

La surintendante déchue choisit pour porte-parole les ducs de Guise et de Joinville conduits par son père, Hercule de Montbazon. Le roi, nullement calmé, leur réserve un accueil glacial et réplique : « J'entends être obéi. »

Le 15 avril, Louis XIII demande au vénérable président Jeannin, âgé de quatre-vingt-deux ans, d'user de toute son autorité pour faire plier Anne et la détacher de son âme damnée : « J'écris à la reine pour lui faire entendre ma volonté : c'est qu'absolument que je ne veux plus qu'elle la voie que parfois, et rarement comme pour les autres dames. À cette fin, vous lui présenterez ma lettre que je vous prie d'accompagner de vos bons et salutaires avis. » Et comme Anne se rend aux arguments du vieux ministre, le roi se montre moins rude : « La résolution que vous avez prise d'effectuer ma volonté me contente bien fort. Comme je ne pouvais attendre autre événement, aussi avez-vous occasion de croire qu'il n'y a rien que j'affectionne à l'égal de votre bien, ce que vous reconnaîtrez toujours de plus en plus par tant de témoignages de ma bonne volonté. »

Mais déjà, la diabolique duchesse a trouvé la parade pour faire échec au roi : elle va épouser son amant, le duc de Chevreuse, grand chambellan, qui a ses appartements au Louvre. À quarante-cinq ans, le séduisant Chevreuse collectionne les aventures et n'a nulle envie de se passer la bague au doigt. D'autant que ses amis lui déconseillent de braver le mécontentement de Louis XIII. Mais quel homme résisterait aux charmes vénéneux de l'intrigante ? Il suffit d'un tête-à-tête… Le 19 avril, ils sont mariés. Il y a quatre mois que Luynes a rendu l'âme. La nuit de noces se passe au château de Lésigny. Louis, remonté par sa mère, est furieux. La grosse Florentine hait cette Marie de Luynes qui, à la cour, parade avec tous les bijoux qu'elle a offerts autrefois à sa « chère » Galigaï. Le 17 mai, le dévot Michel de Marillac, créature de Marie de Médicis, écrit à Richelieu : « Le roi n'est pas content de la reine. Il ne veut pas ouïr de la faire venir près de lui. » L'ambitieux évêque de Luçon a déjà compris le message. Comme sa protectrice, pour asseoir son pouvoir sur Louis XIII, il n'aura de cesse de le séparer de son épouse.

Au Louvre, Gaston, jeune frère du roi, joue avec enthousiasme son rôle d'héritier de la Couronne en organisant bals, comédies et mascarades dont raffole sa cadette Henriette qui, comme ses sœurs, a hérité de la pétulance béarnaise outre des beaux yeux noirs de sa grand-mère Jeanne d'Albret. Anne se distrait avec ce beau-frère âgé de treize ans. Mais ses belles amies ne restent pas inactives.

Sur la pointe des pieds, une « cabale des dames » tente de fléchir le roi et d'organiser une paix générale par le truchement des hommes. Le duc de Chevreuse rejoint l'armée à Saint-Émilion. Louis XIII connaît la valeur de sa redoutable épée qui s'est illustrée contre les Turcs. Son cousin était à ses côtés lors de la guerre qu'il a menée contre Marie de Médicis. Il lui accorde son pardon et se résigne à son mariage. Pour rentrer en grâce, la princesse de Conti se sert, elle, de son amant Bassompierre. Le roi ne peut rien refuser au maréchal ami de son père qui lui enseigne l'art de la guerre et le fait voler depuis un mois de victoire en victoire.

Dans l'île de Riez, à quelques lieues de La Rochelle, Louis a défait Soubise et ses quatre mille huguenots avant de soumettre Royan et toute la Basse-Guyenne. Par lettres patentes du Parlement, il fait déclarer criminels de lèse-majesté Rohan et son frère Soubise qui, abandonnant ses troupes, s'est enfui à Londres implorer l'aide du monarque anglais. À la tête de son armée, le 10 juin, le roi prend d'assaut Nègrepelisse, remonte l'Aveyron. Il ne songe qu'à laver l'affront subi l'année précédente à Montauban.

Depuis que le mousquet a fait son apparition, il a ses mousquetaires à cheval qui l'encadrent avec leur feutre à longues plumes. Il se passionne pour toutes les innovations de l'art militaire. Mais la peste une fois de plus ravage le pays. Le soir, Louis dort à la dure et mange mal. À Toulouse, il tombe malade. Il a une grande toux sèche, les yeux ardents. Victime d'une des premières crises de la tuberculose qui ruinera sa santé, il ne peut quitter son lit de huit jours.

À peine sur pied, il pose la première pierre de la chapelle du nouveau couvent des carmélites de la ville, la « petite Sixtine » comme on l'appellera car, avec son plafond peint, ses murs couverts de toiles et de marbre rose, elle sera la sublime réplique en miniature de celle de Michel-Ange à Rome. Est-ce cet acte de dévotion à sainte Thérèse d'Avila qui tout à coup le rend indulgent ? Ou l'absence de son encombrante mère partie soigner ses aigreurs d'estomac aux eaux de Pougues ?

Le 4 juillet, Louis accepte que la duchesse rejoigne son mari : « Affectionnant comme je fais mon cousin, le duc de Chevreuse, je suis bien aise que ma cousine, sa femme, vienne. » Il demande à la reine de se mettre en route aussi. Gaston lui servira de chevalier servant : « Cette bonne compagnie me fait croire que le chemin vous durera moins et que s'il vous ennuie, ce ne sera que l'impatience que vous aurez de me voir qui me sera toujours fort agréable. » Mais une fois de plus, son frère est dans son lit. En décembre, il a déjà été victime d'une forte fièvre et on a craint pour sa vie. Cette fois-ci les médecins diagnostiquent la « maladie de la pierre », c'est-à-dire des calculs qui le font atrocement souffrir. La reine annule son voyage pour soigner son beau-frère.

Blême, secoué par la toux, Louis quitte Toulouse pour Castelnaudary où il doit à nouveau s'aliter. Et encore à Béziers où il n'est pas tombé une goutte d'eau depuis sept mois. Les mouches sont un fléau. Il dit en soupirant : « Si c'était à Paris, je ne penserais pas encore mourir. Mais il me semble qu'un homme est mort dès qu'il est ici malade. »

Au Louvre, Anne reçoit des lettres de plus en plus pressantes. Les jeunes époux se sont quittés depuis cinq mois et Louis avoue : « Je souhaite de toute mon affection vous revoir. » Le 22 août, il arrive à Aigues-Mortes. Une semaine plus tard, sous un soleil implacable, les premiers boulets de canon tombent sur Montpellier, qui se rend début octobre. La paix est conclue avec Rohan. Désormais, il ne reste qu'à vaincre Montauban et La Rochelle. Soulagé, le monarque prend sa plume et laisse parler son cœur : « Je suis plus libre à vous donner des preuves de mon affection. Je ressens accroître les désirs de vous voir. Il reste encore quelques affaires qui m'arrêtent pour un peu de temps. Ce sera le moins que je pourrai ne pouvant vivre plus content que près de vous. » Il insiste : « Le désir que j'ai de vous voir ne me permet pas de vous laisser davantage éloignée de moi. C'est pourquoi je vous envoie mon cousin, le duc d'Uzès, pour vous accompagner en voyage. » Après le traité de Montpellier qui signe une paix éphémère avec les huguenots, il poursuit sa folle chevauchée : Arles, Salon, Aix, Marseille, Beaucaire, Avignon où son beau-frère, le duc de Savoie, à genoux, le supplie de venger les Grisons protestants massacrés en Valteline.

Mais Louis ne veut pas rompre ses engagements avec l'Espagne. Pas encore… Il écrit à nouveau à sa femme : « Venez jusqu'à Arles, ne pouvant vivre davantage si éloigné de vous et me trouvant engagé, il faut pour mon contentement que vous ayez la peine de venir à Arles. Je vous la donne d'autant plus librement que ce sera selon votre désir dont les témoignages que j'ai de votre affection me rendent assuré. »

Elle ne peut arriver à temps et il en est contrarié : « Je me souhaite si souvent près de vous que l'éloignement m'est peine. Mais il faut donner au bien de mes affaires et repos de mes sujets l'établissement nécessaire. » La duchesse de Chevreuse, elle, est bien là, aux côtés de son mari et, comble d'ironie, c'est avec ce ravissant démon que, le 20 novembre, le roi fait son entrée à Montpellier. Après une dernière cavalcade à travers Valence, Romans et Grenoble. Enfin, le 6 décembre 1622, ce sont les retrouvailles à Lyon.

Après neuf mois d'abstinence, la reine s'avance à sa rencontre sans un ressentiment. Mais le conflit de la Valteline plane comme une ombre sur leur réconciliation. Déjà son inévitable belle-mère défend une position soufflée par Richelieu : il n'est pas question de faire la guerre à l'Espagne mais de montrer plus de résolution en mobilisant des troupes. L'ambassadeur de Venise, adversaire de Madrid, qui comme tous les courtisans suit, sans en perdre un détail, l'effusion historique note chez le roi une certaine froideur qu'il s'empresse d'amplifier. En réalité, ce mardi-là, après avoir assisté à la comédie française, le couple royal passe à l'archevêché une nuit qu'Héroard, toujours là, toujours lui, affirme deux fois comblée. Dieu merci la reine mère loge à Bellecour.

Le samedi suivant, c'est à sept heures du matin que le roi se rend chez la reine pour deux nouvelles étreintes juste avant de remettre, dans la cathédrale, le chapeau de cardinal au protégé de sa mère, ce Richelieu dont il n'aime pas l'ambition. Louis XIII lui refuse toujours l'accès à son Conseil. Il a donné au cardinal de La Rochefoucauld la place du cardinal de Retz, mort pendant cette campagne.

Le dimanche, dans sa litière, Anne fait son entrée solennelle dans la capitale des Gaules aux côtés de son roi. Les Lyonnais applaudissent leur jeune reine si blonde, si belle, si richement parée de brocart et de diamants.

Deux jours plus tard, à l'évêché, les fenêtres de ses appartements sont illuminées comme en plein jour à deux heures du matin. Une heure plus espagnole que chrétienne pour célébrer les fiançailles de Gabrielle de Verneuil enfin casée au marquis de La Valette. La benjamine du quatuor est désormais dans le droit chemin. Marie de Médicis parade aux côtés du beau-père, le duc d'Épernon, son compagnon de fugue à Blois. Au mois d'août, le duc l'a reçue fastueusement avec le roi dans son château de Cadillac. C'est là que le mariage a été décidé. En prime, la reine mère a obtenu que son complice fût nommé gouverneur de Guyenne.

Autour d'eux, dans les appartements d'Anne, la cour se presse pour féliciter la belle Gabrielle. Louis XIII, arraché à son premier sommeil, engloutit, pour se remettre, six cornets d'oublies, beignets de l'époque, arrosés d'un grand gobelet d'hypocras. Mais le vin chaud à la cannelle et au clou de girofle ne calme pas son agacement. Il se plaint de la cohue bruyante et des jeunes femmes trop frivoles qui entourent son épouse. L'opiniâtre Florentine, qui s'emploie tous les jours à recouvrer sa puissance, promet à son fils d'y mettre là encore bon ordre.

Pendant trois jours, Lyon n'est qu'une fête. La reine et ses amies courent à la comédie italienne. Il y a grand bal en l'honneur de Christine de Savoie, venue pour deux jours en voisine. Marie de Médicis fait ses adieux le 18 décembre, suivie de l'ombre rouge du nouveau cardinal de Richelieu que Louis XIII s'obstine à appeler « Luçon ». Le soir, le couple royal passe ensemble une dernière nuit à l'évêché. Dehors, le vent souffle et pince les joues. Le Rhône charrie des glaçons. Louis ne quitte la chambre de sa femme qu'à cinq heures du matin. Le voyage du retour à travers les forêts gelées et les monts du Morvan les sépare. Le roi est à cheval. La reine cahin-caha dans son carrosse. Ils se retrouvent à Fontainebleau où ils célèbrent l'Épiphanie *cum voluptate*.

Le 3 janvier 1623, le peuple de Paris acclame son roi revenu victorieux après onze mois de campagne. Le bourdon de Notre-Dame sonne la défaite de l'hérésie. La reine se recueille devant le tabernacle. Comme Louis, elle sait que seul un dauphin assurera la victoire définitive de la « vraie » religion sur les huguenots. Et son triomphe sur sa belle-mère. Héroard note deux étreintes le 11. Et à nouveau le 15. Et encore le 20.

Marie de Médicis, elle, presse son architecte Salomon de Brosse d'avancer les travaux de son palais du Luxembourg. Les Parisiens suivent ébahis le gigantesque chantier derrière les remparts au milieu des moulins. C'est la première fois qu'une demeure princière est édifiée sans proches voisins. Le parc bute sur le domaine des chartreux et la grosse banquière rêve de l'agrandir. Elle imagine déjà les terrasses, les fontaines et les statues, à l'identique des jardins Boboli de Florence où elle jouait, enfant, avec la Galigaï. Mais les moines refusent obstinément de lui céder un pouce de terrain.

Elle décide alors que sa grande galerie surpassera en splendeur celle du palais Pitti de son enfance. Elle en discute avec le baron de Vicq, ambassadeur des Flandres, qui la persuade de faire appel au portraitiste Rubens, devenu à Bruxelles le peintre officiel de la gouvernante Isabella-Clara. La Florentine l'a rencontré autrefois lorsqu'il travaillait pour son beau-frère le duc de Mantoue. Rubens est venu au palais Pitti et a assisté aux fêtes grandioses données par les Médicis pour célébrer le mariage de Marie avec le roi de France.

Bouffie de suffisance, la régente veut aujourd'hui asseoir son pouvoir et assurer sa gloire en commandant des peintures monumentales illustrant les principales étapes de sa tumultueuse destinée. Il y aura une vingtaine de toiles dont le Flamand dessinera les esquisses dans son atelier d'Anvers avec l'aide de ses élèves Jordaens, Bruegel et Van Dyck. Son impérieuse cliente tient à être représentée notamment les jours de son mariage à Florence, de son couronnement et de la naissance du dauphin. Pas un mot de sa belle-fille qui est loin d'avoir donné tant de bonheurs à la France.

Le 20 février, dans les plaines du Roule, les deux reines assistent au déploiement de la fauconnerie royale. Aux côtés de son épouse, Louis ne rêve que de plaisirs simples. Le soir, il va en cachette au Bourget, descend dans une hostellerie où il fait lui-même la cuisine.

En cette période de carnaval où Paris perd la tête, les bals se succèdent au rythme des violes et des violons. Anne brille de toutes les flammes que lui déclarent ses soupirants. « La reine était aimable de sa personne. Elle avait de la douceur, de la bonté et de la politesse. Elle n'avait rien de faux dans l'humeur ni dans l'esprit. Et, avec beaucoup de vertu, elle ne s'offensait pas d'être aimée », écrit La Rochefoucauld

Le vieux duc de Bellegarde, grand écuyer, qui a vu tant de beautés à la cour, multiplie les hommages qui font sourire le quatuor des dames et même Louis XIII. Mais le souverain s'amuse moins des audaces du jeune duc de Montmorency à qui même la précieuse Mlle de Scudéry trouve un charme « inexprimable ». Dans *Le Ballet des bacchanales*, où le roi est Jupiter, le bel Henri lui vole la vedette et avoue sa passion en déclamant :

Plût au ciel qu'un jour seulement
Jupiter m'eût donné sa face
Et qu'il voulût pour un moment
Me laisser régner en sa place.

Le 5 mars, c'est au tour d'Anne de monter sur scène pour danser *Les Fêtes de Junon* avec sa belle-mère et sa belle-sœur Henriette. Dans la foule des courtisans se sont glissés incognito deux Anglais : le prince de Galles est accompagné du fabuleux duc de Buckingham qui fait chavirer tous les cœurs.

8

L'apparition d'un ange

Quand un émissaire écossais nommé Andrews apprend à lord Herbert que Charles, héritier de la Couronne, et George Buckingham logent dans une hostellerie ordinaire de la rue Saint-Jacques, l'ambassadeur d'Angleterre frôle l'apoplexie. Accompagnés d'un écuyer, les deux illustres clandestins ont traversé la Manche affublés de fausses barbes sous les noms de Tom et John Smith, avec la bénédiction du roi Jacques Ier.

Depuis la mort de son fils aîné, le monarque ne refuse aucun caprice à Charles et encore moins à son favori Buckingham qu'il considère comme son enfant et vient de nommer grand amiral de la flotte. Le prince a supplié son père de le laisser partir, à l'instar d'Amadis de Gaule, conquérir lui-même la main de l'infante Maria, sœur cadette d'Anne. L'ambassadeur d'Espagne à Londres, le chimérique Gondomar, à l'origine de cette rocambolesque équipée, assure dans ses missives à Madrid que l'héritier de la couronne anglaise est prêt à se convertir à la religion catholique.

De Boulogne, Charles et George ont pris la voiture de poste et, arrivés à Paris, ils ont décidé de ne pas avertir le fantasque lord Herbert qui a ses chevaux ferrés d'argent et dont l'accueil ne passerait pas inaperçu. Buckingham parle parfaitement français et connaît toutes les bonnes adresses de la capitale où il a passé trois années. Sa famille, d'origine normande, a débarqué dans les pâturages anglais avec Guillaume le Conquérant. À l'automne 1610, pour parfaire son éducation, sa mère a envoyé en France ce fils de dix-huit ans plus doué pour les plaisirs que pour les études. Le jeune Anglais y a suivi les cours de l'académie du fameux Pluvinel où les maîtres d'armes français détrônent désormais l'école italienne d'escrime. À Paris, il a appris à s'incliner devant les dames d'une ample arabesque de chapeau à plumes, à faire danser son cheval. Et surtout l'art de la rhétorique indispensable pour subjuguer le Parlement anglais. Place Royale, il a assisté, en avril 1612, aux fabuleuses fêtes pour les fiançailles de Louis XIII avec l'infante Anne.

Onze ans plus tard, en plein carnaval, au milieu des chars dédiés à tous les saints, de la foule masquée et grimée, il n'a aucun mal à faire découvrir à Charles les charmes de la capitale. L'ambassadeur raconte dans ses *Mémoires* : « Ils purent visiter la résidence de la cour et la ville de Paris sans être reconnus de personne, excepté d'une fille qui avait vendu autrefois de la toile à Londres et qui, le voyant passer, s'écria que c'était assurément le prince de Galles. Elle n'osa pas le suivre. »

Au Louvre, éclairé de mille chandelles, les audacieux Anglais ont obtenu des billets de faveur d'un sous-gouverneur du roi, M. de Préaux, bien loin de se douter de l'identité des beaux étrangers. Clou du carnaval, *Le Ballet de Junon* pique la curiosité de l'Europe et, pour rien au monde, ils n'auraient voulu manquer le spectacle ordonné par Marie de Médicis avec une débauche de machinerie italienne simulant le Ciel et l'Enfer peuplés de chérubins et d'animaux fantastiques. Mais ce n'est pas la plantureuse Florentine qui capte leurs regards. Ni même la charmante Henriette âgée de treize ans que Luynes, en 1621, a déjà proposée en mariage à l'héritier d'Angleterre. C'est la reine de France. Blonde déesse de l'Olympe, elle glisse avec grâce, découvrant ses bras d'une blancheur miraculeuse. Sous son masque, le prince de Galles rêve de séduire à Madrid une sœur qui lui ressemble. La mélancolie de cette arrière-petite-fille de Charles Quint martyrisée par sa belle-mère ajoute encore à son éclat. De sa voix haut perchée aux accents castillans, la plus grande princesse d'Europe doit réciter un couplet qui, une fois de plus, la rabaisse devant la mère du roi, colossale matrone en noir sur son trône :

Vous m'ôtez ma gloire et mon nom
Puisque c'est de vos mains que je tiens mon époux
Ce bonheur assuré portera témoignage
Qu'il n'est point ici-bas d'autre Junon que vous.

Le jour suivant, sur la route de Bayonne, les deux chevaliers errants traversent les forêts blanchies par le givre. Toujours incognito.

Lord Herbert en a perdu le sommeil. « Cela me fit lever de très bonne heure le lendemain matin, et me rendre chez M. de Puisieux, premier secrétaire d'État, pour lui demander audience immédiatement. Puisieux me fit prier de l'attendre une heure parce qu'il était encore au lit et qu'il avait d'importantes affaires à expédier pour le roi, son maître, dès qu'il serait levé. Je répondis que je n'attendrais pas une minute et que je désirais venir lui parler auprès de son lit : alors, il se leva, passa sa robe de chambre et vint dans le salon où je l'attendais. "Je connais votre affaire aussi bien que vous, dit-il en m'abordant. Votre prince est parti ce matin en poste pour l'Espagne..." À peine revenu de chez le ministre, j'expédiai une lettre à Son Altesse par un courrier en la priant de faire toute la diligence possible pour sortir de France et de ne point entrer en pourparler sur son chemin avec ceux de la religion. »

À Londres, les puritains anglais protestent déjà à l'idée de ce mariage espagnol. L'archevêque de Cantorbéry prononce les mots honnis de « jésuites » et d'« Inquisition ». Affolé, le roi Jacques a envoyé auprès de ses deux « enfants », qu'à trente ans il appelle toujours ses babies, une petite escorte avec, à sa tête, lord Carlisle, ami du protestant Rohan. Deux cents jeunes fous de la noblesse se sont élancés à leur suite, fuyant les brumes anglaises pour partager avec le prince la gloire de cette épopée chevaleresque.

Louis XIII, mieux informé que l'ambassadeur Herbert, n'en est pas moins irrité de cette chevauchée à travers les terres huguenotes de son royaume. D'autant plus que l'héritier de la couronne d'Angleterre et son Buckingham s'en vont à Madrid sceller avec Sa Majesté catholique une alliance bien peu catholique. En outre, les deux extravagants ont réussi à s'introduire dans son propre palais ! À l'hôtel de Rambouillet, les dames s'émerveillent de ce roman d'amour. Henriette, elle, pousse un soupir : « Le prince de Galles n'avait pas besoin d'aller jusqu'à Madrid pour trouver une femme. »

Dès avril, une nouvelle sanction frappe les appartements de la reine : aucun homme ne pourra pénétrer dans le cabinet de Sa Majesté, hors de la présence du roi. Anne y voit encore un affront personnel de sa belle-mère.

La belliqueuse veuve a retrouvé sa place au Conseil. Louis passe deux fois plus de temps chez Marie de Médicis, au rez-de-chaussée, que chez son épouse, désormais tenue à l'écart des décisions grandes ou petites. La mère du roi n'a aucun mal à exciter la méfiance de son fils à l'égard de la duchesse et feint de s'étonner du peu d'empressement de sa belle-fille à donner un héritier aux Bourbons.

Harcelée de tous côtés, la souveraine a une crise en juillet. L'ambassadeur de Venise écrit : « Cette nuit, il est survenu à la reine un pénible accident. On dit qu'elle est tombée à terre comme en délire. Dans sa chute, elle s'est blessée à la main, au nez et au front. Aussi, au milieu de la nuit, elle a été saignée. Il paraît qu'elle n'a pas eu d'autre mal que le coup de la chute. Comment cette chute a eu lieu, on n'en dit rien qu'en secret : il y a là quelque mystère qui sera bientôt divulgué. » Le mystère reste entier car, quelques jours plus tard, le diplomate assure qu'il n'est « plus question de grossesse ».

Fin juillet, Anne arrive à Saint-Germain où, enfin, elle profite d'un air purifié des mauvaises odeurs des fossés de la ville. Mais en octobre, nouvelle punition : dans sa maison, la charge de surintendante est supprimée et la duchesse de Montmorency, épouse du trop empressé duc, est écartée. Sur les conseils de Marie de Médicis, Louis confie au chancelier d'Aligre et à Mme de Lannoy, une veuve âgée et austère, la surveillance de la correspondance et de la moralité des appartements de la reine de France.

À Madrid, son frère, Philippe IV, collectionne les aventures galantes et les maladies vénériennes dont souffre la reine d'Espagne, la pétulante mignonnette. Il y a deux ans, Élisabeth a accouché d'un bébé mort-né. En novembre 1623, elle donne le jour à une petite fille qui ne vivra que quatre semaines.

Entre l'Alcázar et le Louvre, les courriers annoncent aussi l'échec de l'expédition amoureuse du prince de Galles. Pourtant, Anne a confié à l'ambassadeur Herbert que l'héritier de la couronne anglaise « plaisait beaucoup à sa sœur Maria ». Au palais de Whitehall, il ne manquait plus un pouce de taffetas à la chambre de l'infante et le roi Jacques faisait déjà appareiller un bateau nuptial. Mais la question religieuse a, comme d'habitude, tout envenimé, l'infante jurant qu'elle ne se marierait jamais avec un hérétique. Devant le ministre Olivares, qui s'obstinait à revendiquer la conversion de l'héritier de la couronne d'Angleterre, le bouillant duc de Buckingham a explosé. La dispense du pape arrivée trop tard n'a pu sauver l'impossible union.

Partis de Santander, le prince et son mentor débarquent à Portsmouth la première semaine d'octobre 1623, rapportant pendentifs en diamants, aiguières en or et autres présents rendus dédaigneusement par Sa Majesté catholique. Leur retour à Londres est pourtant triomphal. Les cloches sonnent, les canons de la Tour tonnent, les feux d'artifice éclairent le ciel pour célébrer l'échec du mariage de l'héritier de la Couronne avec une princesse catholique. La « dame rouge de Rome », ricanent les lords, n'est pas près d'imposer sa loi sur les bords de la Tamise. Les puritains n'ont pas connu pareille joie, depuis la dispersion de l'Invincible Armada.

Louis XIII veut tirer profit de ce fiasco espagnol. Il y songe en chassant à courre le renard. Il chasse pour oublier que la reine sa femme ne lui a toujours pas donné de dauphin. Il chasse pour échapper aux sollicitations de la reine mère qui refuse désormais de siéger au Conseil aussi longtemps que son Richelieu n'y sera pas. Il chasse pour trouver une parade aux périls espagnol et huguenot. Le roi a une prédilection pour les forêts giboyeuses autour du village de Versailles qui ne compte que quelques tristes logis et deux hostelleries : *À la Corne de Cerf* et *À l'Image de Notre-Dame de Versailles*, où s'arrêtent les conducteurs de bœufs. Parfois Louis y arrive à l'improviste, cuisine lui-même son omelette avant de s'endormir. Mais le monarque au goût si sûr supporte mal le décor fruste et les habitués grossiers. Il veut avoir sa « petite maison » sur la butte. En 1623, dans les finances royales, un crédit est affecté au titre des « menus plaisirs » pour dédommager les fermiers qui en occupent les terres, propriétés de l'archevêque de Paris.

Sur le sol dont il est désormais locataire, il entend faire bâtir un château si modeste que la cour ne pourra y être logée : quinze chambres au total et quatre petites pièces au premier étage pour l'appartement du roi. Rien n'est prévu pour la reine. Quant à son encombrant médecin, il sera logé à l'écart dans la même bâtisse que le corps de garde et les maîtres d'hôtel.

En mars 1624, les murs en brique et pierre sortent de terre. Louis inspecte les travaux de son œil d'esthète hérité de son père. Mais à Paris l'attendent épouse, mère, sœur et diplomates à contenter. Le lundi 18 mars est arrivé l'élégant lord Rich, futur comte de Holland. Ami de Buckingham, il était de l'expédition amoureuse à Madrid et le duc l'envoie proposer la plus belle des revanches : le mariage du prince de Galles avec Madame Henriette. L'ambassadeur Herbert l'a mis en garde contre la difficulté de l'entreprise. D'autant qu'Holland parle très mal le français. Mais l'intrépide lord n'a aucune peine à convaincre la dévote Marie de Médicis, nullement effrayée par la perspective d'avoir un gendre hérétique qui la ferait à la fois mère du roi de France, belle-mère du roi d'Espagne et bientôt du roi d'Angleterre.

Au Louvre, les dames de la reine Anne s'arrachent la miniature du prince que le prévoyant Holland porte à son cou dans un médaillon en or. Henriette découvre en rougissant les yeux noirs mélancoliques de Charles. La duchesse de Chevreuse s'intéresse plus au bel Anglais en chair et en os qu'au portrait, fût-il celui d'un prince héritier. Si Anne est reine au Louvre, la belle ensorceleuse règne sur Paris avec son hôtel fastueux et son lit accueillant. Lord Holland ne tarde pas à y déposer les armes.

La négociation du mariage, elle, ne fait que commencer. Elle durera plus d'un an. Car à Londres, les puritains, déchaînés, refusent jusqu'à l'idée d'une princesse de Galles catholique. Le pieux Louis XIII sait bien que le pape, parrain d'Henriette, exigera, comme pour le mariage espagnol avorté, une protection renforcée des catholiques anglais. Et pourquoi pas le retour de l'île entière à la vraie foi comme en rêvent les dévots !

Le roi Jacques, lui, exige l'aide de la France pour rétablir son gendre, l'électeur palatin protestant Frédéric V, sur son trône de Bohême. Les pleurs de sa fille Élisabeth, dépouillée de sa couronne par les Habsbourg d'Autriche, submergent le cœur du larmoyant souverain anglais.

À Compiègne, le jeudi saint 4 avril, en commémoration de la Cène, le roi lave les pieds de douze miséreux. Alors qu'il se rend dans les appartements de sa femme, il a la surprise de découvrir la reine agenouillée, elle aussi, devant douze pauvres. De retour dans sa chambre, il s'exclame bouleversé devant l'inévitable Héroard : « Je viens de voir ce que je n'avais jamais vu. » Le soir, il passe la nuit avec Anne et ordonne qu'on ne le réveille pas avant sept heures et demie. Le lendemain, même consigne. Et encore le jour de Pâques.

Mais le dimanche 28 avril, c'est à Richelieu qu'il donne rendez-vous de nuit sur la terrasse de sa chambre. Il y a quelques jours, le roi a encore répété au maréchal de Praslin : « Voilà un homme qui voudrait bien être de mon Conseil mais je ne puis m'y résoudre après tout ce qu'il a fait contre moi. » Cette fois, il cède. Il a besoin d'une main de fer pour poursuivre la politique d'Henri IV : combattre les huguenots à l'intérieur du pays et simultanément s'allier avec les États huguenots voisins pour réduire l'hégémonie espagnole. En premier lieu, le ministre a négocié le mariage anglais.

Le lendemain, Louis XIII se rend dans la chambre de sa mère pour lui annoncer la nouvelle. Marie de Médicis, encore au lit, ne se tient plus de joie. À deux heures de l'après-midi, le roi fait son apparition, accompagné du cardinal devant un Conseil muet de surprise.

L'évêque de Luçon cache une maigreur maladive sous les plis de son ample robe écarlate. Il compense sa petite taille par de hauts talons rouges. Effrayant, sombre, perçant, son regard est d'un aigle. Aquilin aussi son profil. Toute sa personne traduit l'universalité de son ambition et personne ne doute à la cour que le favori de la reine mère sera bientôt le maître.

La Florentine exulte. Plus que jamais, elle est régente. Elle a repris auprès de son fils la place de sa belle-fille qui n'a même jamais eu le droit de mettre au Conseil son petit pied espagnol. Pour remercier le Ciel, elle se rend en pèlerinage à Notre-Dame-de-Liesse. Anne, elle, pose la première pierre du nouveau Val-de-Grâce dont plans et travaux sont confiés à Mansart. À l'emplacement du Petit-Bourbon, elle désire voir s'élever une abbaye royale digne de l'Escorial et du combat des Habsbourg pour la Contre-Réforme.

À Compiègne, les ambassadeurs huguenots défilent. Après les Danois, les Hollandais viennent implorer une aide militaire contre le roi d'Espagne. Depuis trois ans, le frère d'Anne a ordonné au génial stratège génois Spinola de livrer une guerre impitoyable à ces hérétiques qui font la loi sur les mers et pillent dans les ports du Nouveau Monde ses galions chargés d'or, d'argent, d'épices, de chocolat et de tous les trésors indispensables à l'hégémonie espagnole.

Le 4 juin, lord Carlisle arrive de Londres pour traiter l'épineuse question de la suite de la future reine d'Angleterre. Rome veut nommer le père Coton, aumônier d'Henriette. Les puritains s'étranglent de fureur : pas question qu'un jésuite souille de sa soutane le royaume d'Henri VIII.

Un mois plus tard, le duc de Chevreuse traverse à son tour la Manche pour activer les tractations. Par son père, duc de Guise et prince de Lorraine, il est apparenté à Marie Stuart, mère du souverain anglais. Jacques Ier le reçoit à dîner dans sa chambre et déclare : « Nous ne savons si nous devons plus priser la constance de votre affection ou la bonté et franchise de votre contribution en faveur de cette négociation si nécessaire pour la chrétienté, si propre pour les deux Couronnes, si égale pour les personnes. » En novembre, il autorise sa future belle-fille à se faire accompagner par deux évêques, vingt-huit chapelains et douze prêtres de l'Oratoire.

D'ambassadeurs extraordinaires, Carlisle et Holland sont devenus des Parisiens presque ordinaires. Ils logent rue de Tournon, dans l'ancienne demeure des Concini promue résidence des diplomates étrangers. Mais tous deux ne se contentent pas de résoudre les problèmes d'étiquette.

La belle Marie de Chevreuse, elle, est à l'ouvrage avec son lord Holland. Comme dans les romans de chevalerie, les deux amants ont décidé « pour honorer leur passion de faire une liaison d'intérêts et même de galanterie entre la reine et le duc de Buckingham », raconte La Rochefoucauld dans ses Mémoires. Il ne leur reste plus qu'à convaincre les deux héros.

De sa sœur, l'infante Maria, Anne a reçu des lettres décrivant la beauté surnaturelle de Buckingham et l'aventureuse duchesse n'a aucun mal à exalter l'imagination de la romanesque reine de France de vingt-trois ans. Marie évoque le culte que le grand amiral inspire à la noblesse anglaise. Elle répète que même les prélats succombent à ses mortelles splendeurs : « Ses regards, ses mouvements, la moindre courbe de son corps, tout était admirable », s'émerveille l'évêque Hackett pendant que son collègue Goodman frise l'extase : « Ceux qui siégeaient au Conseil, lorsqu'ils le regardaient, voyaient la face d'un ange… Il avait le plus beau corps d'homme en Angleterre… Sa conversation était charmante, son humeur délicieuse… »

Qui d'autre que la reine de France mérite les hommages d'un tel prodige ! Que Buckingham soit marié et que son épouse vienne d'accoucher de leur troisième enfant est un détail naturellement négligeable pour la duchesse qui ne craint pas de multiplier les maternités au hasard de ses amants. « Mme de Chevreuse m'a dit, me contant les égarements de sa jeunesse, qu'elle forçait la reine à penser à Buckingham, lui parlant toujours de lui et lui ôtant les scrupules qu'elle en avait », écrit Mme de Motteville.

Lors de ses voyages à Londres, lord Holland enflamme pareillement le cœur du mylord-duke. Les pensées de la plus grande princesse du monde sont pleines de lui. Il lui suffira de se montrer avec son faste, ses diamants et sa beauté insolente pour séduire « sa dame ». Quatre ans plus tôt, grand écuyer du royaume, Buckingham a envoyé à Anne huit splendides chevaux de carrosse pour célébrer la fin de sa maladie. Aujourd'hui il est maître absolu de l'Angleterre. Toutes les épouses n'ont d'yeux que pour lui. À commencer par sa maîtresse, la sulfureuse lady Carlisle. Partir à la conquête de la chaste reine de France est un défi que lui seul peut relever. Coïncidence, à Séville, le moine dramaturge Tirso de Molina vient de lancer le mythe de Don Juan avec sa pièce *El Burlador de Sevilla*.

Le mariage de Charles et Henriette est fixé au 11 mai 1625. Buckingham doit arriver fin mars à Paris. La capitale retient son souffle. Anne plus encore. Les journaux anglais annoncent que « Sa Grâce » emportera vingt-sept tenues dont sept habits ornés de dentelle d'argent. Pour son défilé dans Paris sont prévus un manteau de satin blanc brodé de diamants, un chapeau avec une grande plume en diamants ainsi que des éperons eux aussi tout couverts de diamants. Et pour le jour du mariage, un habit de satin pourpre brodé de perles sous un manteau à la mode d'Espagne. Pour se déplacer, le grand amiral d'Angleterre disposera d'une embarcation avec vingt-deux rameurs en taffetas bleu ciel et de trois carrosses tendus de velours à galons d'or et tirés par huit chevaux. Il sera accompagné de six cavaliers, huit valets d'écurie, douze pages, vingt-quatre valets de pied, douze laquais et vingt-cinq cuisiniers. Les Parisiens se répètent avec gourmandise le nom du tout-puissant favori qu'ils appellent à la française le « Boukinkan ». Louis XIII a demandé au duc de Chevreuse d'héberger le flamboyant Anglais et son opulente suite dans son hôtel de la rue Saint-Thomas-du-Louvre.

La mort du roi d'Angleterre bouleverse plans et préparatifs. À Londres, le 7 mai, Buckingham met en scène le long convoi funèbre où quatre cents pauvres en robe noire ouvrent la marche qu'il ferme lui-même à cheval, suivi de cent quatre-vingt-six cavaliers et de trois cents lanciers coiffés de plumes rouges et bleues. L'ambassadeur de France, Leveneur de Tillières, chemine devant lui, la traîne de son long manteau portée par une demi-douzaine de gentilshommes.

Dès le lendemain, au Louvre, le duc de Chevreuse représente le nouveau monarque Charles Ier, pour la signature du contrat de mariage dans la chambre du roi. Après Louis, Anne se penche à son tour sur le parchemin avec sa plume d'oie. Plus belle que jamais, elle a couvert ses cheveux blonds d'une mantille espagnole noire rayée d'or. Dans Paris, on met la dernière main au décor. Il n'y a pas eu de noces royales depuis longtemps et *Le Mercure* en dévoile tous les détails copiés de la cérémonie de mariage de Marguerite de Valois avec son fiancé huguenot, le futur Henri IV. Les plus belles tapisseries des Flandres ornent le chœur et la nef de Notre-Dame. Mais une estrade s'élève devant le parvis car un roi anglican ne saurait se marier dans une église catholique. En signe de deuil, elle est drapée de satin violet parsemé de fleurs de lys d'or et reliée à l'archevêché d'où sortira le cortège.

Le 11 mai, au Louvre, c'est le branle-bas des grands jours. À neuf heures, Madame Henriette quitte ses appartements pour aller revêtir sa robe de mariée à l'archevêché. À onze heures, le chevalier de Vendôme, demi-frère du roi, monte dans le carrosse de la reine, s'en va prendre lord Carlisle et lord Holland, l'ambassadeur des Provinces-Unies puis le duc de Chevreuse pour rejoindre Madame. À seize heures, le roi et les reines quittent à leur tour le Louvre. À dix-sept heures, le cortège est annoncé par les trompettes, tambours et hautbois. Sur l'estrade attendent les ambassadeurs et le duc de Chevreuse tout en drap noir doublé d'or, la poitrine barrée d'une longue écharpe couverte de diamants.

Louis XIII, en habit d'or brodé d'argent, s'avance avec Gaston, tous deux tenant par la main leur sœur qui porte sur la tête la couronne d'Angleterre. Puis la reine mère. Et enfin Anne accompagnée par le duc d'Uzès et le marquis de Mauny, son premier écuyer. La frêle Mlle de Montpensier tient le cierge.

Le cardinal de La Rochefoucauld bénit l'union avant de célébrer la messe dans le chœur de Notre-Dame. Devant l'autel, Chevreuse, Carlisle et Holland s'éclipsent pour ne pas cautionner cette cérémonie papiste. Ils retrouvent la cour au festin donné à l'archevêché. Le roi s'assied sous son dais, avec sa sœur à sa gauche et sa mère à sa droite. Anne est reléguée entre Marie de Médicis et Gaston. Dix-huit maîtres d'hôtel officient sous la férule d'argent du chevalier de Vendôme qui présente la serviette au roi. Comme chaque membre de la famille royale, Anne a trois ducs pour lui servir viandes et gibiers. La duchesse de Chevreuse est en bout de table avec Holland, et elle ne s'en plaint pas.

Malgré sa tristesse, Buckingham a obtenu de son ami Charles de venir en France pour « hâter le départ de la reine d'Angleterre ». C'est du moins l'explication qu'en donne *Le Mercure*. Le seul grand journal de l'époque indique qu'il est arrivé le 24 mai en voiture de poste. Adieu laquais et carrosses à pompons dorés. Le grand deuil l'a aussi obligé à remiser ses habits chatoyants. Consolation, les pourpoints en velours et satin noirs à manches bouffantes, les longs colliers de perles et les larges rubans, seules taches de couleur lui barrant la poitrine, ajoutent encore une pointe de romantisme à sa splendeur. Sa Grâce laissera d'ailleurs à la France la mode d'une casquette de chasse en velours noir qu'il a empruntée en Espagne à Philippe IV. Les cavaliers vont l'adopter sous le nom de « boukinkan » puis de « bombe ».

Surtout la duchesse et Holland lui assurent que sa dame l'attend le cœur battant. La rencontre avec Anne dans ses appartements du Louvre dépasse toutes les espérances : « La reine parut à Buckingham encore plus aimable que son imagination le lui avait pu représenter et lui parut à la reine l'homme du monde le plus digne de l'aimer… Ils employèrent la première audience de circonstance à parler d'affaires qui les touchaient plus vivement que celle des deux Couronnes et ils ne furent occupés que des intérêts de leur passion », écrit La Rochefoucauld. L'ambassadeur Leveneur de Tillières confirme le coup de foudre : « Dès le premier jour, la liberté entre eux fut aussi grande que s'ils se fussent connus depuis longtemps... Buckingham fut vu de la reine régnante avec une grande joie qui n'était pas sur le visage seulement, mais qui pénétrait jusqu'au cœur. »

Autre visiteur fameux, Rubens est arrivé pour livrer les toiles monumentales commandées par Marie de Médicis. L'inauguration solennelle de la grande galerie du Luxembourg illustre le triomphe de la Florentine, assurée de régner à jamais dans l'Histoire.

À son protégé, Richelieu, elle a offert le Petit-Luxembourg voisin. Le 27 mai, Son Éminence donne une fête dont *Le Mercure*, avec flagornerie, écrit : « Nul ne l'égala. » Peut-être pour le consoler de n'avoir pas été préféré au cardinal de La Rochefoucauld pour célébrer le mariage. La foule est telle que trois personnes y meurent étouffées. Louis XIII, souffrant, est resté au Louvre. Maladie de la jalousie ? Les pages du Journal d'Héroard de l'année 1625 ont été arrachées par sa veuve.

Mais l'intrigue amoureuse du fabuleux Boukinkan divertit déjà Paris. Le poète mondain Voiture rime la disgrâce du grand écuyer Roger de Bellegarde dans le cœur de la reine :

L'astre de Roger
Ne luit plus au Louvre
Chacun le découvre
Et dit qu'un berger
Arrivé de Douvres
L'a fait déloger.

Louis XIII voit d'un œil peu indulgent les révérences du trop bel Anglais. D'autant que durant les sept jours où il est cloué au lit se succèdent bals et réjouissances où Buckingham, les yeux brillants, ne cesse de dévoiler la passion de son cœur. Entre un concert à l'hôtel de Rambouillet et un souper chez les Condé, la reine et son chevalier d'outre-Manche profitent de la présence de Rubens pour s'asseoir devant son chevalet.

Pour le peintre, Anne n'est pas une inconnue. En 1603, le Flamand est allé à Madrid apporter quelques tableaux, cadeaux de son maître, le duc de Mantoue, soucieux d'entretenir de bonnes relations avec le roi d'Espagne. Philippe III l'a reçu magnifiquement et le duc de Lerme a même essayé de se l'attacher mais sans succès. Depuis, il se rend régulièrement à la cour espagnole pour d'autres missions diplomatiques et il conseille Vélasquez, dont Philippe IV a fait son peintre officiel.

Lors du premier voyage de Rubens à Paris, la reine de France a déjà posé pour l'artiste. Engoncée dans une triple collerette, elle s'habillait encore à la mode espagnole et portait une magnifique robe de brocart bleu et or couverte de perles. Cette fois, elle est en noir, très blonde, ses épaules d'albâtre largement dénudées ; comme offertes aux aventures romanesques. Le mylord-duke est aussi glorifié par le pinceau du Flamand qui a succombé, comme toutes les dames, à son charme, à son regard langoureux, à ses lèvres de séducteur, à la moustache qu'il s'est fait pousser en Espagne pour se donner davantage de virilité. Le dessinateur de la cour Dumonstier fait de lui un autre portrait qui justifie l'admiration universelle. Ses cheveux tombent en boucles serrées sur la large collerette et l'habit à petits boutons barré du large ruban de la

Jarretière : « Il parut à la cour avec tant d'agrément et de magnificence qu'il donna de l'admiration au peuple, de la joie et quelque chose de plus aux dames, de la jalousie aux galants et encore plus aux maris », s'enthousiasme La Porte, valet de chambre de la reine.

Le demi-dieu est reçu par Richelieu. En face de Son Éminence, l'œil de velours n'est pas d'une grande utilité. Les noces d'Henriette sont la première épreuve politique du ministre et elles l'opposent à un adversaire dont la puissance et la gloire sont sans égales. Buckingham a pu imposer à l'Angleterre un mariage catholique qui révulse le Parlement, les lords, le peuple et bien sûr les évêques. En échange, les Français se sont engagés à être les chevau-légers des protestants contre les Habsbourg. Mais si l'Anglais a du panache, il est impulsif et présomptueux. Au choc politique s'ajoute une jalousie personnelle du cardinal devant le succès remporté par le grand amiral auprès de la reine. Blessé dans son orgueil, comme un coq gaulois, le petit homme en rouge est bien décidé à ne pas se laisser impressionner. Et surtout à ne rien lâcher. Mylord-duke n'obtient que la vague promesse de deux mille cavaliers, une aumône.

Mais comment l'astre dont la démesure éclipse le commun des mortels pourrait-il s'avouer vaincu ? Il lui reste une victoire à remporter pour justifier sa légende : arracher une preuve d'amour à sa dame de France. Durant cette folle semaine où les Parisiens, ébahis, s'essoufflent dans son sillage, le Boukinkan, en dépit de tous les cancans des salons et des vers de Voiture, n'a pu obtenir le moindre aparté avec Anne. Le soir, à l'hôtel de Chevreuse, l'impétueux amoureux confie son désespoir à la duchesse.

Dans ses appartements du Louvre, la reine de France est inaccessible. De son lever en fin de matinée à son coucher au milieu de la nuit, chaque geste de ses trop belles mains blanches est sévèrement épié par la pointilleuse Mme de Lannoy. Les gardes surveillent son antichambre, les écuyers ses courses en carrosse.

Mais au duc de Buckingham rien n'est impossible.

La coutume veut que, lors d'un mariage, reines et princesses accompagnent une fille de France jusqu'à la frontière. Le départ pour Boulogne d'Henriette et de Sa Grâce est fixé au 2 juin. Au soulagement des mâles de la cour : « On ne pouvait dissimuler, écrit le secrétaire d'État Brienne, la joie que l'on avait de se défaire de cet étranger présomptueux et de le renvoyer dans son pays. »

Dans sa litière de velours rouge, la nouvelle reine d'Angleterre quitte Paris escortée des lords flamboyants conduits par un grand amiral infailliblement resplendissant. Les Chevreuse ont pris place dans leur nouveau carrosse si richement décoré que, pour l'admirer, les Parisiens ont défilé, toute cette semaine, dans la cour de leur hôtel.

Anne et sa belle-mère ne les rejoignent qu'à Montdidier, à une journée d'Amiens. Selon une rumeur, les deux cortèges ont été séparés par ordre du roi et de Richelieu pour éviter tout risque de rencontre. En réalité parce que demeures et auberges ne sont pas assez nombreuses pour loger une telle foule. À Montdidier, il y avait « un si grand nombre de princesses, dames et seigneurs que les carrosses et les chemins semblaient une fourmilière », s'affole *Le Mercure*.

Pour accueillir le rutilant cortège, Amiens et son gouverneur sont sur le pied de guerre. Le roi a écrit le 15 mai au duc de Chaulnes : « Notre très chère et aimée sœur s'en allant en Angleterre, notre intention est que les honneurs qui sont dus à une fille de France et épouse d'un grand roi lui soient rendus aux villes qui sont sur son chemin et parce qu'elle doit passer en notre ville d'Amiens, nous vous écrivons cette lettre pour vous en avertir et vous ordonner à lui faire une entrée lorsqu'elle arrivera en notre dite ville comme vous feriez à nous-même ou à la reine notre épouse ainsi que vous avez accoutumé. Car tel est notre plaisir. »

Le beau-frère de la Chevreuse n'a pas lésiné. Il s'est posté à deux lieues pour attendre le cortège en compagnie de trois cents cavaliers. Il a disposé sur la route, en haie d'honneur, toute la jeunesse en armes et cinq mille bourgeois en bataillons. À la porte de la ville les échevins ont revêtu robe de satin violet et toque de velours noir en signe du deuil anglais.

Sur sa litière, protégée par un dais de velours, Henriette avance, telle une vierge de procession, vers l'archevêché et la cathédrale pour un *Te Deum*. Dans les rues, des arcs de triomphe symbolisent le Parnasse, des jardins gardés par un grand dragon et partout des ciels, des soleils, des vers d'amour chantant l'union du royaume et de l'Angleterre. Mais c'est d'une autre étreinte que rêve le duc de Buckingham, plus exalté que jamais.

Le premier échevin qui accueille Anne d'un pompeux discours ignore la passion royale qui menace d'incendier sa ville : « … Car à jeter l'œil sur les grandeurs de Votre Majesté et sur ses perfections suprêmes, nous ne trouvons pas qu'il y soit jamais venu aucune reine pour fille, pour sœur et pour femme de grands rois qui ait été pour l'esprit plus sage et pour le corps plus belle et plus chaste que vous. »

Le duc de Chaulnes a réservé pour la souveraine une grande maison dont les jardins à la française descendent en pente douce jusqu'à la Somme. De hauts buis dessinent des boudoirs propices aux confidences. Le roi en a interdit l'accès et a ordonné à l'écuyer

Putange et à son domestique La Porte de ne pas quitter la reine.

Mais Marie de Médicis est malade, d'un rhume, assure *Le Mercure*. Et ce rhume bloque le convoi royal dans la petite ville picarde.

On se distrait comme on peut… Visite de la citadelle où Henri IV s'est illustré en reprenant Amiens aux Espagnols, vêpres à la cathédrale, promenade en barque sur les hortillonnages, baptême des trois enfants de Chaulnes, collation à l'archevêché où Henriette a ouvert dans ses appartements les cages de cygnes, tourterelles et ramiers offerts par les échevins. La jeune reine veut emmener ses oiseaux en Angleterre, mais on lui affirme qu'ils risquent de mourir en mer. Elle se résigne à les manger. Anne, elle, a reçu « douze bouteilles d'hypocras blanc et clairet et grande quantité de confitures ». Le soir on danse, on joue, on admire les couchers de soleil. La duchesse de Chevreuse est amoureuse de son Holland. Buckingham est le plus bel homme du monde. Anne a vingt-trois ans. Et elle est follement aimée.

Chaque soir, les deux héros du plus brûlant des romans écrits par l'Histoire se quittent, n'attendant que le lendemain.

La duchesse affirme qu'une conversation avec des intentions pures n'a rien de condamnable : « Dans les effets de cette passion, commente l'ambassadeur Tillières, tout était honnête mais les apparences n'en valaient rien et la reine se conduisait en cette rencontre comme font beaucoup d'autres femmes sur la croyance qu'elles ont et qu'elle croyait avoir d'elle-même ou qu'elle prenait sur le conseil d'autrui qu'il importait peu de donner de mauvaises apparences pourvu que le fond en fût bon et innocent et que, les conservant, elle satisferait à Dieu et au monde, ce que je ne crois pas. » Mme de Motteville ajoute : « Étant jeune, elle ne comprenait pas que la belle conversation qui s'appelle ordinairement l'honnête galanterie où on ne prend aucun engagement particulier pût jamais être blâmable, non plus que celle que les dames espagnoles pratiquent dans le palais où, vivant comme des religieuses, et ne parlant aux hommes que devant le roi et la reine d'Espagne, elles ne laissent pas de se vanter de leurs conquêtes. »

Au sixième soir de cet intermède amiénois, on décide de se promener au crépuscule dans les allées de buis interdites. Des instants qui suivent, plusieurs récits seront livrés à la postérité. Le plus vraisemblable est celui de Mme de Motteville qui a recueilli les confidences de la reine elle-même sur ce jardin fatal : « Le roi en défendait l'entrée à tout le monde : et comme la difficulté augmente le désir, cela lui avait donné une fort grande envie d'y aller. Qu'après avoir eu les clefs du capitaine des gardes avec beaucoup de peine, elle y était allée un soir, Mme de Chevreuse avec elle et sa petite cour. La promenade se fit en présence de toute la suite qui d'ordinaire accompagnait cette princesse. Et j'ai vu des personnes qui s'y trouvèrent qui m'ont instruite de la vérité. Le duc de Buckingham qui y fut, la voulant entretenir, Putange, écuyer de la reine, la quitta pour quelques moments, croyant que le respect l'obligeait de ne pas écouter ce que le seigneur anglais lui voulait dire. Le hasard alors les ayant menés dans un détour d'allées où un buis les pouvait cacher au public, la reine, dans cet instant surprise de se voir seule, et apparemment importunée par quelque sentiment trop passionné du duc de Buckingham, s'écria, et, appelant son écuyer, le blâma de l'avoir quittée. »

Marie de Médicis, toujours couchée, est vite informée du tendre assaut. Elle sonne le départ immédiat des Anglais. Et puisqu'elle est toujours enrhumée, seul Gaston escortera sa sœur jusqu'à Boulogne. Le 16 juin,

Anne embrasse sa belle-sœur qu'elle a accompagnée à une lieue de la ville avec sa belle-mère. C'est le second acte du mélodrame : « Lorsque le duc prit congé de la reine mère… la reine m'a fait l'honneur de me dire que quand il vint lui baiser la robe, elle étant au-devant du carrosse et la princesse de Conti auprès d'elle, il se cacha du rideau comme pour lui dire quelques mots et beaucoup plus pour essuyer les larmes qui lui tombèrent des yeux dans cet instant. » Enfin, Buckingham s'éloigne sur la route d'Abbeville, « passionnément amoureux de la reine et tendrement aimé d'elle », dit La Rochefoucauld. Les Chevreuse suivent dans leur somptueux carrosse. Mais à Boulogne, une tempête retarde à nouveau la traversée.

La Porte, dans ses *Mémoires*, raconte qu'Anne ne tarde pas à l'envoyer remettre une lettre à la duchesse. Elle a demandé au gouverneur d'Amiens, le duc de Chaulnes, de « tenir les portes de la ville ouvertes à toutes les heures de la nuit » pour qu'il puisse lui en rapporter les réponses.

Mais comme il quitte Boulogne, l'écuyer est stupéfait de rattraper Buckingham qui chevauche avec Holland en direction d'Amiens. Un canot bravant la tempête a apporté une missive du roi Charles avec des nouvelles soi-disant de la première importance dont il veut informer la reine mère.

Après avoir parlé à Marie de Médicis, « il alla chez la reine qu'il trouva au lit assez seule, raconte Mme de Motteville. Cette princesse savait par des lettres de la duchesse de Chevreuse… qu'il était arrivé. Elle en parla en riant, et ne s'étonna point quand elle le vit. Mais elle fut surprise de ce que, tout librement, il vînt se mettre à genoux devant son lit, baisant son drap avec des transports si extraordinaires qu'il était aisé de voir que sa passion était violente, et de celles qui ne laissent aucun usage de raison à ceux qui en sont touchés. La reine m'a fait l'honneur de me dire qu'elle en fut embarrassée. Et cet embarras mêlé de quelque dépit fut cause qu'elle demeura longtemps sans lui parler. La comtesse de Lannoy, sa dame d'honneur… au chevet de son lit ne voulant point souffrir que ce duc demeurât en cet état, lui dit avec beaucoup de sévérité que ce n'était point la coutume en France et voulut le faire lever. Mais lui, sans s'étonner, combattit contre la vieille dame, disant qu'il n'était pas français et qu'il n'était pas obligé d'observer toutes les lois de l'État. Puis, s'adressant à la reine, lui dit tout haut les choses du monde les plus tendres. Mais elle ne lui répondit que par des plaintes de sa hardiesse et, sans peut-être être trop en colère, lui ordonna sévèrement de se lever et de sortir. Il le fit ».

Le dimanche 22 juin à Boulogne, l'escadre de deux cents navires accoste enfin. Le grand amiral monte avec la reine d'Angleterre à bord du *Prince*, un vaisseau de trois étages décorés de tapisseries flamandes. Dans le grand salon, un orchestre de luths et de violons doit distraire Henriette qui redoute le mal de mer. La Chevreuse, enceinte de huit mois, elle, ne craint pas la traversée. Son mari a bien tenté de la dissuader de le suivre. Mais la duchesse a pleuré, elle ne veut pas quitter son Holland…

Pierre de Bérulle accompagne la reine catholique. Chef du parti dévot, grand ami de Marie de Médicis mais aussi de Descartes, il a introduit les carmélites en France en 1604 et créé la congrégation de l'Oratoire. C'est lui que Richelieu a envoyé à Rome avec le père Joseph pour obtenir du pape la dispense du mariage. Nommé grand aumônier d'Henriette à la place du père Coton, jésuite honni des puritains, il rêve déjà avec sa petite troupe exaltée de faire basculer l'Angleterre dans le camp catholique. Derrière sa robe rouge s'empresse le jeune évêque de Mende, Daniel du Plessis de Lamothe-Houdancourt, cousin de Richelieu. Le cardinal lui a confié la charge d'aumônier ordinaire d'Henriette pour espionner la cour d'Angleterre et en particulier le trop prétentieux Boukinkan.

9

Ce charmant Monsieur

Après le printemps et les rêves d'amour, voici l'été, la saison du mari. Les deux reines rejoignent Fontainebleau où l'atmosphère est à l'orage. L'indignation de Richelieu est plus vive encore que celle de Louis XIII : « Le roi était naturellement jaloux, et sa jalousie fomentée par celle du cardinal de Richelieu aurait suffi pour l'aigrir contre la reine, quand même la stérilité de leur mariage et l'incompatibilité de leurs humeurs n'y auraient pas contribué », écrit La Rochefoucauld. Le ministre souffle à l'oreille du roi toutes les vilenies vraies ou fausses fournies par ses agents. Comme Marie de Médicis, il s'en sert pour renforcer son pouvoir sur Louis XIII. Le cardinal sait tout, le cardinal entend tout, le cardinal voit tout.

À la cour circulent diverses versions de la promenade au jardin d'Éden. Marie de Médicis, soucieuse de ne pas nuire au mariage anglais qu'elle a appelé de ses vœux, tente de dédramatiser les folies du Boukinkan : « La reine mère ne pouvait s'empêcher de rendre témoignage de la vérité, écrit La Porte, et d'assurer que tout cela n'était rien et que quand la reine aurait voulu mal faire, il lui aurait été impossible y ayant tant de gens autour d'elle qui l'observaient et qu'elle n'avait pu empêcher que le duc de Buckingham n'eût de l'estime et même de l'amour pour elle. Elle rapportait, de plus, quantité de choses de cette nature qui lui étaient arrivées dans sa jeunesse. Ses raisons, quoique incontestables, n'éteignaient pas la jalousie du roi. »

De Londres, l'évêque de Mende adresse au cardinal des rapports véhéments sur l'inconduite de la sulfureuse amie de la reine : « Je suis honteux des impudences de Mme de Chevreuse et de la simplicité du mari ! » Il accuse la duchesse de former avec Holland et Buckingham un trio contraire aux principes premiers de la morale : « Mme de Chevreuse demeure tous les jours cinq ou six heures enfermée avec Buckingham : Holland lui a lâché prise. » Richelieu écrit au maréchal de Schomberg qui a longtemps été ambassadeur à Londres : « Les Anglais qu'on appelle "bouquins" disent qu'on peut les appeler tels parce que quelques-uns ont bouquiné une de nos chèvres ! Ce billet ne sera vu s'il vous plaît que de vous. » Quand on sait que la belle intrigante va accoucher d'un jour à l'autre, on mesure l'outrance de ces ragots d'évêque.

En vérité, le don Juan anglais a besoin d'une oreille attentive. Seule la duchesse peut lui révéler les secrets du cœur de la reine de France et lui inspirer les espoirs les plus fous. En souvenir du roman d'Amiens auquel elle a donné naissance, la Chevreuse met au monde à la résidence royale d'Hampton Court une fille prénommée Anne-Marie.

Le 15 juillet, à peine relevée de ses couches, elle refait la traversée avec le bébé et son mari dont la mission est achevée. Le roi d'Angleterre écrit à son « frère de France » une lettre bafouillante d'enthousiasme sur la grande amie de son favori « dont les grâces et perfections ont donné tant d'accroissement et de lustre à l'honneur et faveur qu'il nous a plu nous faire à moi et à ma très chère épouse que nous nous sentons obligés d'en faire toutes les reconnaissances possibles pour une si singulière affection et faveur et ensuite du jugement dont vous avez fait choix d'une personne en laquelle nous avons trouvé tant de sujets de contentement et de satisfaction ». Ouf !

Pourtant, les accords solennellement signés entre la France et l'Angleterre ne sont déjà plus respectés. La peste s'est abattue sur Londres, tuant six cents personnes par jour, et les pasteurs invoquent un châtiment divin contre le mariage d'Henriette. Pour apaiser le Ciel, Charles a signé une proclamation incendiaire contre les catholiques. Et son favori a chassé les dames françaises de la jeune reine pour les remplacer par son épouse, sa sœur et sa nièce. L'évêque de Mende en fait de vifs reproches à mylord-duke.

Ces nouvelles, ces rumeurs, ces perfidies excitent les fureurs de Louis XIII. Le 20 juillet, les sanctions tombent. À l'aube, le confesseur du roi, le père Seguiran, annonce à la reine la disgrâce de ceux qui, à Amiens, ont bravé l'interdit royal : l'écuyer Putange, le chevalier de Jars, le premier médecin Ripert, ainsi que Mme du Vernet et son domestique Dattal. Le lendemain c'est à La Porte, pourtant malade, que l'on donne deux heures pour quitter la cour. Choquée par cet affront, Anne a quand même l'esprit de répliquer qu'elle supplie Sa Majesté de nommer une bonne fois toutes les personnes qu'il veut lui ôter « afin que ce ne fût plus à recommencer ».

Désormais, Anne est prise comme une araignée dans la toile de Richelieu. À Londres, le diabolique cardinal a recruté comme espionne lady Carlisle, maîtresse du grand amiral et jalouse à en périr de la reine de France. En faisant d'elle la Milady des *Trois Mousquetaires*, Alexandre Dumas a génialement enjolivé une anecdote rapportée par La Rochefoucauld dans ses *Mémoires* : « Galant et magnifique, le duc prenait beaucoup de soin de se parer aux assemblées. La comtesse de Carlisle, qui avait tant d'intérêt de l'observer, s'aperçut qu'il portait des ferrets de diamants qu'elle ne lui connaissait pas. Elle ne douta point que la reine de France ne les lui eût donnés, mais, pour en être encore plus assurée, elle prit le temps à un bal d'entretenir en particulier le duc et de lui couper les ferrets dans le dessein de les envoyer au cardinal. Le duc de Buckingham s'aperçut le soir de ce qu'il avait perdu et, jugeant d'abord que la comtesse de Carlisle avait pris ses ferrets, il appréhenda les effets de sa jalousie et qu'elle ne fût capable de les remettre entre les mains du cardinal pour perdre la reine. Dans cette extrémité, il dépêcha dans l'instant même un ordre de fermer les ports d'Angleterre et défendit que personne n'en sortît… Cependant, il fit refaire en diligence des ferrets semblables à ceux qu'on lui avait pris et les envoya à la reine en lui rendant compte de ce qui était arrivé. Cette précaution de fermer les ports retint la comtesse de Carlisle. La reine évita de cette sorte la vengeance de cette femme irritée et le cardinal perdit un moyen assuré… d'éclaircir le roi de tous ses doutes puisque les ferrets venaient de lui et qu'il les avait donnés à la reine. »

La Rochefoucauld est le seul à avoir relaté cette histoire. Il la tient de sa tante, Mme de Sennecey, future dame d'honneur de la reine. Ce n'est donc pas du roman. D'ailleurs, les six ferrets de diamants sont mentionnés dans l'inventaire de la succession d'Anne pour une somme de sept cents livres. Lors de son mariage, ils ne figuraient pas dans la liste de ses bijoux apportés d'Espagne. Il est donc très probable qu'il s'agisse d'un cadeau du roi.

Plus politique, l'évêque de Mende écrit dès août 1625 : « On n'a pas de plus grand ennemi que Buckingham. » Le tout-puissant mylord-duke n'a pas renoncé à revenir en France. Il se rêve toujours en héros d'une épopée chevaleresque dont la reine de

France est la princesse lointaine en proie aux cruautés d'un roi jaloux et aux fourberies d'un ministre orgueilleux.

Les prétextes ne manquent pas pour justifier un tel voyage. En mai, après des mois de siège, l'Espagne a vaincu les Hollandais à Breda. Les tableaux montrent les généraux Mansfeld et Halberstadt à cheval traînant le cercueil de Breda et derrière eux, en deuil, un cavalier portant la bannière de la France, un autre celle de l'Angleterre, un troisième celle du Danemark, puis la Suède, la Savoie, Venise… À Madrid, Vélasquez peint les fameuses *Lances de Breda*, chef-d'œuvre de l'âge d'or espagnol. Pour contrer cette hégémonie insolente, Buckingham a envoyé à Séville une flotte qui a sombré dans le ridicule. Sur le continent, il ambitionne de constituer une grande Ligue protestante où seraient rassemblés l'Angleterre, les Provinces-Unies, la Suède, le Danemark et que la France catholique serait, par ses accords, obligée de soutenir.

Mais en septembre, le secrétaire d'État Brienne indique : « Le roi continue dans les mêmes pensées et ne peut consentir que le duc de Buckingham vienne. » Gage de bonne volonté, mylord-duke a pourtant envoyé, à la grande colère des puritains, des bateaux pour aider Montmorency, grand amiral de Louis XIII, à vaincre la flotte du huguenot Soubise. Sur terre, Schomberg et les armées royales en ont profité pour prendre l'île de Ré à La Rochelle.

Henriette, fort malheureuse, souhaite aussi revoir le ciel bleu de son pays et confier ses peines conjugales à sa mère. Buckingham y consent à condition d'être du voyage. Mais Louis XIII indique à son ambassadeur à Londres, M. de Blainville, qu'il s'y oppose formellement. « Si Buckingham veut revenir en France, écrit de son côté Richelieu, il doit commencer par faire appliquer les articles du mariage. »

Finalement, en décembre, mylord-duke délègue à Paris lord Holland et lord Carleton pour tenter de résoudre le conflit religieux qui déchire le couple royal anglais. Mais au comble de l'exaltation, parlant d'Anne, il affirme à l'ambassadeur Blainville qu'« il verra cette dame et lui parlera en dépit de toutes les puissances de France ».

Au Louvre, chaque matin, le roi assiste à la messe dans la chapelle de l'antichambre de la reine. Mais il ne se rend plus dans sa chambre. Dans son *Journal*, Héroard mentionne en revanche deux ou trois visites quotidiennes à Marie de Médicis.

La reine mère n'a désormais qu'une obsession : marier Gaston, son préféré, son fils chéri, pour donner un héritier à la Couronne. Sous ses voiles noirs, la Florentine prête l'oreille aux médecins juifs, aux tireurs de tarot, aux astrologues. Et à toutes sortes de devins. Aucune comète ne leur annonce la naissance d'un dauphin. Mais bien plutôt la mort prochaine de Louis. La sombre prophétie a vite fait le tour de la cour, qui se met à regarder d'un autre œil le frère du roi.

Gaston a dix-sept ans. Les Mémoires de ses contemporains dressent de lui le portrait d'un jeune homme léger, agité, dépourvu de courage, avec de grands yeux étonnés et une bouche toujours ouverte. Enfant, il charmait Anne et toutes les dames, jeunes ou vieilles, par sa gaieté et son aimable éloquence. À la différence de Louis XIII, Gaston a reçu une éducation intelligente et libérale. Son gouverneur, François de Brèves, ancien ambassadeur à Constantinople, lui a appris les guerres et les fastes de Soliman le Magnifique. Le libertin comte de Lude qui lui a succédé lui a enseigné les plaisirs du jeu. À sa mort, en 1619, le comte d'Ornano a hérité de la charge prestigieuse en récompense de son efficacité lors du meurtre de Concini. Colonel des gardes corses et néanmoins cultivé, il fait connaître à Gaston les écrivains, artistes et scientifiques les plus en vue. Car le jeune prince, loin d'être fou de chasse comme son frère, aime le théâtre, la peinture, les fêtes italiennes de sa mère. Dans les bals, il pirouette à merveille et il sifflote dans les antichambres, environné d'un parfum sucré de frangipane.

Mais dès que le soir tombe, le frère du roi, escorté de ses amis et de vauriens, court les rues de Paris, éventre les portes des boutiques avant de rentrer éméché à l'aube. Il faut bien qu'il meuble ses nuits puisque, le jour, il en est réduit à inaugurer les travaux du chœur de l'église Saint-Eustache.

Marie de Médicis a voulu que son fils, dès son plus jeune âge, ait une maison « royale ». Jean-Baptiste d'Ornano dirige désormais deux cents personnes. L'ambitieux colonel pousse Gaston à réclamer un fauteuil au Conseil, où lui-même se tiendrait debout derrière le frère du roi. Louis XIII n'en démord pas. Le prince reste trop frivole pour se mêler des affaires de la Couronne. Surtout, Richelieu aperçoit derrière la silhouette du Corse les assassins de Concini : Déageant, Modène et Puylaurens qui, avec Luynes, l'ont écarté en 1617 et ne voient pas d'un bon œil son retour au pouvoir.

Vaincu par les supplications de Marie de Médicis, Louis XIII consent à marier son frère. Vrai crève-cœur pour le roi toujours sans héritier. Tragédie pour la reine abandonnée à ses chagrins et à sa solitude. La cour compatit : « Ah ! pauvre prince, pauvre prince, que le roi est mal conseillé ! Qu'un roi de vingt-cinq ans qui n'a point d'enfants marie un frère de dix-huit ans qui, au bout d'un an, pourra avoir des enfants, combien de maux cela peut-il faire ? Et cette pauvre reine, que deviendra-t-elle ? » s'écrie le prince de Marcillac, père de La Rochefoucauld.

C'est oublier la duchesse de Chevreuse et son inépuisable imagination au service de la reine. Si Louis XIII venait à mourir, le roi Gaston pourrait prendre Anne pour épouse à condition, bien sûr, qu'il soit toujours célibataire. Mais comment le convaincre de ne pas se marier ?

A priori, le prince n'éprouve aucune attirance pour la future femme qu'avant de mourir Henri IV lui a déjà choisie. Marie de Montpensier, petite cousine Bourbon, est la plus riche héritière du royaume, mais la fiancée est loin d'avoir les beautés d'Anne. Et Gaston, comme tous les fils de roi, rêve de partir à la conquête d'une princesse étrangère. Il déclare qu'il « appréhende de se lier ». Richelieu lui promet le duché d'Orléans, le château de Blois et autres prébendes. Il cède.

L'intrigante Chevreuse connaît l'inconstance du jeune écervelé. Pour le faire revenir sur sa décision, elle s'attaque à son vieil ami d'Ornano pour qu'il l'aide à écarter Marie de Montpensier. Le colonel est malade. Avec ses deux complices, la princesse de Conti et la duchesse de La Valette, elle l'assiège jusque dans son lit. Le cardinal est vite instruit par ses espions du jeu des dames.

Anne est-elle impliquée dans cette guerre de succession contre Marie de Montpensier ? Mme de Motteville nous livre la réponse qu'elle tient de la bouche royale : « La reine même m'a fait l'honneur de me dire qu'elle avait fait alors tout ce qu'elle avait pu pour empêcher le mariage de Monsieur avec cette princesse… et qu'elle employa à ce dessein le maréchal d'Ornano, qui était son serviteur, et qu'elle le fit parce qu'elle croyait que ce mariage, que sa belle-mère voulait, était tout à fait contre ses intérêts, étant certain que cette princesse, venant à avoir des enfants, elle qui n'en avait point, ne serait plus considérée. Et ce fut pour ce seul endroit que l'on la soupçonna d'avoir pris part à cette intrigue. D'autres m'ont dit que, certains astrologues ayant publié que le roi ne vivrait pas longtemps, pour embellir l'histoire on accusa la reine d'avoir eu la pensée qu'elle pourrait épouser Monsieur après la mort du roi son mari, si par malheur les étoiles eussent rendu cette prophétie véritable. »

Le 3 mai 1626, le roi convoque d'Ornano, le fait arrêter et enfermer au donjon de Vincennes. Gaston pousse de hauts cris. Ses amis, exaspérés, souhaitent se débarrasser du cardinal dans son château de Fleury, près de Fontainebleau. La duchesse peut aussi compter sur le concours du séduisant grand maître de la garde-robe du roi. À vingt-sept ans, Henri de Talleyrand, comte de Chalais, est amoureux d'elle à en perdre la tête. Hélas ! le jeune fanfaron se vante du projet devant son oncle, gouverneur de Valençay, qui s'affole et le traîne le 10 mai devant le cardinal. Pour prix de sa confession, Richelieu promet le prestigieux régiment des chevau-légers. Chalais avoue.

La main du cardinal s'abat sur tous les amis de Monsieur : Modène, Déageant, Chaudebonne sont arrêtés ; Tronçon, Marcillac, Sauveterre chassés de la cour. Le chevalier de Jars s'enfuit en Angleterre : « Le cardinal, qui se sentait haï des favoris de Monsieur, pour mettre le roi dans ses intérêts, lui avait persuadé que cette cabale, sous le nom de ce prince, avait voulu former un parti dans le royaume », décrypte Mme de Motteville.

La duchesse ne désarme pas. Plus inventive encore que ne le sera Alexandre Dumas, elle veut kidnapper Gaston, le faire sortir du royaume, demander l'aide de l'Angleterre, de l'Espagne, de la Lorraine, de la Savoie, provoquer le soulèvement de Paris, déclarer le roi incapable de régner, annuler le mariage de la reine pour cause de stérilité, ramener Gaston en France et lui faire épouser Anne. Rien de moins.

Dans cette hétéroclite cabale de l'« aversion au mariage », il y a aussi le comte de Soissons qui rêve de la main cousue d'or de Marie de Montpensier ; les deux demi-frères du roi, César et Alexandre de Vendôme, qui reprochent à Louis XIII « toutes sortes d'injustices » depuis la mort d'Henri IV ; les huguenots que la Chevreuse a approchés par sa cousine Rohan.

Richelieu, retiré à Limours, dans un autre de ses châteaux, laisse Louis XIII poursuivre la chasse aux conspirateurs. Dans les papiers du colonel corse, on a trouvé une lettre de César, l'aîné des Vendôme, avouant que « la couronne siérait bien sur la tête de Gaston ». Le 13 juin, à Blois, le roi ordonne d'arrêter ses deux demi-frères qui rejoignent d'Ornano à Vincennes. La cour est frappée de stupeur. Et Gaston contraint de se marier.

La duchesse ne s'avoue toujours pas vaincue. Un regard, un sourire à Chalais, il n'en faut pas davantage pour le persuader de faire revenir le frère du roi sur sa décision : « Grandes chez elle sont la grâce et la beauté, plus grande encore la frivolité, mais tout est dominé par son esprit et, plus haut encore, trône une incommensurable ambition… Dépourvue de tout scrupule mais non d'idées politiques, elle n'est jamais à court de stratagèmes, disposant toujours de cent moyens pour sortir d'embarras. Nul revers ne saurait briser sa spontanéité ni son énergie », écrira Saint-Simon, dûment informé par son père, écuyer de Louis XIII.

Le jeune prince proclame : « Je ne veux plus me marier avec Mlle de Montpensier. » Furieux, Richelieu interroge à nouveau Chalais et surtout un certain Louvigny, nouvelle victime des charmes vénéneux de la duchesse, comme en témoigne Mme de Motteville : « Louvigny, amoureux de Mme de Chevreuse, plein de jalousie et de ces sortes de passions que l'ambition et la galanterie produisent, accusa faussement Chalais d'avoir eu le dessein d'attenter à la vie du roi. Et me parlant de toutes ces choses qu'il avait vues, il m'a assuré qu'il n'était point criminel, et que sa seule faute était d'avoir voulu empêcher le mariage de Monsieur avec Mlle de Montpensier. »

Au château de Nantes, le 8 juillet, Chalais est arrêté dans son lit, mis au secret « dans une chambre située au-dessus de celle d'Anne », précise *Le Mercure*. Et soumis une troisième fois au feu des questions de Son Éminence. À ses fausses promesses aussi. Mme de Motteville témoigne : « Le cardinal de Richelieu, pour perdre la reine et donner sujet au roi de la croire coupable de cet horrible crime dont elle était fort incapable, alla trouver Chalais dans sa prison et lui promit sa vie pourvu qu'il voulût dire que la reine était de concert avec lui dans cet attentat… Chalais était aimé de Mme de Chevreuse : il pouvait savoir que la reine n'avait pas d'envie de voir à ses côtés Madame qui l'aurait précédée dans la faveur… »

Gaston, prêt à dénoncer la terre entière, accuse son ami, les princes et même la duchesse et la reine de l'avoir supplié à genoux de ne pas se marier. Mais le *Procès verbal des diverses choses que Monsieur a avouées au Roy* est des plus étranges. Il a été rédigé par la créature de Marie de Médicis et du cardinal, Bouthillier, qui n'est pas mentionné parmi ceux qui assistaient aux déclarations de Monsieur, ce qui prouve que ces aveux ont été rédigés après coup.

Le 2 août, la fiancée Montpensier, accompagnée de sa mère la duchesse de Guise, arrive à Nantes sous bonne escorte pour prévenir toute tentative d'enlèvement. En début d'après-midi, le roi réunit son Conseil, y convoque son frère et lui demande d'affirmer à haute voix qu'il accepte son mariage. Anne assiste à la cérémonie des fiançailles présidée par Richelieu dans la chambre de Marie de Médicis, au couvent des pères de l'Oratoire. Le lendemain, le ministre célèbre les noces dans une atmosphère de larmes et de mort. Le canon tonne à Paris et à Nantes. Dans sa prison, le maréchal d'Ornano en demande la cause. On lui répond qu'il fête le mariage de Monsieur. Il comprend qu'il est perdu. Un mois plus tard, de détresse, il en mourra. Chalais, lui, dans la chambre où il est détenu, s'écrie : « Ô cardinal, que tu es puissant ! »

Le charmant grand maître de la garde-robe du roi, désireux de plaire à tous, est la victime expiatoire idéale. La chambre criminelle est réunie au couvent des Cordeliers à Nantes. Richelieu orchestre les interrogatoires.

Trois jours plus tard, Chalais est déclaré « atteint et convaincu du crime de lèse-majesté, pour réparation duquel il est condamné à avoir la tête tranchée en la place du Bouffay à Nantes, sa tête mise au bout d'une pique sur la porte de Sauvetout, son corps mis en quatre quartiers, chaque quartier attaché à des potences aux quatre principales avenues de la ville et auparavant l'exécution mis à la torture, tous ses biens confisqués, sa postérité déchue de noblesse ». Sa mère, accourue à Nantes, tente de fléchir le roi par une lettre pathétique. Henri a été enfant d'honneur à la cour. Pour lui acheter, trois ans plus tôt, la charge de grand maître de la garde-robe, elle a sacrifié tous ses biens. Comme son fils, elle plaide les circonstances atténuantes. La duchesse l'a abusé : « Puisque les larmes changent les arrêts du Ciel, les miennes, Sire, n'auront-elles pas le pouvoir d'émouvoir votre pitié ?... Sire, vous êtes roy, père et maître de ce misérable prisonnier. Peut-il être plus méchant que vous n'êtes bon et plus coupable que vous miséricordieux ?... Je vous l'ai donné à huit ans... »

Le roi remet toutes les peines sauf la décapitation. Mais Louis le Juste sent-il que, manipulé par son impérieux ministre, il commet une grave erreur judiciaire ? Héroard note que ce soir-là, au moment de se coucher, le monarque « se met en colère. Ne se peut s'apaiser, se plaint à moi qu'il avait tort et ne laissait pas de trembler ». Suprême perfidie, le cardinal reconnaîtra plus tard que le seul accusateur de Chalais, Louvigny, lui a menti.

Le 19 août, le jeune homme est décapité dans des conditions de cruauté indescriptibles. « Ses amis ayant su son arrêt de mort donnèrent une telle peur aux exécuteurs qu'on n'en trouva point », écrit *Le Mercure*. Il a fallu faire appel à un cordonnier qui devait être pendu trois jours plus tard. Ce boucher d'occasion a commencé par donner quatre coups avec « l'épée d'un Suisse non effilée » avant de terminer par vingt-neuf coups de hache.

L'âme damnée de la cabale est assignée à résidence dans le Poitou, au château du Verger, chez son frère le prince de Guéménée. Lorsqu'on lui annonce cette sentence, la Chevreuse éclate en imprécations : « On pensait qu'elle n'avait l'esprit qu'à des coquetteries. Elle ferait bien voir avec le temps qu'elle était bonne à autre chose… C'était une honte que ce faquin de cardinal gouvernât. » Son mari, première victime de ses sortilèges, s'indigne aussi et déclare, à l'unisson de toute la cour, sa haine du ministre exterminateur.

Anne est ulcérée par cette séparation : « Toutes ces choses firent qu'on ôta à la reine Mme de Chevreuse qu'elle aimait toujours infiniment et qui dans le vrai était la seule cause de ses malheurs… Cette princesse ne connaissait pas alors les dangers qui se rencontrent dans la société des personnes remplies de passions et de vanité… Elle augmenta aussi dans son cœur la juste aversion qu'elle a toujours eue contre le cardinal de

Richelieu. » Mme de Motteville s'étonne que les tendres sentiments du ministre à l'égard de la reine se manifestent d'une si étrange manière : « On veut aussi que le cardinal de Richelieu ait eu pour la reine plus d'amour que de haine… Les premières marques de son affection furent les persécutions qu'il lui fit. Elles éclatèrent aux yeux de tous. Et nous verrons durer cette nouvelle manière d'aimer jusqu'à la fin de la vie du cardinal. » Fort des aveux qu'il a arrachés à Chalais, l'impitoyable confesseur a convaincu son pieux souverain que la reine, sa femme, complotait son assassinat.

La cour quitte Nantes le 24 août. Après un pèlerinage à Notre-Dame de Chartres, Louis et Anne logent au château de Dourdan, propriété de la reine mère depuis quinze ans. Marie de Médicis, elle, a délaissé sa forteresse moyenâgeuse pour s'installer chez le cardinal, à Limours.

Cette merveille Renaissance construite par François Ier pour la duchesse d'Étampes a été habitée par Diane de Poitiers : « Je ne puis que je ne vous die la folie que j'ai faite d'acheter Limours… Vous m'en blâmerez peut-être mais les choses qui sont pour la santé d'une personne ne doivent jamais être estimées vrayes folies », a écrit Richelieu au gouverneur de Chinon en 1623. À l'époque, le prélat ne siégeait même pas au Conseil. Il a dû vendre sa charge de grand aumônier d'Anne, une terre dans le Poitou et céder en viager l'évêché de Luçon. Mais ce jardin enchanté de l'Île-de-France est bien fréquenté. Les Chevreuse sont à Dampierre, à quelques lieues.

Depuis son achat, le ministre a fait des réparations somptueuses, aménagé une chambre royale aux poutres à festons dorés et une grande galerie ornée de portraits des souverains de France. Il a également installé une immense statue de Louis XIII en Mars, le dieu de la Guerre, et une de sa protectrice, Marie de Médicis.

À l'annonce de l'arrivée de la cour, la duchesse s'est enfuie de son château voisin. Non pour rejoindre l'austère résidence de son frère dans le Poitou comme Richelieu le lui commandait. Avec l'accord de son mari, l'insoumise, abandonnant ses quatre enfants, a pris la route de Nancy où son cousin, Charles de Lorraine, l'accueille avec empressement le 8 septembre. La fureur du ministre atteint son paroxysme.

À Limours, la reine est convoquée devant un Conseil érigé en tribunal d'exception où le roi siège entre le cardinal et la reine mère. À l'arrière-petite-fille de Charles Quint, le ministre refuse le fauteuil auquel elle a droit. Telle une coupable, elle doit se contenter d'un tabouret pliant. Louis XIII lui lit les faux-vrais aveux de Chalais recueillis par Richelieu et qui la mettent en cause. Cette fois, la pieuse Anne se révolte contre tant de mensonges. Mme de Motteville raconte la scène : « Le roi, trompé par les artifices du ministre qui amplifia les paroles du prisonnier, crut quelques jours qu'il avait épousé au lieu d'une chrétienne une infidèle… Il la fit venir au Conseil où il lui reprocha qu'elle avait conspiré contre sa vie pour avoir un autre mari. La reine, outrée de douleur de cette accusation, lui parla avec fermeté… et lui dit à ce que j'ai su par elle-même qu'elle aurait trop peu gagné au change pour vouloir se noircir d'un crime pour un si petit intérêt. »

Pour qu'il ne reste nulle trace de ces forfaitures, les documents sont immédiatement brûlés. Mais la vérité sort de la bouche de Chalais. Le prêtre qui a assisté le condamné à mort demande audience à Louis XIII pour rendre justice à la reine : « Comme son ressentiment ne l'avait pas entièrement justifiée à l'égard du roi et du public, Dieu permit que Chalais se voyant sur l'échafaud et trompé par le ministre se repentît… Il pria son confesseur d'aller trouver le roi pour lui dire la vérité, et d'aller de sa part demander pardon à la reine… » L'inconsolable mère de Chalais, surmontant sa détresse, vient aussi implorer Anne de pardonner. Trop tard !

Richelieu a atteint son but. La déchirure au sein du couple royal est désormais irrémédiable, comme le souligne La Rochefoucauld : « Le cardinal, qui voulait intimider la reine et lui faire sentir le besoin qu'elle avait de ménager sa passion, n'eut pas de peine à persuader au roi qu'elle et Mme de Chevreuse n'avaient pas ignoré le dessein de Chalais, et il est certain que le roi en est demeuré persuadé toute sa vie. » À chaque maladie, Louis XIII verra, dans son délire, l'image de sa femme mariée à son frère. Dans ses *Mémoires*, Mademoiselle dissipe toute équivoque sur ce prétendu amour qui lierait son père à la reine : « J'ai ouï dire à Son Altesse Royale que, quand son frère serait mort, il ne l'aurait pas épousée, si cela ne fût arrivé durant un certain temps qui fut environ l'espace de deux ou trois mois ou plus qu'il avait été amoureux d'elle. »

Pour être informé des battements du cœur de la reine, le cardinal-démon place auprès d'elle une espionne, Mme du Fargis, comme dame d'atour.

En cet automne 1626, Anne n'a plus d'illusions sur la haine jalouse que lui porte le tout-puissant ministre protégé de Marie de Médicis. Sa descente aux enfers ne fait que commencer.

10

Funeste grossesse !

La nouvelle perce le cœur de la reine. Dès octobre, la duchesse d'Orléans annonce qu'elle est enceinte. Après quelques semaines de mariage, la richissime Marie porte désormais les espérances de la Couronne. Au Louvre, tous les regards se tournent vers Gaston, salué comme un « soleil levant ». Cette grossesse souligne cruellement la stérilité d'Anne onze ans après des noces célébrées avec apparat à Bordeaux.

Revanche éclatante car la belle-sœur ne pardonne pas à la cabale des dames de lui avoir gâché sa cérémonie nuptiale. À Nantes, sous les homélies grandiloquentes du cardinal, la cour était lugubre et le jeune « marié malgré lui » ne s'était même pas fait faire un costume de drap d'or.

La belle-mère, qui emménage au Luxembourg sous les toiles de Rubens, est radieuse. Autour d'elle, une pléthore de sculpteurs, doreurs, tapissiers, peintres dont Philippe de Champaigne achèvent le plus beau palais de la capitale. Dans les jardins, les fontaines et les statues, les bosquets et les terrasses donnent une idée du faste des Médicis. La reine mère se voit et s'érige en modèle. Quelques semaines plus tôt, en conclusion du terrible Conseil où Richelieu a tant humilié Anne, la Florentine a engagé sa bru espagnole à « vivre comme les autres reines de France avaient vécu ». Elle lui a imposé, comme surintendant de sa maison, son ami Michel de Marillac, nouveau garde des Sceaux et figure de proue du parti dévot.

Le jeune couple royal se retrouve uni par sa commune tragédie. La médecine de l'époque n'explique les fausses couches de cette reine de vingt-cinq ans que par la malédiction. Plus pieux que jamais, Louis et Anne font assaut de neuvaines pour tenter d'attirer l'indulgence divine. On ne compte pas les chapelles et les couvents qui surgissent de terre à la grande joie des Bérulle, Vincent de Paul et autres zélés de la foi. À l'abbaye du Val-de-Grâce qui commence à s'élever, la souveraine promet d'ajouter une église magnifique si Dieu lui donne un fils. Mais hélas ! le Ciel reste sourd à leurs prières.

Depuis son retour de Nantes, Louis ne cesse de chasser. Pour oublier… Le 24 septembre, il déjeune sur l'herbe à Saint-Germain après avoir couru et pris un sanglier. En fin d'après-midi, la reine le rejoint avec sa belle-mère. Ce soir-là, Héroard note une double étreinte dans la chambre d'Anne. Une nouvelle fois elle est enceinte. Seigneur mon Dieu, est-ce possible ?

Quelques semaines plus tard, elle doit écrire à la duchesse de Chevreuse qu'elle a encore fait une fausse couche. Le cardinal est le premier à lui envoyer une lettre de condoléances pour compatir à ses espérances perdues : « Il m'est impossible de représenter à Votre Majesté l'affliction que je ressens… Je la puis assurer que le roi en a autant de déplaisir pour l'amour d'elle que de lui-même et de son État. » Ainsi le ministre régente tout, même les chagrins de Louis !

Dans ses appartements, la duchesse d'Orléans affiche son triomphe et son ventre rond, regardant de haut la princesse de Condé qui lui tend sa serviette lorsqu'elle passe à table. La future mère se plaît à appeler Anne « ma sœur ». Elle prononce avec volupté ce titre royal qui augmente l'amertume de la reine. Elle est « fort grosse », dit Bassompierre. La cour y voit la promesse d'un dauphin. La reine mère répète les prédictions du Florentin Cosimo Ruggieri, astrologue de Catherine de Médicis, à qui Henri IV a demandé de faire l'horoscope de Gaston à sa naissance : « Le prince vivra fort longtemps et pour le moins jusqu'à soixante-quinze ans. On le mariera à dix-huit ans. Il aura grande quantité d'enfants mâles et femelles, l'un desquels sera très heureux aux armes. »

Le cardinal ne peut s'empêcher de prendre ces prédictions en considération. Par tous les moyens, il tente de se réconcilier avec le frère du roi. Car, depuis la mort de Chalais et celle du colonel d'Ornano, la haine de Gaston et de son dernier carré d'amis survivants ne s'apaise pas. Les pamphlets s'abattent sur l'homme rouge qui a les mains couvertes de sang. Les libelles foisonnent. Les appels au meurtre se multiplient. Le ministre a exigé du roi une garde de cinquante mousquetaires qui l'accompagnent partout au Louvre et même lorsqu'il officie à l'autel. Le nouveau favori reste hanté par l'assassinat de Concini.

À Noël, pour s'attirer les bonnes grâces de Gaston, il convainc le roi de lui racheter son château de Limours et de l'offrir en cadeau à son frère. Il y voyait déjà des jeux d'eau comme à Saint-Germain. Mais la Prédecelle qui longe ses bois n'est qu'un maigre ruisselet et les poètes ironisent sur ses appétits de grandeur. La vente est signée le 23 décembre. Richelieu empoche sept cent mille livres, une somme exorbitante. Comme Concini et Luynes avant lui, Son Éminence profite de sa faveur pour faire fortune. Mais il ne veut pas mettre sa vie en péril dans les sombres corridors d'un palais du roi.

Il achète, rue Saint-Honoré, le vieil hôtel de Rambouillet qui témoigne encore du confort rudimentaire du Moyen Âge : « Après avoir passé une grande porte, encore formidable entre ses tourelles… on arrivait par une voûte sombre à une porte basse qui donnait sur l'escalier. De chaque côté des éteignoirs pour les flambeaux des escortes, des montoirs pour hucher sur leurs selles hautes des cavaliers lourdement armés ou trop amplement costumés… Au premier, une vaste antichambre ouverte à tous les vents comme à tous les venants, vaste carrefour qui tenait de la halle et de la rue car on y commettait les mêmes infractions aux habitudes de la propreté et aux règles de la bienséance. Et l'on entrait… dans une vaste salle de réception destinée aux fêtes qui se donnaient une ou deux fois l'an… Cette longue suite d'appartements portaient les traces du passage de ces seigneurs qui crachaient haut pour marquer leur rang et se permettaient de plus grandes libertés pour prouver leur indépendance. Mal éclairés le soir par de rares chandelles, ils étaient glacés en hiver… On marchait, on marchait longtemps avant d'arriver à la seule chambre habitée quoiqu'elle fût tout au plus habitable. » À cette description rédigée par le comte de Laborde au XIXe siècle, on comprend que la marquise de Rambouillet ait préféré quitter ce vieux palais des courants d'air. Son Éminence est, elle aussi, décidée à démolir la bâtisse pour édifier le Palais-Cardinal dont le confort et le raffinement éclipseront presque le Louvre et qui résistera à toutes les tempêtes de l'Histoire. En cette fin d'année, le ministre réunit une assemblée de notables pour leur expliquer les nouvelles orientations de la politique du roi : doter la France d'une flotte et en faire une puissance maritime à l'égal de l'Espagne et de l'Angleterre, tâche à laquelle Sully s'est attelé avant lui. L'Espagne, plus récemment les Provinces-Unies et l'Angleterre démontrent bien tous les avantages de la domination des océans.

C'est à Gaston que Richelieu demande de présider les réunions. Mais le soir, plus que jamais, Monsieur préside son « Conseil de vauriennerie ». Le futur père et héritier de la Couronne accumule les ivresses et les folles soirées de jeu dont son épouse paie les factures sans un mot de reproche.

L'un de ses amis, François de Montmorency-Bouteville, s'est enfui en Flandres après avoir tué en duel le marquis de Thorigny. Un fidèle du défunt veut le venger. Le duc relève le défi. Tirer l'épée hors du champ de bataille est pourtant puni de mort. Louis est sans pitié pour ces duels qui le privent de ses meilleures lames. La rencontre a lieu place Royale le 14 mai. Après avoir tué le témoin de son adversaire, Montmorency-Bouteville et son compère galopent vers la frontière. Pour Richelieu, l'occasion est trop bonne de décapiter une nouvelle fois la cour de Monsieur. Les deux bretteurs sont rattrapés en Champagne et condamnés à avoir la tête tranchée en place de Grève. Pour obtenir sa grâce, la duchesse se jette aux pieds du roi au sortir d'une messe où il a communié. Son mari n'a que vingt-sept ans. Et elle est enceinte. Mais Louis XIII reste inflexible.

Cette semaine de mai 1627 est aussi pour la reine Anne celle de tous les cauchemars. Au Louvre, la duchesse d'Orléans est sur le point d'accoucher. Tout est luxueusement prêt pour la naissance du bébé qui héritera de la plus grosse fortune du royaume et peut-être aussi, si telle est la volonté de Dieu et si c'est un garçon, de la couronne de France. Le futur père, enfant gâté de sa mère, ne doute pas de sa bonne fortune.

À nouveau, Louis XIII chasse… pour n'y point penser.

Mais le couple, soutenu par les confesseurs, aumôniers, et par le légat du pape récemment reçu par la reine, ne veut pas renoncer à la vertu de l'espérance. Tous les soirs ou presque de cet épouvantable mois de mai, Louis rejoint le lit d'Anne. Héroard note encore deux étreintes le 18 mai.

Le lendemain, après le Conseil, le roi part pour Versailles en carrosse. C'est là, dans son pavillon de chasse rose et blanc, à la lisière de la grande forêt, qu'il retrouve la paix de l'âme. Anne, restée à Paris pour assister sa belle-sœur, le voit revenir le mercredi soir. Le jeudi, c'est jour de Conseil. Il trompe son anxiété en jouant au tric-trac avec son cher Bassompierre avant de rejoindre le lit de la reine pour une double étreinte. Mais le lendemain, après un autre Conseil, c'est à nouveau la fuite à Versailles.

Le samedi 29 mai 1627, jour historique, à l'Arsenal, le canon est prêt pour annoncer la naissance d'un dauphin. Les douleurs de Madame ont commencé la veille à dix heures du soir. Toutes les paroisses sont en prière et les oreilles des Parisiens aux aguets. La cour rassemblée au Louvre bruisse d'anxiété et de joie, mais épie avec une cruelle délectation la reine de France dont cette naissance annonce la disgrâce. Louis XIII a préféré cacher aux regards le chagrin de sa vie.

Le bébé est si gros que l'accouchement est long et difficile. Vers midi, on découvre enfin le sexe de l'enfant. Une fille ! Gaston cache mal sa déception. À Versailles, le monarque s'écrie : « Gloire soit à Dieu ! » Il est toujours le roi. Il peut rentrer à Paris. Nul doute qu'Anne aussi rende grâce au Ciel dans son oratoire. Mais une ombre funèbre plane sur cette princesse trop potelée qui, en naissant, a déchiré les entrailles de sa jeune mère. L'hémorragie ne cesse pas. Madame est au plus mal. La reine a délégué son premier médecin, Seguin. Mais autour du lit, les sommités de la Faculté confrontent leurs impuissances. Gaston ne quitte plus le chevet de son épouse.

Le vendredi suivant, à deux heures du matin, la malheureuse accouchée murmure à la duchesse de Guise : « Ma mère, je m'en vais mourir, consolez-vous. » Elle expire dans la matinée. Sur son lit de parade, dans sa robe immaculée, avec ses gants blancs joints sur sa poitrine, la petite duchesse d'Orléans n'est plus qu'un rêve brisé : « On vit périr tant de belles espérances qu'elle pouvait avoir, se voyant grosse et la reine sans enfants, ce qui attirait une cour qui donnait de la jalousie à la reine », écrit La Porte dans ses Mémoires. Cette fois, les visages baignés de larmes ne se tournent plus vers Anne, en pleurs elle aussi. Gaston s'enfuit à Saint-Cloud chez l'un de ses derniers fidèles, le président Lecoigneux. Le roi l'y rejoint pour le consoler. Après des funérailles royales, la belle-sœur Montpensier est enterrée à Saint-Denis aux côtés d'Henri IV. Une semaine plus tard, Monsieur revient à Paris. Mais redoutant de retrouver au Louvre trop de douloureux souvenirs, il s'installe chez le vieux duc de Bellegarde, son premier gentilhomme, grand admirateur d'Anne et ami de son père, qui l'entoure comme s'il était son fils.

Amère dérision, la reine hérite du bébé qui, à son baptême, sera appelée Anne Marie Louise et deviendra la Grande Mademoiselle. Tout au long de son enfance, la nièce orpheline installée aux Tuileries appellera sa tante « ma petite maman » et le roi « mon petit papa ». Déjà Gaston usait des mêmes mots avec Louis à la mort d'Henri IV. Les deux époux ont eu des trésors d'affection pour leurs frères et sœurs. Hélas ! qu'ils seraient de tendres parents !

11

Un étendard jaune et noir

À Nancy, la duchesse de Chevreuse ne rend pas les armes. Ni celles de la politique ni celles de la galanterie. La belle exilée a déjà séduit son hôte et cousin, Charles IV de Lorraine, âgé de vingt et un ans, qui est souvent venu chez elle à Dampierre. Le duc aime l'effervescence de Paris et goûte peu l'« orgueil allemand ». La duchesse organise des soupers, des fêtes et un bal du carnaval qui enchantent le Lorrain. Elle entretient avec la reine une correspondance régulière mais codée pour échapper aux agents de Richelieu.

Elle écrit surtout à Buckingham pour entretenir sa flamme amoureuse et guerrière. Réfugié à Londres, son cousin Soubise presse le grand amiral d'aider les huguenots de La Rochelle à reconquérir l'île de Ré, perdue deux ans plus tôt. Buckingham, fidèle à sa parole, avait alors soutenu la France en compagnie des Hollandais. Depuis, Louis XIII et son ministre ont trahi leurs engagements en signant un traité avec Madrid. Le roi a surtout ordonné au marquis de Toiras, gouverneur d'Aunis et de Ré, d'édifier dans l'île, à Saint-Martin, une citadelle inexpugnable dont la seule vue ôtera aux Anglais l'envie de s'approcher de cette côte. De La Rochelle, les huguenots, affolés par l'ampleur de la construction, lancent vers Londres des appels au secours.

L'évêque de Mende continue d'adresser au cardinal ses dépêches empoisonnées qui alimentent la jalousie de Louis XIII : « Le duc de Buckingham songe fort à passer en France. La passion qu'il a pour les dames cause beaucoup d'extravagances. » Le favori anglais est las de voir ses ouvertures repoussées. Aux Communes, les parlementaires, furieux des aventures ruineuses dans lesquelles le royaume est entraîné, votent l'*Impeachment*, c'est- à-dire la destitution du ministre. Le roi Charles réplique en dissolvant le Parlement, mais il ne veut plus voir une soutane catholique près d'Henriette à Hampton Court : « Je vous ordonne de renvoyer demain les Français hors de la ville si vous le pouvez par la douceur… autrement chassez-les comme autant de bêtes sauvages jusqu'à ce que vous les ayez embarqués et que le diable les emporte. »

Le beau Bassompierre, presque aussi beau que Buckingham, a été envoyé à Londres en mission diplomatique à l'automne 1626. Chef de guerre chargé de gloire, il a l'affection de Louis XIII qui le reconnaît comme un maître stratège. À quarante-huit ans, l'irrésistible Français, qui fait tourner les têtes des dames, est surtout l'amant de la princesse de Conti, amie de la reine Anne. Pour Buckingham, voilà qui vaut toutes les lettres de créance.

À peine arrivé, l'ambassadeur extraordinaire a reçu la visite ultrasecrète de mylord-duke, l'invitant à se rendre le lendemain tout aussi clandestinement à son palais de York House « qui est extrêmement beau et le plus richement paré que je vis jamais aucun autre, nous en séparant fort bons amis », écrit dans ses *Mémoires* le maréchal qui manie sa plume comme un sabre. Bien sûr, les bourreaux des cœurs ont échangé des confidences. Depuis les larmes qu'il a versées devant le lit de la reine, Buckingham a été « piqué par certaines lettres que monsieur le cardinal et lui s'étaient réciproquement écrites », dit encore Bassompierre. Le maître de l'Angleterre n'a qu'une revendication, toujours la même : revenir à Paris, revoir sa dame. Hélas ! répète l'ami de Louis XIII, c'est la seule prière que le roi n'exaucera jamais.

Pendant trois mois, ce ne sont qu'audiences à Hampton Court, bals et fêtes chez les lords. Avec panache, Bassompierre a vite conquis tous les cœurs, réconcilié les deux royaumes, et ensorcelé le monarque anglais bouillant de colère contre les propos insensés du perfide évêque de Mende. Le 15 novembre, Charles Ier invite l'ambassadeur à le rejoindre dans sa résidence londonienne de Whitehall, d'où la barque royale les conduit à York House pour « le plus superbe festin que je vis dans ma vie. Le roi soupa en une table avec la reine et moi, qui fut servie par des ballets en tiers à chaque service et des représentations diverses, changements de théâtres, de tables et de musique. Le duc servit le roi, le comte de Carlisle, la reine et le comte de Holland me servit à table. Après souper, on nous mena en une autre salle… l'on eut un superbe ballet que le duc dansa et ensuite nous nous mîmes à danser des contredanses jusqu'à quatre heures après minuit. De là, on nous mena dans des appartements voûtés où il y avait cinq diverses collations ». Une dernière fois mylord-duke le supplie d'emmener son ami Montagu, écuyer d'Henriette, pour intercéder au Louvre en sa faveur. Mais le maréchal répond que ce lord ne sera pas reçu à la cour. Ni par Anne. Dans ses *Mémoires*, Bassompierre raconte que, dès son retour à Paris, « la reine lui demande d'écrire à Buckingham que sa venue ne lui serait pas agréable ». Sans aucun doute à la demande de son époux. Une note de l'éditeur précise que, dans le manuscrit, le maréchal a barré le mot « reine » pour y substituer celui de « roi ».

Après une traversée de cinq jours et une terrible tempête qui lui a coûté deux carrosses, quarante mille francs de pourpoints tout juste achetés à Londres et vingt-neuf chevaux morts de soif, l'ambassadeur extraordinaire est pourtant revenu avec une nouvelle offre de paix : Charles a promis de tolérer auprès d'Henriette un évêque et une douzaine de prêtres catholiques. Et de ne pas soutenir les protestants de La Rochelle.

Mais Richelieu a convaincu le roi de détruire ce « nid de guêpes huguenot » qui nuit au développement de sa nouvelle politique maritime et de sa fortune. Le 18 mars 1627, confisquant au duc de Montmorency son titre de grand amiral du Levant, et au duc de Guise celui de grand amiral du Ponant, il s'est fait nommer grand maître de la navigation. Bientôt, il sera gouverneur de Brouage, de Brest, du Havre, de Honfleur. Et de toute la Bretagne confisquée aux Vendôme emprisonnés à Vincennes. Il a déjà des plans pour commercer avec la Perse, l'Inde, la Chine, le Canada. Un dessein outrageant pour les Anglais qui se rêvent maîtres des mers.

En représailles, Buckingham s'empare des navires français dans les ports britanniques. S'étant ainsi procuré de l'or, il oblige la City à armer vingt bateaux pour « capturer, couler ou brûler tous les vaisseaux qu'ils rencontreraient appartenant au roi de France ». La petite armada domine facilement la Manche. Les cargaisons saisies sont revendues à Londres, occasion d'une fête splendide à York House. Le grand amiral y apparaît soutenu par la Vérité et la Gloire mais en butte aux assauts de l'Envie et à ses chiens aboyants : « Puisqu'on refuse de me recevoir en France comme un ambassadeur qui veut porter la paix, j'y entrerai malgré les Français comme un général en chef qui porte la guerre », déclare-t-il. À Paris arrivent des nouvelles plus qu'inquiétantes. Dans les chantiers navals de Portsmouth des vaisseaux sont construits en toute hâte.

En Lorraine, la Chevreuse ne reste pas non plus inactive. Enceinte d'un cinquième enfant, elle est aussi outrageusement dépitée de voir son exil se prolonger. Elle pousse Buckingham à prendre la tête d'une nouvelle conspiration européenne contre le roi de France et surtout son « faquin » de cardinal. Mylord-duke débarquera à l'île de Ré. Charles de Lorraine marchera sur Paris en passant par la Champagne, le duc de Savoie envahira le Dauphiné avec l'aide du comte de Soissons réfugié à Turin depuis l'affaire Chalais. Son cousin huguenot Rohan soulèvera, lui, le Languedoc.

Pour nouer les mailles de ce filet, Buckingham envoie en Lorraine son cher Montagu qui parle parfaitement le français. Comme Holland, le jeune lord a participé à l'équipée espagnole, rencontré les Chevreuse à Londres et n'ignore rien de l'intrigue amoureuse entre Anne et Sa Grâce. La duchesse expédie l'élégant Anglais de vingt-cinq ans galvaniser la Savoie et Venise, toutes deux ulcérées que Richelieu ait signé un traité avec l'Espagne.

Le grand amiral britannique, lui, embarque le 27 juin 1627 sur le *Triumph* où, sous le drapeau anglais, flotte l'étendard jaune et noir de la reine Anne. Dans le salon décoré de lambris dorés trône un portrait de sa dame de France peint par Rubens et entouré de bougies allumées jour et nuit.

Derrière lui suivent quatre-vingt-dix vaisseaux où ont embarqué sept régiments de neuf cents hommes. Cent vingt petits bateaux, barques et chaloupes à vingt rameurs les entourent. L'armada est bientôt rejointe par quatre mille matelots de Soubise.

Cette fois, c'est la guerre. Louis XIII fait ses adieux et se rend au Parlement, flanqué de sa mère et de son frère Gaston. Et la reine ? Depuis que le vaisseau amiral de l'ennemi anglais arbore ses couleurs, elle a disparu du *Mercure*. Et même du Journal d'Héroard. Après la messe à la Sainte-Chapelle, le roi traverse Paris dans son carrosse. Le soir il dort à Villejuif. Mais depuis deux jours il est pris de frissons et doit s'arrêter à Mennecy chez ses amis Villeroi. Avec son parc ombragé, ses jardins à la française baignés par l'Essonne, leur château est, en ce mois de juillet, un havre de paix et de fraîcheur.

Héroard soigne Louis au bouillon : « *Melius habuit, pulpus mollior et minus velox*[1] », s'exclame-t-il, confiant, le 1er juillet. Hélas, la fièvre reprend. Marie de Médicis accourt au chevet de son fils. Le 5 juillet, Anne monte aussi dans son carrosse. Mais, affront suprême, le cardinal filtre les entrées comme le raconte La Porte dans ses *Mémoires* : « M. d'Humières, premier gentilhomme de la chambre, la fit entrer sans demander, ne croyant pas que le commandement qu'on lui avait fait de ne laisser entrer personne s'étendît jusqu'à la reine. Il eut ordre de se retirer, ce qui fit voir que le roi n'était point encore revenu de l'affaire de Nantes. » Louis ou le cardinal ? Car Guise, Chevreuse et Bassompierre, grands amis du monarque, se voient aussi interdits de chambre royale. Le maréchal de Bassompierre accuse le cousin de Richelieu, expulsé de Londres, de lancer contre lui ses flèches empoisonnées : « J'avais l'évêque de Mende pour ennemi depuis mon retour d'Angleterre sur ce qu'il disait que j'avais improuvé sa conduite et plusieurs de ses actions lorsqu'il était grand aumônier de la reine. »

1. « Il va mieux, pouls plus régulier et moins rapide. »

« *Rigor, horror, concussio !*[1] » s'écrie cette fois, devant la fièvre qui redouble le 18 juillet, le vieil Héroard. Le médecin craint désormais pour la vie du souverain et fait venir son confrère Bouvard. Les prières sont ordonnées dans toutes les paroisses et couvents.

« La fièvre qui nous trouble est tierce pour le roi et pour les bons Français est fièvre continue », s'alarme *Le Mercure*.

Le 23 juillet, Buckingham et Soubise débarquent dans l'île de Ré, Toiras est obligé de se retrancher dans le fort Saint-Martin. « On fut quelque temps à celer cette nouvelle au roi de peur d'accroître son mal. Puis ensuite on lui déguisa et ne lui fit pas si grande qu'elle était », écrit Bassompierre, écarté des combats par un Richelieu plus que jamais décidé à gouverner seul le royaume, son armée et même son monarque cloué au lit par la fièvre. Harcelé par la reine mère, le ministre accorde du bout des lèvres le commandement des troupes de La Rochelle à Gaston. Mais le péril ne se limite pas à Buckingham. Le plan de la duchesse menace l'intégrité de la France. *Le Mercure* écrit : « Le 16 juillet, le sieur de Fosse, gouverneur de Montpellier, annonça que le duc de Rohan levait des troupes au Languedoc et que les Cévennes ayant terminé les récoltes se préparaient à la guerre. » De Metz, un agent du cardinal fait savoir que la Lorraine arme dix mille hommes. La Savoie et les Génois recrutent aussi des régiments. Dans le fort de Saint-Martin-de-Ré, les vivres s'épuisent. Toiras a envoyé un nageur avec, dans la bouche, un message caché dans une balle : il ne tiendra pas au-delà du 12 octobre. Le frère du roi réussit un exploit : trompant l'ennemi, il ravitaille les

1. « Raideur, frissons, agitation ! »

assiégés grâce à une flotille qu'il envoie des Sables-d'Olonne. Richelieu jaloux ne le signale pas dans ses *Mémoires*.

Louis, à peine délivré de ses fièvres, accourt. Avec Bassompierre et Schomberg, il découvre les cent cinquante vaisseaux de la flotte anglaise à l'ancre. Un mois plus tard, victoire ! Ré est reprise. Buckingham et Soubise, qui ont perdu mille deux cents hommes, regagnent piteusement l'Angleterre. Louis XIII, triomphant, envoie à Paris les drapeaux, canons et autres trophées arrachés au présomptueux Anglais qui a osé lever les yeux sur son épouse : « La reine ma fille et moi, nous envoyons tous nos gens au-devant », écrit Marie de Médicis. Anne est priée de prendre part à l'allégresse et au *Te Deum* célébré à Notre-Dame.

Pour boucler La Rochelle, le roi décide de construire une digue dont Richelieu et Bassompierre se disputeront la glorieuse paternité. En route vers l'Espagne, le marquis de Spinola passe par la ville assiégée. Au vainqueur de Breda, les troupes du maréchal Schomberg font une haie d'honneur. Le légendaire général génois confie à Louis XIII que « son seul déplaisir est de n'avoir jamais vu le roi son maître auprès de lui sur un champ de bataille ». Lorsqu'il décrivait à Philippe IV les tourments de ses troupes embourbées et noyées dans les marais hollandais, Sa Majesté catholique s'est contentée de répondre de Madrid : « Marquis, prenez Breda. Moi, le roi. »

Le monarque français assure qu'il entrera, lui, dans La Rochelle à la tête de son armée. Et que sa victoire aura le même retentissement sur les huguenots, les Anglais et leur grand amiral que la reddition de Breda. Spinola, qui semble maîtriser tous les secrets de l'art de la guerre, donne ce conseil de stratège à stratège : « Il faut fermer le port et ouvrir la main. » Louis donne aussitôt l'ordre non seulement de finir la digue mais aussi de bien payer ses soldats.

À Londres, Charles Ier confie à l'ambassadeur de Venise qu'il se voit contraint d'offrir sa protection aux huguenots harcelés par le roi de France : « Il est résolu à prendre La Rochelle et moi je suis résolu à ne pas supporter cela. » Le long siège de la cité rebelle commence.

Plus que jamais, lord Montagu poursuit ses missions secrètes auprès de la Chevreuse. Deux agents du cardinal, déguisés en Basques espagnols, le prennent en filature. Un soir, après avoir repéré l'auberge où l'émissaire de Buckingham fait étape, l'un d'eux galope jusqu'au poste frontière le plus proche. Le commandant M. de Bourbonne décide, dans un coup de main audacieux, d'entrer en Lorraine, de capturer l'Anglais et son valet de chambre porteur d'un grand portefeuille plein de documents. Il enferme le tout dans la citadelle de Coiffy.

Le duc de Lorraine proteste contre la violation de son territoire. L'affaire devient un incident diplomatique majeur. La panique s'empare d'Anne : « La reine craignait que le roi ne la maltraitât et ne la renvoyât en Espagne… Ce qui lui donna une telle inquiétude qu'elle en perdit le dormir et le manger », écrit La Porte dans ses Mémoires. Depuis l'affaire du jardin d'Amiens, Anne a fait entrer son fidèle porte-manteau, disgracié, dans la compagnie des gens d'armes. Elle lui demande de se rendre à Coiffy et de se mêler aux compagnies qui gardent l'illustre prisonnier. L'homme de confiance se fait reconnaître de Montagu. L'Anglais l'assure que pas un papier ne porte le nom de la reine. Si on l'interroge, il ne dira rien, « quand même on le devrait faire mourir ». Quand La Porte répète ces mots à la souveraine, elle « tressaillit de joie ».

Pour mener l'« espion » à la Bastille, le Vendredi saint, Richelieu a réquisitionné près d'un millier de cavaliers. Sur un petit bidet, Montagu avance au milieu, sans éperon et sans épée. De son cachot, le prisonnier écrit à Louis XIII que « le roi d'Angleterre n'avait pris les armes contre le roi que parce qu'il avait cru que le roi ne correspondait pas à l'estime et à l'affection qu'il lui portait. Et Savoie, Lorraine, Soissons s'étaient joints à lui, piqués du peu de cas que Sa Majesté faisait d'eux et que s'ils étaient les uns et les autres persuadés du contraire, on pourrait les forcer à une bonne paix ».

Lorsque Montagu, relâché, obtient une audience du souverain rentré à Paris, il expose à Sa Majesté que le malentendu entre les deux Couronnes vient aussi du refus de recevoir Buckingham à Paris et « du mauvais traitement dont on avait usé à l'égard de Mme de Chevreuse ».

Mais à La Rochelle, la digue est désormais hérissée de canons. Et le cardinal est entouré du père Joseph, son capucin à la vilaine barbe blanche, et de Louis de Marillac, général et frère du dévot Michel de Marillac. Le diabolique évêque de Mende n'a pas résisté à la dysenterie et aux épidémies. Il est mort le 5 mars. Le père Joseph fait rêver le ministre. Ah ! s'il pouvait déposer La Rochelle aux pieds du roi ! Le 10 mars, Richelieu commande à Bassompierre une attaque-surprise, « mais Marillac est introuvable », s'agace le maréchal et l'opération échoue.

Fin avril, le roi est de retour à La Rochelle alors que sur mer, le 11 mai 1628, apparaît lord Denbigh, beau-frère de Buckingham, à la tête de cinquante-deux vaisseaux. L'archevêque de Paris ordonne que, dans toutes les paroisses, les prières des quarante heures soient récitées « pour la prospérité des armes du roi », annonce *Le Mercure* en précisant que « les deux reines s'enferment dans des couvents » pour demander au Ciel la victoire. En réalité, l'Anglais escorte un convoi d'approvisionnement et se retire une semaine plus tard, chassé par une tempête violente.

Charles Ier et Buckingham sont résolus à faire partir, fin août, une autre flotte. Mais à Portsmouth, voilà des mois que les marins n'ont pas reçu leur solde. On ne compte plus les mutineries. Les Communes dénoncent la longue suite des désastres qui déshonorent la réputation du royaume et de sa glorieuse marine héritée d'Élisabeth la Grande.

Dans les tavernes, la haine monte contre la politique du grand amiral. Le 17 août, trois cents marins se jettent sur son carrosse et lui réclament leur solde. Mylord-duke en saisit un au collet, le fait arrêter et assiste lui-même à la pendaison le 22 août après avoir embrassé le roi et son ami Holland comme s'il ne devait plus les revoir. Il rentre chez lui sous les huées et les clameurs de mort. Selon les historiens anglais, c'est cette nuit-là, pleine de cauchemars, de doutes et de malédictions, qu'il envoie une dernière lettre à sa bien-aimée reine de France.

Le lendemain, dans son bureau de l'amirauté de Portsmouth, Soubise et les huguenots français l'adjurent une nouvelle fois au nom du Ciel de secourir La Rochelle dont tous les habitants semblent plutôt « ombres de la mort que vivants ». La discussion est orageuse. Buckingham promet. Dans le vestibule, le lieutenant John Felton s'est mêlé à la foule. C'est un ancien combattant de l'île de Ré. Son capitaine est mort sous ses yeux. Le grand amiral a refusé de le nommer à sa place et lui a préféré un autre officier. Depuis, Felton, sans solde, traîne son amertume dans les tavernes et les églises puritaines où les pasteurs lancent des imprécations contre le favori du roi, fossoyeur de la grandeur de l'Angleterre.

Mylord-duke sort de la pièce où il a pris son repas. À l'entrée du vestibule, on lui tend une carte sur laquelle il se penche. Felton en profite pour lui planter un couteau en pleine poitrine. À trente-six ans, le demi-dieu qui incarnait tant de beauté s'effondre sur une table et glisse sans vie sur le sol. Ses officiers l'entourent en criant : « *French ! French !* » Déjà on accuse les Français du meurtre. Alors Felton s'avance : « Je suis l'homme, c'est moi. » Le roi Charles est dans sa chapelle quand on lui apprend la nouvelle. Il devient « noir quasi autant que son chapeau » et se replonge dans ses prières. Mais déjà les feux de joie illuminent Londres. Alors, il fait immédiatement fermer tous les ports d'Angleterre. La nouvelle peut décourager les huguenots et les inciter à la reddition.

Un serviteur de la reine Henriette réussit pourtant à passer la Manche et à prévenir Louis XIII au siège de La Rochelle. Personne ne veut croire le malheureux qui manque d'être jeté en prison. Le roi le gratifie ensuite de mille écus. Comme son époux, la reine Anne reste un long moment interdite quand on lui annonce au Louvre la mort de son fougueux Anglais : « C'est impossible, je viens de recevoir de ses lettres », murmure-t-elle au comble du désespoir. Selon Tallemant des Réaux, le cardinal « triompha inhumainement de cette mort ». Quant à Marie de Médicis, elle déclare que la destinée des favoris est d'être assassinés et qu'à Madrid le frère d'Anne, l'infant don Carlos, vient de tuer le trop puissant et orgueilleux ministre Olivares. La reine se récrie : son frère est incapable d'un tel crime. Le comte-duc est d'ailleurs bien vivant.

Lorsque en Lorraine la Chevreuse apprend l'assassinat de son plus ferme soutien, elle s'évanouit. On doit la saigner à trois reprises. Ce coup de poignard anéantit sa grandiose machination. Charles Ier n'a pourtant pas l'intention de trahir les huguenots ni la mémoire du grand amiral dont il laisse la charge vacante. Le 3 septembre, cent quatorze vaisseaux anglais et cinq mille trois cents hommes font voile vers la France. Mais l'indiscipline et la confusion règnent dans la flotte et, le 23 octobre, lord Lindsey, découragé, donne l'ordre de la retraite.

Six jours plus tard, Louis XIII entre victorieux dans La Rochelle. Il accorde son pardon au maire Jean Guitton, qui deviendra un de ses plus fidèles soutiens. Il manifeste la même clémence à l'égard de l'intrigante amie de la reine dont, après intervention de Charles Ier d'Angleterre, il autorise le retour à Dampierre, « à condition qu'elle ne cabale plus ».

Le roi ne montre pas la même indulgence envers son épouse. Il a quelques raisons d'être jaloux de l'amour chevaleresque du grand amiral qui plaisait tant à sa dame de France. Mme de Motteville écrira que Buckingham « fut le seul qui eut l'audace d'attaquer son cœur… Il eut le bonheur de faire avouer à cette belle reine que si une honnête femme avait pu aimer un autre que son mari, celui-là aurait été le seul qui lui aurait pu plaire… C'est la personne du monde dont je lui ai ouï dire le plus de bien. Il est donc sans doute à présumer que ses respects ne furent point importuns, et que ses vœux furent reçus avec quelques sentiments de complaisance. La reine n'en faisant point un secret… ».

Il y a de la gloire pour Anne à avoir été l'idole de cette étoile, « la plus éblouissante qui eût jamais brillé au firmament d'une cour ». Sur le tombeau de Buckingham, une épitaphe latine rappelle qu'il fut le « favori de deux princes ».

À Londres, mariée depuis trois ans, Henriette n'a toujours pas donné d'héritier à l'Angleterre. Six semaines après l'assassinat de mylord-duke, la voilà enfin enceinte ! Avec le roi Charles, la reine catholique offre désormais l'image d'une entente cordiale. Dans son enfance à Madrid, Anne entendait sa mère lui répéter que les favoris sont le calvaire des reines. La pieuse Marguerite s'était battue et avait triomphé de la tyrannie du duc de Lerme qui accaparait le cœur du monarque espagnol. Son époux avait reconnu ses négligences vis-à-vis de la mère de ses enfants. Hélas ! Anne, reine sans dauphin, sans défense, est une proie facile pour Richelieu. Ombrageux et plus jaloux encore que Louis XIII, le tyran rouge jette une malédiction sur le bonheur du couple royal.

12

Le roi se meurt

Paris attend son roi victorieux. Anne et sa belle-mère s'avancent à sa rencontre à Limours. Louis XIII y arrive à son tour le 29 novembre 1628. La guerre est son métier, la gloire sa récompense. Et cette fois-ci, il n'a pas seulement conquis La Rochelle et vaincu l'Angleterre, il est aussi vengé de ce Boukinkan odieux qui lui a ravi le cœur de sa reine et presque celui de sa capitale.

Douze mille hommes en armes massés à la porte Saint-Jacques accueillent le cortège royal qui fend la foule enthousiaste, environné d'une forêt de drapeaux. Mais la fête ne dure pas longtemps. En Italie, le duc de Mantoue et de Montferrat est mort. Époux de la sœur de Marie de Médicis, qui ne lui a pas donné d'enfant, il lègue sa principauté à son cousin français Charles de Gonzague, duc de Nevers. La Savoie revendique aussi la succession. Les Espagnols en profitent pour accaparer une partie des terres et la cité prestigieuse de Casale. La France ne peut accepter un tel outrage.

Après Buckingham, c'est le favori de Philipe IV, le violent et hautain comte-duc d'Olivares, qui est désormais l'homme à abattre. Une fois de plus, la reine Anne est dans l'œil du cyclone.

Le 15 janvier, le roi emmène Bassompierre, son maréchal favori, franchir les Alpes. Ils prennent le col de Suze qui ouvre la route de Turin. Le duc de Savoie s'incline et laisse la voie libre aux armées françaises. Le 19 avril, à l'initiative du pape qui s'inquiète des appétits de Madrid, Louis XIII signe avec Venise, la Savoie et Mantoue une alliance défensive contre les Espagnols, déclarés ennemis de la France. Le marquis de Toiras, héros national depuis sa résistance héroïque dans l'île de Ré, est chargé de défendre Casale contre les assauts du terrible général Spinola.

Pour éviter que la France ne mette le pied en Italie, Olivares, sans l'ombre d'un scrupule, pousse le catholique roi d'Espagne à financer une rébellion huguenote menée par Rohan dans le Languedoc.

Louis XIII, furieux, doit repasser les Alpes avec Bassompierre. Il veut en finir une fois pour toutes avec cette religion prétendue réformée. Privas, Alès, Uzès, Nîmes… une à une, le roi stratège fait tomber les places fortes protestantes. Après son frère Soubise enfui à Londres, le duc de Rohan sort à son tour du royaume et s'en va en exil à Venise. Le roi, qui garde un souvenir atroce des grosses chaleurs du Sud, laisse le cardinal entrer dans Montauban et s'approprier un peu de sa gloire. Le 15 juillet, Louis quitte Nîmes.

À Paris, depuis six mois, c'est Marie de Médicis qui gouverne. Non sans de sérieux tracas causés par Gaston, son fils chéri. À vingt ans, le jeune veuf désire se remarier et a jeté son dévolu sur la jolie princesse Marie-Louise de Gonzague dont le père règne désormais sur Mantoue. Mais la reine mère s'y oppose farouchement. Elle ne digère pas la morgue de Charles de Gonzague qui lui a tenu tête pendant sa régence et traite les Médicis de « boutiquiers ».

Cette fois, Anne n'est pas soupçonnée de vouloir changer son beau-frère en mari mais d'écrire à l'ambassadeur d'Espagne à Bruxelles et de comploter le départ de Gaston en Flandres où il pourrait épouser enfin la princesse de son cœur. Avec les amis de Monsieur, Puylaurens et Lecoigneux, la Chevreuse encourage plutôt le prince héritier à s'enfuir à Nancy. Rapatriée de Lorraine, la duchesse assignée à résidence chez elle à Dampierre ne se prive pas de correspondre avec Anne. Et même de la rencontrer en secret dans la pénombre du Val-de-Grâce. Il n'y a point de révolte que l'intrigante ne soutienne.

Pour éviter tout mariage secret, la reine mère a pris l'initiative d'enfermer la jeune Marie-Louise de Gonzague au fort de Vincennes. Ce qui a provoqué la fureur de Richelieu et une première dispute entre le ministre et sa protectrice.

Dès son arrivée au Louvre, Louis XIII libère la princesse. Marie de Médicis grogne et se plaint de la trop grande influence du cardinal. Elle l'accuse de vouloir à tout prix faire la guerre à l'Espagne, alors qu'autrefois, quand elle était régente, il s'y est toujours opposé. Pour combattre cette nouvelle politique antiespagnole de Richelieu, elle a fait nommer au Conseil son ami Michel de Marillac comme garde des Sceaux. Le chef du parti dévot soutient qu'il vaudrait mieux relever la France, désormais débarrassée de l'hérésie, avant de se hasarder à l'étranger.

Dans Paris, un libelle dénonce les prétentions princières sinon royales du cardinal : il ambitionnerait de marier Gaston à sa nièce, Marie-Madeleine de Combalet, veuve à vingt-huit ans d'un neveu de Luynes, « moyennant une dot de cinq à six millions de livres qui se tire du plus pur sang du peuple » ! Cette folle mésalliance fait exploser d'indignation la Florentine. D'autant qu'après avoir donné à Armand de La Meilleraye, neveu de Richelieu, la charge de capitaine de ses gardes, à la fille Meilleraye celle de demoiselle d'honneur, à la cousine Pont-Courlay celle de dame d'honneur, elle a eu la bonté de prendre la nièce Combalet comme dame d'atour.

Quand l'Éminence rentre de Montauban, la veuve noire le reçoit avec tant d'aigreur à Fontainebleau qu'il en pleure, offre sa démission et se plaint au roi que la France dévote se déchaîne contre lui. Marie de Médicis lui reproche cette fois de verser des larmes de crocodile et lui retire la charge de surintendant de sa maison qu'il cumule avec tous les honneurs dont le roi l'a gratifié depuis quatre ans. Il vient encore d'hériter de la moitié de la fortune du demi-frère du roi, le grand prieur de Vendôme décédé dans sa prison de Vincennes.

Une fois de plus Louis XIII tente de calmer le volcan florentin. Mais donne à Richelieu l'ordre d'appliquer la politique pour laquelle il l'a nommé : combattre l'hégémonie espagnole. Le favori en profite pour soutirer le titre de « principal ministre d'État » et faire nommer son frère Alphonse archevêque de Lyon.

Son Éminence n'a plus qu'un désir : pour contrecarrer l'influence de Bassompierre, obtenir le titre de lieutenant général du royaume, c'est-à-dire de chef des armées, normalement attribué au frère du roi. Car Gaston, depuis deux mois, s'est enfui à Nancy où il a été accueilli en grande pompe par soixante coups de canon et toute la noblesse venue au-devant de lui. Inquiet des réactions de la France, le duc Charles de Lorraine, prétextant une cure aux eaux de Plombières, n'était pas présent. Mais il a envoyé un carrosse attelé de six coursiers pour conduire dans son palais l'héritier du trône de France et ses deux amis Puylaurens et Lecoigneux.

Comment Louis XIII pourrait-il repartir pour l'Italie avec, au cœur, cette épine de Lorraine ? C'est ce que Richelieu explique à l'ambassadeur de Venise venu lui rendre visite alors qu'il est malade. Le diplomate s'inquiète de voir, depuis le départ des Français, les Espagnols et leurs cousins d'Autriche cueillir une à une les places fortes de Charles de Gonzague : « Que Monsieur se marie donc avec Marie de Gonzague ! » s'exclame le Vénitien. Le cardinal se dresse sur ses oreillers : « De grâce, que l'on ne touche pas cette corde ! Les oppositions sur cette affaire sont trop grandes. J'ai risqué et risque encore de subir des assauts furieux de la reine mère dont je suis la créature, et parce qu'elle a soupçonné et soupçonne que j'ai imaginé ce mariage, elle voudrait que je sois un homme mort... De son côté Monsieur juge que je suis très opposé à ce mariage et sa haine à mon égard n'a pas de bornes. » Le ministre dévoile alors le plan qui lui tient à cœur : « Puisque Sa Majesté ne peut y aller, que Vos Excellences proposent à Sa Majesté ma personne. Je vous donne ma parole que j'irai volontiers en Italie et le plus promptement possible. »

Une fois encore le souverain cède et nomme son ministre lieutenant général du royaume. Le 9 décembre, Louis XIII pose la première pierre de l'église Notre-Dame-des-Victoires. Et il rêve d'autres lauriers. Excédé au sortir d'un Conseil, il s'écrie : « Puisque les Espagnols veulent la guerre, ils l'auront jusqu'à la gueule. » Tous les maréchaux, y compris Bassompierre, sont placés sous les ordres du prélat qui, pour l'occasion, se fait façonner une cuirasse vert d'eau et tailler un habit feuille morte brodé d'or avec, au chapeau, le fameux panache blanc d'Henri IV dont ricanent la cour et les vrais soldats. Tous savent que si Son Éminence, avec son réseau d'espions, est un diplomate de haut vol, comme militaire, il n'arrive pas à la cheville d'un Bassompierre.

Le jour de Noël, le tout-puissant ministre qui se prend pour le roi de France donne aux deux reines un festin féerique dans son nouveau Palais-Cardinal de la rue Saint-Honoré. Le 29 décembre, il quitte Paris avec un faste, selon son biographe Philippe Erlanger, « digne de l'extravagant Buckingham ». Dans son carrosse ont dû monter les plus fameuses lames du royaume : Bassompierre, Schomberg et le duc de Montmorency.

Louis XIII, lui, s'avance seul vers les frontières de Lorraine. Mais le 26 janvier 1630, coup de théâtre, Gaston surgit à Paris. Il accourt au pied du lit de Marie de Gonzague. Il veut se marier. Sa bien-aimée le repousse. Comment pourrait-elle désobéir à la reine mère quand les armées de France s'en vont en Italie défendre le duché de son père ? Le surlendemain, Monsieur revient et, tel Titus aux genoux de Bérénice, « il lui dit adieu trois ou quatre fois, ne la pouvant quitter ».

Les deux frères se réconcilient le 17 avril à Troyes où le souverain, pressé de rejoindre son armée en Italie, nomme Gaston lieutenant général de Paris. Mais nouveau coup de théâtre : un astre blond de quatorze ans a enflammé le cœur du roi qui s'en vante à son frère. Cette soudaine passion dément les moqueries qui feraient de Louis un triste monarque uniquement amoureux de ses oiseaux et de ses chiens de chasse et insensible aux charmes féminins.

C'est à la messe que Louis XIII a manifesté, pour la première fois, à Marie de Hautefort le plus tendre intérêt, lui qui en est si avare vis-à-vis des femmes. La fille d'honneur de Marie de Médicis se penchait avec tant de dévotion sur son livre de prières, ses cheveux d'or l'auréolant comme une madone, qu'il aura cru sans doute voir en elle une incarnation de la divine Providence. Selon l'usage, seuls le roi, la reine, les princes et princesses peuvent s'agenouiller sur un coussin à l'heure de l'élévation, tous les autres fidèles n'ayant droit qu'au sol glacé de l'église. Sans craindre les sourires, il a fait porter à la jeune élue son carreau de velours.

Marie n'a certes pas la beauté du diable, ce qui eût détourné le pieux souverain, mais celle d'un ange au teint de lys et aux yeux d'azur pleins de feu. Elle possède surtout, en plus d'une vive piété, de charmantes fossettes et le plus éclatant des sourires, ce qui à cette époque de dents gâtées est un vrai miracle. Et toute cette pureté, cette fraîcheur éclipsent les artifices des orgueilleuses princesses qui collectionnent les galants.

La jeune Périgourdine a grandi dans le prestigieux château paternel de Hautefort dont les terrasses dominent à perte de vue les collines. Son père est mort deux mois après sa naissance, le 7 janvier 1616. Le bébé est la dernière de sept enfants élevés chez le vieux marquis qui laisse à peine à sa belle-fille de quoi subsister.

Sa grand-mère maternelle, la spirituelle Mme de la Flotte, parente du poète Joachim du Bellay, chantre de la douceur angevine, a été autrefois filleule de Catherine de Médicis. En 1629, elle a obtenu la charge de gouvernante des filles d'honneur de la reine mère. Elle a immédiatement casé deux de ses petites-filles, Catherine et Marie, au palais du Luxembourg.

Dès son arrivée, l'étourdissante Marie, avec son esprit vif et ses reparties, a charmé la cour. La marquise de Mortemart s'est écriée : « On ne parle que de sa beauté, tout le monde veut avoir son portrait. » La princesse de Conti la fait souvent monter dans son carrosse lors de ses promenades avec son amant Bassompierre. Dans ses *Mémoires*, le maréchal écrit d'ailleurs qu'il a appris dès le 12 avril la « nouvelle amour du roi et de Mlle de Hautefort ». Dans une dépêche envoyée au Vatican, le nonce Bagni a rapporté la stupéfaction de Marie de Médicis : « Cet amour est connu de tous et lui-même en a fait part tout en changeant de visage à la reine mère. Il lui a demandé la permission de servir ladite dame, tout en protestant qu'il ne s'agirait jamais de mauvais desseins de sa part. Toute surprise, la reine mère est devenue vermeille... Le roi commence maintenant à s'entretenir fréquemment avec cette dame, lui rend souvent visite, s'habille à ses couleurs, prend soin de paraître devant elle plus élégamment vêtu qu'à son ordinaire... Il se montre plus joyeux que d'habitude, il a presque tout à fait abandonné la chasse... On remarque aussi que Sa Majesté est plus attentionnée que d'habitude avec la reine son épouse et dort avec elle. » Comme entre Anne et Buckingham, avec Marie, il s'agit de l'amour chevaleresque qu'un prince peut éprouver pour sa dame.

Marie de Médicis, pour se gagner les bonnes grâces du roi, ne manque pas d'attiser cette flamme naissante. Mais déjà Louis galope vers l'Italie. Les deux reines et toute la cour prennent à sa suite la route de Lyon. La Florentine et sa fille d'honneur s'installent à l'abbaye d'Ainay. La reine à l'évêché. Sans attendre son arrivée, le roi est parti rejoindre Richelieu à Grenoble.

Car depuis la prise de Pignerol par les armées françaises, la situation s'aggrave. Le 18 juillet, les Habsbourg d'Autriche attaquent Mantoue. Dans la citadelle de Casale, Toiras résiste toujours aux Espagnols, mais il n'en a plus pour très longtemps. Le souverain français s'occupe d'y acheminer troupes et vivres. Fin août, la ville est considérée comme perdue. Seule bénédiction du Ciel, Spinola est gravement malade.

Des deux côtés des Alpes, la peste sévit. À Saint-Jean-de-Maurienne, les cadavres jonchent les rues. La maîtresse du logis où dort Louis XIII y succombe. Lui-même, depuis deux mois, souffre de maux de ventre. De Lyon, Marie de Médicis tempête contre ce Richelieu qui met en péril la vie du monarque avec sa guerre au milieu des épidémies. Le duc de Mantoue n'a qu'à se débrouiller seul avec son duché ! Elle répète qu'elle est contre ce conflit qui oppose Louis à ses deux sœurs, Élisabeth, reine d'Espagne, et Christine, duchesse de Savoie.

Le dimanche 22 septembre, jour anniversaire d'Anne, le roi est de retour à Lyon. Il tient Conseil chez sa mère à l'abbaye d'Ainay où Marie de Hautefort pleure la mort de sa sœur Catherine. Brusquement, il est pris de frissons et de maux de tête violents. Depuis deux mois, il a les intestins en feu et se purge à tout-va. Mais rien n'y fait. Il repart en carrosse et traverse la Saône pour gagner l'archevêché où il loge avec son épouse. À deux heures de l'après-midi, épuisé, il se met au lit. Ses médecins diagnostiquent une violente dysenterie. Trois jours plus tard l'état du malade ne fait qu'empirer. La reine est à son chevet. Louis, qui sent ses forces l'abandonner, s'entretient longuement avec son confesseur, le père Suffren. Alors que le religieux se lève pour s'en aller, le roi, d'un battement de paupières, lui demande de rester et lui dit : « Quand vous verrez que je serai en danger, ne manquez pas de m'avertir de bonne heure et ne pensez pas que cela me rende mélancolique car je ne crains aucunement de mourir. Pour moi, je désire avoir six jours pour me bien préparer. »

Anne prie et pleure, son mouchoir serré dans la main. Elle a disposé des reliques dans la chambre à côté du cœur de François de Sales, le saint évêque de Genève. Avec sa belle-mère, elle fait le vœu d'aller en pèlerinage à Notre-Dame-des-Grâces, dans l'île Barbe à un quart de lieue de Lyon, s'il guérit. Le 27 septembre, jour de l'anniversaire de Louis, elle redoute, comme tous à l'archevêché, que ce ne soit aussi celui de sa mort. Le père Suffren écrit à un de ses amis ecclésiastiques : « Sur les dix heures du matin, en suite d'une grande suffocation qui avait porté les médecins à la cinquième saignée, on remarqua deux ou trois signes de sa maladie mortelle… On fut d'avis qu'il se confessât et prît le viatique. Je commençai donc à le porter doucement à cela sans lui dire encore le danger auquel il était, mais à raison du jour de sa naissance, lui (ai) conseillé de faire devant Dieu une revue de vingt-neuf ans de sa vie… M. le cardinal de Lyon alla à Saint-Jean pour prendre et porter le saint sacrement, lequel entrant dans la chambre, soudain le roi se leva de son lit et, se préparant pour le recevoir, fit tant d'actes de dévotion, disant lui-même tout haut le Confiteor avec tant de sentiments que les reines qui étaient présentes, les trois cardinaux, le garde des Sceaux et la plupart de ses domestiques fondaient en larmes. Il voulut voir la reine sa mère et devant tous lui demanda pardon des peines et fâcheries qu'il lui avait données l'espace de vingt-neuf ans… Il baisa dévotement quelques reliques que la reine, sa femme, lui présenta et le cœur de M. de Genève que je lui fis baiser… » Puis le souverain remet son royaume entre les mains de son frère Gaston, resté à Paris, comme le relate *Le Mercure* : « Louis XIII appelle auprès de lui son ami le duc de Montmorency et le charge de dire à Monsieur, son frère, qu'il lui recommande son État et son peuple et particulièrement la reine sa femme et la personne de M. le cardinal dont il lui conseille de se servir en ses affaires. »

Dans la chambre, tous les acteurs de la tragédie antique restent pétrifiés en proie à d'indicibles angoisses. Marie de Médicis rumine sa vengeance contre Richelieu qu'elle juge responsable de la mort imminente de son fils. Le ministre, qui a tout à craindre de l'explosion de haine de la Florentine, de Gaston et de la cour dévote, se voit déjà emprisonné et condamné à l'échafaud : « J'ai été plus mort que vif. Tout se tourne contre moi qui l'ai conduit ici comme s'il était en mon pouvoir de le conserver en bonne santé », écrira-t-il à un ambassadeur en se plaignant d'être l'objet d'une détestation universelle. Son ennemi Marillac se prépare déjà à la paix avec les Espagnols. Et la reine, toujours sans dauphin, que va-t-elle devenir lorsque Gaston sera roi ? Sa dame d'atour, l'intrigante Mme du Fargis, a, de son propre chef, écrit à Monsieur pour lui suggérer d'épouser sa belle-sœur quand elle sera veuve.

Depuis cinq jours, Anne n'a pas bougé de la chambre du mourant. Parfois, elle s'écarte du lit pour éviter que son mari ne la voie sangloter. Entre ses larmes, elle guette les paroles d'espoir de son premier médecin. Mais le dimanche 29 septembre, peu avant minuit, le monarque est victime d'une fulgurante hémorragie. À trois heures du matin, il se vide toujours de son sang auquel se mêle du pus et le praticien demande qu'on aille en toute hâte réveiller le père Suffren.

Le docteur Seguin se penche vers le malade exsangue et lui murmure « qu'il est en danger de sa vie et que désormais les remèdes sont inutiles ». Louis XIII demande à se confesser et à recevoir à nouveau le saint sacrement. « Puis il rappela la reine régnante qui s'était retirée en un coin de la chambre d'où il ne pouvait la voir de peur de l'affliger et, l'embrassant tendrement, ils se parlèrent plutôt du cœur que de la bouche et de larmes que de la voix », relate *Le Mercure*. Et comme ils n'ont pu échanger un mot, le souverain implore son confesseur de demander de sa part à la reine « de lui pardonner toute la fâcherie qu'il lui pourrait avoir donnée pendant leur mariage. Mais la bonne princesse jeta de si hauts cris et épandit tant de larmes qu'elle pensa s'évanouir de sorte que le père Suffren ne put parachever ce qu'il avait la volonté de lui dire ».

Cette fois, c'est la fin. Avec un sang-froid incroyable, Louis ordonne qu'on ouvre toutes grandes les portes de sa chambre car un roi de France se doit de quitter le monde comme il y est venu, en public : « Je suis marri, dit-il dans un souffle, de n'avoir pas la force de pouvoir parler. Le père Suffren vous dira que, me trouvant ici au lit de ma mort, je vous demande pardon à tous de ce en quoi je vous ai offensés et mourrai pas content si je ne sais que vous me pardonnez et je vous prie d'en dire autant à tous mes sujets de ma part. » La cour et ses serviteurs en pleurs tombent à genoux et récitent les prières. Le cardinal de Lyon entre, tenant haut le saint sacrement.

Par une inspiration divine, les médecins décident avant l'extrême-onction de tenter le tout pour le tout et de saigner le monarque pour la septième fois au bras droit. Au même moment, le flot de sang jailli des intestins du mourant s'arrête comme par miracle. Les docteurs comprennent enfin qu'un abcès qu'ils n'avaient pas diagnostiqué avait crevé le matin et achevait de se vider.

À dix heures du soir, devant sa mère et sa femme, Louis se lève de son lit et fait quelques pas dans sa chambre. Il parle même de souper. Le lendemain, il demande à changer d'air. On le transporte à Bellecour, où il poursuit sa convalescence. Anne ne le quitte pas. Marie de Médicis non plus. Elles l'adjurent de renvoyer Richelieu et de faire la paix. Dans son langage coloré, aux accents stridents, où l'italien se conjugue au français, la Florentine accuse même le cardinal d'être amoureux de la reine et d'envenimer à plaisir les relations entre les deux époux. Louis, encore convalescent, promet. Dès que la guerre en Italie sera réglée.

La haine du ministre rapproche enfin belle-mère et belle-fille. Le 14 octobre, les deux reines se rendent à pied en pèlerinage à Notre-Dame-des-Grâces. Autour d'elles se déchaîne la cabale dévote. Mme du Fargis, dont le mari a été ambassadeur à Madrid, s'élève avec véhémence contre la toute-puissance du ministre. C'est elle qui a insinué à l'oreille de Marie de Médicis que Richelieu a pour la reine des sentiments dépassant la simple galanterie. Le cardinal, dans ses notes journalières, écrit que Mme du Fargis a tenté dans sa « malice », dans son « effronterie », dans son « impudence », de donner au roi et à sa mère « des impressions les plus damnables qui se peuvent imaginer, ce qui ne peut avoir été fait que par une invention infernale et un dessein diabolique ».

C'est pourtant lui qui a placé l'impétueuse du Fargis auprès de la reine pour l'espionner, mais comme beaucoup d'autres, la dame d'atour n'a pas tardé à tomber sous le charme d'Anne humiliée par Richelieu. Le cardinal a encore refusé qu'Anne fît le voyage de Toulon pour embrasser sa sœur Maria, en route pour ses noces avec son cousin l'archiduc Ferdinand, roi de Hongrie et futur empereur d'Allemagne. Est-il vraiment amoureux d'elle ? La principale intéressée l'a confié à Mme de Motteville : « La reine m'a conté qu'un jour, il lui parla d'un air trop galant… Et qu'il lui fit un discours fort passionné. Mais qu'ayant voulu lui répondre avec colère et mépris, le roi dans ce moment était entré dans le cabinet où elle était, qui par sa présence interrompit sa réponse. Que depuis cet instant, elle n'avait jamais osé recommencer cette harangue, craignant de lui faire trop de grâce en lui témoignant qu'elle s'en souvenait. » Tous les contemporains le confirment. La Rochefoucauld, qui, à dix-sept ans, faisait à Lyon ses débuts comme « mestre de camp », note dans ses *Mémoires* : « La passion qu'il avait eue depuis longtemps pour la reine s'était convertie en dépit. » La cour, elle, se divertit d'une anecdote selon laquelle le cardinal aurait dansé en pantalon de velours vert avec des grelots attachés à ses chausses, devant la reine et la duchesse de Chevreuse.

Les espions de Son Éminence rapportent toutes les conversations. Et même les sous-entendus. Le duc de Guise préconiserait l'exil du trop gourmand ministre. Bassompierre, écarté par jalousie, la prison à perpétuité. Le maréchal Louis de Marillac se proposerait de donner lui-même la mort au « monstre ». Seul le duc de Montmorency reste fidèle, par-dessus tout, au roi.

Louis XIII ordonne à Richelieu de se réconcilier avec sa bienfaitrice. Les deux fauves rentrent ensemble en bateau sur la Loire. La reine mère offre à son ennemi une table fastueuse : « Jamais la reine ne me fit meilleure chère », dit Richelieu, qui joue du luth pour adoucir ses fureurs.

Le cardinal a envoyé à Ratisbonne sa créature, le père Joseph, aider l'ambassadeur Brulart à négocier la paix avec l'empereur. Mais les deux diplomates ont tout cédé. À la lecture de la missive, Richelieu se décompose et refuse l'accord. À nouveau, le volcan florentin explose : elle veut à tout prix la paix avec les Habsbourg catholiques. À La Charité-sur-Loire, Marie de Médicis dépêche au roi un courrier pour lui rappeler sa promesse de chasser son belliqueux ministre.

Spinola, lui, est mort le 25 septembre. De la citadelle de Casale, Toiras observe la débandade dans les troupes de Sa Majesté catholique. Schomberg s'apprête à livrer bataille. C'est alors qu'un jeune prélat italien au service du pape, Mazarini, s'élance entre les deux armées. Beau comme un archange monté sur son destrier, il brandit un drapeau blanc et agite ses boucles brunes en criant : « Pace, Pace. » Il parle espagnol, est amoureux de la Savoie, a séduit Richelieu et Louis XIII qu'il a rencontrés à Lyon et à Grenoble. Depuis, il n'a de cesse de courir et de parlementer entre les camps.

Le 30 octobre, une convention est signée. Toiras et les Français évacuent la citadelle, les Espagnols, le château et la ville et les remettent au duc de Mantoue.

Au palais du Luxembourg, la reine mère fête la nouvelle par un grand feu de joie. Le parti dévot tient ses conciliabules au couvent des Carmélites qu'elle a créé avec Bérulle rue Saint-Jacques. Marillac remet à Marie de Médicis la liste de tous les détournements d'argent du ministre. Un total mirobolant au moment où Vincent de Paul organise ses premières confréries de charité pour arracher les pauvres à la peste et à la disette qui ravagent les campagnes pillées par la guerre et le fisc.

La mère, le roi, le ministre… Les trois acteurs du mélodrame se retrouvent en voisins. Car au Louvre, on refait le plancher de la salle des gardes qui menace de s'effondrer. Si Anne a pu rester dans ses appartements, le roi s'installe rue de Tournon, à l'hôtel des ambassadeurs extraordinaires.

Le dimanche 10 novembre, tout semble joué et la chute du cardinal inexorable. Fidèle à sa parole, Louis XIII a nommé Louis de Marillac maréchal et chef de l'armée d'Italie. Mais lundi, au palais du Luxembourg, dans la chambre de la Florentine, le monarque est pris de doutes : ne doit-il pas, avant tout, rester fidèle à son père Henri le Grand ? « Elle voulut presser le roi d'exécuter sa promesse et fut étonnée de voir qu'il y résista. Il lui demanda non seulement du temps, mais il lui demanda instamment de pardonner au cardinal. La reine mère, surprise et fâchée, éclata contre son fils, répandit des larmes, lui fit des reproches et n'oublia rien pour obtenir la victoire », écrit Mme de Motteville.

Louis XIII a-t-il demandé à son ministre de venir lui-même plaider sa cause ? Les historiens se divisent.

Une chose est sûre, Marie de Médicis a pris la précaution de fermer les verrous de toutes les portes menant à ses appartements. Mais le cardinal a dans la place une espionne, une femme de chambre qui lui indique la seule entrée qui n'a pas été barricadée. En voyant la porte de sa chapelle s'ouvrir sur la robe rouge honnie, la reine mère est stupéfaite, indignée. Elle redouble de violence, le traite de « traître » et d'« ingrat ». L'Éminence se jette à ses pieds, pleure, implore son pardon. Elle ne veut rien entendre. Elle sanglote de rage. Louis demande à son ministre de quitter la pièce et monte dans son carrosse.

À Versailles, la forêt estompe les dilemmes, les colères. Et les effervescences maternelles.

Déjà la foule des dévots afflue au Luxembourg. La reine mère, triomphante, annonce que le cardinal a perdu la partie et que le garde des Sceaux sera nommé principal ministre à sa place.

Au Petit-Luxembourg, Richelieu ordonne de faire emballer meubles et vaisselle d'argent. Il veut fuir au Havre dont il est gouverneur. Son ami, le cardinal de La Valette, lui déconseille vivement de « quitter le roi de vue. Parce qu'il pourrait alors l'oublier, entouré qu'il était de tous ses ennemis… Qui quitte la partie la perd ». Le ministre se jette dans un carrosse, et trouve Sa Majesté au lit quand il arrive à Versailles. Au souverain, il tient son discours habituel : « Mes ennemis sont les ennemis de l'État. » Il sait que c'est l'argument auquel le roi est le plus sensible.

Depuis qu'il a admis le cardinal dans son Conseil, Louis XIII a pris conscience qu'il lui est impossible de gouverner comme son père le faisait, marchant de long en large dans la Grande Galerie du Louvre, prenant ses décisions en devisant avec Sully. Après la victoire sur les huguenots, il faut à présent lever des impôts, former une armée, défendre les frontières. Et forger un État tout entier aux mains du roi. Richelieu, élève des jésuites, est un politique de haute lignée, imprégné de Machiavel et dont l'intelligence impressionne même le pape. À Rome, il a été capable de répéter mot pour mot au souverain pontife un sermon qu'il venait d'entendre : « Malgré ses défauts et la raisonnable aversion de la reine, on doit dire de lui qu'il a été le premier homme de notre temps et que les siècles passés n'ont rien qui le puisse surpasser », écrit Mme de Motteville qui ajoute quand même : « Il réglait ses desseins, ses pensées et ses résolutions sur la raison d'État et sur le bien public, qu'il ne considérait qu'autant que ce même bien public augmentait l'autorité du roi et ses trésors. Il voulait le faire régner sur ses peuples et lui-même régnait sur son roi. La vie et la mort des hommes ne le touchaient que selon les intérêts de sa grandeur et de sa fortune dont il croyait que celles de l'État dépendaient entièrement. »

La complexité des guerres européennes enferme la France dans un dilemme lancinant : le très chrétien roi de France doit-il être l'allié des puissants Habsbourg comme le souhaitent sa femme, sa mère et le pape ? Ou doit-il poursuivre la politique de son père et assurer la grandeur de la Couronne en s'alliant avec les protestants contre l'arrogante rivale espagnole qui ne cesse de financer et d'exciter les rébellions à l'intérieur du royaume ? Louis XIII a choisi depuis longtemps. Après avoir soutenu la première politique pour le compte de Marie de Médicis et de Concini, l'ambitieux Richelieu s'est converti à la seconde. Son pouvoir et la confiance du roi sont à ce prix.

L'intérêt du royaume veut que le cardinal continue la politique d'Henri IV, visant à libérer la France de la menace de Vienne et de Madrid dont les possessions forment un « chemin de ronde » autour du royaume. Dans la paix retrouvée de Versailles, loin des fureurs florentines, Louis XIII l'affirme une nouvelle fois devant Richelieu : « Je suis plus obligé à mon État qu'à ma mère… »

Devant le lit royal, l'éminence tombe à genoux et éclate en sanglots. Grosses larmes dont il est si généreux qu'elles laissent sceptique quand on pense au sang et aux persécutions dont cette « journée des dupes » va donner le signal. Michel de Marillac, qui se rendait à Versailles, est arrêté dans la nuit à Glatigny, où il doit restituer les Sceaux confiés à Châteauneuf, ami de Richelieu. Emmené à Caen, puis à Lisieux, il sera emprisonné à Châteaudun où il restera enfermé jusqu'à sa mort deux ans plus tard. Son frère Louis, appréhendé en Italie au beau milieu d'un repas avec le maréchal de Schomberg, est conduit dans la citadelle de Verdun, sûrement inexpugnable puisqu'il en a lui-même été maître d'œuvre. Prudente, Mme du Fargis s'est déjà enfuie à Bruxelles. Bien lui en a pris. Car elle est condamnée à mort par contumace et son effigie brûlée en place de Grève. Son mari se range sous la bannière de Gaston.

Anne est particulièrement visée par la vindicte du cardinal, qui renvoie sa nourrice, sa chère doña Estefaña. Et aussi la petite Françoise Bertaut, future Mme de Motteville, sous prétexte qu'elle parle espagnol et qu'elle peut servir d'émissaire : « On m'enlève même une enfant de dix ans ! » s'écrie Anne. Interdit aussi son apothicaire qui pourrait bien empoisonner le cardinal et même le roi. La reine, alors, s'insurge. Elle confie à ses femmes de chambre que c'est elle que le cardinal a pour dessein de faire périr avec le concours du nouvel apothicaire. Richelieu ne songe-t-il pas désormais à marier sa nièce Combalet au roi devenu veuf ? comme le glapit Marie de Médicis. Cette fois, Louis cède. L'apothicaire garde son poste mais provisoirement, et à condition d'être toujours accompagné du médecin de la reine quand il pénètre au Louvre.

Marie de Médicis a chassé de sa maison tous les neveux, nièces et autres créatures de l'odieux ministre. Elle a aussi décidé de ne plus assister au Conseil. Le cardinal, après des heures de larmes et de génuflexions, la persuade d'y revenir le 27 décembre. Impuissante et humiliée, elle ne peut qu'écouter la condamnation de tous ses amis du clan dévot. Quant à l'ambassadeur Mirabel, il se voit interdire l'accès au Louvre sans audience du roi. Le diplomate répond que l'ambassadeur de France à Madrid subira le même outrage. Comme Mme du Fargis, il décide de quitter la France pour Bruxelles.

La révocation de ses deux confidents heurte Anne en plein cœur. Elle ne supporte pas que soient attaquées des personnes qui ont sa confiance. Elle refuse de remplacer sa dame d'atour, seule façon pour elle d'exprimer sa résistance. Le ministre conserve désormais jalousement un dossier intitulé : *Mécontentements de la reine régnante contre le cardinal*. Il y a retranscrit une lettre de la souveraine indiquant « que jusqu'ici on l'avait traitée comme on avait voulu mais qu'elle désirait que je susse qu'elle n'était plus résolue de le souffrir et qu'elle n'était point si misérable qu'elle ne pût avoir un jour moyen de s'en ressentir ». Au cardinal de La Valette, surnommé le « cardinal valet » par son propre père, le duc d'Épernon, qui lui conseille de se ménager les bonnes grâces du ministre, Anne réplique : « Je ne crains plus rien. On m'a fait du pis qu'on m'a pu. Je sais dorénavant comme je dois me conduire. On ne m'en saurait empêcher. Je n'ai rien à craindre. »

Dans sa folie haineuse, Richelieu ne tarde pas à découvrir dans les courriers de Mme du Fargis un projet d'assassinat contre sa personne. Le jeune Brienne, dans ses *Mémoires*, ironise : « Cet achat de poignards fait par des dames est une des choses les plus plaisantes dont on ait jamais ouï parler. La reine même, si l'on croit le cardinal, devait être du complot et tremper comme les autres ses belles mains dans le sang d'un prêtre. Quelle folie ! Il fallait que le Premier ministre eût la tête bien échauffée quand il écrivait ces choses… Mais quoi ! un cardinal-prêtre qui est capable de danser en pantalon de velours vert devant ses amours et de paraître une plume blanche sur l'oreille à la tête de l'armée qu'il commande peut se forger de telles imaginations ! »

Richelieu quitte le Petit-Luxembourg et le voisinage de son ancienne protectrice qui vomit feu et flammes contre lui, pour son hôtel de la rue Saint-Honoré. À grands frais, il a abattu la vieille et sombre bâtisse et fait construire par l'architecte Le Mercier un palais qu'il ne cesse d'embellir et d'agrandir en rachetant et démolissant les maisons voisines. Les jardins s'étendent loin au-delà des murailles. Les colonnades, les galeries, les théâtres impressionnent Corneille qui écrira dans Le Menteur :

Et l'univers entier ne peut rien voir d'égal
Aux superbes dehors du Palais-Cardinal.
Toute une ville entière, avec pompe bâtie,
Semble d'un vieux fossé par miracle sortie,
Et nous fait présumer à ses superbes toits
Que tous ses habitants sont des dieux ou des rois !

Pour fêter la nouvelle année, Son Éminence donne deux soirées de théâtre. Mais les reines refusent d'y assister et d'y accompagner Louis XIII. Furieux, le monarque part le lendemain chasser à Versailles.

Le 30 janvier 1631, Gaston, qui hait Richelieu au moins autant que sa mère, entre en trombe au Palais-Cardinal avec une suite de gentilshommes. Une nouvelle fois, le ministre se voit assassiné, mais Monsieur se contente de lui débiter une proclamation : « Je vous ai bien voulu aimer. Maintenant que je vois que vous manquez à tout ce que vous m'avez promis, je viens retirer la parole que je vous avais donnée de vous affectionner. » Il lui reproche d'« avoir mis toute la famille royale en combustion » et de s'en prendre à la reine mère, « continuant par ses artifices ordinaires à la noircir dans l'esprit du roi ». Puis il s'en va, galopant vers son duché d'Orléans.

La petite troupe à peine éloignée, Richelieu, qui n'est pas courageux, envoie sa créature Bouthillier prévenir le roi à Versailles. Louis XIII interrompt sa chasse et rentre à Paris. Le ministre, qui a bien cru sa dernière heure arrivée, lui trace un tableau alarmant du complot dont Gaston, à l'instigation de sa mère, serait la tête avec les financiers de Paris prêts à lui fournir les moyens de lever une armée.

En février, le cardinal exige l'arrestation de Marie de Médicis. Le roi ne s'y résout qu'après beaucoup d'hésitations : « La cour s'en alla à Compiègne, les deux reines dans la meilleure intelligence du monde à cause de la haine qu'elles se rencontrèrent avoir pour le cardinal de Richelieu et parce que leur destinée commençait d'être égale. Le roi dans le dessein d'arrêter la reine sa mère était fort inquiet. Et quoique déjà il eût fait une fois la même chose, l'impression de la nature qu'il fallait vaincre dans un temps où il connaissait mieux son devoir affaiblissait parfois sa résolution… Le ministre dans l'impatience de se venger, de se satisfaire et de se maintenir, roulait beaucoup de desseins dans sa tête. Et la reine mère, maltraitée par son fils et peu assurée de pouvoir parvenir à ses desseins, n'avait pas l'âme tranquille », raconte Mme de Motteville.

Les deux victimes de la tyrannie du cardinal passent désormais de longs moments ensemble. Car la cour est vide, sinistre : plus un éclat de rire, plus une plaisanterie, plus une galanterie. Richelieu fait régner la terreur avec ses espions, ses juges et son terrible procureur Laffemas si prompt à vous envoyer à l'échafaud.

Dans la nuit du 22 au 23 février, Anne est réveillée par des coups frappés à sa porte. À cette heure matinale, elle sursaute, ce ne peut être que le roi : « Il était le seul qui eût droit d'en user avec cette familiarité. Et dans cet instant, ayant elle-même ouvert son rideau et vu qu'à peine il faisait un peu de jour, elle se troubla par mille pensées qui lui passèrent dans l'esprit. Comme elle doutait toujours et avec raison des bonnes grâces du roi, elle crut assurément qu'on venait lui apporter quelque funeste nouvelle qui, tout au moins, la devait éloigner de France. Et, regardant ce moment comme celui qui allait décider de toute sa vie, elle tâcha de ramasser ses forces pour soutenir ce coup avec le plus de courage qu'il lui serait possible. Elle avait naturellement l'âme ferme et l'esprit assez résolu, et je ne doute point de ce qu'elle m'a fait l'honneur de me dire depuis en me contant toutes ces particularités que, le premier moment étant passé, elle se résolut sans beaucoup de peine à recevoir avec soumission ce que le Ciel ordonnerait d'elle. »

Le temps de passer une robe de chambre, elle ouvre. C'est le garde des Sceaux, Châteauneuf. Elle ne doute plus d'être arrêtée, répudiée, et renvoyée en Espagne.

Les mauvaises nouvelles sont pour Marie de Médicis. « Le roi, déclare Châteauneuf, se voit obligé pour certaines raisons qui regardent le bien de son État de quitter Compiègne en y abandonnant sa mère à la garde du maréchal d'Estrées. Il demande à la reine de n'en pas parler et de venir le rejoindre au couvent des Capucins où il l'attend. »

Anne, n'écoutant que son courage, se précipite chez sa belle-mère à qui elle révèle sa disgrâce : « Ah ! ma fille, je suis morte ou prisonnière. Le roi me laisse-t-il ici ? Et que veut-il faire de moi ? » s'écrie la Florentine en grelottant de peur et de froid. Oubliant leurs dissentiments passés, les deux malheureuses reines tombent en larmes dans les bras l'une de l'autre.

13

L'Espagnole

Non, la reine n'est pas répudiée. Pas encore. Mais elle a toutes les raisons d'être anxieuse. En juillet dernier, elle a encore vu disparaître une nouvelle espérance de donner à la France un dauphin. L'emprisonnement de sa belle-mère la laisse seule, en première ligne, face aux cruautés du cardinal.

Depuis la journée des Dupes et la chute du parti dévot, Anne est comme exilée en France. Le cardinal truffe ses appartements d'espionnes. Dans le carrosse où elle prend place aux côtés du roi pour revenir de Compiègne, elle apprend de la bouche de son époux qu'il lui faut prendre pour dame d'atour Mme de la Flotte qui, hier encore, appartenait à la maison de Marie de Médicis et comme fille d'honneur sa petite-fille, Marie de Hautefort, aimée passionnément de Louis : « Il n'était pas temps de dire : je ne veux pas. Elle les reçut toutes deux faisant la meilleure mine du monde et quoique tels présents ne plaisent d'ordinaire pas beaucoup aux femmes… », écrit Mme de Motteville.

Comme sa belle-mère, la souveraine n'ignore pas qu'avoir la belle Marie auprès d'elle attirera Louis XIII dans ses appartements, comme le note encore Mme de Motteville : « Le roi, depuis ce grand coup de Compiègne, pour adoucir en quelque façon l'aigreur que ses peuples pouvaient avoir contre lui par la prison de la reine sa mère… traita un peu mieux la reine sa femme et la voyait plus souvent : ce qui plaisait à tout le monde car elle était fort aimée. »

Mais pour la réconforter de ses malheurs, la souveraine n'a plus que ses amis exilés et sa famille. Anne, reine sans dauphin, reste fille d'Espagne. Elle envoie de longues lettres à son frère Philippe IV, à son autre frère, cardinal et vice-roi de Catalogne. À sa sœur, María, reine de Hongrie. Et surtout à sa tante Isabella-Clara, gouvernante des Flandres, sans enfant comme elle. Dans ses moments de désespoir, elle affirme qu'elle se verrait bien prendre sa succession à Bruxelles si le roi la chassait de la cour.

Elle se raccroche à Gaston, victime lui aussi de la haine du cardinal : « Nous servons tous les jours la reine. Le roi s'y trouve quelquefois et Monsieur qui y soupe. Le roi n'y soupe point. La reine s'en va à son grand cabinet, et le roi demeure avec nous autres… », écrit à sa mère Marie de Hautefort.

La fille d'honneur est vertueuse mais espiègle et, à quinze ans, chaque jour plus radieuse. Les poètes encensent la « divine aurore ». Son sourire éclatant et ses mots d'esprit réveillent le Louvre, décimé par les nouvelles arrestations. Le glorieux Bassompierre prend le chemin de la Bastille. La princesse de Conti doit s'exiler dans ses terres de Normandie, où elle mourra de chagrin deux mois plus tard.

Gaston préfère partir pour un asile plus sûr, la Franche-Comté espagnole. Le 31 mars 1631, à Dijon, Richelieu oblige le roi à déclarer coupables du crime de lèse-majesté tous les fidèles de son frère : le comte de Moret, les ducs d'Elbeuf, de Bellegarde, et surtout les inséparables Lecoigneux et Puylaurens qui l'ont suivi. Le 28 avril, Monsieur arrive à Nancy épuisé et malade.

Un mois plus tard, il publie une lettre ouverte à son frère dénonçant le cardinal : « Un prêtre inhumain et pervers pour ne pas dire scélérat et impie qui trahissait son ordre et sa vocation… avait introduit dans le ministère la perfidie, la cruauté et la violence. » Il dénonce l'ambition du favori qui veut devenir « souverain de cette monarchie sous le titre de ministre ». Il l'accuse non seulement de prendre la place du monarque mais d'être le « roi d'un peuple qui ronge l'herbe comme les bêtes, d'un État ruiné, sans ressources ».

Le manifeste occupe cinquante-sept pages du Mercure. Furieux, l'accusé décide de créer sa propre gazette hebdomadaire pour se défendre contre les libelles injurieux qui inondent Paris. Il en confie la publication à Théophraste Renaudot, un Poitevin de quarante-cinq ans, né à Loudun près de la commune de Richelieu, et placé comme médecin du roi depuis 1612 par le père Joseph. Renaudot, ami des pauvres, a créé un bureau d'adresses et de placement devenu agence de renseignements pour renforcer le réseau d'espions de Son Éminence. La Gazette a ses bureaux au Louvre.

Pour son premier numéro, le 31 mai 1631, Richelieu a demandé à Louis XIII de répondre aux « calomnies » de son frère par un long article intitulé : « Défense du roi et de ses ministres contre le manifeste sous le nom de Monsieur ». Après une apologie de Son Éminence, le roi reproche à son frère d'être le prête-nom d'une cabale qui mise sur sa mort, une mort que les devins prophétisent de plus belle huit mois après la terrifiante alerte de Lyon : « Je ne dis rien des abominables espérances que quelques-uns ont conçues à mon préjudice, ni des desseins que j'ai découverts depuis peu qui concernent ma propre personne. Ils sont tels que ceux qui les entendent en auront horreur… et j'aime mieux les taire qu'en parler davantage. »

À Compiègne, la reine mère n'est pas la dernière à consulter les astres pour y chercher la chute du ministre. Après l'avoir tenue prisonnière, Richelieu ne songe plus qu'à la voir quitter la France et, pour faciliter sa fuite, il commande au maréchal d'Estrées d'enlever le cordon des gardes. Dans la nuit du 18 au 19 juillet, Marie de Médicis s'échappe de Compiègne de façon moins rocambolesque qu'à Blois. Avec huit carrosses, deux litières, cent chevaux et vingt-deux mulets portant ses coffres, elle prend la route des Flandres où elle est reçue à Mons par la gouvernante Isabella-Clara. Le cardinal jubile et ne s'en cache pas dans son *Testament* politique : « La sortie de la reine mère et de Monsieur fut comme une purgation salutaire. » Elle laisse surtout la place libre à l'insatiable ministre qui met tous leurs biens sous séquestre. Et même l'immense fortune de Mademoiselle qui raconte dans ses *Mémoires* comment le cardinal a annexé les biens de ses grands-parents Montpensier dans le Poitou, n'hésitant pas à démolir des chefs-d'œuvre pour embellir avec les pierres son château de Richelieu.

La petite princesse qui vient de fêter ses quatre ans ne quitte pas sa tante qu'elle prend toujours pour sa mère : « Je croyais vraiment qu'elle l'était, n'ayant jamais connu la mienne », dira-t-elle dans ses *Mémoires*. Elle ajoute qu'avec le départ de son père le couple royal redouble d'affection à son égard : « J'eus en cette occasion-là une conduite qui ne répondait point à mon âge, et je ne voulais me divertir à quoi que ce fût… L'État où Monsieur était à la cour n'empêchait pas que l'on n'ait tous les soins possibles de moi : le roi et la reine me traitaient avec des bontés non pareilles, me donnaient toutes sortes de témoignages d'amitié. »

De la frontière des Flandres, le 21 juillet, Marie de Médicis envoie à son fils Louis une lettre de reproches :

« À la douceur que j'ai apportée dans mes traitements avec vous, on ne m'a opposé que des menaces de violence et d'enlèvement. » Elle accuse Richelieu de l'avoir poussée à passer la frontière : « Tout ce qu'il désirait de moi et ce que je craignais le plus. » *Le Mercure* s'empresse de publier la diatribe à laquelle le roi répond dans *La Gazette* par un nouveau panégyrique rédigé par le cardinal lui-même. Les Espagnols s'en amusent en disant que Son Éminence veut être canonisée avant sa mort.

Depuis le 1er août, le ministre a obtenu du roi une escorte de cent vingt gardes à cheval. Et aussi le titre de duc et pair. Face au ministre de Philippe IV d'Espagne, le comte-duc Olivares, se dresse désormais Richelieu qu'on n'appellera plus que le « cardinal-duc ». Ce titre n'est que la cerise sur un gâteau en or massif qui prend des proportions inouïes.

Sa fortune dépasse celle de Sully. On n'en a jamais connu de plus grande en France. Depuis qu'il a été nommé grand maître de la navigation en 1626, il perçoit des droits sur les naufrages, l'ancrage, la confiscation des marchandises de contrebande. Il est gouverneur d'Honfleur, du Havre, de l'Aunis, de La Rochelle, de Brouage et de ses marais salants, « une des plus importantes et solides richesses du royaume ». Il possède une vingtaine d'abbayes dont celles de Cîteaux, de Cluny et de Saint-Martin-des-Champs. Cette richesse est constituée des dépouilles de tous ses ennemis dont les biens sont confisqués, presque toujours à son profit. À sa mort, son patrimoine sera évalué à plus de vingt millions de livres tournois, un chiffre qui ne sera dépassé que par son successeur, Mazarin.

Et pendant ce temps, Marie de Médicis est obligée de demander l'aumône à son gendre Philippe IV. Outrée, la reine d'Espagne, sa fille, lui écrit de

Madrid : « Je saisis une occasion pour gémir avec vous de tous les désagréments dans lesquels je vous vois plongée par le cardinal de Richelieu… Si les entreprises du cardinal prenaient un caractère plus violent encore, si l'oubli du roi mon frère à l'égard d'une mère à laquelle il doit respect et déférence continuait d'une manière coupable, j'ai ferme confiance que le roi mon seigneur et maître n'oublierait ni ses obligations ni les miennes… lorsque surtout ce manque de respect viendrait de la part d'un cardinal de Richelieu. »

Fin août, Marie de Médicis entre à Bruxelles, dans un carrosse entouré de cent flambeaux de cire blanche portés par des bourgeois flamands. La généreuse Isabella-Clara l'emmène à Anvers où la fugitive royale est reçue dans la maison de Rubens. Elle y passe cinq semaines d'enchantement à apprendre la gravure.

À Paris, la peste sévit une fois de plus. En octobre, la cour se déplace à Château-Thierry, où Louis vient d'hériter du château du comte de Saint-Pol, mort sans enfants. Un magnifique domaine de chasse sur la route de la Lorraine et surtout de l'Allemagne, théâtre de la guerre de Trente Ans entre les Habsbourg catholiques et les princes protestants soutenus financièrement par la France et commandés brillamment par le roi de Suède, Gustave Adolphe.

L'automne pare les forêts de couleurs mordorées. La reine et ses filles d'honneur suivent le roi à la chasse mais Louis n'a d'yeux que pour Marie, la plus jeune et la plus belle. Le 4 novembre, sa dame a la fièvre. Pour la faire baisser, les médecins préconisent un nouveau « traitement empirique ». Le roi s'y oppose avec une passion inhabituelle, refusant qu'une santé qui lui est si chère puisse être mise en péril par des praticiens dont il se méfie. Bientôt, Marie retrouve son sourire immaculé et ses railleries.

Dans une stratégie de haute politique, Richelieu a rapatrié la Chevreuse, contre le vœu du roi mais pour s'attirer les bonnes grâces du duc de Lorraine. La duchesse a scellé en secret un pacte de bonne conduite mutuelle avec le ministre. Elle a promis à Son Éminence de lui révéler les complots dont elle aurait connaissance. Les deux ennemis mortels font désormais assaut d'amabilités. La duchesse ayant cru que Richelieu avait révélé leur traité, le cardinal s'empresse de protester : « Je m'estimerais très indigne de l'honneur de votre bienveillance si j'étais capable d'en avoir abusé... Si j'avais commis une telle lâcheté... je me serais trahi moi-même. »

La duchesse a surtout réussi à convaincre son cousin Charles de Lorraine de négocier une alliance avec la France contre les Espagnols.

Le 6 janvier 1632, le roi et la reine sont au château de Vic-sur-Seille, à une trentaine de lieues au-delà de Metz, pour signer le traité. Le duc de Lorraine s'engage à laisser passer les régiments français en route pour l'Allemagne, mais aussi « à faire retirer de ses États tous les ennemis du roi et tous ses sujets qui sont sortis hors de son royaume contre son gré... Il donnera toute liberté et tout pouvoir à ceux qui seront envoyés de la part du roi de se saisir et arrêter dedans ses États tous les sujets rebelles de Sa Majesté prévenus et accusés de crimes d'État ou de lèse-majesté ».

Le duc de Lorraine paraphe le parchemin, mais se garde bien de révéler au roi que Monsieur a secrètement épousé trois jours plus tôt sa propre sœur Marguerite, âgée de seize ans, dont il est tombé amoureux lors de son premier séjour à Nancy. Décidément, le frère du roi semble condamné aux sinistres mariages. Dans la chapelle du prieuré de Saint-Romain à Nancy, il y avait juste le père, la tante et la nourrice de la princesse, Puylaurens et le comte de Moret, frère bâtard de Gaston. Le duc Charles, dont la couardise est proverbiale, n'a pas osé assister à l'échange d'anneaux. Le nouveau marié a eu à peine le temps de consommer sa nuit de noces.

Effrayé par l'arrivée du roi à Vic, il s'enfuit par le Luxembourg et retrouve le 28 janvier Marie de Médicis à Bruxelles où la brave Isabella-Clara l'accueille avec sa générosité habituelle en lui réservant dans son palais les appartements du défunt archiduc. Il y trouve dix mille francs de toiles et linges du pays, notamment douze rabats en dentelle estimés à quatre cents écus chacun. Durant ce printemps se succèdent festins, bals et comédies en l'honneur de l'héritier de la couronne de France. Gaston et ses amis mènent une vie joyeuse. Et coûteuse.

Sa mère rêve de rentrer en France et pousse son fils à se lancer dans un nouveau complot. Des astrologues prédisent la mort imminente de Louis XIII, ce qui excite la soif de vengeance de la Florentine contre Richelieu. Le comte-duc Olivares envoie de Madrid cent mille écus pour lever des troupes en Allemagne et ajoute vingt mille écus par mois pour leur entretien. Il conseille à Gaston de se rapprocher de l'Espagne, d'où il pourra facilement envoyer d'autres subsides et renforts. Cette alliance avec l'ennemi divise les amis de Monsieur. Le duc de Bellegarde et le président Lecoigneux y sont hostiles et le font savoir à Louis XIII.

Le cardinal demande au garde des Sceaux, Châteauneuf, d'accélérer le procès du maréchal de Marillac que les troupes de Gaston pourraient délivrer et mettre à leur tête. Le tribunal d'exception se réunit dans le château de Rueil que le cardinal vient de s'offrir près de Saint-Germain. Mais de quoi accuser le valeureux soldat ? Les juges trouvent enfin : il aurait gonflé les devis de la citadelle de Verdun.

Depuis son arrestation, le condamné n'a pas eu le droit de revoir son épouse, morte quelques mois plus tôt de la peste. Sa nièce, Louise de Marillac, vient de créer avec Vincent de Paul les sœurs de la Charité, premières religieuses à n'être pas enfermées dans un couvent. Elles soignent les malades dans les hôpitaux, recueillent les enfants abandonnés sur le parvis des églises et parcourent les bourgs pour nourrir les familles pauvres. Louise, qui ne supporte pas le vent, porte une cornette blanche dont les grandes ailes empesées vont traverser le monde et les siècles. La reine, les Gondi, les dames de la cour lui ouvrent leurs bourses.

Le 10 mai, le maréchal est décapité place de Grève. Épouvantée, l'angélique Louise de Marillac pleure dans les bras de Vincent de Paul. L'émotion dans Paris est considérable. Même le roi a la conscience troublée. Dans ses *Mémoires*, Richelieu confessera que l'exécution du maréchal de Marillac n'avait pour but que de mettre en garde les comploteurs.

Peine perdue, le 13 juin 1632, Monsieur, avec un lyrisme véhément, appelle le royaume à se révolter contre le tyran et s'apprête à entrer en Lorraine pour joindre ses troupes à celles du duc. Aussitôt, Louis XIII s'avance en Champagne à la tête d'une armée de vingt-cinq mille hommes. Derrière les régiments, drapeaux déployés, suit une longue file de carrosses. La reine est du voyage, avec la cour et les ambassadeurs. Seul don González de Cordoue, qui a succédé à l'ambassadeur Mirabel, a été prié de ne pas se joindre à l'armée.

Le cardinal, une fois de plus cloué au lit par des hémorroïdes, est abandonné à Corbie, à quelques lieues d'Amiens. Anne ne s'en plaint pas. De Rome, est arrivé Giulio Mazzarini dépêché par le pape pour tenter d'arbitrer le nouveau conflit qui se dessine entre la France et l'Espagne. Tous les almanachs de l'année précédente ont reproduit la gravure du jeune cavalier séparant les deux armées devant Casale. Le bel Italien de trente ans a des yeux de velours et le sourire enjôleur sous sa moustache. Richelieu l'a présenté à la reine avec insolence : « Vous allez l'aimer, Madame, il ressemble à Buckingham ! » Mazarin a surtout passé deux ans dans une des plus célèbres universités d'Europe, Alcala de Henares, à côté de Madrid. Il parle espagnol.

Louis XIII l'a reçu au château de Saint-Germain « avec une telle expression d'affection » qu'il en est resté confus. Le pape vient de le faire chanoine de Sainte-Marie-Majeure. Mais le diplomate italien n'a même pas été tonsuré. Pour qu'il puisse toucher ses revenus de l'Église, le nonce Bagni doit donner, à Sainte-Menehould, quelques coups de ciseau fictifs dans sa chevelure brune.

Sur la route de la guerre, Anne supplie surtout Notre-Dame-de-Liesse de lui donner un dauphin. Et elle adresse la même prière un mois plus tard à Saint-Fiacre : « La reine fit un acte de dévotion remarquable avant son départ de Montceaux, allant à pied faire ses dévotions à Saint-Fiacre, éloigné environ de trois quarts de lieue d'où elle est partie dès les trois heures du matin et revenue à neuf heures », nous informe *La Gazette*. Gaston, lui, file avec ses troupes vers la frontière espagnole et compte pour l'aider sur le duc de Guise, gouverneur de Provence. Mais Richelieu dépêche Condé avec une armée pour leur barrer la route. Guise prend peur et s'enfuit en exil.

Seul le Languedoc en pleine révolte contre la nouvelle fiscalité imposée par Richelieu se range derrière Monsieur. Son gouverneur Montmorency est fidèle à Louis XIII. Mais il est poussé par sa femme, la charmante Félicie, surnommée « Silvie » par les poètes et célébrée par Théophile de Viau qui a écrit à Chantilly *Le Jardin de Silvie* :

Et, regardant pêcher Silvie
Je voyais battre les poissons
À qui plus tôt perdrait la vie
En l'honneur de ses hameçons.

Comme les Guise, l'amie des écrivains et des artistes hait Richelieu, qui n'a de cesse de spolier leur famille. À la dernière minute, elle aussi s'alarme et demande à son mari de renoncer à livrer bataille contre son roi. Trop tard ! Le duc a donné sa parole à Monsieur. Il a été déclaré coupable de lèse-majesté, crime puni de la peine de mort. Le 1er septembre, à Castelnaudary, il s'élance contre les troupes royales menées par son ami Schomberg.

Le combat dure une demi-heure. Les témoins rapportent qu'à plusieurs reprises le duc de trente-huit ans s'est exposé comme s'il cherchait la mort. Blessé à la gorge, il est en partie écrasé par son cheval tué sous lui. Les officiers, qui le connaissent, l'aiment et l'admirent pour avoir servi sous ses ordres, ne se pressent pas de le faire prisonnier. Ils évitent aussi de révéler que Montmorency porte au poignet, dans un médaillon, le visage de la reine Anne dont il a été un des premiers soupirants.

Mais rien ne peut être caché à Richelieu, qui s'empresse d'en informer Louis XIII. Le ministre ajoute dans un mémoire qu'avant lui tous les Montmorency, connétables de père en fils, ont été des incapables ou des traîtres : « Le cardinal poursuit de sa haine tout ce qui est trop élevé, écrit Louis Vaunois, biographe de Louis XIII. Ce niveleur jaloux n'admet pas la séduction, la popularité, l'étendue des relations, la clientèle considérable de Montmorency. »

À Castelnaudary, la foule pleure au passage de la civière. Pour plus de sûreté, et éviter tout soulèvement, le duc est enfermé au château de Lectoure, tandis que Schomberg s'avance vers le Roussillon contre Gaston et les renforts espagnols. Mais le pleutre rebelle s'est déjà réconcilié, le 29 septembre, avec son frère. La reine, qui a descendu le Rhône sur une galiote, assiste à Béziers à ces retrouvailles, soulagée de voir s'arrêter les hostilités avec l'Espagne. Au cours du voyage, elle a appris la mort de son frère, don Carlos, âgé de vingt-cinq ans et victime de la syphilis, qui a rendu son âme à Dieu après seulement dix-sept jours de maladie.

Le couple royal prend la route de Toulouse. Le 14 octobre, un terrible orage éclate dans l'après-midi alors que leur convoi s'apprête à traverser l'Aude. Le fleuve déborde et, en moins de deux heures, inonde la plaine, emportant carrosses, charrettes et mulets. Anne échappe de justesse au naufrage, mais filles d'honneur et femmes de chambre se réfugient dans un carrosse qui dérive au fil de l'eau. Au petit matin, deux d'entre elles sont retrouvées mortes. Les autres ont eu la vie sauve parce qu'elles se sont accrochées aux branches des arbres. En tout, quatre-vingts personnes ont péri. La reine a perdu quatre carrosses, toutes ses robes et les bagages de ses femmes.

À Toulouse, le garde des Sceaux Châteauneuf expédie en trois jours le procès du duc de Montmorency. Le 30 octobre, les juges pleurent en prononçant la sentence. Le condamné aura la tête tranchée. Dans les rues s'élèvent des cris : « Grâce ! Grâce ! Miséricorde ! »

La reine intervient, non auprès de son mari, mais du tout-puissant ministre. À son habitude, Richelieu se retranche derrière la décision du roi qui, sans son diabolique mentor, n'aurait pas été aussi cruel. Comme son père, le sensible Louis XIII pratique la vertu chrétienne du pardon. La princesse de Condé offre ses deux fils en otages comme garants du loyalisme de son frère. Elle se jette en pleurs aux pieds du cardinal qui s'agenouille et ne verse pas moins de larmes, « larmes de crocodile » comme disait Marie de Médicis. Le duc d'Épernon, soixante-dix-huit ans mais toujours hardi, en plaidant la clémence, ne craint pas de rappeler que l'évêque de Luçon fut lui aussi un rebelle lors de la guerre entre la mère et le fils après l'assassinat de Concini.

Montmorency, qui ne possède plus rien que le mobilier de deux salons, en donne un à la princesse de Condé, l'autre à Richelieu « en lui envoyant des excuses de l'incivilité qu'il a commise lorsqu'il le lui a refusé une fois que Son Éminence en a manifesté le désir ». Le cardinal ne voit aucune raison de refuser le cadeau qui comprend les *Esclaves* de Michel-Ange et un *Saint Sébastien percé de flèches* de Carrache.

En montant sur l'échafaud, le premier baron chrétien de France se contente de dire au bourreau : « Frappez hardiment. » Dans la cour du Capitole, le sang éclabousse la statue d'Henri IV, son parrain. La foule se rue pour y tremper son mouchoir et conserver le souvenir tragique du héros. La réforme financière ne sera pas appliquée en Languedoc.

Gaston est reparti pour Tours sans attendre la mort de son allié qu'il a entraîné dans cette déplorable aventure. Il n'a rien perdu, au contraire. Louis XIII, pour prix de sa soumission, lui a rendu son duché d'Orléans et tous ses biens. L'écrivain La Varende, trois siècles plus tard, s'en indigne et s'en moque : « Et voici Monsieur qui passe, le jarret bien tendu, la fleur aux dents et la gaieté sur les traits… Lequel de ses amis vient de mourir ? Ah ! Monsieur demeure la plus bizarre figure du siècle, la plus divertissante et la plus pénible. On oscille entre le rire et le mépris… Les contemporains n'ont pu si aisément se départager car ils ont connu l'homme, ont subi sa grâce redoutable, son charme rebondissant, cet ensemble d'agréments qui firent, après chaque déconfiture, chaque abandon, après qu'on l'eut maudit, honni, vomi, revenir à ce riant seigneur, à cet inévitable personnage… Pour les réconciliations, il s'humiliait, priait à mains jointes, qu'il ouvrait pour saisir les jambes fraternelles et en baiser les rotules… Tous les mécontents viennent le trouver, le déranger dans ses petits plaisirs. On le presse tellement qu'il finit par prendre feu, taper du pied, rouler de l'œil, "aux armes !". Mais, à porter, les armes l'ennuient… »

Il n'a toujours pas annoncé à son frère son mariage avec Marguerite de Lorraine. Le 6 novembre, il préfère prendre la poudre d'escampette avec ses fidèles Puylaurens et du Fargis et s'enfuit à Bruxelles sous le nez des espions du cardinal.

Le roi rentre seul à Paris. La reine et la Chevreuse ont été invitées à suivre le ministre qui veut leur faire les honneurs de Brouage, de La Rochelle et de son château de Richelieu. Arcs de triomphe, joutes, comédies, bals et concerts ont été commandés à chaque étape. Depuis leur serment d'alliance, le cardinal éprouve pour la duchesse une inexprimable convoitise. La veille du départ, il lui a encore écrit « qu'il mourait d'envie de la voir, qu'il avait bien des choses à lui dire étant plus que jamais à Mme de Chevreuse ».

Mais faire tomber un cœur aussi frivole se révèle plus ardu que de trancher les têtes. Dès le départ, le plan de bataille de Son Éminence est mis en pièces par quelques grains de sable imprévus. Son ami Châteauneuf, qui est du voyage, brûle, malgré ses cinquante ans, de la même flamme pour la volage aventurière.

Deuxième accident de parcours, son ennemi intime, le duc d'Épernon, gouverneur de Guyenne et de Bordeaux, a invité la reine à faire étape dans son splendide château de Cadillac.

Mais le vrai malheur que lui réserve la Providence pour ce voyage galant, c'est un terrible délabrement de sa santé. Dès la première lieue, il souffre d'un rhumatisme qui l'atteint aux reins, de rétention d'urine et d'une terrible crise d'hémorroïdes.

Après avoir traversé la Garonne, contre-temps fâcheux, le maître de la France ne trouve pas son carrosse que la suite de la reine a malicieusement emprunté pour grimper jusqu'au château de Cadillac. Dans son état si douloureux, il doit cheminer à pied au milieu des vignes. Le duc d'Épernon accourt et lui propose son carrosse, mais le cardinal, qui a tant de sang sur les mains, tremble toujours d'être assassiné.

Son angoisse redouble quand il s'aperçoit que ses gardes sont cantonnés sur l'autre rive de la Garonne et que pas un de ses serviteurs n'est logé au château. De peur d'être empoisonné, il ne boit qu'un bouillon apporté par un de ses valets, ne ferme pas l'œil de la nuit et part dès le lendemain pour Bordeaux sans assister aux festivités.

La reine, la Chevreuse et toute la cour le voient déjà agonisant. Et Châteauneuf promu principal ministre. De joie, le garde des Sceaux danse avec une ardeur de jeune homme au bal donné dans les salons du duc. Quand il l'apprend, le cardinal ne doute plus de la trahison de son ami de vingt ans.

Le surlendemain, un valet annonce au malade que le duc d'Épernon arrive accompagné de ses deux cents gardes vêtus de leur casaque vert-brun à croix blanche et armés de mousquets. Richelieu se voit déjà arrêté, ordonne à sa propre garde de prendre les armes et refuse de laisser entrer le duc. Épernon revient plus tard. Reçu cette fois, il s'assied près du lit : « Je ne viens pas vous incommoder mais savoir l'état de votre santé. » Il espère pourtant, en le harcelant, hâter sa fin.

Lors d'une visite, la reine l'a trouvé au plus mal. De Blaye, Anne envoie son fidèle La Porte pour vérifier que Richelieu est bien mort comme le bruit en court déjà. Mais non : un praticien de Bordeaux a réussi à l'aide d'une bougie cannelée à le délivrer de son urine et à percer son hémorroïde. Le serviteur de la reine trouve le cardinal les jambes en l'air pendant que ses médecins lui pansent le cul. Ce qui ne l'empêche de lancer un feu de questions sur Châteauneuf. Et sur sa complicité avec la duchesse.

Après avoir esquivé les réponses, La Porte reprend la route et croise un émissaire du garde des Sceaux « en grande impatience de savoir si Son Éminence mourait ». Hélas ! la reine et son entourage, consternés, apprennent bientôt que le tyran va mieux.

À La Rochelle, Anne a droit à un accueil triomphal et à une belle harangue de bienvenue : « Madame, cette ville… rougit qu'ayant été si longtemps privée de l'honneur de recevoir des reines, elle est contrainte aujourd'hui de paraître un village aux yeux de la plus grande et de la plus belle princesse de l'univers… La justice du roi et ses fautes passées lui ont fait perdre sa communauté, ses armes et ses canons et la guerre, la peste, les garnisons et les impôts l'ont entièrement dépouillée de toutes les autres choses nécessaires pour recevoir la petite-fille de Charles Quint et la femme de Louis le Grand et le Juste. Il ne lui reste plus, Madame, que son cœur qu'elle présente à Votre Majesté plus ouvert que ses murailles mêmes avec les vœux et les acclamations de cette multitude désarmée qui me suit, qui attend de votre pitié la délivrance de ses misères… »

Le cardinal, lui, s'échappe de Bordeaux et des griffes de son gouverneur. Le 20 novembre, il embarque sur une galiote, ses gardes portant eux-mêmes le matelas sur lequel le malade gît, recouvert d'un tapis de soie. Après force cahots douloureux, il gagne la place forte de Brouage où, enfin, il se sent en sécurité.

Par une dépêche de Fontenay-Mareuil, ambassadeur à Londres, il apprend qu'en Angleterre la reine Henriette, solidaire de sa mère, de son frère et de sa belle-sœur, a déjà annoncé sa mort et son remplacement par Châteauneuf. Mais il est encore plus vexé de lire dans une lettre de la Chevreuse à Anne interceptée par ses espions que les deux amies l'ont surnommé le « cul pourri ».

Le 25 février 1633, le garde des Sceaux, Châteauneuf, est arrêté et envoyé à la forteresse d'Angoulême où il restera dix ans à méditer sur ces « folies de femmes » qui sont, affirme-t-il, les seules causes de ses imprudences. La duchesse est à nouveau assignée à résidence à Dampierre. En face de lui, le cardinal n'a plus que la reine. Avant la guerre avec l'Espagne, il déclare la guerre à l'Espagnole.

14

Le temps du Cid

Si Notre-Dame de Liesse a apporté la victoire sans combattre, elle ne donne pas au roi et à la reine de France le dauphin, ce don de Dieu qu'ils ne cessent d'implorer de toute leur ferveur. Le 14 juin 1633, Louis XIII quitte Saint-Germain et se rend à Forges-les-Eaux où Anne le rejoint deux jours plus tard. Ce gros village normand est célèbre depuis les Gaulois pour son minerai de fer. Le gouverneur de Gisors vante désormais les vertus thérapeutiques de ses eaux « minérales » particulièrement conseillées pour la stérilité.

Le roi en boit depuis deux ans sur la recommandation de son médecin, le docteur Bouvard. Sans aucun effet bénéfique, sinon pour son estomac. Richelieu y rejoint le couple royal cinq jours plus tard dans l'espoir de soigner les innombrables maux qui le martyrisent. Leur cure dure dix-neuf jours. Anne et Louis logent chez un gentilhomme, Vincent Le Vaillant, qui dirige une verrerie et a construit une nouvelle maison sur la grand-place. Forges ne possède alors qu'une seule fontaine qu'on appelle « la Jouvence ». Les jours de pluie, ses eaux bienfaisantes se mélangent avec celles d'une source sans vertus particulières. Ingénieur, là comme à La Rochelle, le roi donne des instructions pour séparer les canalisations. De ce séjour prestigieux, le village tirera une gloire éternelle. Mais hélas ! les eaux de Forges resteront plus fameuses pour le fer et le verre que pour les couvées royales.

La Providence réserve au couple stérile une nouvelle consolation par les armes. Après un siège de trois semaines, le roi de France fait une entrée solennelle en carrosse à Nancy le 25 septembre. Le lendemain, il se porte au-devant de la reine qui arrive de Toul par la porte Saint-Jean. Le 27, dans la prairie de la porte Saint-Georges, a lieu le défilé de la cavalerie. Dans le carrosse, Anne est assise aux côtés de Louis. Puis, à sa suite, elle passe en revue les deux mille hommes et chevaux, montée sur une jument blanche harnachée de noir.

Lors des négociations avec le duc de Lorraine, Louis XIII a soulevé l'humiliante question des noces clandestines de Gaston. Dans le traité, il est stipulé : « Jusqu'à ce que le mariage prétendu d'entre Monsieur, frère unique du roi, et la princesse Marguerite, sœur du duc, soit déclaré nul, ladite princesse sera mise dans quinze jours entre les mains du roi qui trouve bon qu'elle demeure dans Nancy où, plus facilement, on pourra éclaircir les circonstances de ce qui s'est passé en ce prétendu mariage. »

Peine perdue, Marguerite est déjà en Flandres depuis le 6 septembre. Gaston, inquiet de son sort, l'a fait partir de Nancy trois semaines plus tôt. Déguisée en homme, la jeune princesse a chevauché seize heures jusqu'à Thionville, puis a retrouvé Monsieur à Namur, avant d'arriver à Bruxelles où sa première visite a été pour Marie de Médicis. Le lendemain, l'orchestre espagnol de la gouvernante donne un concert de guitare et de castagnettes au cours duquel danse la naine d'Isabella-Clara.

La cour de France, de son côté, quitte la Lorraine. Mais les troupes gardent Nancy. Les cortèges du roi et de la reine se suivent à deux journées d'intervalle. Le monarque arrive à Château-Thierry le 4 octobre, Anne y est le surlendemain. Sans le cardinal, qui a encore dû s'arrêter en route pour soigner ses hémorroïdes. La chasse au loup, au renard et au cerf bat son plein. Pendant quinze jours, ce ne sont que chevauchées et pique-niques dans les forêts rendues plus splendides par les couleurs de l'automne. La blonde et spirituelle Marie de Hautefort console le souverain de ses déboires familiaux.

Le roi écrit pour la jeune beauté des odes enflammées :

Les grâces que Lysis possède
Sont des blessures sans remèdes
Jamais l'amour n'en fut guéri.

Lysis est, chez Platon, le jeune homme qui incarne l'amitié. Est-ce un hasard ? Louis XIII, roi sans héritier, ne peut, sans péché, avoir un enfant avec une maîtresse. Sa piété lui interdit l'adultère. La malédiction divine qui prive déjà le royaume d'un dauphin ne risquerait-elle pas de lui infliger de nouveaux châtiments ? Mme de Motteville, moqueuse, écrit : « La dévotion du roi fit qu'il s'y attacha si peu que j'ai ouï dire depuis à la même dame de Hautefort qu'il ne lui parlait que de chiens, d'oiseaux et de chasse. Et je l'ai vue avec toute sa sagesse, en me contant son histoire, se moquer de lui, de ce qu'il n'osait approcher d'elle quand il l'entretenait… »

Toute la cour rit de la scène dont le souverain a été victime dans la chambre de la reine. Marie, dont le sourire irrésistible ne laisse aucun homme indifférent, lit une lettre sans doute d'un soupirant. Comme le roi insiste pour la voir, elle la cache dans son décolleté en lui lançant dans un défi : « Que Votre Majesté vienne la chercher ! » Et Anne, tenant entre ses mains les poignets de son amie, répète cette invitation. Mais le roi, un instant interdit, se saisit d'une pincette en argent de la cheminée comme pour forcer le corsage de Marie, puis renonce et tourne les talons, fâché de sa propre confusion devant sa dame narquoise : « Le nombre de ceux qui l'aimèrent fut grand mais leurs chaînes furent dures à porter. Car quoiqu'elle fût bonne, elle n'était pas tendre et plutôt sévère que dure et naturellement railleuse », dit Mme de Motteville.

L'année précédente, Louis XIII avouait dans une lettre à son ministre au sujet de la reine et de la duchesse de Chevreuse : « Deux choses me piquent extraordinairement et m'empêchent parfois de dormir, l'insolence du Parlement et les moqueries que ces personnes que vous savez font de moi sans vous oublier. » Marie est désormais du nombre des impertinentes. À dix-neuf ans, la jeune fille, qui n'a pas froid aux yeux, n'hésite pas à tenir tête au souverain.

La rebelle Marie s'est tout naturellement rangée dans le camp de la souveraine persécutée : « L'inclination de Mme de Hautefort pour la reine était telle que négligeant les bonnes grâces du roi qui lui étaient acquises et hasardant entièrement sa fortune, elle aimait mieux secourir une princesse d'un tel mérite dans son malheur que profiter elle-même de sa faveur », écrit La Porte. Marie a quand même casé son frère aîné comme écuyer de la reine, et le plus jeune comme mousquetaire du roi. Sa sœur, Charlotte, est demoiselle d'honneur et sa grand-mère, Mme de la Flotte, toujours dame d'atour. Courtisans et dévots lui confient des placets à remettre au souverain. Très pieuse, elle ne se prive pas de dénoncer à voix haute l'alliance avec les protestants destinée à abattre la catholique couronne d'Espagne.

Le 1er décembre 1633, à Bruxelles, la bonne Isabella-Clara meurt à l'âge de soixante-dix ans. C'est le frère d'Anne, le cardinal don Fernando, qui lui succède comme gouverneur des Flandres. À vingt-quatre ans, il est autrement combatif. Et bien résolu à défendre les intérêts des Habsbourg et de la foi catholique. En septembre, il remporte avec le duc Charles de Lorraine la victoire de Nördlingen sur les Suédois protestants, alliés de la France. Ce qui augmente l'aigreur du cardinal.

À Bruxelles, pour Gaston et Marie de Médicis, le flot des ducats devient de jour en jour moins généreux. Le roi d'Espagne est las d'entretenir à grands frais deux illustres parasites, alors qu'il peine à payer la solde de ses soldats. Monsieur, qui aime la grande vie, n'est pas hostile à son retour en France. En secret, il négocie avec son frère et s'échappe de Flandres le 8 octobre 1634, en faisant semblant de partir à une chasse au renard. Il abandonne sans scrupules sa mère et son épouse à Bruxelles.

À Saint-Germain l'attendent Anne et la cour, l'une et l'autre heureuses de retrouver l'éternel adversaire du cardinal et un peu de cette gaieté libertine dont Louis XIII a horreur. La cohue empanachée est telle qu'une porte est enfoncée. Le 21 octobre, Gaston entre dans la chambre de son frère, qui l'embrasse et lui dit : « Ne parlons plus du passé, mais seulement de la joie que je sens très grande de vous revoir ici. »

Pour prix de son retour, son ami Puylaurens, bombardé en hâte duc et pair, épouse un mois plus tard une petite-cousine du cardinal. Une autre est donnée au duc de La Valette, fils du duc d'Épernon. Une troisième parente est mariée au comte de Guiche. Les dots sont à la hauteur de la puissance du ministre. Accueillie à l'Arsenal par une salve de canons, la reine préside aux trois signatures, au festin, au bal et au feu d'artifice.

Le lendemain, 26 novembre, Mazarin fait une entrée à Paris cette fois officielle et solennelle par la porte Saint-Antoine. Surprise ! Le monsignore n'est plus en pourpoint, mais porte la soutane violette de prélat. Il a pris l'habit ecclésiastique deux ans plus tôt quand, dès son retour à Rome, le pape l'a nommé chanoine de Saint-Jean-de-Latran. Mais pas plus qu'il n'a été tonsuré en Lorraine, Mazarin n'a reçu les ordres mineurs ou majeurs. Il reste un prêtre fictif, détail qui n'empêche pas Sa Sainteté de prodiguer ses faveurs au protégé de son fastueux neveu, le cardinal Barberini.

Depuis son élection par les Espagnols, Urbain VIII roule sous sa calotte blanche des envies d'indépendance. Dans l'affaire du duché de Mantoue, il a accepté que les Français remettent le pied en Italie. Désormais, il se déclare même un fervent admirateur de ce royaume des lys où le souverain incarne toutes les vertus, où Bérulle et Vincent de Paul ont régénéré le clergé et où les jésuites forment dans leurs collèges l'élite des dévots avec la Compagnie du saint sacrement.

À Mazarin, il assigne un nouveau et triple défi : exiger du roi de France qu'il rende la Lorraine à son duc, accepte le mariage de Gaston et ne déclare pas la guerre aux Habsbourg. Le jeune prélat ne se fait aucune illusion sur cette mission de paix impossible : « Je n'ai pas désiré m'occuper d'une négociation qui ne peut réussir », écrit-il. Mais selon un astrologue, il doit faire fortune à Paris. Le chargé d'affaires de Toscane à Rome a écrit : « Il connaît bien l'humeur du cardinal, il saura le prendre au bon moment, et s'il ne parvient pas à obtenir quelque avantage, aucun autre n'y parviendra. »

Plus diplomate que catholique, Mazarin ne se sent lié par aucune passion et se fait précéder d'une pluie de cadeaux : statues, vases en or et en corail, peintures du Titien et de Pierre de Cortone pour s'attirer les bonnes grâces de Richelieu, gants parfumés au jasmin, chapelets bénis pour la reine et les dames, eaux de senteur pour les hommes, qui, ne se lavant guère, en font grande consommation. Pour son hôtesse, Mme de Chavigny, des pommades et savons de Naples. Dans sa quête inlassable des amitiés, le prélat n'oublie personne, pas même Mlle de Senneterre, vieille fille de soixante ans à qui il écrit une lettre brûlante : « Si vous saviez avec quelle impatience je désire être bientôt à Paris pour vous rendre mes hommages, je suis certain que vous m'aimeriez encore davantage. Préparez-vous pourtant à rire quand vous me verrez en habit de nonce, car il est trop différent de celui dont j'ai usé autrefois. »

Le prélat fait son entrée dans le somptueux carrosse doré offert par le cardinal Antoine Barberini. C'est le premier modèle avec des vitres qu'on ait jamais vu à Paris. Un immense cortège de cavaliers, de laquais et de pages le précède et, derrière lui, suivent plus de cent carrosses, la plupart attelés de six chevaux, envoyés par la reine et les dévots de la cour qui prient pour le succès de sa mission. La foule ouvre des yeux ébahis devant ce prince de l'Église au sourire enjôleur et au teint ensoleillé.

Le 5 décembre, à Saint-Germain, le couple royal lui réserve un accueil chaleureux. Surtout Anne, conquise à l'avance par l'homme de paix. Après le retour de Gaston, l'arrivée de l'Italien charmeur, de ses cadeaux et de son nuage parfumé promet des soirées plus divertissantes. Mazarin aime la comédie, le jeu, la conversation, le carnaval et les dames espagnoles.

Mais Richelieu le réclame aussi à Rueil où il s'enorgueillit de créer une nouvelle cour. Dans son château, Son Éminence engloutit des fortunes en fontaines, jets d'eau, perspectives et parterres de tulipes. Il y donne des festins, des concerts et subventionne ses écrivains de l'Académie qui lui écrivent des pièces de théâtre. Mazarin, homme de plaisirs princiers, l'amuse et l'enchante, adoucit ses humeurs, tempère ses colères et pour un peu chasserait ses fièvres.

Le jeune nonce provoque la jalousie du père Joseph qui tremble de se voir supplanter par ce rival plus jeune et talentueux : « Il reçoit mille caresses de la part de Son Éminence et l'on peut dire qu'il passe ses journées entières auprès d'elle, assistant aux banquets et aux comédies », écrit le 26 décembre l'ambassadeur de Venise. Les deux prélats ne se quittent plus : « Le cardinal de Richelieu… me garde à dîner deux soirs sur trois, il ne donne pas une fête chez lui sans me faire inviter, et lorsqu'il va lui-même aux fêtes du roi, il veut que j'y aille aussi. »

Le dimanche de carnaval se déroule le fastueux ballet du souverain dans la grande salle du Louvre éclairée par quatre-vingts chandeliers et huit cents bougies. Louis XIII apparaît avec Monsieur et tous les princes du sang. Le monarque danse pendant trois quarts d'heure déguisé en vieille dame d'honneur. Les scènes burlesques se succèdent sous les applaudissements et les rires. Puis c'est le ballet de la reine. Anne, entourée de quinze filles d'honneur, « ravit les sens » de tous les spectateurs, comme l'écrit *La Gazette*.

Pour la première fois, une beauté brune rivalise avec la blonde Marie de Hautefort. Louise de La Fayette a seize ans. Son oncle François, évêque de Limoges, est aumônier de la reine. Son grand-père, César de Bourbon-Busset, descend d'une branche bâtarde des Bourbons.

C'est une cousine lointaine du roi. Et, comme lui, un modèle de piété. Moins intelligente, elle est aussi moins insolente que Marie. Loin de rire de sa difficulté à s'exprimer, elle écoute Louis XIII quand il se plaint du fardeau d'être monarque et du « martyre » que lui fait subir le tout-puissant cardinal. Louise vénère son souverain et l'incite à se montrer encore plus digne de sa couronne. Sa délicatesse séduit le roi : « La Fayette, fille d'honneur de la reine, aimable et fière tout ensemble fut celle qu'il aima », assure Mme de Motteville.

Cette fois, ce n'est plus une intrigue galante mais un premier amour, une passion aussi incandescente que celle racontée par sa belle-sœur, Mme de La Fayette dans *La Princesse de Clèves*, le premier roman de la littérature française.

En cette saison de chasse, Sa Majesté ne tient pas en place. Le 8 mars, il arrive à Chantilly où il donne à la reine et à ses dames un nouveau ballet dont il a composé lui-même la musique, réglé la chorégraphie et choisi les costumes. Le sujet en est la « merlaison », la chasse au merle en hiver. L'avant-dernière entrée met en scène le triomphe du printemps qui chante accompagné de cinq musiciens :

Je produis les plus doux plaisirs
Dessous mes pas naissent les roses
J'inspire ces ardents désirs
Qui font aimer les belles choses
Tout le monde me fait la cour
Et partout où je suis on voit régner l'amour.

Le 20 mars, Anne accompagne le roi à la chasse, entourée de cinq de ses filles d'honneur. Chacune chevauche une jument blanche harnachée d'une housse brodée d'or et d'argent et porte un chapeau à plumes de couleur. Parmi elles, *La Gazette* cite Louise de La Fayette et non Marie de Hautefort. Le soir, la magnifique équipée dort à l'évêché de Senlis après avoir dîné à la table du roi. Le lendemain, après la messe, la reine monte dans son carrosse avec Louise, que le roi tente d'éblouir en faisant « cent passes à cheval ».

Le 23 mars, nouvelle chasse réservée aux dames. Et encore le 3 avril. Cette fois, Marie de Hautefort est en selle aux côtés de Louise. Le roi, rompant avec l'usage et l'étiquette, retourne à Saint-Germain dans le carrosse de la reine.

La semaine suivante, à Versailles, Louis XIII fait visiter les agrandissements de son « château de cartes », comme l'appelle son écuyer Saint-Simon. Une chasse au renard est prévue dans le parc, divertissement réservé à la reine et sa petite cour en taffetas. Elles sont à cheval, le roi, Gaston et leurs amis à pied. Le souverain pousse la galanterie jusqu'à reconduire Anne à Marly. Il a du mal à quitter Louise dont les grands yeux noirs brûlent pour lui d'une si chaste passion.

Le mercredi des Cendres, toute la cour assiste à l'office des Ténèbres dont Louis a composé la musique. Mazarin est assis parmi les fidèles. Malgré les prières de la cour et les mille grâces qu'il prodigue à Richelieu, la guerre avec l'Espagne est imminente. Don Fernando, gouverneur des Flandres et frère d'Anne, vient d'enlever l'archevêque catholique, électeur de Trèves allié de la France. Pour le cardinal, voilà enfin le casus belli idéal pour prendre les armes !

Le Conseil du roi, réuni à Rueil, nouvelle capitale politique du royaume, envoie un ultimatum au prince espagnol qui répond par une fin de non-recevoir. Le 19 mai, un héraut d'armes en cotte violette aux armes de France et de Navarre, précédé du trompette du roi, arrive à la porte de Bruxelles porteur d'une missive pour l'insolent : « Je vous viens trouver de la part du roi mon maître pour vous dire que, puisque vous n'avez pas voulu rendre la liberté à M. l'archevêque de Trèves, électeur de l'empire, qui s'était mis sous sa protection lorsqu'il ne la pouvait recevoir de l'empereur ni d'aucun autre prince, et que contre la dignité de l'empire et le droit des gens vous avez retenu prisonnier un prince souverain avec lequel vous n'avez point de guerre, Sa Majesté est résolue de tirer raison par les armes de cette offense en laquelle sont intéressés tous les princes de la chrétienté. »

Cinq armées cantonnent aux frontières. L'alliance avec les Suédois vient d'être renouvelée. Et Son Éminence a déjà passé un accord avec les Hollandais pour se partager les Flandres. La guerre que l'on espère « éclair » débute par une victoire à Avein près de Liège. Le 27 mai, Richelieu l'annonce personnellement à Louis : « Il plaira au roi commander cette après-dînée de faire une dépêche à Paris et à toutes les autres villes du royaume pour chanter le *Te Deum.* » *La Gazette* se fait largement l'écho des cinq mille morts, mille cinq cents blessés, six cents prisonniers et seize pièces de canon prises à l'ennemi. On ne déplore que cent morts dans les armées royales. Louis XIII est comparé à « Hercule Imperator ».

La reine le rejoint à Château-Thierry. Depuis la déclaration de guerre, et à cause du cardinal, leurs relations se sont encore refroidies, note La Porte dans ses *Mémoires* : « Les petites choses aigrissant l'esprit du roi contre la reine le rendirent susceptible de tous les soupçons qu'on lui insinua contre elle. De sorte qu'il fut aisé de le persuader qu'elle avait une grande passion pour les intérêts d'Espagne. Mais comme il n'en avait point de preuves, il n'osait lui en faire de reproches et se contentait de lui témoigner beaucoup de froideur, ce qui la touchait extrêmement… La première campagne ayant été fort heureuse par le gain de la bataille d'Avein, on dit au roi que la reine avait pleuré de dépit de cette victoire, il vint chez elle et ne trouva que moi dans sa chambre… Il s'amusa à lire sept ou huit lettres puis, après les avoir lues, il les mit à terre, prit lui-même un flambeau et y mit le feu disant tout haut : "Voilà le feu de joie de la défaite des

Espagnols contre le gré de la reine." Puis il s'en alla sans la voir. »

Le 3 juin, les Français réussissent leur jonction avec les Hollandais. À Bruxelles, Marie de Médicis s'imagine déjà prise en étau entre les deux armées et prisonnière de Richelieu. Mais faute d'intendance, les troupes ne peuvent aller de l'avant. Pour soulager les Espagnols, l'empereur, époux de la sœur d'Anne, a décidé d'attaquer sur le front de l'est. La reine et ses dames sont confinées à Chantilly avec interdiction de bouger. Elles rejoignent le roi au château de Montceaux-en-Brie. Mais c'est pour Louise que le souverain s'alarme : « La Fayette est fort malade, ce qui me met un peu en peine. » Après quelques jours, le monarque part pour Saint-Dizier où le suit son Conseil, tandis qu'Anne rentre à Paris gouvernée par le cardinal et ses yeux couleur de sabre.

Avec Marie de Hautefort qui l'accompagne partout, elle se réfugie au Val-de-Grâce, son vrai royaume. Protégée par les bénédictines, la reine de trente-cinq ans prie dans son oratoire, pleure son mal d'enfant. Elle qui ne supporte que les linges les plus délicats, elle y fait pénitence avec une discipline, un cilice et une haire, une chemisette en crin qu'elle porte à même la peau. Elle écrit de longues lettres à ses frères, à son cher Mirabel, à son amie du Fargis, à Mme de Chevreuse exilée en Touraine. Seules les réponses de ses amis et de sa famille espagnole lui permettent d'échapper au désespoir.

Son fidèle La Porte joue les intermédiaires : « Au Val-de-Grâce et les soirs au Louvre quand tout le monde était retiré après avoir fait tout ce qu'elle pouvait pour tromper ses espionnes, elle écrivait ses lettres en espagnol qu'elle me donnait après pour les mettre en chiffres. Et lorsque je recevais les réponses, je les déchiffrais et les mettais en espagnol pour les lui donner. Je lui faisais signe de l'œil en sorte qu'elle prenait son temps pour me parler et je les lui donnais sans qu'on s'en aperçût. Pour faire venir les lettres en Flandres et en Espagne nous avions un secrétaire d'ambassade en Flandres qui les donnait au marquis de Mirabel… Nous recevions les réponses par les mêmes voies. »

La Porte loge à deux pas, rue Saint-Thomas-du-Louvre, dans l'hôtel de Chevreuse. Et dans le mur de sa chambre, il a creusé une cache pour son matériel d'espion : « Nos lettres étaient écrites avec une eau entre l'entreligne d'un discours différent et en lavant le papier d'une autre eau, l'écriture paraissait : ainsi la reine avait des nouvelles de toutes parts sans qu'on s'en aperçût, ce qui dura assez longtemps. »

En septembre, les Espagnols prennent les îles de Lérins. Le roi craint qu'ils n'envahissent la Provence. Et aussi le Languedoc car d'autres troupes ennemies sont massées dans le Roussillon. En novembre, c'est Nancy qui est en péril. Le monarque s'emploie à réorganiser l'armée, à lever les troupes, à punir les déserteurs. Partout, il trouve l'armée dans une pénurie de vivres et d'hommes qu'il ne soupçonnait pas. Trop de maréchaux sont embastillés quand ils n'ont pas été décapités. Les troupes se débandent en Lorraine. Elles sont trop maigres en Picardie. Il réclame de l'argent à Richelieu. Pour la première fois, Louis XIII commence à douter de l'infaillibilité politique de son ministre.

À Noël, l'armée prend ses quartiers d'hiver et le couple royal passe les fêtes à Saint-Germain. Le monarque a de longs apartés avec Louise qui lui annonce son intention d'entrer au couvent de la Visitation des filles de sainte Marie créé, rue Saint-Antoine, par saint François de Sales. Ardente catholique, la jeune fille critique de plus en plus violemment l'alliance antiespagnole de Richelieu avec les huguenots. Au cours de l'été, l'évêque d'Ypres, Jansénius, a écrit un pamphlet, *Mars Gallicus*, dénonçant la politique honteuse du roi de France. Les dévots de Port-Royal soutiennent Jansénius, de qui ils tirent leur nom de « jansénistes ». Quant au cardinal, Louise l'accuse de vivre dans un luxe inouï alors que Vincent de Paul se plaint qu'en Lorraine, ravagée par les ennemis, les villageois sont devenus anthropophages.

Le ministre s'alarme de ces conversations. Il a bien essayé de soudoyer Louise, d'en faire une espionne pour son compte. Mais la jeune aristocrate est trop fière, trop amoureuse pour trahir son souverain. Alors il donne mission à son confesseur de la pousser à prendre le voile. Le 1er janvier 1636, le père Carré écrit à Richelieu : « Il y a quatre jours que j'ai reçu une lettre de Mlle de La Fayette par laquelle elle m'avertit de sa dernière et entière résolution d'entrer en religion et me conjure de lui en dire mon avis au plus tôt. Je lui écrirai qu'elle conserve cette volonté. »

Louis XIII a arraché au clergé une aumône pharaonique de trois millions et demi millions de livres. L'heure est aux économies. Même la reine voit ses demandes d'argent repoussées. Nouvelle brimade, le cardinal insinue maintenant qu'elle dépense trop « en gratifications et voyages ». Il veut lui faire comprendre qu'il est au courant des allées et venues de ses messagers et des pensions qu'elle verse à ses serviteurs exilés. Mais en adepte du double langage, il écrit le 11 juillet aux surintendants des finances dont Anne se plaint : « Messieurs, je vous ai tant de fois conjuré de donner satisfaction à la reine… » Le 2 août 1636, à Rueil, il offre à Sa Majesté une collation somptueuse et un concert au cours duquel ses musiciens interprètent une chanson composée pour elle.

Dix jours plus tard, les Espagnols avancent vers Paris. Au cours d'une folle chevauchée, ils ont pris La

Capelle, Le Catelet. Corbie tombe le 15 août. Compiègne est menacée. Une vraie panique s'empare de la capitale : « On ne voyait que charrettes, chariots et harnais chargés de meubles », écrit *Le Mercure*. Le roi ordonne de rompre tous les ponts de l'Oise. Les seize colonels de Paris commencent à faire la garde aux portes des remparts. La mobilisation est générale. Condé abandonne le siège de Dole pour sauver la capitale.

Les Parisiens réclament Bassompierre, le plus fameux stratège du règne. Mais le cardinal, toujours jaloux de sa gloire, refuse de le laisser sortir de la Bastille. Cette fois la cour se révolte : « La seconde année de cette guerre donna beaucoup de prétextes aux ennemis du cardinal de Richelieu de condamner sa conduite, écrit La Rochefoucauld. On avait considéré la déclaration de la guerre et le dessein qu'un si grand ministre avait formé depuis longtemps d'abattre la maison d'Autriche comme une entreprise hardie et douteuse, mais alors elle parut folle et téméraire. On voyait… que les autres places de la frontière n'étaient ni mieux munies ni mieux fortifiées, que les troupes étaient faibles et mal disciplinées, qu'on manquait de poudre et d'artillerie… On s'étonnait encore que le cardinal eût exposé si légèrement la réputation du roi et la sûreté de l'État. »

Dans la Grande Galerie du Louvre, Louis XIII réunit toutes les corporations d'artisans et de marchands : « Il les embrassa, les priant de l'assister d'hommes et d'argent, ce qui leur gagna tellement le cœur qu'ils en répandirent des larmes de tendresse et donnèrent beaucoup plus qu'on ne leur demandait, d'où l'on peut voir combien cette nation aime son prince, écrit La Porte. Tous les particuliers se cotisaient eux-mêmes pour donner des soldats et il n'y eut pas une porte cochère qui ne donnât un cavalier armé de toutes pièces. »

Quinze mille hommes sont levés. Bientôt, ils sont quarante mille à franchir l'Oise, le 13 septembre avec le roi, Gaston et leur cousin, le duc de Soissons. Infatigable, Louis peut rester douze heures sans descendre de cheval.

La reine fait à pied la procession d'ouverture du jubilé à Notre-Dame. Durant quatre jours, elle visite les innombrables couvents de Paris où elle prie, suivie de deux aumôniers qui distribuent des offrandes aux pauvres. Demande-t-elle la victoire ou la chute du cardinal ?

Gaston a décidé de débarrasser la France du tyran, avec l'aide du comte de Soissons qui a récemment refusé l'offre du cardinal de se marier avec sa nièce, Mme de Combalet. À Amiens, dans l'hôtel du duc de Chaulnes, l'occasion se présente. Après le Conseil, Son Éminence est seule, sans gardes du corps. Mais à l'instant fatidique, Gaston est pris de panique : « La terreur qui saisit tout à coup le duc d'Orléans le pressa si fort qu'elle lui fit lâcher dans son caleçon de chamois », écrit Brienne dans ses Mémoires. Trois jours plus tard, une nouvelle tentative se révèle infructueuse. Le cardinal tient sa vengeance. Monsieur préfère s'enfuir à Blois. Et le comte de Soissons dans sa place forte de Sedan de peur d'être décapité.

Le 10 novembre, Corbie s'est rendue. Le roi retrouve la reine à Chantilly où un Te Deum est célébré devant toute la cour. La guerre l'a trop longtemps séparé de Louise de La Fayette. Il se languit. Désormais, il exige qu'Anne et ses filles d'honneur l'accompagnent partout, à commencer par Orléans où il se rend pour parler à Gaston. Le soir du 27 janvier, à Piteaux, près de Malesherbes, Anne attend vainement son lit. Les chariots n'arrivant pas, Sa Majesté passe la nuit dans son carrosse.

L'ardente Louise parle toujours de sa vocation, mais le père Carré, son confesseur, a échoué dans la mission confiée par Richelieu, il y a plus d'un an. Elle semble moins pressée d'entrer dans son couvent de la rue Saint-Antoine. Pour semer le poison de la discorde entre les deux amoureux, Son Éminence a recrutée Boisenval, valet de chambre du roi. À Louis XIII qui le croit dévoué, l'espion insinue que la jeune fille est intéressée et s'empressera d'ici peu de lui soutirer des faveurs. À Louise dont il est l'ami, il assure que la flamme du roi ne tardera pas à s'éteindre et qu'il vaut mieux quitter la place avant d'en être congédiée.

Mais ces manœuvres, elles aussi, tournent court et le 11 mars 1637, le cardinal, agacé, somme le père Caussin, confesseur du roi, de séparer le monarque de sa trop lucide amie. Le jésuite a écrit *Le Triomphe de la piété, l'impiété domptée par les fleurs de lys* et surtout six gros volumes de *La Cour sainte* réimprimés quatorze fois et traduits en sept langues du latin au bohémien. Richelieu ne se doute pas que l'écrivain tracera bientôt de lui un portrait à le faire brûler en enfer : « Il faisait de sa vie un crime continuel, de son gouvernement une tyrannie, de l'ambition son Dieu, de son avarice un gouffre, de la vengeance un métier, de toute la France son patrimoine… Néanmoins, il ne laissa pas de trouver non seulement des approbateurs, mais aussi des adorateurs, semblables aux Égyptiens qui portaient des chandelles et de l'encens aux crocodiles. »

Le jésuite, après avoir confessé le roi et rencontré Louise de La Fayette, a vite conclu que cet amour si chaste ne peut être un danger pour l'État. « N'est-ce point assez d'avoir ôté la mère, diverti toute la confiance de la femme ?… Pauvre fille, c'est la grâce qui la fait disgracier, la piété envers la patrie qui la fait rendre criminelle. Que ma langue se colle plutôt à mon palais que de servir ici la passion de l'éminentissime et que mon cœur se crève avant que d'admettre la pensée d'une si lâche trahison. »

Le roi, éperdu, propose à Louise de l'installer à Versailles. La jeune fille est trop pure pour accepter. Le père Caussin a beau la dissuader, elle annonce son renoncement au monde à Louis XIII, qui s'en va pleurer, seul, dans son pavillon de chasse. « Hélas ! je ne le verrai plus ! » murmure Louise en larmes regardant à une fenêtre du château de Saint-Germain s'éloigner le carrosse du roi et ses amours.

La Gazette du 19 mai 1637 rapporte froidement : « La demoiselle de La Fayette, l'une des filles d'honneur de la reine, s'est rendue religieuse dans le monastère de la Visitation et a été grandement regrettée du roi, de la reine et de toute la cour. »

Louis XIII et son ardente favorite viennent de vivre une tragédie cornélienne comme les aime ce siècle chevaleresque baigné de piété et de rigueur espagnoles. Le poète Pierre Corneille en a appris les fondements à Rouen avec des maîtres chassés d'Espagne par le père d'Anne, le roi Philippe III, qui a expulsé de son royaume tous les impies. Corneille parle espagnol et lit dans le texte les grands auteurs de l'époque, les Cervantès, Lope de Vega et Calderón de la Barca.

Pour écrire son chef-d'œuvre, le jeune dramaturge s'est inspiré de Guillén de Castro qui a écrit *Les Enfances du Cid* et *Les Entreprises de la jeunesse du Cid*. Castro est né à Valence que le Cid a conquise en l'an mil et dont il a été gouverneur avec Chimène. Mais Corneille affirme qu'il s'est surtout plongé dans l'Histoire d'Espagne de Mariana.

Dès la première représentation en janvier 1637 au théâtre du Marais, la pièce connaît un succès tel qu'il faut accueillir des spectateurs sur la scène. L'acteur

Montdory qui joue Rodrigue écrit à un ami : « Le Cid a charmé tout Paris. Il est si beau qu'il a donné de l'amour aux dames les plus continentes dont la passion a plusieurs fois éclaté au théâtre public. »

Les Parisiens, encore sous le choc de Corbie, vibrent à chaque vers héroïque. Ils se lancent les répliques et apprennent les tirades à leurs enfants. Le cardinal, une fois de plus, se sent visé : « Désobéir n'est pas un si grand crime », dit le père de Chimène à des spectateurs terrorisés depuis vingt ans par la poigne de fer du tyran.

Pour éviter des représailles, Corneille a dédié sa pièce à la nièce du cardinal, Mme de Combalet, qu'il rencontre souvent à l'hôtel de Rambouillet. L'écrivain est, avec L'Estoile, Boisrobert, Colletet et Rotrou, l'un des fameux « cinq auteurs » payés par Richelieu pour écrire chacun un acte des mauvaises pièces de Son Éminence. *L'Aveugle de Smyrne* et *Les Tuileries* ont été jouées au Palais-Cardinal. Mais Richelieu s'est fâché avec Corneille qui a eu l'audace de modifier de lui-même le troisième acte de la seconde comédie.

Devant le triomphe du *Cid*, l'aigreur du ministre, poète honteux et impuissant, ne se manifeste pas au grand jour. Mais il se déclare indigné qu'en pleine guerre on mette l'Espagne au pinacle. Il encourage une cabale reprochant à Corneille de n'avoir pas respecté la règle sacro-sainte des trois unités. Le 22 février 1635, sous son égide, un groupe d'écrivains de l'hôtel de Rambouillet a créé l'Académie française dont l'une des premières tâches est d'arbitrer la querelle entre partisans et adversaires du *Cid*.

Au Louvre, la pièce reçoit un accueil si enthousiaste qu'il faut la représenter trois fois. Certains courtisans affirment qu'ils voient Louis XIII en Rodrigue et Louise de La Fayette en Chimène. Pour la reine, Le Cid évoque surtout les vertus aristocratiques castillanes du temps de son ancêtre Isabelle la Catholique. Une exaltation de l'Espagne et de sa reconquête sur les Maures. Quelle revanche sur tous les outrages subis par la souveraine depuis l'arrivée en France de Richelieu au Conseil !

15

Le crime de la reine

La guerre fait rage. Plus que jamais Anne est soupçonnée d'espionner pour le compte de l'Espagne. Depuis la fuite de Gaston et du comte de Soissons, l'éminentissime reste tout-puissant et gouverne à Rueil avec le père Joseph et un Conseil composé de ses créatures : Bouthillier, son fils Chavigny, Sublet des Noyers et le chancelier Séguier.

Jusqu'à présent la reine de France était intouchable. À l'automne 1636, le ministre a essayé de la défier publiquement. Leurs carrosses se sont croisés près du Louvre. « Arrête, cocher ! » a crié le cardinal au royal équipage. L'homme, surpris ou effrayé, a stoppé ses chevaux. La souveraine lui a aussitôt ordonné d'avancer. Le ministre se plaindra de n'avoir pu parler à Sa Majesté. Ne la sert-il pas avec assez de zèle ? La reine fait répondre que ses appartements lui sont ouverts quand il le désire, que la rue n'est pas un lieu pour tenir une conférence et que « son carrosse n'arrête que pour le roi ». Trop contente, la cour a applaudi à cette leçon de bienséance administrée au tyran. Et Patrocle, le cocher, ne se gêne pas pour narrer l'événement et la mine du cardinal déconfit comme un amoureux trahi.

Depuis 1634, Richelieu remplit une cassette de toutes les lettres de la reine, de Mirabel, de son frère gouverneur des Flandres, de Mme du Fargis et surtout de la redoutable Chevreuse, interceptées et copiées par ses espions. Anne s'y plaint de sa solitude, de la froideur du roi, des mauvais traitements du cardinal… Ses amies conseillent la patience. Son Éminence n'est-elle pas malade ? « Pour être la première au village », Mme du Fargis lui recommande de faire un enfant. Le plus souvent la Chevreuse envoie quelques banalités par la poste. Quant au frère de la reine, une fois sur trois, il ne répond pas à ses longues lettres, ce qu'Anne, en mal de tendresse, lui reproche amèrement. Point de secrets d'État qui puissent la condamner à l'exil. Richelieu profite même parfois des renseignements donnés dans les réponses. En mai 1637, le gouverneur des Flandres annonce à sa sœur que ses armées ne sont pas encore prêtes à reprendre les opérations militaires.

Mais dans une nouvelle lettre, Anne, le 28 mai, supplie son cher Fernando de demander à leur frère Philippe IV de venir au secours de Charles de Lorraine dont le duché est menacé d'occupation par les armées françaises. Mirabel a fait transmettre une copie de cette lettre à Madrid au ministre Olivares en supprimant la signature.

Le cardinal a intercepté la réponse de l'ambassadeur et la copie envoyée en Espagne. Puis une troisième lettre écrite par Anne le 23 juillet à Mme du Fargis. La reine questionne son amie sur un rapprochement éventuel entre la France et l'Angleterre qui provoquerait une rupture de la cour de Londres avec celle de Madrid. Elle redoute de voir la chaîne de ses courriers s'interrompre. Dans la même lettre, elle la supplie de faire savoir à Mirabel « qu'au Nom de Dieu, il ne parle jamais de moi… Et pour cause, je ne vous en dirai pas davantage ».

Autour d'elle l'étau se resserre. Ses trop nombreuses visites au Val-de-Grâce attirent l'attention des agents du cardinal. Anne, qui pressent le danger, propose à

La Porte de lui adjoindre un autre messager, mais le dévoué valet craint qu'un nouveau venu ne trahisse Sa Majesté.

Le 10 août 1637, Louis XIII prie la reine de venir le rejoindre à Chantilly. Anne, qui attend une visite incognito de la Chevreuse, se voit obligée de la prévenir de son voyage. La machine infernale de Richelieu se met en marche. La Porte est abordé par un vrai-faux émissaire de la duchesse : « M. Thibaudière des Ageaux, gentilhomme du Poitou, m'avait prié de lui demander si elle voulait écrire à Mme de Chevreuse à Tours. Elle lui écrivit seulement un mot, qu'elle avait tant d'affaires qu'elle n'avait pas le loisir de lui faire une longue lettre, qu'elle se portait bien, qu'elle allait à Chantilly et que le porteur dirait plus de nouvelles. » Au début de l'après-midi, avant de monter dans son carrosse, Anne remet le message à La Porte. Thibaudière lui demande de le garder car son départ est retardé d'un jour et il a peur de le perdre : « Ce qui me fit croire qu'il savait que je devais être arrêté prisonnier le même jour. » On ne peut évidemment pas venir du Poitou sans être vendu au cardinal.

La Porte se rend dans le quartier de Saint-Eustache, chez M. de Guitaut, colonel des gardes, revenu blessé de la guerre, et dont Anne veut prendre des nouvelles. Quand il sort, vers six heures du soir, un carrosse arrêté barre la rue Coquillière. Il est jeté à l'intérieur, bâillonné et conduit ventre à terre à la Bastille où on lui confisque sa lettre avant de l'enfermer à triple tour : « On mit avec moi M. de Herce… jeune homme que sa mère retenait en prison pour le mûrir… On ferma sur nous trois portes, chacune se fermait à clef, la fenêtre se fermait de la même façon avec trois grilles. »

Au même moment, le chancelier Séguier se présente à la porte de l'abbaye du Val-de-Grâce. Pour entrer dans cette maison de Dieu et perquisitionner les appartements de la reine, il s'est fait accompagner de l'archevêque de Paris, Mgr de Gondi, nouveau chef du parti des dévots. Le prélat s'est plié de mauvaise grâce à l'ordre du cardinal et a fait avertir l'abbesse de cacher le moindre papier compromettant. Sous menace d'excommunication, la mère Saint-Étienne jure que Sa Majesté ne vient ici que pour prier. Les sbires de Richelieu ont beau fouiller, ils ne trouvent que des cilices de pénitente.

Ils rentrent tout aussi bredouilles de l'hôtel de Chevreuse. Dans la chambre de La Porte, la cache du mur est si bien faite qu'ils n'ont découvert ni l'encre sympathique ni le sceau de la reine.

À Chantilly, Marie de Hautefort apprend, par une amie domiciliée rue Coquillière, l'enlèvement du fidèle serviteur de la reine. Anne demande des explications au cardinal logé à Royaumont. Elle ne reçoit aucune réponse.

En revanche, elle voit arriver le chancelier avec ordre du roi de la questionner sur sa correspondance avec l'ennemi. Anne nie tout. Séguier brandit alors la copie de Mirabel. Dans un geste irréfléchi, la souveraine s'empare du papier et le glisse entre ses seins. Furieux d'être revenu bredouille du Val-de-Grâce, l'impudent garde des Sceaux plonge sa main dans le décolleté et fouille jusqu'aux poches de la souveraine.

Anne reste pétrifiée par ce crime de lèse-majesté : « La reine fut tellement touchée du traitement qu'elle avait essuyé qu'elle fut deux jours sans boire ni manger… et même fut saignée deux fois à cause d'un étouffement que lui avait causé cette affliction… Se voyant sans enfants et ses ennemis d'une puissance absolue, elle avait sujet de craindre qu'ils ne prissent cette occasion pour la perdre, en la faisant répudier et renvoyer en Espagne pour faire épouser Mme d'Aiguillon[1] au roi… On lui exagéra la grandeur de sa faute en lui faisant entendre qu'on répudiait les reines en Espagne pour un bien moindre sujet », écrit La Porte.

Arrivée le lendemain à Chantilly avec sa dame d'honneur, Mademoiselle trouve sa tante au lit, malade : « On pouvait l'être à moins de l'affront qu'elle avait reçu. Elle était encore dans les premiers sentiments de sa douleur que la présence de Mme de Saint-Georges eut le pouvoir d'adoucir. C'était elle qui entretenait le commerce qu'elle avait avec Monsieur. Elle fut bien aise de voir une personne de confiance à qui elle pût ouvrir son cœur. » Ainsi on la considère comme une criminelle ! Des rumeurs courent : le cardinal parle de la faire enfermer dans la forteresse du Havre dont il est gouverneur. La reine songe à s'enfuir avec Marie de Hautefort : « Elle me proposa de les enlever toutes deux et de les emmener à Bruxelles », fanfaronne le jeune La Rochefoucauld.

Les amis d'Anne évitent de lui rendre visite. Malgré ses blessures, le brave Guitaut arrive en carrosse pour lui redonner du courage : « Cette princesse était alors comme abandonnée de toute la cour et même à peine ses propres officiers la servaient-ils », écrit le comte de Brienne, qui lui expose que sa faute n'est pas si grave, que Richelieu ne possède qu'une copie de sa lettre et qu'il peut s'agir d'un faux.

Le 15 août, après avoir communié, Anne envoie son secrétaire Le Gras, espion du cardinal, jurer qu'elle ne s'est servie de La Porte que pour correspondre avec Mme de Chevreuse. Son Éminence, qui en pleine guerre consacre tout son temps à cette nouvelle affaire

1. Nièce du cardinal, Mme de Combalet prendra le titre de duchesse d'Aiguillon en 1638.

et en a même perdu le sommeil, s'efforce d'arracher d'autres aveux. Il charge Le Gras de faire comprendre à la reine qu'il en sait davantage sur ses lettres à l'étranger que ce qu'elle en dit. Anne, à bout de forces, accepte de rencontrer son bourreau.

Le 17 août, Richelieu se présente à la porte de sa chambre avant même qu'elle ne soit levée. Il est accompagné de Mme de Sennecey, dame d'honneur de la reine, et des secrétaires d'État, ses fidèles Chavigny et Sublet des Noyers. Il tient à ce que tous trois soient témoins de l'offre qu'il vient faire de la part du roi : « oublier tout le passé » à condition que Sa Majesté avoue. Anne reconnaît alors avoir écrit à son frère des Flandres mais des lettres sans importance. « Il y a plus ! » lance Richelieu avec son regard d'épervier.

La souveraine demande alors que tous, à l'exception de Son Éminence et de ses confesseurs, sortent de sa chambre. Richelieu a écrit lui-même le récit de ces quelques minutes qu'il arrange à sa façon pour la postérité : « La reine manifeste beaucoup de déplaisir et de confusion d'avoir fait tous les serments contraires à ce qu'elle confessait… Elle le remercie de sa bonté… et… elle fit l'honneur de dire au cardinal : "Donnez-moi la main", présentant la sienne pour marque de la fidélité avec laquelle elle voulait garder ce qu'elle promettait, ce que le cardinal refusa par respect, se retirant par le même motif au lieu de l'approcher. »

Mais au père Caussin, la reine confie que le ministre ne lui pardonne pas d'avoir suscité l'admiration de la cour en refusant d'arrêter son carrosse devant lui. Le cocher Patrocle a d'ailleurs été renvoyé le 19 août et prié de se retirer à Bourges d'où il envoie une lettre pathétique au roi : « Si Votre Majesté n'a pitié de moi, il faudra que je périsse moi et ma pauvre famille… »

Richelieu, furieux, écrit : « La reine… prenait plaisir à faire croire ou laisser croire à diverses personnes dans le monde qu'elle avait à souffrir du cardinal pour des raisons semblables ou pires que celles que disait Patrocle, toutes fausses comme celles qu'il mettait en avant ainsi qu'il plut à ladite dame reine le reconnaître par une lettre écrite au cardinal, sur la permission qu'il lui fit demander par M. de Chavigny de se pouvoir justifier des calomnies qu'on lui mettait à sus. »

Après tous ces interrogatoires, Anne, qui n'en est plus à une humiliation près, doit rédiger une lettre pour disculper le cardinal d'être amoureux d'elle. On en rirait presque s'il ne s'agissait du grand Richelieu ! Mais la sœur du ministre, Nicole du Plessis, mariée au maréchal de Maillé-Brézé, est morte folle ! Et on se demande si lui-même a toute sa tête. Son Éminence n'en reste pas là. Il veut que le roi exige de son épouse des aveux écrits sur sa correspondance honteuse avec l'étranger. La reine, outrée, commence par refuser. Mais il lui fallait « signer ou partir », dit Mme de Motteville.

La Rochefoucauld, introduit dans la chambre d'Anne par sa tante, Mme de Sennecey, s'éclipse en voyant arriver Sublet des Noyers avec la fameuse confession rédigée par le ministre : « Nous, Anne, par la grâce de Dieu reine de France et de Navarre, avouons librement, sans contrainte aucune, avoir écrit plusieurs fois à M. le cardinal infant, notre frère, au marquis de Mirabel, à Gerbier, résident d'Angleterre en Flandres, et avoir reçu souvent de leurs lettres... Qu'entre autres choses nous avons quelquefois témoigné du mécontentement de l'état auquel nous étions et avons reçu et écrit des lettres au marquis de Mirabel qui étaient dans des termes qui devaient déplaire au roi... La lettre dont La Porte s'est trouvé chargé devait être portée à Mme de Chevreuse par le sieur de la Thibaudière et ladite lettre fait mention d'un voyage que ladite dame de Chevreuse voulait faire comme inconnue devers nous. »

L'embastillé, lui, n'a toujours rien avoué. Après avoir été interrogé sans succès à deux reprises par M. de la Poterie puis par le procureur Laffemas, il a été conduit au Palais-Cardinal où Richelieu a vainement tenté de lui arracher des aveux : « Il me dit… que je devais fidélité au roi avant la reine parce que né français je devais obéir au roi… Mon interrogatoire et mon voyage durèrent cinq heures. »

Comment le prévenir des confessions de la reine ? N'écoutant que son courage, Marie de Hautefort, déguisée en servante, accompagne Mme de Villarceaux à la grille de la Bastille où elle rend visite au chevalier de Jars. Cet ami de la reine et de la Chevreuse est détenu depuis cinq ans pour avoir trempé dans le complot Châteauneuf. Le terrible Laffemas l'a conduit jusqu'à l'échafaud pour le faire parler. Le chevalier avait la tête sur le billot quand on lui a annoncé qu'on le ramenait à la Bastille. Après bien des supplications, Marie réussit à lui glisser un billet à remettre à La Porte : « Je ne fais que sortir de l'échafaud, je vais m'y remettre », soupire-t-il.

Le billet traverse quatre étages au bout d'une ficelle. Le stratagème permet au prisonnier de n'avouer que ce que la reine a déjà dit. La Porte ne flanche pas lors d'un second interrogatoire chez le cardinal : « Ne savez-vous pas qu'il y va de la vie d'être dans les intrigues contre le service du roi et de l'État ? – Ce serait le plus grand honneur que de perdre la vie pour une princesse persécutée. » Il ne fait, dit-il, que quelques courses pour la reine, comme il est de son devoir de domestique, rien de plus.

Il ne reste plus qu'à prévenir la duchesse du dénouement de l'affaire. Marie de Hautefort est convenue d'une chose : si elle lui envoyait un livre des *Heures* relié de vert, « ce serait une marque que les affaires de la reine prendraient des voies de douceur et d'accommodement ». Le même relié en rouge avertirait Mme de Chevreuse « de pourvoir à sa sûreté et de sortir du royaume avec le plus de diligence possible. Je ne sais laquelle des deux se méprit. Mais au lieu d'envoyer à Mme de Chevreuse les Heures qui la devaient rassurer, celles qu'elle reçut lui firent croire que la Reine et elle étaient perdues », raconte la Rochefoucauld.

À Tours, l'aventurière court chez son ami l'archevêque qui lui conseille de passer en Espagne. Le lendemain, l'infatigable cavalière s'enfuit déguisée en homme. Elle chevauche de jour, dort sur la paille et, après mille péripéties, arrive à Madrid où elle est reçue à bras ouverts par Philippe IV et son épouse Élisabeth qu'elle a connue enfant. Le ministre Olivares s'esclaffe des mesquineries de Richelieu à l'égard d'Anne : « Dans toutes les cours, l'Espagne ne manque pas d'autres sources mieux informées… et qui ne se trouvent pas aux prises entre le roi et le cardinal. » Il jure que Sa Majesté catholique n'aurait jamais approuvé que l'ambassadeur Mirabel prenne le risque de causer des ennuis à la reine sa sœur. Quant au gouverneur des Flandres, don Fernando, il offre de renvoyer toutes les lettres ouvertes « y ayant que souhaits de bonne santé ».

En conclusion de sa longue confession, la reine a promis « de ne retourner jamais à de pareilles fautes ». Et encore de ne plus écrire à la duchesse, ni de se rendre dans un monastère sans la permission du roi. En bas du document, Louis XIII a ajouté qu'il désirait « vivre avec sa très chère épouse comme un bon roi et un bon mari doit faire avec sa femme ».

C'est d'ailleurs le conseil que lui donne Louise de La Fayette qu'il retrouve régulièrement dans son couvent de la Visitation. Plus que jamais, la jeune religieuse émeut le roi en lui parlant de la misère de la France. Elle critique la scandaleuse fortune du tyran. Elle défend Marie de Médicis. Surtout, elle encourage Louis à vivre en bons termes avec son épouse pour donner un héritier à la France.

Enfin, ses prières vont être exaucées ! « Espérons, Madame, que tant de larmes répandues par Votre Majesté seront bientôt récompensées », a dit Brienne après les aveux.

En janvier, revanche inouïe, Anne annonce qu'elle est grosse. Bientôt l'enfant bouge. La future mère est à nouveau reine de France. Intouchable.

16

Deux fois mère, deux fois reine

Le dauphin accapare le cœur de la reine. Emmailloté comme le Divin Enfant, il est déjà adoré de tous les Français. Dans sa chambre immaculée de Saint-Germain, il reçoit les hommages des princes, des courtisans et des ambassadeurs. Il n'y a que les privilégiés à pouvoir s'approcher, à respectueuse distance, du berceau. Les rumeurs émerveillées sur ses premiers sourires contribuent à propager le culte du « soleil naissant ». Quant aux dames de la cour, elles se pâment devant ses gazouillis. Louis Dieudonné est déjà le charmeur du beau sexe. La future Grande Mademoiselle, du haut de ses onze ans, semble avoir jeté son dévolu sur lui. « La naissance de monseigneur le dauphin me donna une occupation nouvelle : je l'allai voir tous les jours et je l'appelais "mon petit mari". Le roi s'en divertissait et trouvait bon tout ce que je faisais. Le cardinal de Richelieu qui ne voulait pas que je m'y accoutumasse ni qu'on s'accoutumât à moi me fit ordonner de retourner à Paris. La reine et Mme de Hautefort firent tout leur possible pour me faire demeurer. Elles ne purent l'obtenir, dont j'eus beaucoup de regret. Ce ne furent que pleurs et que cris quand je quittai le roi et la reine. Leurs Majestés me témoignèrent beaucoup de sentiment d'amitié et surtout la reine, qui me fit connaître une tendresse particulière… L'on me fit passer par Rueil pour voir le cardinal… Il avait tellement sur le cœur que j'eusse appelé le dauphin "mon petit mari" qu'il m'en fit une grande réprimande… Il me dit si sérieusement tout ce que l'on aurait pu dire à une personne raisonnable que sans rien lui répondre, je me mis à pleurer… » La reine, pour consoler sa nièce, lui a promis de lui donner pour époux son frère chéri Fernando, généralissime des Flandres. Mais en a-t-elle le pouvoir ?

Richelieu gouverne jusqu'aux amours de la famille royale. Et d'abord celles du souverain. Après avoir écarté Louise de La Fayette, il tente de la remplacer par la ravissante Chemerault, son maître-espion. Mais le souverain prétexte que « son visage ne lui revient pas ». Désormais père, le sensible Louis XIII refuse que son ministre lui dicte les mouvements de son cœur. Et pour bien le lui faire comprendre, il renoue avec Marie de Hautefort. Après huit ans de bons et loyaux services, la belle et pieuse Marie songe à épouser le marquis de Gesvres, fou amoureux d'elle. Louis XIII, furieux, écrit au père du prétendant pour lui dire son mécontentement. Affolé, le futur beau-père annule le mariage qui chagrine tant le souverain : « Le cardinal qui la voyait absolument attachée à sa maîtresse ne l'aimait pas, et souffrait avec peine l'amitié que le roi avait pour elle, raconte encore Mademoiselle. La reine n'en avait aucune jalousie, et n'en avait eu de qui que ce soit… Et d'ailleurs Mme de Hautefort lui rendait des services qui auraient pu l'obliger à fermer les yeux. »

Richelieu est informé heure par heure des querelles du roi avec la dame d'atour de la reine. Sous la main, il a un nouveau candidat : Henri d'Effiat, marquis de Cinq-Mars, n'a pas vingt ans. Fils d'un ancien surintendant des finances, il est entré à la cour comme capitaine des gardes. Devenu grand maître de la garde-robe, il a tout pour plaire à Sa Majesté. Excellent cavalier, il aime la chasse. Il est spirituel et gai. Et surtout il est beau. Victoire ! comme l'écrit Mademoiselle : « Richelieu mit M. de Cinq-Mars auprès du roi qui en fit son favori en place de M. de Saint-Simon premier écuyer… Il ne fut pas plutôt établi que le cardinal en fit son confident et s'en servit pour chasser de la cour Mme de Hautefort. »

Car dans les appartements de la reine, les filles d'honneur multiplient ragots et sarcasmes sur le nouveau favori imposé par l'Éminence. Soupçonnée d'être à l'origine de ces moqueries, l'impertinente Marie est priée par le cardinal de s'en aller en exil… pendant quinze jours. L'intrépide demande sur-le-champ des explications au roi. Dernier orage : la belle Aurore des poètes lance à Louis que si elle part, c'est « pour toujours ». Au milieu de ses larmes, la reine donne à la plus fidèle de ses amies ses pendants d'oreilles « qui valent bien douze mille écus ».

D'Anjou, l'exilée lui écrit une lettre cornélienne : « Madame… C'est pour jamais que je dis adieu à Votre Majesté, et que je vous supplie très humblement de croire qu'en quelque endroit du monde que la persécution me puisse jeter, j'y passerai mes jours dans la fidélité et dans l'attachement, qui sont les véritables causes qu'on me persécute, et n'aurai de regret, parmi les ennuis qui m'accablent, que de n'en pouvoir pas souffrir davantage pour l'amour de vous… » Avec son fanatisme habituel, elle ajoute un coup de dague à l'intention de son amie qui ne l'a pas assez défendue auprès du cardinal : « Encore que j'aie appris avec dépit la peur que vous avez de déplaire à celui qui m'arrache d'auprès de vous, je proteste, Madame, que vos timidités et vos complaisances me piquent beaucoup plus pour vous que pour moi, et que je me consolerais du mal qu'il m'a fait si j'étais bien certaine que ce fût le dernier qu'il voulût vous faire. »

Le poète Scarron, qu'elle retrouve sur les bords de Loire, écrira sur la courageuse amie de la reine :

Objet rare et charmant, merveille incomparable
Qui logez dans le corps d'une fille adorable
Le courage et l'esprit d'un homme généreux

Son Éminence ne doute pas qu'il disposera avec Cinq-Mars d'un espion d'absolue confiance auprès du roi. Mais l'ambitieux marquis aime trop les soirées à Paris pour consacrer sa jeunesse à suivre son souverain à la chasse. Il passe ses nuits à écouter la mutine Marion de Lorme jouer du luth. Cette riche héritière tient, place Royale, un salon où défile tout ce qui compte dans le royaume. Le matin, Louis XIII traite son grand écuyer de « paresseux ». Mais Richelieu, avec sa folie obsessionnelle, fait signer aux deux hommes à Saint-Germain, le 26 novembre 1639, un traité de paix : « Nous, ci-dessous signés, certifions à qui il appartiendra être très satisfaits et contents l'un de l'autre et n'avoir jamais été en si parfaite intelligence. »

Le pouvoir du cardinal ne s'arrête qu'au grand lit de la reine. Après six mois d'abstinence, le roi en a retrouvé le chemin. Nouveau miracle au moment de Noël. Le 23 janvier 1640, le roi écrit à Richelieu : « La reine se porte toujours bien et espère-t-on plus que jamais qu'elle sera grosse. » Cinq jours plus tard, la nouvelle est confirmée par *La Gazette*.

Faut-il invoquer le repos du guerrier ? Le roi est fatigué de cette guerre de Trente Ans à laquelle s'accroche son ministre et qui cause tant de révoltes sanglantes dans le royaume. Notamment en Normandie où les « va-nu-pieds » tuent des collecteurs d'impôts.

À Rouen, on a crucifié un agent du fisc, puis fait passer des charrettes sur son corps. Pour se défendre, les bourgeois ont dû tuer une cinquantaine d'émeutiers. Le 30 novembre, l'armée royale massacre plusieurs centaines de ces malheureux affamés retranchés dans un champ près d'Avranches. Le parlement de Normandie s'insurge contre cette guerre civile dénoncée à genoux par Vincent de Paul devant l'éminentissime.

La création du louis d'or en mars n'a rien changé. Le clergé doit consentir à un nouveau don de quatre millions. Il en manque trente-deux pour boucler le budget. En décembre, le surintendant des finances Bullion est enterré de nuit pour éviter d'être découpé en morceaux. Qu'il est loin, le temps des gras pâturages d'Henri IV et de Sully !

Mais comment négocier une bonne paix favorable au royaume ? Depuis plus de trois ans, Mazarin se morfond au Vatican où le pape, redevenu proespagnol, ne veut le nommer ni cardinal ni nonce à Paris comme le réclament le roi et Richelieu. Le 13 décembre, profitant d'une longue nuit d'hiver, l'Italien s'échappe de Rome. Pour tromper les espions, il prétend partir pour Venise. Mais à CivitaVecchia il prend en secret un bateau pour la France.

Arrivé le 4 janvier à Paris, il a, dès le lendemain, sa première audience à Saint-Germain avec Louis XIII. Le monarque, impatient de voir l'« homme de paix » servir les intérêts de la France, le nomme immédiatement plénipotentiaire au congrès de Cologne. Le père Joseph est mort il y a juste un an. Et l'aimable Mazarin prend aux côtés du cardinal la place du méchant capucin.

Mais Cologne est vite oublié ! Auprès du belliqueux ministre, Mazarin se contente d'exercer ses talents d'amuseur et de décorateur. Pour l'insatiable cardinal, il s'emploie à commander peintures, sculptures et autres œuvres d'art destinées à meubler le château de Richelieu, devenu le centre du monde. Son Éminence veut laisser à la postérité son buste par le Bernin, le plus grand sculpteur de son temps. Philippe de Champaigne a peint son visage de face et de profil pour l'envoyer à Rome. Catastrophe, le marbre livré ne satisfait pas Richelieu, qui refuse de payer ! Et réclame désormais sa statue en pied. Mazarin est obligé d'user de tous ses talents de diplomate pour écrire au maître romain : « On sollicite Van Dyck de venir ici comme il l'a promis pour faire de façon parfaite les profils de Son Éminence sur lesquels vous pourrez travailler en ayant devant les yeux des portraits qui ressemblent plus à Son Éminence. »

Louis XIII, lui, rejoint son armée en Artois. Après un siège de deux mois, il entre dans Arras, pourtant réputée imprenable selon un dicton espagnol : « Quand les Français prendront Arras, les souris mangeront les chats. »

Comme à La Rochelle et à Corbie, le roi a dirigé tranchées et fortifications. Il sait que pour isoler la ville, la privation d'eau et de nourriture est plus efficace que le feu des boulets. Le 15 août, le monarque assiste à Amiens à la procession solennelle de la Vierge.

La reine termine sa grossesse à Saint-Germain où Louis XIII vient la retrouver. Après quatre mois de séparation, le dauphin aurait pu l'oublier. Aussi sa gouvernante, Mme de Lanzac, l'a installé à une fenêtre pour guetter son arrivée. « Papa, papa ! » lance petit Louis dès que le souverain entre dans la salle des gardes. Mais très vite, il réclame sa mère. Le lendemain, il est sevré. Et il pleure en voyant son père arriver en compagnie de Guitaut et de Cinq-Mars. Ses trépignements redoublent quand ce dernier s'approche pour l'embrasser. Le roi écrit au cardinal : « J'ai trouvé la reine et mon fils en très bonne santé. Mon fils est extrêmement embelli mais très opiniâtre. Je ne suis nullement résolu de souffrir ces mauvaises humeurs… Dès qu'il me voit, il crie comme s'il voyait le diable et crie toujours : “À maman.” Il lui faut faire passer ces méchantes humeurs et l'ôter d'auprès de la reine le plus tôt qu'on pourra. »

Anne, enceinte et comblée, bafoue en effet les principes d'une éducation de prince. Le matin, elle se lève tard et joue avec son fils sur son lit. De réprimande, l'héritier de la couronne n'en a jamais : « On n'a jamais vu d'enfant plus résolu qu'est monseigneur le dauphin pour son âge. Il fait un bruit désespéré dans la chambre de la reine mais cela n'importune point Sa Majesté », écrit son ami, le janséniste Robert Arnauld d'Andilly, fils du grand avocat Antoine Arnauld, qui conserve dix enfants survivants sur les vingt que lui a donnés son épouse.

Quand il fait beau, la reine emmène Louis dans la forêt voir les écureuils et les biches. L'après-midi, elle fait venir ses musiciens. Elle lui chante en espagnol des airs de son enfance. À la cour de Madrid est née deux jours après lui une blonde infante, María-Teresa, et Anne rêve déjà des noces de son petit dauphin pour qui rien n'est trop beau.

Une semaine après le retour de Louis XIII, tout est rentré dans l'ordre, comme l'écrit le roi : « Il me veut suivre partout. Je lui fais toutes les caresses que je puis… Il y avait des femmes auprès de mon fils de quoi je n'étais pas satisfait qui lui faisaient avoir peur des hommes. »

Le 21 septembre, autre bonheur dont *La Gazette* rend compte avec émerveillement : « La reine étant allée à la promenade sur les six heures du soir sentit quelques douleurs qui l'obligèrent à se retirer en son cabinet. Mais cette princesse, selon la force de corps et d'esprit qui lui est familière, trouva les douleurs trop légères pour se mettre au lit où elle ne se mit que sur les neuf heures… Elle accoucha sur les dix heures d'un très beau prince qui a le teint fort blanc, le poil noir, les membres extrêmement bien faits et a une grande vigueur. » Dans la chambre se pressent la princesse de Condé, la duchesse de Vendôme, le connétable de Montmorency autour de Louis XIII radieux : le roi, « à ce que j'ai ouï dire à la reine, note Mme de Motteville, témoigna plus de joie que du premier, parce qu'il ne s'attendait pas à un si grand bonheur que de se voir père de deux enfants, lui qui avait craint de n'en point avoir du tout ».

Curieusement, Richelieu, qui n'a pas assisté à la naissance du dauphin, est encore absent. Il ne rentre d'Amiens que douze jours plus tard. Lui qui régente la vie privée des Bourbons, pourquoi évite-t-il ces deux grands événements qui transforment le destin de la Couronne ? Peut-être devine-t-il que s'effondre son espoir fou de voir sa propre famille accéder au trône de France ? Gaston n'ayant qu'une fille, c'est l'héritier de Condé, cousin de Louis XIII, qui serait devenu roi si Anne n'avait pas mis au monde ses deux fils. Et en 1632, Condé a offert la main de son fils, le duc d'Enghien, futur Grand Condé, à la nièce du cardinal, Claire-Clémence de Maillé-Brézé.

Louis XIII n'a autorisé qu'à contre-cœur cette mésalliance d'un prince du sang. Quant au marié, amoureux de la ravissante Marthe du Vigean, il regarde à peine sa minuscule fiancée juchée sur des talons trop hauts pour ses douze ans : « Quand il considérait que celle qu'on lui destinait pour femme était nièce d'un favori, il croyait qu'il ne pouvait l'épouser sans faire une espèce de bassesse et cette pensée le désespérait », écrit un familier de l'hôtel de Condé.

Mais le 7 février 1641, le contrat de mariage est signé devant le roi et la reine. Apothéose pour Richelieu qui célèbre l'événement au Palais-Cardinal où il vient de s'offrir le plus beau des théâtres : « On employa dans la charpente huit chênes de vingt toises chacun que l'on avait cherchés dans toutes les forêts du royaume et que l'on trouva enfin dans celle du Bourbonnais. Il en coûta huit mille livres pour les amener. » Le grand ballet *Des prospérités et des armes de France* évoque avec un luxe inouï de machineries italiennes imaginées par Mazarin les dernières victoires : Arras et ses vertes campagnes, Casale et ses plaines, les Alpes et les mers sillonnées par les vaisseaux aux fleurs de lys…

Quinze jours plus tôt, pour l'inauguration du théâtre, Mazarin a déjà fait venir d'Italie les décors féeriques de Mirame, une pièce écrite par Son Éminence. Richelieu en attribue la paternité à son nègre, Desmarets, qui en 1637 a été l'auteur d'un grand succès : *Les Visionnaires*. Mais la préface a, depuis, percé à jour la cachotterie : « Richelieu, qui ne voulait pas compromettre sa gloire poétique, ne mit jamais son nom aux drames dont il était le père. *Mirame*, sa tragédie favorite, passa dans le public pour être de Desmarets. L'histoire du théâtre n'admet point tous ces ménagements pusillanimes et puisque Richelieu a fait *Mirame*, il faut avoir le courage d'écrire que *Mirame* est de Richelieu. »

La tragédie, dont le succès est censé surpasser celui du *Cid*, met en scène les amours de Buckingham et de la reine de France. Toute la cour le sait et s'est disputé les invitations. Anne a dû supporter deux heures d'alexandrins insultants sur cette princesse Mirame qui s'est honteusement laissé séduire par Arimant, grand amiral du roi ennemi de Colchos :

Au bien de mon pays, je préfère ma flamme
Mais quel est ton espoir, misérable Mirame ?

Et quel est ton amour qui fait que tu trahis
Ton honneur, ton repos, ton père et ton pays ?

Et pour que nul ne doute de l'allusion à la reine, *Mirame* et *Arimant* ont, comme à Amiens, une entrevue un soir dans un jardin.

La représentation est suivie d'un grand bal. Le roi, peut-être indigné en secret, n'a pas assisté à la représentation, mais Anne n'en a pas fini avec cette épreuve. Conduite par le cardinal, il lui faut prendre place sur un trône drapé de lin et d'argent et présider cette soirée jusqu'à une heure avancée de la nuit.

Petite vengeance, *Mirame* ne fait sourire que les initiés. La pièce est jugée trop mauvaise pour un si beau théâtre. Son Éminence, l'orgueil blessé à mort, s'en plaint à Desmarets : « Eh bien ! Les Français n'auront jamais de goût. Ils n'ont point été charmés de *Mirame* ! »

Pourtant, un an plus tôt, à l'hôtel de Bourgogne, ils ont applaudi *Horace* qui met aussi en scène le dilemme de la reine :

Je suis romaine, hélas ! puisqu'Horace est romain.
J'en ai reçu le titre en recevant sa main
Mais ce nœud me tiendrait en esclave enchaînée
S'il m'empêchait de voir en quels lieux je suis née.

Mais l'auteur, le modeste Corneille, avoue qu'il s'est inspiré une fois encore d'un Espagnol, Lope de Vega, et ne prétend pas à la gloire universelle.

La tyrannie fastueuse de l'éminentissime est brocardée par des pamphlets de plus en plus virulents. Lors de sa nouvelle campagne en Artois et en Lorraine, de mai à octobre 1641, le monarque lui-même se plaint souvent à Cinq-Mars de la tutelle du ministre dont il aimerait s'affranchir. À la différence du cardinal, le roi, que l'Histoire appellera « Louis le Juste », compatit à la souffrance de « ses » ennemis. Le 9 novembre, il a fait couper la tête de Saint-Preuil, gouverneur d'Arras accusé de lui avoir désobéi en taillant en pièces la garnison espagnole de Bapaume qui se rendait. Le même jour, à Bruxelles, meurt subitement d'une fluxion de poitrine, à trente-deux ans, don Fernando, frère de la reine et chef de l'armée espagnole dans les Flandres. Pendant plusieurs jours, à Saint-Germain, Louis cache à son épouse cette nouvelle qui va la bouleverser.

Ses billets quotidiens à Richelieu se terminent au mieux par une formule laconique : « Je vous donne le bonjour. » On est loin des serments d'amour éternel des années d'avant-guerre. Cinq-Mars s'engouffre dans la brèche : « Ouvrant son cœur et ses oreilles aux chagrins que son maître avait contre son ministre, il alluma sa jalousie jusqu'au désir de le perdre… Et le fit se résoudre à se défaire de lui », note Mme de Motteville.

Le petit marquis dont le cardinal a fait la fortune hait désormais son protecteur qui lui a refusé un commandement au siège d'Arras. Richelieu ne veut pas non plus le voir au Conseil, ni lui accorder le titre de duc et pair. Pour l'inciter à se lever plus tôt le matin, il lui a fait quitter Marion de Lorme. Cinq-Mars s'en console dans les bras de Louise-Marie de Gonzague, grande amie de la reine.

L'éphémère fiancée de Gaston ne se remet pas d'avoir manqué un titre d'Altesse royale. Elle pousse son bel écuyer à monter une cabale contre le despote qui traverse la France dans sa litière pourpre. Cinq-Mars bâtit déjà ce qu'on n'ose appeler des « châteaux en Espagne ». Richelieu mort, il pourrait devenir connétable, duc et pair, comme Luynes autrefois. Il serait digne alors de demander la main de Louise-

Marie. Comme dans l'affaire Chalais, il s'agit plus d'une cabale dont les membres ne sont liés que par la haine du cardinal.

Cinq-Mars a l'appui de Monsieur, éternel opposant, de son ami de Thou, bibliothécaire du roi et conseiller au Parlement choqué des méthodes du tyran, du duc de Bouillon, dont la place forte de Sedan permettrait, en cas d'échec, d'accueillir les conjurés. Et d'abriter même les enfants de France dont la reine craint désormais que le cardinal ne les lui enlève pour les enfermer à Vincennes.

En ce début d'année 1642, Louis XIII, épuisé par les chasses et les campagnes incessantes, est malade. C'est ce qui va provoquer la hâte des conjurés qui redoutent que le cardinal ne s'arroge la régence en cas de décès du souverain. Une crainte partagée par la reine depuis plusieurs années.

Mais une fois encore, le roi se remet en selle. La Catalogne espagnole, grevée d'impôts par Madrid, veut se placer sous la protection de la France. Annexer une nouvelle province ? L'occasion est trop belle et, le 27 janvier, Louis XIII, à peine guéri, part pour son expédition avec Cinq-Mars qui tente, sans succès, de gagner à son complot les officiers des gardes et même M. de Tréville, capitaine des mousquetaires. Car cette nouvelle campagne pourrait bien être fatale au souverain…

Mazarin et Chavigny qui se disputent la succession de Richelieu accompagnent le ministre rongé par ses ulcères. C'est un grand malade entouré d'une nuée de médecins qui suit les armées, allongé sur un matelas dans sa litière pourpre brochée d'or, si large et imposante qu'il faut parfois démolir les portes des villes et les murs des maisons pour la laisser entrer.

Les deux convois voyagent séparés. Son Éminence, qui se méfie de tous, de Cinq-Mars et même du roi, a demandé à son neveu, le duc d'Enghien, de recruter de ses amis pour le protéger. Il a nommé le père, Condé, son servile allié, gouverneur de Paris et chef du Conseil.

Durant cette nouvelle guerre espagnole, le cardinal a aussi obtenu de Louis XIII qu'en ce qui concerne ses enfants la reine obéisse à « tout ce que M. le chancelier et le surintendant voudraient ». Le monarque, qui se méfie moins de son épouse que de Condé, ajoute : « Je ne nomme pas M. le prince car ce n'est pas la coutume de mettre les enfants de France entre les mains des princes de sang. »

Par-dessus tout, Louis XIII redoute les tocades de Monsieur qui ne veut pas quitter son palais du Luxembourg pour le rejoindre aux armées. Il donne instruction à la gouvernante du dauphin, Mme de Lansac, et au capitaine des gardes, Montigny, de ne jamais laisser les jeunes princes seuls avec Gaston, de ne tenir compte d'aucun ordre demandant de les transférer hors de Saint-Germain. À Montigny, il laisse la moitié d'un écu d'or et le conjure de n'obéir à aucun billet signé de lui s'il n'est accompagné de l'autre moitié.

Le cardinal a appris par un de ses espions que le 13 mars un « certain Français » a été vu à Madrid dans l'antichambre d'Olivares. Bientôt, il sait son nom : Fontrailles. Bossu, boiteux, le visage patibulaire, c'est un proche de Monsieur qui s'obstine à rester à Paris. Aussitôt, les soupçons redoublent : Gaston et la reine, sa complice de toujours, sont priés de descendre rejoindre le roi à Perpignan.

Anne refuse d'abandonner ses deux enfants, la chair de sa chair, qui, pendant son absence, doivent être conduits au donjon de Vincennes. Elle gagne quelques jours car, cette fois, le ministre est à l'agonie. Sa litière arrêtée à Narbonne, il dicte son testament que Mazarin signe à sa place car son bras droit est paralysé par des abcès. Ébloui, l'Italien voit défiler sur le papier les fabuleuses richesses de la France confisquées par l'éminentissime. Le 12 avril, deux médecins ont pu inciser l'abcès et le cardinal va mieux. Anne envoie un messager pour l'assurer de sa compassion et surtout le supplier de ne pas lui enlever ses enfants.

Hélas, le 30 avril, dans une nouvelle lettre Chavigny lui donne l'ordre de se mettre en route pour Fontainebleau, première étape de son voyage dans le Roussillon. Anne accuse Mme de Lansac, imposée par Richelieu, de vouloir la séparer de ses fils, elle, la reine de France ! Elle pleure devant Mme de Brassac, autre espionne du cardinal. Elle en est malade ! Elle en tombe vraiment malade. Son secrétaire Le Gras écrit au cardinal : « Vous avez sûrement jugé du déplaisir qui est le sien… L'émotion extraordinaire qui la tient au lit fait craindre à ses médecins qu'il ne lui survienne quelque accès de fièvre… Cela fait qu'elle ne peut de quelque temps quitter Saint-Germain. »

Mais le 10 mai, nouvelle missive péremptoire de Chavigny. Le 20 mai, son amie dévote la duchesse d'Aiguillon conseille à la reine de partir. Des bruits sur Cinq-Mars et son projet d'assassinat courent dans tout Paris. Louise-Marie de Gonzague écrit à son amoureux : « Votre affaire est sue communément à Paris comme on sait que la Seine coule sous le Pont-Neuf. » La reine serait même compromise. Affolée, Anne demande à Le Gras d'écrire à Chavigny pour démentir. Et aussi à M. de Brassac, nommé par Richelieu surintendant de sa maison. Elle adresse elle-même une supplique au cardinal. Quatre jours plus tard, elle est exaucée : son époux lui permet de garder ses deux fils auprès d'elle.

Entre-temps, l'Histoire s'est brusquement accélérée et le dénouement approche. Le 9 juin 1642, en Arles, Son Éminence est entrée en possession d'une copie du traité avec l'Espagne signé trois mois plus tôt entre

SA FAMILLE D'ESPAGNE

Monastère de la Réincarnation, Madrid, Espagne. © Bridgeman Giraudon

Son père Philippe III, surnommé Philippe le Pieux, s'est effondré en larmes au moment de quitter sa fille à la frontière espagnole.

Musée du Prado, Madrid, Espagne. © Bridgeman Giraudon

Sa mère Marguerite d'Autriche-Styrie, morte comme une sainte à la naissance de son huitième enfant. Anne avait juste onze ans.

National Gallery, Londres, UK. © Bridgeman Giraudon

Châteaux de Versailles et du Trianon, France. © F. Raux/RMN

La reine Anne, âgée de vingt ans, encore vêtue à la mode espagnole, avec une grande fraise.

Son frère chéri Philippe IV, contre lequel elle n'hésitera pas à faire la guerre avant de marier Louis XIV à sa fille.

L'ARRIVÉE EN FRANCE

L'échange des deux princesses. Pour Louis, Anne (de face) remplacera sa sœur adorée Élisabeth, à qui il a offert un diamant en forme de cœur pour anneau de mariage.

Musée du Louvre, Paris. © Photo Josse / Leemage

Louis XIII avant ses noces. Sa mère ne l'a jamais embrassé. La foule s'attendrira devant la ressemblance des petits mariés de quatorze ans.

Museo degli Argenti, Palais Pitti, Florence, Italie. © Frassineti / AGF / Leemage

Les deux barques s'avancent sur la Bidassoa. Anne ne reverra jamais l'Espagne. Le duc de Guise a posté son armée (en haut à droite) pour éviter tout enlèvement de l'infante catholique par les huguenots.

Sotheby's, Londres, UK. © Sotheby's / AKG-Images

LA BELLE-FAMILLE

Marie de Médicis, surnommée « la Grosse Banquière ». Henri IV l'a épousée pour sa dot. Elle a une passion pour les diamants et veut rester reine, même après l'arrivée d'Anne. Elle n'aura de cesse de séparer les deux époux.

Louis XIII idôlatrait son père Henri IV. Il a demandé à Richelieu de poursuivre sa politique de lutte contre l'Espagne. À la tête de ses armées, il a combattu les huguenots et donné à la France ses nouvelles frontières. Mais, sans enfants, il est un roi maudit.

Richelieu jaloux d'Anne, et peut-être épris d'elle. Le ministre-tyran l'a martyrisée faute de pouvoir la renvoyer en Espagne, l'accusant d'espionner pour le compte de ses deux frères.

Gaston, frère de Louis XIII et héritier de la couronne jusqu'à la naissance de Louis XIV. Il a été un peu amoureux de sa belle-sœur Anne (deux mois), avec laquelle il est uni dans la même haine de Richelieu.

LES HOMMES QUI L'ONT ADORÉE

Le duc de Montmorency portait un bracelet avec le portrait d'Anne. Il a été décapité en 1632 pour avoir soutenu la révolte de Gaston contre Richelieu.

Anne a vingt-quatre ans lors de sa rencontre avec Buckingham. Le grand amiral était venu à Paris pour le mariage d'Henriette avec Charles Ier d'Angleterre.

Buckingham est, de son propre aveu, le seul homme qu'elle aurait pu aimer si elle n'avait été mariée et reine de France.

Mazarin, son ministre, recommandé par Louis XIII et parrain de Louis XIV. Richelieu a dit à la reine : « Il vous plaira, il ressemble à Buckingham. »

SA PIÉTÉ A FINI PAR ÊTRE RÉCOMPENSÉE

Saint Vincent de Paul, son ami, l'a exhortée au courage lors de ses années stériles. Après la mort de Louis XIII, elle l'a nommé chef du Conseil de conscience.

Louise de La Fayette, sa fille d'honneur. Aimée du roi, elle a préféré entrer au couvent plutôt que de devenir sa maîtresse. Ses prières auraient « favorisé » la naissance du dauphin.

Anne, régente, élève dans la piété ses deux fils Louis et Philippe, et les met sous la protection de la Vierge Marie.

L'abbaye du Val-de-Grâce, qu'Anne a fait construire. Son refuge pour pleurer son mal d'enfant et écrire à sa famille.

LOUIS, L'ENFANT DU MIRACLE

La France fond de tendresse devant son petit roi aux boucles blondes. Mais personne ne s'émerveille autant que sa mère.

LES ÉGÉRIES DE LA FRONDE

La duchesse de Chevreuse : comploteuse perpétuelle et grande amie d'Anne. Louis XIII, sur son lit de mort, l'a surnommée « le Diable ».

Le prince de Condé, vainqueur des Espagnols à Rocroi à l'âge de vingt ans et emprisonné à la Bastille par un Mazarin jaloux.

La Grande Mademoiselle : elle appelait Anne « ma petite maman » mais a tourné les canons de la Bastille contre Mazarin et les armées du roi.

Henriette d'Angleterre : exilée en France, l'épouse du malheureux Charles Ier, décapité, exhortait la bouillante Anne à la modération face à la révolte du Parlement.

La duchesse de Longueville : née en prison à Vincennes, où Richelieu avait enfermé ses parents. Sœur du grand Condé, elle voulait remplacer l'Italien Mazarin par son frère.

L'APOGÉE D'UN DESTIN

Le mariage de Louis, âgé de vingt et un ans, à Saint-Jean-de-Luz : Anne ne voulait que sa nièce, Marie-Thérèse, comme épouse pour son fils.

Tapisserie des Gobelins, mobilier national, Paris, France. © Bridgeman Giraudon

Châteaux de Versailles et du Trianon, France. © G. Blot/RMN

De son fils, Anne a fait le Roi-Soleil. Il a hérité de la grandeur de Charles Quint et du goût de Louis XIII pour la chasse, la danse, l'architecture. Il construira Versailles en préservant le petit « château de cartes » de son père.

Musée du Louvre, Paris, France. © P. Willy/Bridgeman Giraudon

Louis XIV a d'abord fait la moue devant la coiffure espagnole de l'infante et sa robe indigne de la cour de France.

Fontrailles « pour et au nom de Monsieur » et le comte-duc Olivares « pour le roi d'Espagne ». Comment le cardinal a-t-il pu se procurer cette explosive pièce à conviction ? Toutes sortes d'hypothèses seront lancées sans que rien puisse les étayer. La reine elle-même est soupçonnée d'avoir fourni le document au ministre pour n'être pas séparée de ses enfants. Brienne avance une explication plus sérieuse, dans ses *Mémoires* : « On n'avait jamais bien su par quelle voie ce traité d'Espagne était venu entre les mains du cardinal… La plus commune et la plus vraisemblable opinion était que le comte-duc Olivares l'avait envoyé au cardinal de Richelieu. » L'Espagne n'a plus guère la possibilité de vaincre par les armes et le favori espagnol, aux abois, espère sans doute sauver son pouvoir chancelant en provoquant un nouveau désordre à la cour de France et jusqu'au sein de la famille royale.

Richelieu envoie Chavigny révéler au roi que, en échange de douze mille hommes, cinq mille chevaux et quelques sacs d'or que l'Espagne est bien incapable de payer, les conjurés ont promis de rendre la plus grande partie des dernières conquêtes de la France. L'après-midi, Louis XIII signe les ordres d'arrestation de Cinq-Mars, de son ami de Thou et du duc de Bouillon. Fontrailles, lui, s'est déjà enfui en Angleterre.

Le 22 juin, Monsieur négocie son retour en grâce en livrant au cardinal tous les détails de la cabale. Et la tête de Cinq-Mars. Et en prime celle de François de Thou, qui pourtant s'est élevé contre l'alliance avec l'Espagne. Mais l'intègre parlementaire a commis le crime de critiquer violemment la politique sanguinaire de Richelieu qui, depuis, le poursuit de sa haine.

Une fois encore, la dernière, le cardinal tient sa vengeance. Il donne des instructions au garde des Sceaux Séguier pour que les deux amis soient traités en criminels d'État. Ils sont interrogés l'un après l'autre sur la sellette, un siège bas réservé aux assassins. De Thou reste muet. Mais Richelieu fait savoir à Cinq-Mars que son « complice » a tout avoué et lui promet la vie sauve s'il parle à son tour. Le petit marquis est une proie facile. Malgré les assurances données, malgré l'intercession de Mazarin et même du sinistre Séguier qui, en dépit de tous ses efforts, « ne trouve aucune preuve susceptible d'accuser de Thou », les deux prisonniers sont condamnés à avoir la tête tranchée.

De Tarascon, dans une mise en scène babylonienne, le cardinal, sur son lit de taffetas couleur de sang, navigue majestueusement vers Lyon. Devant lui, deux bateaux d'arquebusiers. Derrière, la prison flottante où François de Thou est gardé par douze gens d'armes puis un cortège d'embarcations surchargées d'abbés, de gentilshommes, d'argenterie et des dernières œuvres d'art ramassées par l'éminentissime : « Faisant parade de sa barbare vanité… il remonta le Rhône, malade et mourant, de la même manière et non pas avec la même gloire que les consuls romains attachaient à leur char les rois prisonniers qu'ils avaient vaincus. Cette action, qui tenait d'un païen, déshonore sa vie par sa cruauté et fit voir en lui le mépris qu'il faisait de la loi de Dieu », écrit Mme de Motteville.

Par l'entremise de la duchesse d'Aiguillon, Louise-Marie de Gonzague tente de récupérer des mèches de cheveux et des lettres envoyées à Cinq-Mars. Mais le cardinal répond qu'on a trouvé dans la cassette du grand écuyer « tant de lettres de femmes et tant de cheveux différents qu'il fallait qu'elle envoie une moustache des siens et de son écriture pour pouvoir discerner ce qui était d'elle ! »

Le 12 septembre, à Lyon, l'exécution doit servir de leçon à tous les ennemis de l'État. Le bourreau s'est cassé la jambe et, comme pour Chalais, il faut le remplacer par un prisonnier qui s'y reprend à plusieurs reprises pour couper les têtes. Les deux amis meurent sur l'échafaud avec tant de stoïcisme que, contrairement aux vœux du cardinal, le peuple est saisi de pitié et d'effroi. Jamais il n'accordera son pardon à l'éminence rouge.

Cette fois, ce n'est plus à Anne mais au roi lui-même que le cardinal fait porter par Séguier un certificat à signer. Louis XIII doit reconnaître la duplicité de Cinq-Mars. Ce n'est pas encore assez. Il doit aussi chasser quatre de ses officiers, dont Tréville, qui auraient soutenu Cinq-Mars. Le souverain se cabre. Richelieu a aussi exigé du roi la tutelle de ses enfants. Anne en est indignée et, avec elle, Mme de Motteville : « Sans que la reine y résistât, on eût vu à la honte de la royauté le sang de France foulé aux pieds par cet audacieux vassal. »

À Fontainebleau, le 23 juillet, le roi retrouve son épouse et un château « complètement rénové et mis à neuf ». Début août, le couple royal rejoint à Saint-Germain les deux petits princes « merveilleusement » grandis.

Seule ombre à ce tableau de famille, la cour est en grand deuil : Marie de Médicis est morte début juillet à Cologne dans une maison de Rubens. Anne hérite de ses derniers bijoux. Ceux des reines de France. Le 30 octobre, la souveraine se rend à Rueil prendre des nouvelles de son ennemi. À son arrivée, Richelieu ne bouge pas de son fauteuil. Il ne s'excuse pas d'être malade, mais dit froidement : « C'est la coutume en Espagne, un cardinal ne se lève pas pour la reine. » Anne répond avec hauteur : « J'ai quitté l'Espagne depuis trop longtemps pour me rappeler cette coutume. Je suis entièrement française. » Ses deux fils l'ont, en effet, doublement couronnée.

17

Le roi saint

Louis a juré à sa reine de n'aimer qu'elle jusqu'à la mort. C'était au lendemain de leur première nuit d'amour, il y a vingt-quatre ans, une éternité. Depuis, le cardinal-duc a employé tout son génie de politique à distiller le poison de la discorde dans le couple royal. Mais de l'affection du monarque pour son mentor impitoyable, il ne reste que des aigreurs, une odeur de cendres et de sang. La mort de sa mère, bannie par la haine et l'ingratitude de son ministre, a éveillé en lui tourments et remords. Marie de Médicis n'aura pas connu ses petits-enfants et notamment ce futur roi de France, dernier fleuron des princes de son sang essaimés sur les trônes d'Europe.

La brouille royale qui conclut les dix-huit années de règne absolu de l'éminentissime est illustrée par la vraie-fausse disgrâce de M. de Tréville dont Richelieu exige toujours le renvoi. Le monarque s'est séparé de son compagnon d'armes mais, camouflet magistral, il continue de le payer et de lui accorder confiance et affection.

Avec la nouvelle comédie dictée à son illustre nègre Desmarets, *Europe*, Son Éminence tente de se poser pour l'Histoire en maître du monde chrétien. Dans son village de Richelieu qu'il rêve follement d'ériger en capitale idéologique, il veut créer une académie qui formerait les diplomates et ministres de France, de Navarre et d'ailleurs.

Le 19 novembre 1642, une première représentation solennelle d'*Europe* doit être jouée devant la reine et toute la cour dans le légendaire théâtre du Palais-Cardinal. Hélas, Richelieu, aux portes de la mort, ne peut y assister. Même le docteur Bouvard, prêté sans rancune par le roi, avoue son impuissance. Le 2 décembre, le souverain rend visite à son ministre. Honneur suprême et sublime mascarade, il tient à présenter les deux jaunes d'œufs dans un bol de bouillon prescrit au mourant. Sur son lit de pourpre, l'éminence crache le sang et le venin. Il réclame à nouveau la tête de Tréville. Le monarque, qui pratique le pardon comme personne dans le royaume et vient d'accorder sa clémence au duc de Bouillon, se résigne, non sans une sourde colère. Un mois plus tôt, il a encore touché et guéri les écrouelles, mais n'a pas cette fois le pouvoir d'épargner son cher Tréville.

Le surlendemain, Richelieu est mort. A-t-il eu l'angoisse de paraître devant le Juge suprême, coupable d'avoir dépouillé tant d'honnêtes gens ? « J'ai ouï dire, écrit Mme de Motteville, qu'il avait demandé à un évêque s'il pouvait mourir en repos sans faire restitution de tant de biens qu'il avait pris sur le public et sur les particuliers quelquefois injustement et que cet évêque accoutumé à le flatter lui ayant répondu que oui, et que les grands biens qu'il avait faits à la France rendaient les siens légitimes, il le pria de lui apporter cela par écrit. Et cet écrit, il le prit et le serra bien soigneusement sous le chevet de son lit comme pour servir de justification à Dieu de ses iniquités… »

Sur son lit, Son Éminence est vêtue de sa robe rouge, la couronne ducale et le manteau exposés à ses pieds. Les Parisiens le craignent autant mort que vivant. Et certains, n'osant croire à la fin de son pouvoir et de sa vie, font encore un détour pour ne pas passer devant le Palais-Cardinal. Le 13 décembre, sa dépouille est portée dans une petite chapelle de la Sorbonne en attendant la construction de l'église. Le 19 janvier, Mazarin préside au grand service célébré à Notre-Dame.

De Touraine, le poète Scarron, secouru par l'exilée Marie de Hautefort car il est déjà paralysé depuis cinq ans des quatre membres mais certes point de la langue, écrit en guise d'épitaphe :

Pour dompter l'Espagnol j'ai ruiné la France
Jugez si j'en étais ou l'ange ou le démon.

La Bastille se vide aussitôt. Bassompierre, Vitry, Cramail, Vautier, le médecin de la reine mère,... retrouvent la liberté après douze ans de geôle. César de Vendôme et ses deux fils, Beaufort et Mercœur, qui ont toujours conservé de bonnes relations avec la reine, reviennent d'exil, ainsi que le duc d'Elbeuf.

Le plus heureux de tous, Gaston, à Blois, s'écrie : « Dieu soit loué, mon ennemi est mort. » Le prince espère bien être le premier bénéficiaire de l'indulgence royale et pouvoir enfin vivre avec sa femme, Marguerite de Lorraine.

Même Louis XIII ne peut cacher son soulagement : « Après la mort du cardinal de Richelieu... le roi qui dans ses dernières années avait cherché les moyens de le perdre, mais ne l'avait osé entreprendre parce que le cardinal avait l'argent, les places et la connaissance des affaires du royaume, eut une telle joie... qu'il ne songea plus qu'à chercher les moyens de faire la paix, de soulager son peuple, et de remettre la France en l'état florissant où le roi Henry le Grand l'avait laissée », dit Henri de Campion, un officier du duc de Beaufort.

Le souverain, pour signifier que le cardinal n'a fait qu'appliquer sa politique, garde les mêmes ministres. Et il fait entrer Mazarin au Conseil. Après ces années d'horreur et de guerre qui ont détruit les villages, rasé les citadelles et fait tomber tant de têtes, vient le temps de la paix dont, depuis Casale, l'Italien est l'archange.

Dès le 10 décembre, faveur insigne, le monarque l'invite à Versailles. Le 10 février, il l'honore à souper. Entre-temps, la question de la régence a surgi. Car la santé du roi décline rapidement. Quinze jours plus tard, à Saint-Germain, Louis XIII suit sa dernière chasse mais en carrosse.

Il continue à gouverner et à présider le Conseil. Surtout, il ne veut plus augmenter les impôts. Début mars, un nouvel édit royal interdit les dentelles et les passementeries d'or et d'argent contraires à l'austérité que le souverain entend imposer au royaume. Les réjouissances du carnaval ont été annulées. La cour est toujours en deuil de la reine mère dont le corps, arrivé de Cologne en grand convoi funèbre, est déposé le 8 mars dans la basilique de Saint-Denis.

Chaque jour, le roi voit ses deux fils auxquels il témoigne de plus en plus de tendresse. Avec Anne, il a de longues conversations sur le royaume, la paix, la foi catholique qui les a unis et comblés de tant de miracles. Le 25 mars, la reine communie à ses côtés, comme le relate *La Gazette* : « Si je vous marquais tous ses actes de piété singulière vous ne verriez aucune fête ni dimanche voire aucun jour qui ne fût signalé par les saintes dévotions de cette incomparable princesse dont la vie exemplaire se peut proposer pour règle aux plus austères religions. »

Le 2 avril, Jeudi saint, elle lave les pieds des malades. Le roi, trop faible, se fait remplacer par son dauphin, âgé de quatre ans et demi. Le lendemain, soutenu par M. de Souvré, premier gentilhomme de la chambre, et M. de Charost, capitaine des gardes, il tente de faire le tour de la Grande Galerie. Son premier valet de chambre, Dubois, suit avec une chaise. Épuisé, le souverain, qui n'a plus que la peau sur les os, est obligé de s'asseoir.

On déménage sa chambre pour l'installer dans les appartements de la reine dont les terrasses dominent la Seine et où l'air est réputé meilleur. À force d'avoir côtoyé la mort, il ne la voit plus l'emporter et déclare à son confesseur : « Sitôt que je verrai mon dauphin à cheval et en âge de majorité, je le mettrai en ma place pour me retirer à Versailles avec quatre de vos pères et ne penserai plus du tout qu'aux affaires de mon âme et de mon salut à la réserve du divertissement de la chasse que je désire toujours prendre mais avec plus de modération qu'à l'ordinaire. »

Mais le dimanche 19 avril, il est au plus mal. Il dit à Bouvard : « J'ai une mauvaise opinion de cette maladie. » Le médecin acquiesce tristement : « Il est vrai, Sire. – Je vois bien qu'il faut mourir », se résigne le roi. L'après-midi, il se lève, s'allonge sur sa « grande chaise à la romaine » et demande que l'on ouvre la fenêtre qui offre la plus belle vue sur Saint-Denis : « Voilà ma dernière maison où je me prépare pour aller gaiement. » Le soir, jusqu'à minuit, il se fait lire les méditations du Christ avant sa mort tirées de l'Évangile selon saint Jean. Et aussi celles de saint François de Sales dans l'*Introduction à la vie dévote*.

Le lendemain, après avoir appelé en consultation le doyen de la faculté de médecine de Paris ainsi que Vautier, l'excellent médecin de sa mère, il convoque à deux heures de l'après-midi dans sa chambre la reine, ses enfants, les princes du sang, les ducs et pairs, les ministres et les principaux officiers du royaume. « Le roi nous ordonna d'ouvrir les rideaux de son lit et, après avoir entretenu la reine, M. son frère et M. le prince, il haussa le ton de sa voix et fit un très beau discours », raconte Dubois.

Assise au pied du lit sur une chaise, Anne est en pleurs. Louis insiste sur la protection divine qui l'a accompagné durant la régence de Marie de Médicis, à La Rochelle, à Corbie et enfin « par la naissance de deux enfants lors que nous l'espérions le moins ». Il ajoute que « la France a bien fait voir qu'étant unie elle est invincible et que de son union dépend sa grandeur, comme sa ruine de sa division ».

Le secrétaire d'État La Vrillière, qui ne peut retenir ses larmes, lit les dernières volontés du souverain : « Les rois nos prédécesseurs, ces sages princes, ont jugé avec grande raison que la régence du royaume pour l'instruction et l'éducation des rois mineurs ne pouvait être déposée plus avantageusement qu'en la personne des mères des rois… Que notre très chère et très aimée épouse et compagne… soit régente en France… qu'elle ait l'éducation de nos enfants et le gouvernement du royaume si longtemps que durera la minorité de celui qui sera roi… Nous avons jugé à propos d'établir un Conseil près d'elle pour la régence. » Ce Conseil sera présidé par Gaston. En son absence, Condé et Mazarin le remplaceront. Séguier, Bouthillier et Chavigny restent ministres. Toutes les décisions doivent être prises à la majorité des voix. Louis XIII refuse jusqu'à ce que la paix soit signée la grâce de l'ancien garde des Sceaux Châteauneuf qui prône une politique contraire à la sienne. Et surtout de la duchesse de Chevreuse, toujours à Bruxelles, à qui l'entrée du royaume est interdite jusqu'à la fin de la guerre. En entendant ce nom, le monarque s'écrie : « Voilà le diable cela ! », ce qui chagrine le duc de Chevreuse, pourtant séparé de sa femme depuis dix ans, et qui écoute dans la pièce voisine. Le roi lui fera ses excuses.

Sur son lit de mort, le monarque n'a qu'un regret : ne pas avoir signé une « bonne » paix, favorable à son royaume. Il craint que son frère et son épouse n'accordent à l'Espagne les concessions territoriales que Fontrailles, le bossu de Gaston, a acceptées lors de l'ignoble traité dicté par le comte-duc Olivares. Madrid peut espérer recouvrer sa puissance avec un dauphin mineur et une princesse espagnole régente de France.

Dans la chambre, la reine, les princes du sang, les ministres prêtent serment devant une délégation du Parlement de « garder et observer le contenu de notre présente déclaration ». Elle est portée à Paris par Condé et le duc d'Orléans pour être enregistrée solennellement. « Tout le monde se retira en pleurs, écrit Dubois. Après, le roi fut assez longtemps avec M. de Meaux et son père confesseur. »

Le souverain désire aussi que son dauphin soit baptisé dès à présent. Pour marraine, il désigne la princesse de Condé, amie d'Anne et dernier amour de son père. Pour parrain, il aurait voulu le pape. Mais la réponse du pontife se fait attendre et, comme le temps presse, l'honneur en revient à Mazarin. C'est un coup de théâtre. Personne n'imagine, pas même la reine, que cet Italien sans quartier de noblesse puisse être dans le royaume l'égal des princes de sang. Qu'un étranger soit ainsi le père spirituel du futur roi de France a de quoi déclencher révoltes et rébellions. Mais dans une lettre à Fontenay-Mareuil, son ambassadeur à Rome, Louis XIII a écrit : « Mon cousin, le cardinal Mazarin… m'a donné tant de preuves de son affection, de sa fidélité et de sa capacité… que je n'en suis pas moins assuré que s'il était né mon sujet. »

Le 21 avril, la cérémonie a lieu dans la chapelle du château vieux décorée avec splendeur en gratitude de la naissance de Louis Dieudonné. À cinq heures du soir, la reine entre en procession à la suite de son fils vêtu d'une robe de taffetas d'argent. Le dauphin répond avec assurance à toutes les questions de l'évêque de Meaux. Le souverain, qui n'y assiste pas, passe sa journée à prier : « On lui voyait presque toujours les yeux ouverts au ciel comme s'il eût parlé à Dieu cœur à cœur. »

Le lendemain, les médecins décident une saignée. Le roi ne s'en remet pas. La reine accourt avec ses enfants pour communier une dernière fois avec lui : « La foule du monde était si prodigieuse qu'elle causait une grande confusion, écrit Dubois. Les seigneurs qui étaient là prirent l'un M. le dauphin, l'autre M. d'Anjou et se poussèrent dans la presse de sorte que la reine resta seule dans son carrosse avec Mme de la Flotte. Sa Majesté criait : "N'y a-t-il là personne qui m'aide ? Me laissera-t-on seule ?…" Arrivant dans la chambre du roi, elle alla droit au chevet de son lit et se jeta à genoux, fondant en larmes. Elle fut longtemps dans le particulier où le roi faisait voir qu'il lui parlait avec grande affection. »

Monsieur et Condé tiennent la nappe de communion. Puis le souverain parle de nouveau à la reine qui, à genoux, lui présente ses enfants pour qu'il leur donne sa bénédiction. Le soir, il reçoit les maréchaux huguenots de La Force et de Châtillon qu'il exhorte à se convertir.

Le 23 avril, la nuit est si mauvaise que l'extrême-onction lui est administrée à neuf heures et demie du matin. Le roi s'écrie : « Les vendredis me sont favorables… Mais ce vendredi me sera le plus heureux de toute ma vie puisqu'il me mettra dans le Ciel pour y régner éternellement avec mon Dieu et il vaut mieux mille et mille fois être roi au Ciel que sur terre. Non que je promette d'y aller tout droit et sans obstacle au sortir du corps car eu égard à mes offenses cent ans, oui cent ans de purgatoire ne seront pas trop pour moi… »

L'évêque de Meaux pose les huiles saintes sur les pieds, les bras, le corps décharné du roi, en présence d'Anne et de toute la cour en pleurs. Ami de la reine, Vincent de Paul fait partie des religieux conviés à prier et à assister le mourant. Louis n'y a consenti « qu'à charge que son confesseur n'y eût point de difficulté », ce qui montre sa délicatesse : « Jamais je n'ai vu plus d'élévation à Dieu, plus de tranquillité, plus d'appréhension des moindres atomes qui paraissaient péché, plus de bonté, ni plus de jugement, en une personne de cet état », écrit M. Vincent.

À la fin de la cérémonie, le duc de Ventadour s'approche du lit. Après avoir été lieutenant général du Languedoc puis vice-roi de la Nouvelle-France au Canada, ce fidèle de Louis XIII a renoncé en 1627 à sa vie de libertin pour diriger les missions d'Amérique. Quand, à quarante-cinq ans, il a quitté le service du roi pour devenir curé de Gentilly, son épouse est entrée au Carmel. À genoux, il parle longtemps à Sa Majesté et se relève les larmes aux yeux. Le roi s'en émeut : « Je ne trouve pas mauvais que vous pleuriez, c'est une marque que vous m'aimez, mais cela me donne de la tendresse. » La cohue est telle qu'il faut faire évacuer la chambre car le monarque suffoque.

Le lendemain, 24 avril, il refuse une purge de rhubarbe que ses médecins veulent lui imposer. Depuis sa plus tendre enfance, il a subi tant de lavements, de saignées et de dragées purgatives qu'il accuse souvent les praticiens aux longues houppelandes noires et chapeaux pointus de précipiter sa mort. Gaston, Condé, ses ministres le supplient de prendre médecine. En pure perte, « ce qui faisait désespérer tout le monde de sa santé », soupire Dubois. Le monarque préfère l'eau de Forges. Miracle, ce jour-là, il se lève et semble fort gai. Il réclame son chanteur, Pierre de Nyert, dont la voix et le luth sont célèbres dans toute l'Europe. Les musiciens de la chambre du roi jouent des airs qu'il a composés sur des psaumes de David. Avec le dévot maréchal de Schomberg, compagnon de toutes ses guerres et futur époux de Marie de Hautefort, Louis chante : « Mon âme se réjouit d'aller à Dieu. »

Le soir, il tient Conseil. Le lendemain, il offre à la reine et à ses dames un goûter de confitures de Versailles. Jusqu'au bout, dans son lit, Louis tient son rôle de roi. Le 2 mai, il reçoit les adieux de la noblesse qui part en campagne sous le commandement du duc d'Enghien, promu chef de l'armée à la fureur de Gaston. Le surlendemain, il s'entretient avec Michel Le Tellier, ami de Mazarin et nouveau secrétaire d'État à la Guerre. Ultime geste politique, il nomme les deux évêques d'Arles et de Saint-Pol.

L'embellie ne dure pas. Ses intestins ne « retiennent » plus rien. Le 7 mai, la reine se fait installer une chambre à côté de celle de Louis : « Ses douleurs… l'importunité du bassin dont il craignait plus la mauvaise odeur pour les assistants que pour lui-même n'étaient pas si petites… qu'il ne fût contraint de faire quelquefois ouvrir les fenêtres de sa chambre et d'étendre souvent ses bras à l'air et même d'avoir sur ses reins et sous sa tête des oreillers de paille d'avoine pour modérer la violence du feu intérieur qui le dévorait. » Chaque jour, il se confesse au père Dinet et on le voit « dans son lit battre sa poitrine, les yeux à demi fermés pour mieux cacher sa dévotion ». Il avoue qu'il n'a « point de plaisir égal à celui de la prière ».

Désormais Anne ne quitte le chevet du mourant que pour se rendre dans la chapelle du château vieux aux prières devant le saint sacrement. Comme ange gardien de ses enfants, elle a choisi le duc de Beaufort qui se voit intronisé « favori de la reine », titre dont il tire une gloire qui fait ricaner.

Dans la Grande Galerie, ministres et courtisans se pressent autour de la future régente qui se contente, comme le note l'ambassadeur de Venise, de partager son temps entre la chambre de Louis et celle de son second fils malade : « La reine se comporta merveilleusement bien en cette occasion et fit tout ce que doit faire une honnête femme. Elle écoutait tout le monde et ne répondait que rarement, témoignant peu de sentiment des choses de la terre en l'état où se trouvait son mari. »

Le samedi 9 mai, sur les neuf heures du soir, le roi s'est assoupi. Si profondément qu'autour de lui les médecins s'en alarment et tentent de l'éveiller sans y parvenir, comme le note Dubois : « Ils en chargèrent le père Dinet qui cria par trois fois : "Sire, Votre Majesté m'entend-elle bien, qu'elle se réveille s'il lui plaît..." » Ouvrant les yeux, Louis XIII reproche avec violence à Bouvard ses tortures inutiles : « J'ai eu le malheur des grands de m'être fié à la conduite et à l'ignorance des médecins et au hasard de leurs remèdes qui m'ont réduit en l'état où je suis. »

Le dimanche, il refuse de la gelée fondue. Mme de Lanzac lui amène son dauphin. Sortant d'une somnolence à six heures du soir, le roi reconnaît le prince de Condé à son chevet : « Je rêvais que votre fils, le duc d'Enghien, était venu aux mains avec les ennemis... et que la victoire a longtemps balancé mais qu'après un rude combat, elle est demeurée aux nôtres qui sont restés maîtres de la bataille. » Louis, dans son dialogue avec le Ciel, vient d'avoir la vision de la victoire de Rocroi qui, neuf jours plus tard, sonnera le glas de l'âge d'or espagnol. On peut penser que par ses prières, le monarque a encore une fois attiré la grâce de la divine Providence sur son royaume. Condé, qui comme le reste de la cour ne peut savoir que l'ennemi est en train de franchir la frontière du nord, se tourne vers le père Dinet : « Prenez garde au roi car il baisse fort et, si je ne me trompe, son cerveau se trouble. »

Cette nuit-là, Anne ne quitte son époux qu'à deux heures du matin : « Quelque temps après, la reine envoya Mlle Filandre, sa première fille de chambre, pour savoir des nouvelles du roi… qui ne dormait pas… il lui parla et elle fut rendre réponse à la reine », raconte Dubois.

La veille, le souverain a dicté à Chavigny son testament personnel. Il réclame qu'on dise des messes pour son salut mais qu'on évite les cérémonies fastueuses et coûteuses qu'ordonne le protocole royal. Il dresse la liste des aumônes à distribuer aux couvents et des gratifications pour ses serviteurs jusqu'au plus humble de ses valets de pied : « Il aimait les gens de service et c'était la seule chose qu'il n'avait pas abandonnée à son ministre. Lui-même connaissait les gens de cœur, ceux qui avaient fait de belles actions. Et il prenait un fort grand soin de les en récompenser », écrit Mme de Motteville.

Le 12 mai, à nouveau Louis se confesse et communie. Les médecins sont convaincus qu'il ne passera pas la nuit. La reine le veille jusqu'à trois heures du matin. Le duc de Beaufort s'allonge dans la chambre sur une paillasse aux côtés de M. de Souvré.

Le 13 mai, Anne vit un cauchemar. Le convoi funèbre de son jeune frère Fernando traverse Paris, en route pour l'Escorial où il doit être inhumé. Mais elle ne peut lui dire un dernier adieu. Elle ne quitte plus son royal époux. De l'autre côté du lit se relaient les grands prélats du royaume. D'heure en heure, le roi leur demande de l'entretenir du « mépris du monde », des « merveilles de Dieu » ou encore du « purgatoire » auquel il se croit destiné. Vincent de Paul, bouleversé, écrira à Rome à un de ses amis : « Depuis que je suis sur terre, je n'ai vu mourir une personne plus chrétiennement. »

Durant la nuit, le monarque s'inquiète du chagrin de la reine et demande à Bontemps qui est à côté d'elle : « Il lui dit que c'était Mme de Vendôme. "Je le crois aussi, dit le roi, elle lit un livre de la Passion. Dites à M. de Souvré qu'il vous donne le mien de la Résurrection et de l'Ascension qui est demain et portez-le-lui de ma part." »

Au matin, les médecins lui avouent que c'est la fin : « Alors le roi leva les yeux au ciel et pria longtemps Dieu avec ferveur. Puis il dit tout haut : "Dieu soit loué !" et reprit avec vigueur : "Mon Dieu, que votre volonté soit faite." Et appela M. de Meaux et lui dit : "Il est temps de faire mes adieux." Et commença par la reine qu'il embrassa tendrement et à qui il dit beaucoup de choses que personne n'entendit qu'elle. En parlant, ils s'entremouillaient leurs visages de leurs larmes et la reine pensa suffoquer tant elle était pénétrée de douleur. » Ses deux fils, son frère, Condé et d'autres se succèdent à son chevet. Puis Louis XIII dit adieu aux gens de sa maison sans oublier Dubois qui l'a soutenu toute la nuit : « Il me fit aussi l'honneur de me donner sa main que je mouillai de larmes. Il me fit la grâce de me serrer la main pour dernière marque de sa bonne volonté, ce qui me toucha tellement que, me voulant lever pour faire place à mes camarades qui espéraient la même grâce, je tombai sur les mains quasi évanoui… Tous les autres officiers de la chambre se préparaient à cet adieu mais le roi, qui se sentit touché de voir les siens si affligés, retira sa main et ne parla plus que de Dieu. »

La cour à genoux écoute le monarque répondre à la prière des agonisants. Le 14 mai 1643, l'âme de Louis le Juste s'élève vers Dieu à l'heure même où, trente-trois ans plus tôt, Ravaillac a poignardé Henri IV. Un signe, une sorte de miracle. Toute sa vie, il n'aura eu de cesse de se montrer digne de ce père adoré de la France et qui l'a trop tôt quitté. Comme lui, il a fait don de son cœur aux jésuites.

Anne sort de la chambre, soutenue par Monsieur et par Condé : « Elle souffrit dans le moment de la mort de ce prince, à ce qu'elle m'a fait l'honneur de me conter, une véritable douleur. Et m'en ayant parlé souvent, elle m'a toujours dit qu'il lui sembla, quand elle le vit expirer, qu'on lui arrachât le cœur : ce que sa sincérité ne lui aurait point permis de dire si elle ne l'avait senti de cette manière. Sa tendresse pour lui fut donc plus forte et plus grande qu'elle ne l'aurait pu imaginer… », dit Mme de Motteville.

Son carrosse la reconduit au château vieux. Elle se rend aussitôt dans la chambre du dauphin qu'elle étreint passionnément avant d'aller se recueillir dans la chapelle. Son époux n'avait pas quarante-deux ans. Elle est veuve et n'a que six jours de plus.

Dans Paris, le peuple accuse la main sanglante de Richelieu d'avoir causé la mort du roi avec un poison à retardement.

Le lendemain, après l'autopsie, le corps de Louis XIII embaumé repose sur son lit de parade, les mains jointes sur un crucifix d'ébène : « Un dais pardessus, la chambre décorée des plus riches tapisseries », comme le décrit *La Gazette*. Mais ni couronne ni sceptre à ses pieds. À la différence du cardinal-duc, le monarque a voulu retourner à Dieu dans le dépouillement, en communion avec les pauvres qui souffrent tant de la disette.

Au pied du lit, une croix et quatre chandeliers d'argent. De chaque côté, deux autels. Des chaises et des bancs : « Archevêques, évêques, aumôniers du roi étaient là sans aucun rang. Et encore derrière, vingt-quatre religieux qui psalmodient, relevés toutes les deux heures par vingt-quatre autres composés de jésuites, des quatre ordres mendiants anciens et des quatre nouveaux : capucins, récollets, augustins déchaussés et feuillants. »

Autour du catafalque veillent les gardes écossais. Les huissiers sont aux portes tandis que la foule en larmes commence à défiler.

Louis XIII est le dernier roi que la France devait pleurer.

18

Le coup d'État de la reine

Telle une nuée d'or et d'argent, des centaines de carrosses descendent de Nanterre vers Paris. Enfin, Anne est reine. Et régente. Après des semaines de larmes, d'intrigues et d'angoisses, elle abandonne son époux aux prières de ses chapelains et n'a désormais de pensées que pour son fils, pour son roi.

L'enfant, encore « à la bavette », est déjà un dieu vivant. C'est devant ses petites mains potelées que les courtisans s'agenouillent pour les baiser. Paris ne l'a pas encore vu. Depuis l'aube, une foule disparate de bourgeois, d'artisans, de maraîchers et de lavandières, unis par la curiosité, se masse dans la rue Saint-Honoré. Mais d'autres, plus impatients, ont franchi les remparts et accourent jusqu'au bac de Chatou où, dans la poussière, ils croisent chariots et charrettes chargés de meubles et de bagages. Ce joyeux tohu-bohu ne s'arrête qu'à midi pour laisser passer le cortège de la reine.

Son cher Beaufort est le généralissime de cette armée en marche vers la capitale. En tête, un bataillon des gardes françaises, un autre des gardes suisses. Puis les mousquetaires gris et noir du roi sous les ordres de Tréville qui, dès la mort du cardinal-duc, a retrouvé son prestigieux commandement. Neuf cents chevau-légers sont conduits par le vaillant maréchal de Schomberg, la plus belle moustache de la cour, tout auréolé de sa récente victoire sur les Espagnols en Catalogne. Sans chapeau à plumes en signe de révérence pour le roi, Condé chevauche un pur-sang princier entouré des maréchaux de France et des ducs et pairs qui caracolent la poitrine ceinte du ruban bleu du Saint-Esprit.

« Alors parut le carrosse de la reine », s'enflamme *La Gazette*. Enveloppée dans ses voiles de deuil, la souveraine est assise entre ses deux fils. Après Catherine de Médicis et Marie de Médicis, la France est accoutumée à ces veuves propulsées sur le devant de la scène. Mais Anne les dépasse de beaucoup en majesté : « Jamais reine de France n'a eu tant d'autorité ni de gloire, dit Mme de Motteville. Sa naissance était plus illustre que celle des deux régentes précédentes. » En face d'elle ont pris place Monsieur et la princesse de Condé pour qui elle a toujours eu de l'affection.

Les valets de pied du petit monarque entourent le carrosse. Les cochers avancent à grand-peine dans cette marée humaine qui gesticule et crie : « Vive le roi » mais pense surtout : « Vive la reine ». Les hommages vont à sa beauté, à sa piété. À la patience exemplaire de cette mère qui a attendu vingt-trois ans pour donner à la France ce dauphin que la foule en extase contemple comme le saint sacrement. Anne triomphe grâce à son courage. Sous les outrages de Richelieu, elle n'a jamais faibli : « L'on ne l'avait vue que persécutée et la souffrance aux personnes de ce rang tient lieu d'une grande vertu… », écrit le cardinal de Retz. Le peuple de Paris, attendri, émerveillé, espère d'elle le bonheur, du pain et surtout la fin d'une guerre dont les horreurs sont visibles aux abords de la capitale.

À la porte Saint-Honoré, son vieil ami le duc de Montbazon, gouverneur de Paris et père de la duchesse de Chevreuse, lui présente le prévôt des marchands et les échevins de Paris qui s'agenouillent. À leurs discours, la régente répond qu'elle « ferait instruire son fils de la bienveillance qu'il devait avoir pour ses sujets », rapporte *La Gazette*.

Dans la rue Saint-Honoré, les acclamations redoublent. On crie, on rit, on s'évanouit. Le peuple n'a pas connu une telle effervescence depuis l'arrivée de la jeune reine espagnole en mai 1616. Elle avait quatorze ans et nul ne pensait qu'un jour elle gouvernerait. Aujourd'hui, on se tord le cou pour voir qui est près d'elle. Les futures carrières en dépendent. Certains grands commis de l'État comme l'intendant Lefèvre d'Ormesson ont retenu des balcons chez leurs amis.

Le précieux carrosse pénètre enfin dans la cour du Louvre. Sept heures pour parcourir quatre lieues ! Les parlementaires sont là pour l'arrivée du roi, mais la régente prétexte la fatigue de cette enivrante traversée de Paris pour remettre au lendemain ses obligations protocolaires. Ce bain de foule qui l'a engloutie a fait naître une ferveur populaire autour de Louis Dieudonné. Première victoire pour cette mère dont l'unique ambition est de léguer à son fils un trône plus puissant que jamais.

Les heures à venir présentent des difficultés politiques pour lesquelles elle est moins armée. Anne, qui a été écartée des subtilités des affaires de l'État, voit son indolence naturelle mise à rude épreuve. Depuis quinze jours, conciliabules et tractations se sont multipliés dans le labyrinthe des ambitions. Son grand aumônier Augustin Potier, évêque de Beauvais, et confident des heures sombres, s'attend à être nommé chef du Conseil. C'est lui qui a mené les négociations pour amender le testament de Louis XIII. Il a convaincu Monsieur et Condé de s'effacer pour faire d'Anne une régente absolue. Chacun se persuade qu'il exercera le pouvoir par-delà une faible femme. Fort de sa lignée de grands magistrats, Potier a pu persuader l'avocat général Omer Talon de ne garder de la déclaration du feu roi que ce qui ne gêne point. La haine de Richelieu, toujours vive, facilite les marchandages.

Beaufort, nouveau « favori » de la reine, croit aussi son heure venue : « Grand, adroit aux exercices, infatigable, il avait de l'audace et de l'élévation mais il était artificieux en tout... Son esprit était pesant et malpoli. Il allait néanmoins assez habilement à ses fins par des manières grossières... Nul homme que lui avec si peu de qualités aimables n'a jamais été si généralement aimé », écrit La Rochefoucauld. Sous le panache de la flamboyante chevelure de ce fils d'un bâtard d'Henri IV se rassemblent tous les courtisans spoliés par Richelieu et qui, ne doutant pas tenir leur revanche, prennent de grands airs. Les mauvaises langues les surnomment les « importants ».

Ces deux fidèles unissent leurs voix pour tirer à vue sur le cardinal Mazarin dont l'étoile est au firmament. Sur son lit de mort, Louis XIII a fait promettre à son épouse de poursuivre la restauration de la grandeur de la France avec ce parrain qu'il a choisi pour le dauphin. Mais n'est-il pas, plus que tout autre, la créature de Richelieu ? L'Italien, conscient de l'héritage encombrant, claironne qu'il s'est résolu à repartir chez lui, à Rome. Commedia dell'arte ? Ses carrosses sont prêts...

C'est compter sans l'influence de son ami l'abbé Montagu, très cher au cœur de la reine. L'Anglais a tout de suite reconnu l'exceptionnel talent de diplomate du cardinal. Pour convaincre Anne de lui assurer un fastueux destin, un seul argument suffit : « Mylord Montagu, écrit Mme de Motteville, lui dit qu'il était en tout l'opposé du cardinal de Richelieu. »

Autre amie de la reine, Jeanne Séguier, supérieure des carmélites de Pontoise, est la sœur du cruel chancelier qui a osé porter la main sur le sein de Sa Majesté.

Plus encore que les autres ministres, Séguier, enfermé dans sa maison de Montrouge, est décomposé par la peur. La mère Jeanne plaide pour lui. En contrepartie le garde des Sceaux se voit contraint de toiletter le testament de Louis XIII en faveur de la reine qui choisira seule son principal ministre.

Le 18 mai, les gardes français forment une double haie entre le Louvre et le Palais, qui n'est pas encore de justice mais du Parlement. À neuf heures, le carrosse royal dépose la régente et le dauphin à la Sainte-Chapelle pour assister à la messe célébrée par l'évêque de Beauvais, Potier, qui s'affirme comme l'homme du jour. En cortège, ils se rendent au Parlement. Le duc de Chevreuse, toujours grand chambellan, dépose sous le dais à fleurs de lys l'enfant roi de quatre ans et demi, vêtu de violet en signe de deuil. Le trône a été rehaussé d'une montagne de coussins. Sa mère est assise à sa droite, sa gouvernante debout à sa gauche. La reine tient son fils pendant qu'il prononce la formule rituelle : « Je suis venu pour témoigner au Parlement ma bonne volonté. M. le chancelier dira le reste. » Version officielle contredite par d'Ormesson qui assure que le petit monarque a refusé d'ouvrir la bouche.

Pour la première fois, Anne s'adresse au Parlement. Elle tient avec noblesse son rôle de veuve éplorée : « La mort du défunt roi mon seigneur m'a tellement surchargée de douleur que jusqu'à présent je me suis trouvée incapable de consolation… Je me serai aise de me servir de vos conseils que je vous prie de donner au roi, M. mon fils, et à moi tels que vous les jugerez en vos consciences pour le bien de l'État. » La séance se déroule telle qu'elle a été écrite à l'avance. Gaston, allié de sa belle-sœur dans sa lutte contre Richelieu, récite sans faiblir le discours convenu et demande que la reine soit investie de la pleine autorité pendant la minorité du roi. Condé, protégé du cardinal-duc, rend hommage aux qualités de la souveraine et même à sa beauté, mais se montre plus réticent : « J'ai ouï dire à la reine sur ce consentement qu'il n'avait pas été si franc que celui de Monsieur, qu'elle avait remarqué sur son visage qu'il avait eu de la répugnance à le donner », dit Mme de Motteville.

Dans sa robe violette, le chancelier Séguier, visiblement au martyre, se lance dans une basse flatterie : « L'autorité de cette vertueuse et sage princesse ne saurait être trop grande puisqu'elle se trouvait entre les mains de la vertu même. » Les mots ont du mal à passer, comme le relève Lefèvre d'Ormesson : « Sa harangue était bien faite, mais soit qu'il ne la sût pas bien ou qu'il fût interdit, il hésita beaucoup et s'interrompit, ce dont tout le monde témoignait être bien aise tant il était haï. » Les parlementaires ne lui pardonnent pas d'avoir accepté de faire tomber, sans aucune charge, la tête de leur collègue, le conseiller de Thou.

Omer Talon défend l'autorité des magistrats du Parlement, « anéantie et comme dissipée depuis quelques années sous le ministère du cardinal de Richelieu ». Le vote des parlementaires est un plébiscite pour la reine qui se voit accorder la pleine régence par la volonté du roi, son fils.

À nouveau épuisée, l'après-midi, Anne reçoit, au lit, son ami Robert Arnauld d'Andilly. Sa sœur Angélique a réformé l'abbaye de Port-Royal. Robert est l'ami de l'abbé de Saint-Cyran, aumônier des religieuses et embastillé par Richelieu pour avoir soutenu les thèses de l'évêque d'Ypres Jansénius. La reine songe à confier à Arnauld d'Andilly, janséniste proche de Pascal, l'éducation du jeune dauphin.

Elle a chassé sa gouvernante, Mme de Lanzac, et l'a remplacée par Mme de Sennecey. Marie de Hautefort est revenue. Comme l'abbesse du Val-de-Grâce et le père Caussin exilés eux aussi par Son Éminence. Le clan des dévots exulte. L'évêque de Beauvais clame qu'il faut condamner toute alliance avec les huguenots hollandais ou sinon les convertir au catholicisme. Le coadjuteur de Paris, Gondi, futur cardinal de Retz, le surnomme l'« idiot des idiots » et aussi l'« âne mitré ».

Plus terre à terre, Beaufort et ses importants réclament richesses et prébendes confisquées par le cardinal-duc, à commencer par Sedan, propriété du duc de Bouillon. La Rochefoucauld, qui à vingt ans essuyait les larmes de la reine martyre, réclame le port du Havre. La duchesse d'Aiguillon, dévote parmi les dévotes, qui a hérité de la ville normande à la mort de son oncle Richelieu, vient au Louvre se jeter aux pieds de son amie Anne pour la supplier de lui conserver son bien.

Au milieu de cet entrelacs de cabales dans lesquelles se perd la régente survient le miracle de Rocroi, certes prophétisé sur son lit de mort par Louis XIII, mais complètement imprévisible. À l'aube du 19 mai 1643, alors que les moines déposent à Saint-Denis la dépouille du saint monarque, le duc d'Enghien taille en pièces l'infanterie espagnole invincible depuis Charles Quint.

À vingt-deux ans, le César de son siècle remporte la première victoire tactique de notre histoire militaire. Bossuet dira dans son éloge funèbre : « Aussitôt qu'il eut porté de rang en rang l'ardeur dont il était animé, on le vit presque en même temps pousser l'aile droite des ennemis, soutenir la nôtre ébranlée, rallier le Français à demi vaincu, mettre en fuite l'Espagnol victorieux, porter partout la terreur, frapper comme le tonnerre de ses regards étincelants ceux qui échappent à ses coups. » Son père, Condé, qui déteste Beaufort, relève la tête.

Face à cette cour qui se dispute avidement la fortune accumulée par Richelieu, à cette France qui réclame la paix, à ce Parlement qui entend comme à Londres contrôler les finances publiques, Anne prend conscience des lacunes de ses amis dévots, comme l'analyse Mme de Motteville : « L'évêque de Beauvais ne soutenait pas les affaires avec la force et la capacité qu'un Premier ministre doit avoir. Et la reine qui sortait d'une grande oisiveté, et qui de son naturel était paresseuse, se trouva tout à coup accablée d'un si grand fardeau. »

Mazarin note dans son carnet, le 21 mai, que la reine l'a nommé chef de son Conseil. À Brienne, elle explique ce coup de théâtre : « Ayant envie de me défaire de Bouthillier, de Chavigny et de tous ceux qui n'ont point été dans mes intérêts, je serais bien aise de conserver quelqu'un qui puisse m'informer des intentions du roi à sa mort pour les suivre. » Le magicien italien incarne à la fois le désir de paix et la recherche d'une hégémonie française.

Surtout le signor Giulio, de quelques mois plus jeune qu'elle, ne lui déplaît pas. Son sourire charmeur, son affabilité dont il joue avec virtuosité l'ont conquise, elle qui a toujours été sensible aux hommages des plus beaux hommes. Comme Anne, le prélat italien aime la comédie, la bonne chère, les peintures et, de l'avis de son joaillier Pierre Lescot, il connaît les pierreries aussi bien qu'un marchand. À chaque pas, son ample robe rouge dégage un parfum de jasmin. Ensemble, ils parlent castillan. À eux deux, ils sont comme un îlot d'Espagne au cœur du royaume. En un mot, ce parrain que Louis XIII a donné à son fils la rassure.

La cour, interloquée et bruissante d'aigreur, place tous ses espoirs dans le retour de la grande ennemie du tyran. La Chevreuse arrive le 14 juin. Pour l'amadouer, Mazarin lui a fait porter à Bruxelles cinquante mille livres. La reine connaît trop ses dons de comploteuse pour ne pas se méfier d'elle. Non sans raison. La duchesse réclame la restitution à leurs propriétaires de tous les biens confisqués par Richelieu, le départ des ministres honnis et le retour de son vieux soupirant, Châteauneuf qui défend la paix avec l'Espagne.

Madrid la souhaite aussi. Le roi Philippe IV ne doute pas que le cœur de sa sœur est resté espagnol. Sous prétexte de condoléances, il lui demande de recevoir un plénipotentiaire en route pour signer les accords de Westphalie. Mazarin flaire le piège et incite Anne à refuser l'audience.

Rocroi fait souffler sur la France un appétit de gloire militaire qui gagne même la reine. Condé veut pousser son avantage et Mazarin n'a aucun mal à persuader Sa Majesté qu'il faut continuer la guerre : « Mes raisons les plus fortes furent que la victoire remportée à Rocroi serait attribuée aux ordres du feu roi ou à l'ardeur d'un prince jeune et avide de gloire… Nos alliés songeraient à se mettre en sûreté en consentant à une paix particulière avec la maison d'Autriche… Ils penseraient d'autant plus à se séparer de la France que, la voyant gouvernée par une reine sœur du roi d'Espagne, ils seraient persuadés que si l'on ne profitait pas de la victoire cela viendrait de l'attachement et de la sympathie que Sa Majesté avait pour sa maison et de quelque intelligence avec les ministres du roi son frère à l'effet de suspendre les hostilités. »

Le duc d'Enghien prend Thionville le 22 août. Corneille dédie à la souveraine sa dernière pièce, *Polyeucte* :

France, attends tout d'un règne triomphant
Puisque tu vois déjà les ordres de la reine
Faire un foudre en tes mains des armes d'un enfant.

L'arrogant Beaufort vitupère contre ce Sicilien qui chausse les mules de Richelieu. Avec la Chevreuse, il se met en tête de l'assassiner. Le complot est découvert. Le 2 septembre, au retour d'une chasse, il est arrêté au Louvre et conduit à Vincennes par Guitaut, capitaine des gardes préposé aux arrestations princières. La femme de chambre de la reine, Filandre, assure que Sa Majesté pleura ce soir-là en se couchant. Le lendemain, la duchesse est priée de quitter Paris.

Avec une perspicacité toute féminine, Mme de Motteville analyse ce retournement d'amitiés : « La souveraine était devenue plus sérieuse et plus dévote et la favorite était demeurée dans les mêmes sentiments de galanterie et de vanité qui sont mauvais accompagnements pour l'âge de quarante-cinq ans. » L'aventurière n'accepte de s'enfermer à Dampierre qu'en échange du paiement de ses dettes : deux cent mille livres, une somme pharaonique qu'Anne débourse pour solde de tout compte.

Après dix semaines de séjour et de cabale dans la capitale, la Chevreuse quitte la cour avec sa dernière fille, Charlotte-Marie, qui, à dix-sept ans, a hérité de sa beauté. Dans ce même train d'exilés, Mazarin, sous prétexte que les prélats doivent demeurer dans leurs diocèses, renvoie Potier à Beauvais. Et du même coup les évêques de Limoges et de Lisieux qui pourraient lui porter ombrage. Du Conseil de conscience institué par la pieuse régente, il ne reste que Vincent de Paul.

Et comme au Louvre on refait le plafond de la galerie des Gardes, Anne s'installe au Palais-Cardinal merveilleusement construit par Richelieu pour le plaisir et le délassement. Malgré son deuil, elle peut se rendre au théâtre par un petit escalier.

Mazarin est au bout du jardin, rue des Petits-Champs, dans un hôtel[1] qu'il a acheté et fait aménager à grands frais en laissant croire, depuis des mois, que ces travaux ruineux étaient payés par l'ancien propriétaire Tubeuf, président de la Cour des comptes. Pour faciliter ses allées et venues, une porte est percée dans le mur du jardin du Palais-Cardinal déjà rebaptisé Palais-Royal. Ce passage discret, presque secret, provoque la stupéfaction du conseiller Lefèvre d'Ormesson : « Le lundi 19 octobre, l'après-dîner, je passais avec mon père derrière le Palais-Royal où je vis que l'on faisait une porte pour passer en chaire[2] le cardinal Mazarin qui était logé dans la maison de M. Tubeuf. » Le jeune homme soupire : « Il pouvait tout. » Déjà !

Le clan des dévots, outré, réclame le renvoi de celui qu'ils appellent désormais le « gredin de Sicile ». Ils ne s'expliquent pas cette soudaine ascension, sinon que la reine doit avoir des relations de péché avec son ministre !

Cette rumeur fait le bonheur des parlementaires et de tous ceux qui se jugent victimes de son ingratitude, à commencer par La Rochefoucauld. Les pamphlets circulent dans les dîners, chez les précieuses de l'hôtel de Rambouillet et dans la Halle de Paris où harengères et bouchers se divertissent des amours de la reine et du cardinal qu'ils se racontent avec un tel luxe de détails que nul n'en doute plus.

Les libelles atterrissent jusque sur le lit d'Anne, qui en attrape la jaunisse. Les ragots prétendent aussi qu'il s'agit en réalité d'une fausse couche.

Avec son franc-parler, Marie de Hautefort accuse Mazarin de poursuivre l'odieuse politique de Richelieu. Un soir de 1644, elle reproche à la reine de trahir

1. Future Bibliothèque nationale de la rue de Richelieu.
2. C'est-à-dire en chaise à porteurs.

ses vieux amis. Encore une fois, Mme de Motteville est derrière les rideaux du baldaquin royal : « Le cardinal, qui souhaitait la perte de cette dame, ne manquait pas d'aigrir l'esprit de la reine contre elle… Mme de Hautefort, en déchaussant la reine… lui dit et lui fit entendre par des sourires dédaigneux qu'il ne fallait pas oublier ses anciens domestiques. La reine qui n'attendait qu'une occasion pour se défaire d'elle, contre sa douceur ordinaire, ne manqua pas de prendre feu là-dessus et lui dit avec chagrin et fort en colère qu'enfin elle était lasse de ses réprimandes… En prononçant ces importantes paroles, elle se jeta dans son lit et lui commanda de fermer son rideau et de ne lui plus parler de rien. »

Le surlendemain, la pieuse et fidèle Marie, après avoir beaucoup sangloté et s'être fait deux fois saigner, fait ses adieux à la souveraine : « Elle sortit du Palais-Royal au regret de tout le monde », témoigne Mme de Motteville.

Autre amie du clan dévot, Mme de Brienne tente de sonder le cœur de la souveraine. Dans ses *Mémoires*, Henri-Auguste de Brienne, alors âgé de cinquante ans et qui en 1643 a succédé à Chavigny comme secrétaire d'État aux Affaires étrangères, raconte une stupéfiante confession d'Anne à sa mère : « Un jour, après avoir prié avec la reine dans son oratoire, elle osa lui dire tout ce qu'on rapportait au sujet de ses relations avec Mazarin. La reine rougit jusque dans le blanc des yeux, puis pleura et dit : “Je t'avoue, je l'aime et je te puis dire même tendrement mais l'affection que je lui porte ne va pas jusqu'à l'amour ou, si elle y va sans que je le sache, mes sens n'y ont point de part. Mon esprit est seulement charmé de la beauté de son esprit. Cela serait-il criminel ? Ne me flatte point : s'il y a même dans cet amour l'ombre d'un péché, j'y renonce dès maintenant devant Dieu et devant les saints dont les reliques reposent en cet oratoire. Je ne lui parlerai désormais, je t'assure, que des affaires de l'État et je romprai la conversation dès qu'il me parlera d'autre chose." » Et Brienne ajoute : « Ma mère, qui était à genoux, lui prit la main, la baisa, la plaça près d'un reliquaire : "Jurez-moi, Madame, je vous supplie, jurez-moi sur ces saintes reliques de tenir à jamais ce que vous venez de promettre à Dieu. – Je le jure, dit la reine, en posant la main sur le reliquaire, et je prie Dieu, de plus, de me punir si je fais le moindre mal." »

Cette belle scène, digne de *Polyeucte*, à l'ombre du tabernacle, n'arrivera jamais à convaincre les historiens. Les *Mémoires* du comte de Brienne ne paraîtront qu'après la mort d'Anne. Les Parisiens, en cette année 1644, préfèrent une version plus libertine et polissonne, plus conforme à la tradition rabelaisienne et à l'aversion qu'ils ressentent pour l'archange de la paix devenu foudre de guerre. Dès son arrivée au pouvoir, Mazarin est aussi vilipendé que Richelieu. Comme lui, il est cardinal. Entre les deux hommes en rouge, l'amalgame est immédiat. En outre, il est étranger, italien comme Concini. Sa foi est douteuse et il ignore nos lois.

Toute la France le hait. Il ne charme qu'une seule personne : la reine.

19

La reine est si bonne !

Anne règne et ne gouverne pas. À la différence des dernières régentes italiennes, Catherine et Marie de Médicis, elle ne ressent aucun appétit pour le pouvoir. Elle ne veut supporter ni les fatigues ni les ennuis de la conduite des affaires de la France. Les lundis et mercredis, elle tient Conseil avec Gaston, le prince de Condé, ses ministres. Ces jours-là, une foule de personnes l'assaille et réclame son arbitrage pour les petits et grands conflits qui sont le quotidien de la cour. Mais elle répugne à cette besogne fastidieuse. Son éducation ne l'y a pas préparée, Richelieu l'a volontairement tenue à l'écart de la politique. Elle n'a d'ailleurs pas la moindre confiance en elle. Mais elle possède de l'intuition, du bon sens et surtout un orgueil à la mesure de son ancêtre Charles Quint dont elle raconte à Louis le règne magnifique, son amour des riches Flandres et ses Instructions pour l'éducation de son héritier Philippe II. Comme lui, un seul désir l'habite : transmettre à son fils une couronne éclatante de puissance et de gloire. À Madrid, elle a grandi dans le culte d'une Espagne qui se voulait maîtresse de l'Europe. Cette prétention à l'hégémonie universelle a été combattue par Henri IV et Louis XIII. Depuis qu'elle est mère de roi, tout naturellement, elle épouse leurs convictions. Le séducteur italien a compris que pour garder sa place il doit être l'artisan de cette politique. Entre le parrain et la mère, il y a un pacte tacite pour porter Louis XIV sur la plus haute marche de tous les trônes.

Et depuis l'entrée déjà triomphale du petit monarque à Paris, le royaume voit ses armées voler de victoire en victoire. Les drapeaux sang et or pris aux Espagnols, les étendards avec leurs grandes croix de Bourgogne traversent la capitale sous les regards d'une foule qui n'en croit pas ses yeux. Ce ne sont plus les tercios espagnols et leurs piques célébrés par Vélasquez, mais les régiments à fleurs de lys qui deviennent invincibles. Dans la nuit, devant les maisons, les feux de joie éclairent de grandes inscriptions : « Vive le roi et la plus grande et plus aimable reine de l'univers ».

Anne est convaincue que le Ciel s'attendrit à chacune de ses prières. Et Dieu sait si elle n'en est pas économe : « La piété de la reine faisait du Palais-Royal une maison sainte… La piété ne fut jamais plus fréquente et estimée qu'elle est à présent en cette cour… » *La Gazette* ne se lasse pas d'énumérer les dévotions, prédications des jésuites, visites aux noviciats, saluts au saint sacrement, processions que la reine suit à petits pas en compagnie de ses dames et de sa nièce, la Grande Mademoiselle, qui écrit dans ses *Mémoires* : « Pendant la première année du veuvage de la reine, elle visita soigneusement toutes les églises de Paris et, comme il n'y a guère de jours qui n'aient leur fête particulière… elle les observait toutes. J'avais alors un tel attachement d'inclination aussi bien que de devoir auprès d'elle que je la suivais partout. » À cette époque, Philippe de Champaigne la peint à genoux avec ses deux fils, tous les trois en manteau d'hermine implorant Ignace de Loyola et sainte Thérèse d'Avila. Mme de Motteville ajoute : « Elle jeûnait tous les jours commandés et malgré son appétit elle jeûnait tout le carême entier. Étant à Paris, elle allait tous les samedis à la messe à Notre-Dame… communiait les dimanches et les fêtes. Les veilles des *bonnes fêtes*, elle allait coucher au Val-de-Grâce… et demeurait là quelques jours retirée de tout le monde… Elle a été quelquefois, mais rarement, visiter les prisons, déguisée en suivante… »

Thionville a été prise à l'ennemi en août 1643, mois de la Vierge. L'été suivant, Condé et Turenne défont les armées impériales à Fribourg après trois jours d'un terrible corps à corps. Quinze jours plus tôt, autre miracle, le duc d'Orléans, qui n'a jamais gagné une bataille, s'est emparé de Gravelines, à quelques lieues de Dunkerque. Mademoiselle, jalouse de la gloire de Condé, célèbre le succès de son père par un feu d'artifice chez elle, aux Tuileries, avant d'emmener ses violons chez la reine, « qui prit plaisir, dit-elle, à nous faire danser assez longuement sur les terrasses du Palais-Royal ». L'année 1645 est encore faste pour Gaston qui prend Mardyck après cinq jours de siège, puis Lynck, Bourbourg où il fait quinze cents prisonniers « parmi lesquels il y a une multitude incroyable d'officiers », assure Mazarin. Le cardinal n'est pas fâché de donner un peu de gloire à Gaston pour en ôter au trop célèbre Condé qu'il jalouse déjà. Car le 26 août, Paris chante à Notre-Dame un nouveau Te Deum pour célébrer la victoire à Nördlingen de son jeune César aux cheveux blonds.

« D'Artagnan apporte de bonnes nouvelles du front de Flandres avec le siège de Bergues », écrit *La Gazette* le 11 juillet 1646. Le duc d'Orléans a pris Courtrai au moment où il allait faire retraite faute de munitions. La Rochefoucauld assiste au siège : « Les ennemis tentèrent inutilement de jeter quelques secours dans la ville et ils se retirèrent enfin trois ou quatre jours avant qu'elle se rendît pour n'être pas témoins de sa prise. On alla ensuite à Mardyck. » Mardyck reprise par les Espagnols est reconquise par Gaston, qui doit rentrer à Paris assister à l'accouchement de sa femme. Hélas ! une fille. Condé en profite pour se jeter en novembre sur Dunkerque. Les Espagnols n'ont plus que trois ports : Blankenbergue, Nieuport et Ostende.

Aux abois, Philippe IV décide de reprendre ses vieilles habitudes. Madrid approche la duchesse de Chevreuse et tente d'acheter ses services pour convaincre la reine de faire la paix. Mais Anne n'écoute rien ni personne. Les dernières victoires l'ont transportée de fierté. Même la mort de sa belle-sœur, la reine d'Espagne, et celle encore plus brutale de sa sœur, l'impératrice Maria, frappée d'apoplexie au terme d'une grossesse, ne l'incitent pas à de coupables complaisances. Mazarin ne cesse de répéter : « Une seule chose est nécessaire : que les Français soient pour la France. »

Le cardinal, lui, garde un pied en Italie, et surtout à Rome, où Urbain VIII est mort le 29 juillet 1644. Giulio met en œuvre ses talents et sa bourse. Mais ses amis Barberini et Colonna ne peuvent éviter le désastre : le nouveau souverain pontife est dévoué corps et âme à la couronne espagnole. Le vieillard laid et grossier prend le nom d'Innocent X. Le destin a tranché. C'est bien en France que Mazarin fera fortune.

Près du Quirinal, le cardinal a acheté le somptueux palais Bentivoglio, mais il ne l'occupera jamais. Sa mère est morte et, malgré les prières de ses sœurs, il ne l'a pas revue. À Paris, il accueille presque en maître de maison ses anciens protecteurs Barberini chassés de Rome par le pape espagnol. Surtout il fait venir, en 1647, une première fournée de trois « Mazarinettes » et d'un neveu. Sur-le-champ, Anne les adore et les reçoit tous les jours dans sa chambre. Mme de Sennecey, gouvernante du dauphin, a en charge d'éduquer comme des princesses les petites noiraudes qui vont devenir les têtes de Turc de tous les impertinents.

Entre la reine et son ministre, il n'y a pas le moindre nuage. Ah ! comme elle aimerait que les Français l'apprécient autant qu'elle ! Dans ses *Mémoires*, le cardinal de Retz raconte qu'il a été convoqué un jour au Palais-Royal par la souveraine : « Elle avait voulu me voir... pour me faire une réprimande de la manière dont j'avais parlé à ce pauvre M. le cardinal, qui était doux comme un agneau, et qui m'aimait comme son fils. Elle ajouta à cela toutes les bontés possibles. » La Rochefoucauld, très amer de n'avoir pas obtenu le gouvernement du Havre, n'ironise pas : « Il était maître absolu de l'esprit de la reine et de Monsieur, et plus sa puissance augmentait dans le cabinet, et plus elle était odieuse dans le royaume. »

La reine a nommé l'Italien surintendant de sa maison et elle se félicite à chaque heure du jour de le voir régler jusqu'aux petits litiges de préséance et lui épargner les arbitrages délicats. La mort de son époux et sa jaunisse ne sont plus que de lointains souvenirs : « Sa tristesse s'étant dissipée et sa maladie aussi, elle se résolut de ne plus penser qu'à jouir du repos qu'elle se donnait en se déchargeant sur son ministre », écrit Mme de Motteville.

En digne princesse d'Espagne, elle peut ainsi se prélasser dans son grand lit à baldaquin avant de se consacrer à ses pieuses obligations. Sa confidente dresse le compte des minutes enchantées vécues dans l'ombre de sa souveraine : « Elle s'éveillait pour l'ordinaire entre dix et onze heures et les jours de dévotion à neuf. Elle faisait toujours une longue prière avant que d'appeler celle qui couchait auprès d'elle... Ses principaux officiers lui venaient faire leur cour et souvent d'autres personnes y entraient et particulièrement certaines dames qui lui venaient parler des aumônes de charité qui étaient à faire à Paris, dans toute la France et même au-dehors. Car ses libéralités en tout temps étaient grandes, et s'étendaient généralement sur tout ce qui regardait la piété, son application étant sans relâche à tous les besoins qu'on avait de sa protection et de sa justice… Après une demi-heure de conversation… elle se levait, prenait une robe de chambre et après avoir fait une seconde prière elle déjeunait de grand appétit. Son déjeuner était toujours bon car elle avait une santé admirable. On lui servait après son bouillon des côtelettes, des saucisses et du pain bouilli… »

C'est l'heure de la messe puis celle de sa toilette : « Il y avait alors un plaisir non pareil à la voir se coiffer et s'habiller. Elle était adroite, et ses belles mains en cet emploi faisaient admirer toute leur perfection de tous ceux qui les voyaient. Elle avait les plus beaux cheveux du monde, de couleur châtain clair. Ils étaient fort longs et en grande quantité… sans que les années aient eu le pouvoir de détruire leur beauté. » Ses fils la contemplent, éblouis. Anne n'est d'ailleurs heureuse qu'avec eux. Louis et Philippe entrent dans sa chambre dès son réveil. Ils grimpent sur son lit, l'embrassent. Elle les cajole quand ils l'appellent maman et les serre contre ses beaux seins de Rubens même dans son bain qu'elle prend drapée de blanc. Quand elle s'habille, c'est son petit roi qui lui tend sa chemise après l'avoir baisée tendrement : « Et cela dura assez longtemps », note Mme de Motteville. Jeune infante, elle est arrivée avec ses coffres remplis de pierreries, de velours et de brocarts d'une richesse à faire perdre le souffle à la cour de France. Depuis la mort de son époux, elle s'habille sans luxe, sans or ni argent mais non sans goût, ne se met plus de rouge aux lèvres ni aux joues. Et invite les dames de la cour à suivre son exemple. Après le dîner de midi, elle reste une heure dans son oratoire puis monte dans son carrosse pour visiter une église ou un couvent : « C'était, assure la mémorialiste, la personne du monde la plus égale dans toute la conduite de sa vie. »

Chaque soir, elle voit Gaston et Condé puis accorde une heure au cardinal. La porte de son cabinet reste toujours ouverte et les courtisans attendent en papotant que la reine leur donne le bonsoir lorsque le ministre s'est retiré. Alors, elle passe encore une bonne heure dans son oratoire avant de souper à onze heures tout en commentant gaiement avec ses dames les potins du jour. Elle ne se couche jamais avant une heure et Mazarin le lui reproche souvent.

La reine a renoncé au bal, qu'elle aimait tant dans son jeune âge, et n'a gardé que des divertissements réputés sages, le jeu qui fait fureur à la cour avec Mazarin et surtout la comédie. Dans le petit théâtre du Palais-Royal, se succèdent farces italiennes et nobles pièces de Corneille. Sa Majesté passe directement de sa chambre à sa loge et peut revoir plusieurs fois par semaine la même comédie.

Le signor Giulio, qui a orchestré tous les plaisirs de Richelieu, aime faire respirer à la cour de France l'air venu d'Italie. Avec l'arrivée des Barberini, c'est un déluge de raffinement et de plaisirs romains. Pour la première fois, en mars 1647, la souveraine assiste à une représentation entièrement chantée. L'opéra, qui a vu le jour avec Monteverdi à Venise, débute à Paris avec l'*Orfeo* de son rival, Luigi Rossi, emporté dans les bagages des deux prélats romains disgraciés par le nouveau pape. Anne est transportée. Pendant deux mois, la Baroni chante trois fois par semaine. Et la reine ne s'en lasse pas.

Le curé de Saint-Germain-l'Auxerrois, sa paroisse, lui adresse une lettre la blâmant et jugeant frivoles et incompatibles avec ses devoirs de reine toutes ces soirées consacrées au théâtre même lorsque le rideau se lève sur *Polyeucte*, tragédie de Corneille décrivant le martyre d'un général romain converti au christianisme. Anne demande l'avis de quelques évêques amis qui assurent que pendant que la cour est au théâtre, elle ne commet pas de péché plus grave. Loin de s'avouer vaincu, le sourcilleux curé vient en personne au Palais-Royal lui mettre sous les yeux un avis signé de sept théologiens de la Sorbonne pour tenter de ramener Sa Majesté dans le droit chemin de ses dévotions. Anne riposte en chargeant Beaumont de Péréfixe, précepteur de Louis, de répondre à ce dévot trop zélé. Le prélat n'a aucun mal à trouver dix autres docteurs de la Sorbonne d'un avis contraire et accorde sa bénédiction au goût de la reine pour le théâtre à condition qu'il n'y ait pas trace de libertinage. Le plus grand plaisir d'Anne est d'emmener ses deux fils à la comédie. Et de constater qu'ils l'adorent autant qu'elle.

Depuis 1646, Mazarin, aussi insatiable que Richelieu, est surintendant de la maison de Louis et de son frère. À son ami le duc de Rohan, sans doute surpris de voir l'éducation du roi confiée à un Italien, la reine explique qu'en tant que parrain il ne manquerait pas de bien s'acquitter de sa tâche. Elle lui a quand même donné pour adjoint le marquis de Villeroi.

À la différence de son père, Louis n'a été fouetté que jusqu'à huit ans. Et encore rarement car, sous ses boucles brunes, le petit roi accomplit avec sérieux et gravité ses premiers devoirs. Il danse admirablement avec sa cousine de dix-huit ans et, dans les jardins du Palais-Royal, il manœuvre avec autorité ses petits enfants d'honneur. À cheval, il fait aussi l'admiration des Parisiens. Mais pour lui, Descartes, le père de la philosophie en France, est un inconnu. Comme Mme de Sévigné, qui écrit ses premières lettres. Ses maîtres lui inculquent quelques notions d'histoire et de géographie. Peu de mathématiques. En latin, il se contente de traduire Jules César. La Porte compense en lui lisant le soir des chapitres de l'histoire de France.

Fontainebleau est devenue la villégiature de prédilection surtout par les grosses chaleurs. La cour s'y transporte en août pour trois mois, avec Gaston et Mademoiselle. Le matin, ce sont des parties de chasse. Le soir, la comédie. L'été 1646 s'annonce si chaud qu'Anne s'y installe dès juillet. Les hommes sont à la guerre. La reine, Mademoiselle et quelques maréchaux hors d'âge se baignent chaque jour plusieurs heures dans la rivière, enveloppés jusqu'aux pieds dans des robes de toile grise. Le roi et son gouverneur Villeroi barbotent en compagnie des dames.

Début novembre, un courrier de Madrid annonce la mort du fils du roi d'Espagne. Anne écrit aussitôt quelques mots de consolation à son frère, qui lui répond en espagnol une lettre qu'a lue Mme de Motteville : « Après les remerciements ordinaires, il lui représentait en des termes pleins d'amitié la douleur qu'il sentait de n'avoir point de ses nouvelles et de n'en pouvoir apprendre que par les marchands. "Car nous pouvons bien en nous donnant des batailles comme rois nous aimer comme frères." Ce prince était malheureux. Il avait perdu en une année la reine, sa femme, l'impératrice, sa sœur, qu'il aimait chèrement et son fils qu'il allait marier à sa nièce, la fille de l'impératrice, que cette mort lui fit prendre pour lui quelque temps après. » À l'époque, nul ne soupçonne les conséquences désastreuses des unions consanguines. Les cours royales, et l'Espagne la première, croient au contraire que les mélanges de sang bleu produisent des lignées éblouissantes. Les monstres peints par Goya sont les fruits de cette politique matrimoniale que ni Anne ni son frère ne songent un instant à remettre en cause. Après la signature du traité des

Pyrénées, Louis XIV épousera sa double cousine. Mais pour l'instant, la paix n'est pas à l'ordre du jour. Même si l'Espagne la réclame.

De Madrid, la régente a reçu une nouvelle lettre de Philippe IV, la priant « d'ordonner elle-même de ses intérêts. Il ajoutait ensuite à cette proposition si obligeante : "car je ne crois pas que Votre Majesté puisse oublier les murailles dans lesquelles elle est née." La reine goûtait la douceur des termes de ces lettres et il est aisé de voir… l'amitié qu'elle avait pour ses proches. Et néanmoins comme sœur de ce frère avec qui elle avait eu autrefois un commerce si cordial et qu'elle aimait encore si véritablement… elle ne lui écrivait plus que sur les modèles que lui en faisait son ministre, de peur, à ce qu'elle disait en parlant des affaires d'État, que son affection ne la fît manquer au roi son fils ».

En 1647, pour la seconde fois, le cardinal décide d'emmener Louis sur le front soutenir le moral de l'armée. Anne les suit à Amiens puis à Abbeville d'où elle décide d'aller montrer le jeune monarque à Rouen. Mais les Normands, fatigués de payer les factures de cette guerre sans fin, font grise mine. Elle écourte son voyage et part se reposer trois jours à Dieppe.

C'est l'été. Des fenêtres de sa chambre, elle aperçoit la mer. Le soir on y allume des brûlots en son honneur. Louis visite un grand vaisseau, cadeau de la reine Christine de Suède, alliée de la France. Il assiste à un simulacre de combat naval au milieu des Dieppois, ravis de pouvoir approcher leur souverain : « Pour combler de joie les habitants, on leur fit cet honneur de leur laisser la garde de la personne du roi, quoiqu'il y eût nécessité d'en user ainsi parce qu'il y avait peu de gardes auprès de lui… Ils allaient courant dans les rues… criant qu'il n'y avait point parmi eux de Ravaillac. » Pour une fois, la reine oublie tout protocole quand elle se promène avec ses deux fils : « Les femmes couraient après Leurs Majestés et les villageois de cette contrée, en les suivant, leur donnaient des bénédictions infinies qui, malgré leur vilain langage normand, ne laissaient point de leur plaire. J'ai ouï dire à la reine même que l'affection qu'elle avait reconnue en ce peuple lui avait été assez agréable pour lui ôter la peine qu'elle ressentait d'ordinaire par de telles importunités. »

Fin août, Philippe attrape la rougeole. Certes, le cœur de mère d'Anne ne bat pas aussi fort pour le cadet que pour l'aîné, le roi adulé de la France entière, mais Philippe n'est pas négligé, du moins pas plus que son grand frère qui, d'après les racontars de la cour, porte des vêtements élimés, une vieille chemise trop courte.

Les médecins jugent que l'état du petit malade n'est pas assez grave pour retarder le départ de la cour à Fontainebleau. D'autant que cette année encore, la canicule rend Paris irrespirable. Le duc d'Anjou reste seul avec sa gouvernante. Il n'a pas encore sept ans et on l'habille toujours en fille.

Deux jours plus tard, Anne apprend que le traitement préconisé par la Faculté a provoqué une violente dysenterie, que la fièvre monte et qu'il a fallu saigner son fils à deux reprises pour la faire baisser. Affolée, elle décide de courir le lendemain à son chevet : « Le cardinal sachant cette nouvelle et qu'elle avait parlé de voyage vint… à son lever lui faire une quasi-réprimande. » Ce départ précipité risque de réveiller les cabales de la cour et les appétits de Gaston. Mais les Parisiens, eux, murmurent contre cette reine qui délaisse son enfant malade.

Le petit Monsieur, titulaire désormais de ce titre à la suite de son oncle, est « bien fait », avec des yeux très noirs, de grosses boucles de cheveux bruns et une petite bouche ronde comme celle de sa mère : « Ce prince eut de l'esprit aussitôt qu'il sut parler », assure l'incorrigible Mme de Motteville. Avec raison. Dès que la reine pénètre dans sa chambre, Philippe se jette dans ses bras et se plaint de toute cette « compagnie » qui escorte sa maman. Il la veut pour lui seul. Anne craint de mécontenter la princesse de Condé : « Madame, lui dit l'enfant, moquez-vous de cela. N'êtes-vous pas la maîtresse ? Et à quoi vous sert votre couronne si ce n'est à faire votre volonté ? » Au bout de deux jours, la fièvre tombe et la régente, rassurée, rejoint à Fontainebleau la cour et les bienfaits du grand air.

Deux mois plus tard, c'est au tour du roi de tomber malade. Le 10 novembre, il quitte la comédie en se plaignant d'un fort mal aux reins. Le lendemain, la fièvre le prend. Les médecins redoutent une fièvre continue. Mais au bout de deux jours, il est couvert de boutons. La petite vérole, maladie du siècle, défigure la plupart des hommes et des femmes de la cour. Aussitôt, « toutes les jeunes personnes » fuient le Palais-Royal et l'épidémie ravageuse. La reine, elle, ne craint pas la contagion. Elle a eu la maladie dans son enfance. Il est vrai qu'on peut être atteint deux fois de la petite vérole. Mais il en faudrait davantage pour la dissuader de s'installer dans la chambre de son fils. Louis d'ailleurs la réclame à chaque instant, « l'assurant que sa présence diminue beaucoup son mal ».

Mais après quinze jours de purges et de saignées, une fulgurante poussée de fièvre provoque l'angoisse des médecins et l'affolement de la cour. Le petit monarque tombe « en faiblesse » et reste prostré durant trois quarts d'heure. C'est dimanche. La reine est partie à la messe à Notre-Dame. À son retour, elle retrouve son fils inanimé. Elle se jette au pied du lit. Elle sanglote.

Quatre nouvelles saignées ne font qu'aggraver l'état du petit malade. Elles lui ont « desséché » tout le corps. Alarmés, les hommes en noir avouent leur impuissance et annoncent que la fin est « imminente ». Anne s'évanouit. Le choc est si grand que « peu s'en fallut qu'elle ne mourût elle-même ». Elle ne peut plus parler, à peine prier. Hébétée, elle ne quitte des yeux le beau visage de son petit roi qui se meurt. Elle le croit mort.

Après beaucoup de supplications, ses dames d'honneur réussissent à l'entraîner hors de la chambre pour s'allonger sur son lit et prendre un peu de repos. À minuit, elles lui annoncent que la fièvre recule. Un miracle ? Non, la petite vérole commence à « sortir », selon l'expression de l'époque.

Le malade est purgé à deux reprises et la fièvre disparaît aussi brusquement qu'elle s'est déclarée. Plus tard, Anne avouera à sa confidente qu'elle n'aurait pas survécu à son fils.

Durant ces trois semaines de peurs et de prières s'est forgée la légende des vertus de Louis XIV. Le jeune monarque s'est montré aimable avec ses domestiques, obéissant à ses médecins. Et surtout débordant de tendresse pour cette mère qui ne songe qu'à lui léguer le plus beau des royaumes.

20

Les barriques de Paris

La guerre contre les Habsbourg saigne la France à blanc. Les champs sont dévastés, les troupeaux égorgés et volés. Dans les villages et les châteaux, il n'y a plus un homme vaillant. Sur toutes les frontières, l'ennemi menace. Pour le contenir, il faut des troupes en Roussillon, en Italie, en Alsace. Une armée campe face à la Franche-Comté, une autre, à la frontière du nord, tient en respect les Pays-Bas espagnols. Du moins essaie-t-on de garder les places fortes conquises car, depuis des mois, les officiers ne touchent plus leur solde et les soldats se débandent. C'est la banqueroute. Le budget des armées est passé de moins de vingt millions de livres sous Henri IV à plus de quatre-vingts millions à partir de 1635 sous Richelieu. À sa mort, trois années de recettes étaient déjà mangées. Depuis, Mazarin crève le plafond des dépenses, qui atteignent cent vingt-cinq millions de livres.

Condé et Turenne ne voient pourtant jamais venir les sommes promises. À Strasbourg, avant chaque bataille, ils doivent négocier des expédients avec les banquiers locaux. Surtout, après leurs victoires célébrées dans l'allégresse par des feux de joie et des *Te Deum*, ils n'obtiennent aucune des récompenses promises à leurs fidèles lieutenants. Le cardinal s'affole à l'idée de voir grossir le parti d'un Condé déjà couvert de gloire. Et pendant ce temps le gredin de Sicile se constitue la plus belle bibliothèque du monde, achète des tapisseries flamandes, des collections de peintures en Italie et couvre d'or tous les membres de sa famille avec encore plus de fringale que Richelieu. Après lui avoir offert un chapeau de cardinal, il vient de nommer son frère vice-roi de Catalogne. Un frère qui pourtant en privé n'hésite pas à soutenir que Giulio est le « roi des poltrons », ragot qu'à l'ombre des lauriers des princes Paris se répète avec une délectation mêlée de fureur. Douze ans que la France est en guerre. Et de l'argent, il en faut encore et toujours.

Cette pénurie financière est à l'origine de la Fronde. En janvier 1648, la reine se rend une nouvelle fois au Parlement avec son fils pour réclamer un effort supplémentaire. L'avocat général, le bel Omer Talon, que Philippe de Champaigne a immortalisé dans sa robe écarlate, lui répond d'une voix grondante : « Il y a dix ans que la campagne est ruinée, les paysans réduits à coucher sur la paille, leurs meubles vendus pour le paiement des impositions auxquelles ils ne peuvent satisfaire et que, pour entretenir le luxe de Paris, des millions d'innocents sont obligés de vivre de pain de son et d'avoine… Il ne reste plus à vos sujets que leurs âmes, lesquelles, si elles eussent été vénales, il y a longtemps qu'on les aurait mises à l'encan… Faites, Madame, s'il vous plaît, quelque sorte de réflexion sur cette misère publique dans la retraite de votre cœur… Ajoutez à cette pensée, Madame, la calamité des provinces dans lesquelles l'espérance de la paix, l'honneur des batailles gagnées, la gloire des conquêtes ne peuvent nourrir ceux qui n'ont point de pain. »

Mazarin, inquiet de cette liberté de parole contre sa politique, décide de faire assurer sa protection par une garde de cent hommes armés. Anne, ébranlée par cette pathétique homélie, multiplie charités et exercices de piété, que *La Gazette* relate avec ferveur. Ainsi, le 1er février : « La reine fait ses dévotions aux Jacobins. L'après-dîner, elle assiste au prêche de l'évêque de Dole au Palais-Royal puis retourne aux Jacobins pour la procession du rosaire. » Le 21 mars, avec ses deux fils, Mademoiselle et toute la cour, elle prend la route de Chartres, honorant ainsi son vœu à la Vierge pour la guérison de Louis. Le 25, jour de l'Annonciation qu'elle célèbre avec une foi particulière, elle assiste à la grand-messe à la cathédrale, puis à une autre messe à la chapelle basse de la Vierge et l'après-dîner à deux sermons. Ensuite « la reine alla continuer ses dévotions au couvent des religieuses carmélites, en celui des filles de la Visitation et en la chapelle de la Vierge de la cathédrale », au milieu d'une foule immense. Après une semaine de pieux marathon, elle rentre à Paris. Mais le 29 mars, elle est déjà au Val- de-Grâce pour entendre un prêche : « Le 3 avril, fête de Notre-Dame-de-la-Pitié, la reine et les dames de sa cour vont dans l'église du monastère de Sainte-Élisabeth adorer le saint sacrement exposé et écouter le sermon puis aller adorer la Vraie Croix à la Sainte-Chapelle. »

Le cardinal s'agace : « Il fit la guerre à la reine de ce que Talon l'avait renvoyée dans son oratoire », dit Mme de Motteville. Ces génuflexions et ces *Ave Maria* ne remplissent pas par miracle les caisses de l'État. Sur le front des Flandres, Condé s'alarme. L'Espagne vient de signer avec les Provinces-Unies hollandaises une paix séparée qui lui permet de se retourner contre la France. L'archiduc Léopold et ses généraux ont massé trente mille hommes autour de Lille, alors que les armées à fleurs de lys en comptent moitié moins.

Avec le surintendant Particelli d'Emeri, italien comme lui, Mazarin a déjà imaginé les taxes les plus extravagantes. À bout de ressources, il décide de s'attaquer aux privilèges des conseillers du Parlement. En payant chaque année un impôt, la « paulette », créée sous Henri IV, les robins peuvent transmettre leur charge à leur héritier. L'édit de la paulette est renouvelé tous les neuf ans. À plusieurs reprises, le roi s'est servi de cette « grâce » pour demander à ces « Messieurs du Parlement » de faire un geste supplémentaire. Mazarin, aux abois, propose un arrangement. Cette année, ils ne paieront pas la paulette. En échange, leurs gages ne leur seront pas versés pendant quatre ans. La Cour des comptes, la Cour des aides, la Cour des monnaies sont touchées. Le cardinal exonère juste de ce projet les magistrats de la Cour du parlement de Paris pour se concilier Omer Talon et ses amis. Erreur fatale du signor Giulio, meilleur diplomate que connaisseur des mœurs politiques françaises ! La ruse fait long feu.

Le 13 mai 1648, les quatre cours souveraines signent un pacte de solidarité. Par cet arrêt d'union, elles décident d'élire des conseillers qui délibéreront d'une grande réforme des finances de l'État et se réuniront dans la Chambre dorée dite aussi « chambre Saint Louis » car le pieux monarque y dormait autrefois quand le palais de la cité était encore résidence des rois. Le plus virulent est le doyen du Parlement, Pierre Broussel, qui truffe ses discours de citations latines et se veut aussi vertueux que les jurisconsultes du siècle de Cicéron.

Le 14 mai, Anne passe la journée agenouillée dans la chapelle du Val-de-Grâce à implorer le secours de Louis XIII dont c'est l'anniversaire de la mort. Quatre jours plus tard, Mazarin cède : la paulette est rétablie et les gages seront versés. Mais la reine ne décolère pas : elle exige de ces Messieurs du Parlement qu'ils inventent d'autres moyens de trouver de l'argent car « l'armée du roi est sur la frontière en présence des ennemis ».

Pour aggraver les menaces qui mettent en péril la Couronne, le 1er juin, jour de la Pentecôte, le populaire duc de Beaufort s'évade de sa prison de Vincennes avec la complicité de La Ramée, son gardien, prouesse dont Alexandre Dumas fera ses délices dans *Vingt ans après*. Mme de Motteville analyse à sa façon les réactions de la reine : « Elle qui avait autrefois regardé ce prince comme un ami, et qui s'était accoutumée à le haïr plutôt par raison d'État que par inclination, se consola aisément d'un peu de dépit que cette aventure lui donna... Elle me dit aussi que le duc de Beaufort n'était point en état de faire un parti en France. Et, à l'égard de la personne du cardinal, elle ajouta que ce prince avait communié trop de fois dans sa prison pour avoir pu conserver dans son âme le dessein d'un assassinat. »

En revanche, chaque jour augmente sa haine contre les « rebelles » du Parlement qui tentent d'introduire la république au sein de la monarchie. En juillet 1644, bouleversée, elle a vu débarquer sa belle-sœur Henriette. Quelques semaines plus tôt, la reine d'Angleterre avait accouché d'une fille, seule à Exeter et dans un tel dénuement qu'Anne avait dû lui envoyer Mme Péronne, sa sage-femme, et « jusqu'aux moindres choses qui lui étaient nécessaires ».

Arrivée en France sous le prétexte de prendre les eaux de Bourbon, en réalité pour se mettre en sûreté, Henriette n'a pu depuis quatre ans retourner dans son royaume et se répand sur les méfaits d'un Parlement trop puissant en racontant la lente descente aux enfers de son époux. À la suite de son père, Jacques Ier, désireux de réconcilier les deux religions et sur les conseils de l'évêque de Cantorbéry, son époux avait commencé par envoyer quelques prélats en Écosse. Révulsés à l'idée qu'on puisse violer leur conscience, les presbytériens avaient aussitôt mis sur pied une grande armée.

Charles Ier en avait levé une autre. Mais le Parlement, loin de lui voter les crédits nécessaires, avait poussé Cromwell à s'allier aux Écossais pour vaincre les troupes royales.

De France, aucune aide n'est venue pour soutenir le monarque catholique, bien au contraire. Et là encore, la souveraine exilée donne sa version à Mme de Motteville : « Richelieu… haïssait le roi d'Angleterre parce qu'il avait le cœur espagnol. Il savait aussi que la reine s'était toujours servie de ce royaume pour toutes ses affaires, que c'était par cette voie qu'elle écrivait au roi d'Espagne et que Mme de Chevreuse qui avait passé dans cette cour à son retour d'Espagne quelques années de sa disgrâce avait fait leur liaison. Le cardinal de Richelieu avait de grandes frayeurs d'un roi voisin qui était puissant et paisible… Il crut qu'il était tout à fait nécessaire pour le bien de la France que ce prince fût troublé dans son pays. Ce désir lui fit envoyer le marquis de Senneterre pour tâcher de lui aliéner les esprits du peuple et, en répandant beaucoup d'argent à Londres, y exciter la rébellion et la révolte. »

Depuis, la guerre civile ravage le pays et Cromwell, devenu maître de l'Angleterre, gouverne avec un « parlement croupion » à sa botte qui vient d'enfermer le roi à la Tour de Londres.

Dans une cellule du couvent des Carmélites, Henriette pleure et prie Dieu d'épargner son époux. Elle a vendu ses dernières pierreries pour aider son fils à traverser la Manche, lever une armée et sauver son père. De sa splendeur royale, il ne reste à la fille d'Henri IV qu'une petite coupe en or.

Les malheurs de sa belle-sœur arrachent souvent des larmes à Anne. Mais renforcent sa détermination à défendre la couronne de son fils contre les pouvoirs que tentent abusivement de s'arroger les beaux discoureurs du Parlement. Enhardis par leur victoire de la paulette sur Mazarin, les robins sont plus que jamais décidés à créer un nouvel édifice fiscal.

La reine commence par interdire toute réunion dans la chambre Saint Louis. Le 16 juin, elle convoque les parlementaires qui arrivent en procession au Palais-Royal où elle les reçoit, le visage sévère, sous un dais aux côtés du roi. Le chancelier Séguier leur lit une grande réprimande, les accusant d'agir comme des « factieux ». Le premier président veut répliquer. Anne le lui interdit et menace de sanctions sévères ceux qui continueront à troubler l'ordre public. Mais la colère de la souveraine est sans effet, comme le sont aussi les efforts du cardinal pour soudoyer quelques conseillers. Le surintendant des finances est qualifié de « gros pourceau spirituel et vicieux ». L'embonpoint de ce Particelli d'Emeri ne montre-t-il pas qu'il s'engraisse sur le dos du pauvre peuple ? Les deux Italiens, accusés de piller le Trésor royal, cristallisent toutes les haines.

Les robins se réunissent dans la chambre Saint-Louis du 26 juin au 8 juillet. Ils répètent qu'ils ne s'assemblent pas pour défendre leurs intérêts mais pour réformer les abus de l'État et défendre les contribuables. Ils accouchent d'une charte en vingt-sept articles : d'un trait de plume, ils suppriment les intendants, trésoriers généraux de l'époque, et les « traitants », ces percepteurs qui s'enrichissent davantage qu'ils ne remplissent les caisses royales ; ils diminuent la taille pour les pauvres ; plus audacieux encore : ils interdisent que quiconque soit détenu plus de vingt-quatre heures sans être interrogé. C'est presque la révolution, un avant-goût du serment du Jeu de paume un siècle et demi à l'avance.

À Madrid et à Bruxelles, le bruit court que Paris est en armes et que la guerre civile, comme en Angleterre, menace le royaume. Anne avoue qu'elle ne comprend rien à la « fièvre tierce » qui semble frapper l'État. Le ministre ne peut plus faire face au flot des critiques. Il essuie même un reproche de la reine, en plein Conseil, devant Gaston.

Le duc d'Orléans croit son heure enfin venue. Du vivant de Richelieu, Gaston a été constamment tenu à l'écart des affaires du royaume. À présent, il pourrait en être le sauveur. N'a-t-il pas déjà à plusieurs reprises calmé les ardeurs du Parlement et reçu les présidents des Chambres chez lui au palais du Luxembourg ? Mme de Motteville participe à cet engouement : « Rien n'était comparable à la satisfaction que le Parlement témoignait avoir du procédé et des belles qualités du duc… Il parlait de bonne grâce et avec éloquence dans leurs conférences publiques et particulières… Il répondait à toutes leurs difficultés avec de l'esprit et de la douceur… La reine avait sujet d'en être satisfaite. Elle l'était en effet et paraissait lui être obligée de ses soins et de l'affection qu'il témoignait pour le bien et la paix de l'État, et pour son repos particulier. »

Le cardinal tente de calmer les esprits en sacrifiant Particelli d'Emeri. Hélas, il le remplace par le maréchal de La Meilleraye, grand maître de l'artillerie, honnête homme comme il n'y en a guère à la cour, mais notoirement incompétent en matière d'intendance. Cette fois, le Trésor est vide et nul ne sait plus comment le remplir.

Pour assurer le salaire des gardes suisses, la reine met en gage les bijoux de la Couronne. Elle emprunte cent mille livres à son amie, la mère de Condé, de grosses sommes à la duchesse d'Aiguillon et à d'autres dames de la cour. On économise sur tout. Les officiers de cuisine du roi sont renvoyés. Désormais Louis partagera ses repas avec sa mère. Mazarin se sépare lui aussi de quelques diamants. Le 10 juillet, il écrit à Condé : « J'emprunte et m'engage de tous côtés pour faire une somme, de quoi payer les officiers de l'armée. »

En bon disciple de Machiavel, l'Italien tente de contrer l'influence grandissante du duc d'Orléans. Comme la fièvre parisienne et parlementaire continue de monter, dans un nouveau message à Condé il le supplie de laisser là son armée et de venir à Paris « où les affaires s'échauffent, pour assister Sa Majesté de sa présence et de ses conseils ». Depuis Rocroi, le grand capitaine, sauveur de la France, est l'objet d'un véritable culte !

Apprenant que le ministre a invité M. le prince à venir faire admirer sa jeune gloire à Paris, Gaston, furieux, charge son favori, l'abbé de La Rivière, de se plaindre auprès de la reine. Anne envoie le cardinal chez son beau-frère, qui refuse de se laisser embobiner par ses circonlocutions mielleuses et tempête pour que Condé ne reste pas à Paris plus d'un jour ou deux. Sous la baguette de Mazarin, les plus noirs conflits ont des allures de comédie italienne. Sitôt dans la capitale, le nouveau César n'a rien de plus pressé que d'aller dîner en compagnie du duc d'Orléans chez le cardinal où les trois convives jouent aux meilleurs amis du monde.

Hélas ! cette entente trop cordiale n'intimide nullement les bonnets carrés du Parlement. Le 31 juillet, la reine se résigne à accepter la presque totalité de leurs prétentions : diminution d'un quart des tailles pour les plus pauvres, suppression de nombreux intendants, abolition des nouvelles charges de maître des requêtes, et bien d'autres choses encore. En contrepartie la souveraine exige que la chambre Saint Louis mette fin à ses réunions.

Mais la Cour du Parlement a ses jeunes loups irréductibles qui choisissent comme figure de proue le patriarche Pierre Broussel, dont la barbe blanche est révérée de tous les Parisiens. L'incorruptible septuagénaire déclare de sa grosse voix rocailleuse : « Il est des occasions où le meilleur moyen de servir les princes, c'est de leur désobéir ! » Paris applaudit les « pères de la patrie » qui défendent le pauvre peuple contre la rapacité du Mazarin. Des feux de joie sont allumés.

Grâce à Condé, Anne allume aussi les siens. Après Rocroi, la victoire de Lens, le 20 août 1648, est fatale à l'armée du roi d'Espagne Philippe IV : trois mille morts, cinq mille prisonniers, toute l'artillerie prise. Son meilleur général, Beck, blessé. Une fois encore, le jeune prince a déployé son génie militaire au service de la Couronne. Par ruse, en feignant de faire retraite, il a obligé la garnison espagnole à sortir de la place forte et à s'avancer dans la plaine à portée de ses canons. Beck, conduit à Arras dans le carrosse de Condé, décède deux jours plus tard. Les pertes françaises ne s'élèvent qu'à mille cinq cents hommes.

Ce triomphe, entre l'Assomption et la Saint-Louis, transporte la reine. Elle y voit un nouveau signe de la protection divine. Cent drapeaux pris à l'ennemi sont déposés au Palais-Royal. Gaston et sa fille les admirent blêmes de jalousie. Le jeune Louis XIV se serait écrié : « MM. du Parlement vont être bien fâchés ! »

Le 26 août, un *Te Deum* s'élève sous les voûtes de Notre-Dame. La messe est dite par le coadjuteur Gondi, futur cardinal de Retz. Italien de la seconde génération, il est lui aussi ulcéré par la place qu'occupe Mazarin à la tête de l'État. Le Parlement au grand complet y assiste en robe rouge ou noire et bonnet carré. Seul le conseiller Broussel ne peut s'y résoudre. Son grand âge, prétend-il, l'oblige à prendre médecine.

La reine et le cardinal, bien décidés à exploiter la victoire de Lens, veulent frapper le « rebelle » et ses complices d'un coup magistral. À Comminges, neveu de Guitaut et son successeur chargé des arrestations princières, qui se dirige après la messe vers la maison du vieux Broussel, la reine murmure : « Allez et que Dieu veuille vous assister. » La demeure, rue du Port-Saint-Landry, est à deux pas. Le vieux conseiller dîne en famille. Le lieutenant des gardes de la reine lui tend la lettre de cachet : « Inutile de lire, il faut me suivre et obéir. »

Sous prétexte de faire une haie au cortège, gardes françaises et suisses forment, du Palais-Royal à Notre-Dame, un cordon ininterrompu. Mais déjà, une vieille servante se penche à la fenêtre et ameute le voisinage en criant à pleins poumons : « On arrête mon maître ! » La petite rue est vite noire d'une foule qui entoure le carrosse arrêté devant la porte et plein d'hommes en armes. Comminges entend monter la rumeur : « C'est Broussel, notre père, notre libérateur qu'on emmène ! » Il saisit au collet le vieillard qui bénit sa famille : « Mes enfants, je n'espère pas de vous revoir jamais ! Je ne vous laisse pas de biens mais je vous laisse l'honneur. Ayez soin de le conserver. » L'officier le tire vers l'escalier, tourne la clef à double tour pour enfermer les Broussel et, sitôt dehors, pousse son illustre prisonnier dans le carrosse qui s'ébranle alors que résonne le tocsin du quartier. Au coin du quai des Orfèvres, la voiture verse et le cocher s'enfuit avec ses chevaux. La maréchale d'Effiat qui passe par là est sommée de descendre de son équipage. On y enfourne Broussel. Une seconde fois, les essieux se rompent.

Mais une troisième voiture tenue prête par Guitaut au coin des Tuileries emmène le « révolutionnaire » au triple galop vers Sedan où commande Fabert, un homme de confiance de Mazarin. Alors qu'il traverse le bois de Boulogne, le vieillard, qui a pris médecine le matin, se plaint, crie qu'il a froid, demande à s'arrêter au château de Madrid où Henriette séjourne ce jour-là. La reine d'Angleterre veut lui parler. Ils discutent deux heures sans témoins.

Pendant ce temps, le président aux enquêtes, Blancmesnil, est conduit à Vincennes. Trois autres conseillers sont exilés à Provins, Mantes et Compiègne. Seul le président aux requêtes, Charton, autre « factieux forcené », réussit à s'enfuir en sautant par-dessus le mur de son jardin.

Dans la cohue venue assister au *Te Deum*, la fureur enfle. Bateliers et journaliers se dirigent vers le Palais de justice que le maréchal de La Meilleraye a décidé de fermer pour éviter toute réunion du Parlement. Mais sur le Pont-Neuf, la populace l'empêche d'avancer. Le gouverneur de Paris tente, sans succès, d'endiguer cette marée d'où jaillit un cri : « Liberté aux pères de la patrie ! » Elle ne s'écarte que pour laisser passer le coadjuteur, Paul de Gondi.

La traîne de sa robe portée par un diacre, le prélat rêve de prendre la place de son ennemi Mazarin. Il a étudié de près l'art du complot et en a écrit un livre, *La Conjuration de Fiesque*. Son bras se lève pour une large bénédiction. Les Parisiens le supplient d'aller au Palais-Royal réclamer la libération du vieux Broussel. Prudent, il se contente d'affirmer que la reine fera justice.

La souveraine est dans son grand cabinet avec Mazarin et Gaston qui écoutent La Meilleraye raconter les hurlements de la foule. Les fidèles du duc d'Orléans parlent de « bagatelle ». Le maréchal s'emporte. Anne aussi lorsque Gondi conseille de céder à la rue : « La reine se mit en colère en proférant de son fausset aigre et élevé ces propres mots : "Il y a de la révolte à s'imaginer que l'on se puisse révolter. Voilà les contes ridicules de ceux qui la veulent… L'autorité du roi y donnera bon ordre." » Mazarin, qui mieux que personne sait l'apaiser, réplique aussitôt : « Plût à Dieu,

Madame, que tout le monde parlât avec la même sincérité que parle M. le coadjuteur ! Il craint pour son troupeau, il craint pour la ville, il craint pour l'autorité de Votre Majesté. Je suis persuadé que le péril n'est pas au point que l'on se l'imagine mais le scrupule sur cette matière est en lui une religion louable. »

Toute la nuit, le peuple de la capitale rumine sa colère. Le lendemain 27 août, poussées partout comme par enchantement, des barriques ferment les rues. On dénombre mille deux cent vingt-sept de ces « barricades » entre les murs de la ville. Tous les hommes armés, brandissant coutelas ou bâtons, crient le même refrain : « Vive le roi tout seul ! Vive M. Broussel ! À bas le Mazarin ! »

Le chancelier Séguier, qui tente de gagner le Palais de justice pour y lire un arrêt annulant toutes les décisions prises par la chambre Saint Louis, doit se réfugier dans l'hôtel de Luynes. Caché dans un réduit, il croit sa dernière heure arrivée et récite le Confiteor à l'oreille de son frère, l'évêque de Meaux.

Au Palais-Royal, on réveille la reine, on lui annonce que le chancelier est en danger de mort. La Meilleraye s'élance à la tête d'une troupe de chevau-légers. Deux hommes sont tués. La foule pille l'hôtel de Luynes, ne laissant que les bois de lit. Quai de la Mégisserie, la « canaille » s'empare de vieilles ferrailles. Cinq cents hommes arborant un linge au bout d'un bâton marchent vers le Grand-Châtelet. Les bourgeois sortent en armes. Toutes les chaînes sont tendues, protégées par un double rang de barriques pleines de terre, de pierres et de fumier. Sur les quais, l'émeute fait rage.

Déjà, en 1588, de telles barricades ont poussé Henri III à quitter Paris pour en faire le siège. Inquiet, le Parlement se dirige en délégation vers le Palais-Royal. À sa tête, le président Molé, puis les six présidents à mortier, suivis de cent soixante membres des assemblées en robe noire. Les rues qu'ils traversent sont méconnaissables.

Contrairement aux usages, ces messieurs n'ont pas demandé « son heure », c'est-à-dire audience, à la reine qui commence par refuser de les recevoir. Mais Henriette, accourue après sa discussion avec Broussel, la supplie de changer d'avis pour ne pas voir en France la guerre civile qui ravage l'Angleterre. Le Parlement réclame la liberté de ses conseillers. Anne ne veut rien entendre : « C'est vous qui avez ému le peuple et qui êtes cause de la sédition… Vous la devez dissiper si bon vous semble. Quant à moi, je n'en ferai rien. »

Le chancelier et Mazarin lui suggèrent de réunir le Conseil. La séance dure une heure. La porte s'ouvre enfin. Séguier annonce : « Cessez assemblées, discours et mouvements qui ne peuvent que nuire à la conclusion de la paix avec l'étranger et la reine vous accorde la liberté des prisonniers. » Alors, c'est au tour des parlementaires de vouloir se réunir et délibérer.

Ils quittent le Palais-Royal pour regagner l'île de la Cité, mais le cortège est arrêté au coin des rues de l'Arbre-Sec et Saint-Honoré. Plusieurs milliers d'hommes armés les menacent et crient : « Broussel ! On veut Broussel ! » Le dévot président Molé, dont la reine a nommé le fils évêque, est pris au collet et jeté à terre. Retz, pourtant peu porté à l'indulgence, l'appelle « le plus intrépide des hommes qui ait paru dans son siècle ». Il réussit à retourner au Palais-Royal avec ses confrères et de nouveau les négociations interminables reprennent. Les horloges sonnent les heures. Les Parisiens veillent sur leurs barricades.

Alors se produit un événement comme l'histoire de France n'en a jamais encore connu : les parlementaires votent, oui, votent à mains levées. Par soixante-douze voix contre trente-deux, ils acceptent les conditions de la reine et décident d'ajourner leurs délibérations.

En route pour Sedan, le symbole de la liberté, Broussel, fait demi-tour. Son carrosse passe la porte Saint-Denis entre neuf et dix heures du matin. Le peuple de Paris se dispute l'honneur de lui baiser la main ou la manche de son pourpoint. Le patriarche pleure sous ses cheveux blancs. Et se rend à Notre-Dame pour remercier Dieu de sa liberté recouvrée ou peut-être de cet amour prodigieux de la foule.

Deux chariots chargés de poudre et de mèches sortent de l'Arsenal. Il n'en faut pas davantage pour déclencher la panique et les rumeurs : la reine, dit-on, va partir avec le roi, son fils, et frapper les Parisiens pour les ramener à leurs devoirs. Enquête faite, il ne s'agit que de munitions ordinaires pour les gardes suisses. Peu à peu, la vie reprend son cours. Les boutiques ouvrent.

Au Palais-Royal, épuisée, Anne reste au lit toute cette journée de samedi. Elle ne doute pas un instant que Dieu protégera l'« innocence » du roi. Le cardinal, qui n'a pas un pareil sang-froid, est en train de prouver que sa réputation de poltronnerie n'est pas usurpée. Mme de Motteville raconte avec jubilation qu'il ne s'est pas couché de la nuit, « toujours botté et prêt à monter à cheval… Il y avait dans son écurie… un grand amas de mousquets pour se défendre s'il eût été attaqué ».

Le signor Giulio a de bonnes raisons de dormir d'un œil. Paris rit, Paris rime, Paris chante sur tous les tons sa haine « du Mazarin ». Les imprimeurs tirent leurs affreux libelles sans que la maréchaussée vienne mettre le nez dans leurs fabriques. Le cardinal ne joue plus la comédie lorsqu'il parle de s'en aller à Rome.

Pour toutes les décisions, il s'abrite désormais derrière la blanche main d'Anne. Une main qui, elle, ne tremble pas. On lui répète que son fils n'est plus en sûreté au Palais-Royal, maison sans fossés ni gardes.

Le 13 septembre, prétextant le besoin d'air pur, elle envoie le petit roi à Rueil chez la duchesse d'Aiguillon, nièce et héritière de Richelieu. Mazarin accompagne Louis. La reine les rejoint le lendemain après avoir prié avec ses chères amies, les religieuses du Val-de-Grâce. Affolés par ce départ, les parlementaires font le pèlerinage de Rueil pour demander le retour de Louis XIV dans sa « bonne ville ». Refus cinglant. En outre, un arrêt du roi leur interdit de débattre d'autre finance que le « tarif », un impôt indirect qui frappe les denrées à l'entrée de Paris. Condé, invité à leur parler, leur tient un langage ferme et les incite à se plier à l'autorité royale. Anne s'écrie : « C'est mon troisième fils. »

Alors c'est au tour du Parlement de gonfler ses muscles, de menacer. Et comme le bruit court que trois mille hommes marchent sur Paris, les rebelles des chambres décident d'armer les bourgeois, d'assurer eux-mêmes la sécurité et le ravitaillement de la capitale. Ils votent l'interdiction pour un étranger d'être ministre en France.

Cette révolte parisienne prend le nom de « fronde » bien que personne n'imagine plus que ce soit un jeu d'enfant. Après Rueil, la reine, suivie de toute la cour, s'installe le 24 septembre à Saint-Germain. Elle y reçoit plusieurs délégations du Parlement. Mazarin n'apparaît plus sur le devant de la scène. Les négociations sont menées par Gaston et surtout Condé qui cherche à calmer les esprits.

Anne, soucieuse de ne pas abaisser l'autorité du roi, son fils, ne veut rien lâcher. Elle demande au généralissime d'assiéger Paris. Elle se rend chez lui à Chantilly. Mais le prince ne veut pas entendre parler de guerre civile. Il n'a aucun goût pour la « guerre des pots de chambre ». La reine hausse le ton. Puis finit par se rendre à ses arguments.

Après cinq conférences, un compromis est élaboré. Le 21 octobre, la reine rentre à Paris. Le lendemain, elle signe une déclaration royale qui reprend la plupart des articles de la charte. Satisfaite, la chambre Saint Louis se met en congé.

Entre-temps Mazarin a fait signer à Munster la paix de Westphalie avec les Habsbourg d'Autriche. Metz, Toul et Verdun garantissent désormais notre frontière de l'est. Le sort de l'Alsace est réglé dans des termes très ambigus qui permettront bientôt à Louis XIV de l'annexer purement et simplement. Mais la France reste en guerre contre l'Espagne, ce que le Parlement reproche durement au ministre.

Par bonheur pour le cardinal, ces messieurs n'ont pas le centième du sens politique de l'Italien. Ils n'ont rien de plus pressé que de se fâcher avec Condé, leur médiateur. Machiavélique, Mazarin, humilié et honni, s'arrange pour montrer qu'il n'a point de meilleur ami que le prince, excellent moyen pour le rendre impopulaire. Et Paris, versatile comme une fille, cesse peu à peu d'adorer son César. Les conseillers accusent ses soldats de piller, de brûler et de violer sans vergogne, ce qui est d'ailleurs parfaitement exact. Le vieux Broussel, érigé en oracle, réclame une enquête et déclare que tout soldat coupable du vol d'un poulet doit être pendu. Le vainqueur de Rocroi n'est pas près de pardonner un tel outrage.

Si le cardinal décide de tout, il s'abrite toujours derrière la reine. Il pousse Sa Majesté à châtier la capitale frondeuse. Désormais, Anne peut compter sur le concours de l'invincible Condé : « Il lui dit, rapporte l'inévitable Mme de Motteville, qu'avec lui et les bons soldats qui sont dans ses armées, elle ne peut douter qu'elle ne voie dans peu de temps les Parisiens et le Parlement à ses pieds. » Gaston, seul, est dans la confidence.

Mais auparavant, la cour doit sortir de Paris. À l'approche de Noël, la souveraine se montre telle qu'en elle-même, majestueuse, enjouée, sereine. Arrive le grand jour. Le 5 janvier 1649, plus gaie qu'à l'ordinaire, elle annonce à ses dames qu'elle ira le lendemain passer sa journée au Val-de-Grâce. Le soir, en leur compagnie, elle tire les Rois avec ses enfants. C'est à elle, bien sûr, que revient la fève. On apporte de l'hypocras. Anne, qui ne prend jamais d'alcool, trempe ses lèvres dans le gobelet qu'on lui verse. On chante, on rit, on crie : « La reine boit ! »

Sitôt couchée, ses dames retirées au Louvre, elle fait fermer toutes les portes du Palais-Royal. À trois heures du matin, Louis et son petit frère Philippe sont réveillés. Un carrosse attend au bout du jardin du Palais-Royal. Mazarin a organisé cette fuite peu glorieuse. Au-delà des remparts, sur le cours, qui ne s'appelle pas encore « La Reine », la famille royale retrouve les ministres, les princes et les princesses. Mademoiselle est grognon. La longue caravane des voitures à six chevaux prend la route de Saint-Germain où elle arrive, grelottante, avant le lever du soleil. Il fait un froid de loup. Pour ne pas éveiller les soupçons, dans le château, rien n'a été prévu. Ni meubles, ni linge, ni serviteurs. Mazarin a seulement fait livrer la veille un lit, « petit », pour la reine. On en trouve un autre pour les deux enfants. Le cardinal prend le dernier. Pour dormir, toute la cour est mise sur la paille qui bientôt s'arrache à prix d'or.

Dès cinq heures du matin, la nouvelle traverse Paris comme la foudre, semant la peur, le désespoir et la confusion. Dans une lettre au prévôt des marchands, Anne affirme qu'elle ne veut « aucun mal » ni au peuple ni aux « bons bourgeois ». Elle se voit seulement « contrainte de fuir les violences du Parlement dont les cabales et les intelligences criminelles avec les ennemis de l'État lui ôtaient le moyen de pouvoir vivre en sûreté dans Paris ».

Un commandement joint à la lettre ordonne aux bonnets carrés du Parlement de quitter Paris et de se retirer à Montargis. Sur ordre de la reine, tous les villages autour de la capitale ont défense d'y porter « aucune espèce de nourriture ». Les soldats royaux interceptent le pain et les animaux qui tentent de forcer le blocus. Condé fait établir ses quartiers à Saint-Denis, Saint-Cloud et Sèvres.

Le Parlement réuni le 8 janvier déclare Mazarin « ennemi du roi et de l'État, perturbateur du repos public ». Ordre est donné à « tous les sujets du roi de lui courir sus ».

Le lendemain commence le siège de Paris. Il va durer près de cent jours.

21

La guerre des dames

La Fronde a désormais son âme, son souffle et son cerveau réunis dans l'intrépide Anne-Geneviève de Bourbon, duchesse de Longueville. Un regard d'ange à damner les saints et, à vingt-neuf ans, elle n'a pas fini de faire chavirer les cœurs. Le duc, son vieux mari, la craint. Son chevalier servant du moment, La Rochefoucauld, est trop aveuglé par l'amour pour lui résister. Son second frère, le prince de Conti, un vilain jeune homme contrefait et noiraud, brûle pour sa sœur d'un amour que le cardinal de Retz assure incestueux. Un seul homme lui inspire un tendre respect, son frère, Condé, vainqueur de toutes les batailles. Elle s'opposera à lui. Et ce n'est pas le moindre paradoxe de cette histoire de famille qui va ensanglanter la France.

Princesse de sang, la duchesse a conçu la téméraire entreprise de chasser le « faquin » de cardinal et de mettre son glorieux frère à sa place. Elle ne vit et ne respire que pour abattre ce Mazarin qui est la créature de Richelieu, l'homme qui humilia son père, exécuta son oncle Montmorency, persécuta sa mère et imposa à son frère un mariage honteux. Ce siècle, en France, est celui des femmes sans peur et sans faiblesse qui se lancent à l'assaut des trônes.

L'intrépide est née dans la prison de Vincennes où ses parents étaient prisonniers de Marie de Médicis et de son Concini. Elle s'engage dans une joute avec Anne, qui n'a certes pas son intelligence diabolique mais qui ne craint rien car elle se bat pour son fils.

Malgré les supplications de ses proches, la jeune femme est la seule à avoir refusé de suivre la reine à Saint-Germain. Le prétexte est tout trouvé : elle est enceinte de huit mois. Sans doute de son amant La Rochefoucauld. Sa mère, la princesse de Condé, est montée avec Mademoiselle dans le carrosse royal. Suivie de son fils Conti. Mais deux jours plus tard, le jeune homme est à Paris, de retour dans l'hôtel des Condé. Le duc de Longueville est lui aussi revenu de son fief de Normandie. Pour pouvoir franchir les portes de la capitale et les gardes méfiants, les deux princes ont dû attendre l'arrivée de Retz, réveillé au milieu de la nuit.

L'État-major de la Fronde est désormais constitué. Il se réunit dans la chambre de la duchesse. Il y a là, outre l'amoureux éperdu La Rochefoucauld, le mari complaisant et le frère Conti, le coadjuteur qui partage leur haine de Mazarin. On y voit aussi les principales têtes du Parlement, sans oublier le vénérable Broussel.

Il ne manque que le héros de cette tragicomédie, Condé. Le frère et la sœur se sont affrontés dans une de ces scènes épiques comme les aime la romanesque duchesse. Farouche, superbe, Anne-Geneviève a désespérément tenté d'enrôler son frère et ses lauriers contre le cardinal détesté. Peine perdue. Ce général de vingt-sept ans dont le nom seul fait trembler les armées d'Europe n'a pas la vocation des cabales et des coups d'État. Il ne veut pas tourner ses canons contre la reine. Il parle avec fougue de ses engagements sacrés vis-à-vis du roi.

La scène entre le frère et la sœur a été houleuse selon le témoignage d'un ami de la duchesse : « Mme de Longueville ne comprenait pas qu'on pût résister à ce qu'elle proposait… Elle s'était attendue à gouverner avec ses deux frères. Elle s'irrita vivement contre M. le prince qui, n'ayant pas l'humeur patiente, s'emporta contre elle dans les termes les plus piquants. »

La frondeuse se fâche mais ne renonce pas : elle agira par elle-même, sans Condé mais pour Condé.

D'abord il faut de l'or. Le Parlement ordonne aux gens d'armes de fouiller toutes les maisons et de s'emparer des bijoux, des pierreries et des écus. Dans la ville, la chasse est ouverte aux oisifs, aux « mazarins » et aux dames qui cherchent par tous les moyens à rejoindre la cour à Saint-Germain. Cette mission de salut public est remplie sans ménagement. Les armoires sont violées, les bahuts renversés, les matelas transpercés par les épées, les caves et les greniers ratissés. Mme de Motteville, restée dans la capitale, s'est réfugiée à Saint-Roch, en tremblant. Moyennant quelques écus, des mouchards dénoncent les magots qui n'auraient pas encore été confisqués : il en reste de considérables.

La reine est persuadée que Paris, avec ses généraux de fortune plus aguerris aux intrigues de salon qu'au feu des mousquets, ne pourra résister longtemps aux armées royales. Quant aux robins, ils n'ont que leurs discours pour défendre la ville gagnée par la peur depuis le départ du roi.

Chaque jour ou presque la rumeur annonce plusieurs milliers de cavaliers et des dizaines de canons. Avant le siège, Condé a écrit aux gouverneurs des provinces et à ses amis pour s'assurer de leur fidélité. Mais le duc de Bouillon, qui ne se remet pas d'avoir perdu sa place forte de Sedan, est passé à la Fronde. Son frère Turenne s'interroge aussi et répond à Condé : « Je vous donne ma parole que je n'ai nul engagement qui soit contraire à la fidélité que je dois au service du roi…

Je vous dirai franchement que je n'ai nul sujet d'être satisfait de M. le cardinal Mazarin… Vous savez bien, monseigneur… je ne laisse pas d'être fort attaché aux intérêts de notre maison. »

Le président du Parlement, Molé, effrayé par le spectre de la guerre civile, convainc ses collègues d'envoyer une députation à Saint-Germain. Mais la reine, plus enragée que jamais par cette rébellion, ne parle que de capitulation. Louis XIV a envoyé au prévôt des marchands une lettre accusant certains conseillers, ayant intelligence avec l'ennemi, de s'être « portés jusqu'à conspirer de se saisir de ma propre personne ». Un tel crime est puni de mort.

Autour de Paris, Condé resserre son étau. Sceaux et Corbeil tombent. La prise de Charenton bloque le port fluvial par où transitent les blés et le pain de Gonesse qui ravitaillent la capitale. Outre la disette, une crue de la Seine inonde les rues transformées en canaux comme à Venise.

Pour ranimer l'enthousiasme, le coadjuteur prononce à l'église Saint-Paul un violent sermon anti-Mazarin. La duchesse de Longueville transporte sa chambre à l'Hôtel de Ville. De son lit, elle donne les ordres de combat. Dans la nuit du 28 au 29 janvier, elle y accouche d'un garçon prénommé sur-le-champ Charles-Paris. Le prévôt des marchands est le parrain. Dès le lendemain, à la tête d'un immense cortège, il conduit le nouveau-né à l'église voisine de Saint-Jean-en-Grève pour qu'il y soit baptisé par l'omniprésent coadjuteur. La capitale, ensorcelée par ce petit prince qui porte son nom, en oublierait presque sa faim. Le camp des faucons, autour du « bonhomme » Broussel avide de revanche, prend le pas sur celui des colombes où le dévot Mathieu Molé, autre patriarche à barbe blanche âgé de soixante-cinq ans, s'essouffle à prêcher la négociation. Mazarin est déclaré « ennemi public ».

Retz lève des troupes pompeusement appelées « régiment de Corinthe » car il a le titre d'évêque in partibus de Corinthe. À sa première sortie du côté de Bourg-la-Reine, le régiment fait demi-tour en apercevant l'alignement des armées royales : « Chaque Parisien était alors soldat mais soldat sans courage », ironise Mme de Motteville. À Antony, La Rochefoucauld est grièvement blessé.

La reine souhaite moins que jamais rendre les armes et reste sourde aux appels à la paix que reproduit la très loyaliste *Gazette*. Mais sa résolution est ébranlée par un événement incroyable et terrifiant : le 29 janvier 1649, son beau-frère Charles Ier, roi d'Angleterre et protecteur du si regretté Buckingham, est décapité à la hache devant son palais de Whitehall après un jugement expéditif du Parlement transformé en tribunal. Henriette son épouse, confinée au Louvre dans une chambre sans drap ni feu, apprend l'horrible nouvelle dix jours plus tard. À Mme de Motteville qui s'apprête à rejoindre la cour à Saint-Germain, elle confie pour Anne le message suppliant « de ne point irriter ses peuples à moins que d'avoir la puissance de les dompter tout à fait… Que le peuple était une bête féroce qui ne s'apprivoisait jamais ».

L'échafaud dressé à Londres pour un roi hante tous les esprits, à la cour. Mais à Paris, les bourgeois ont de plus en plus de mal à ouvrir leur bourse pour faire la guerre, comme le constate le coadjuteur : « Le bruit des trompettes… la vue des étendards réjouissent les boutiques. Mais au fond paye-t-on les taxes avec la même ponctualité qu'on les a payées les premières semaines ? »

Cependant le peuple n'a rien perdu de sa haine. « Point de Mazarin ! » crie la foule sur tous les tons. Et joignant le geste à la parole, elle pille et disperse aux quatre vents la précieuse bibliothèque de plusieurs dizaines de milliers de volumes que le cardinal a constituée et mise certains jours de la semaine à la disposition du public. Les meubles, les vêtements du roi et de la reine ont également été volés.

Les plus rebelles accusent de trahison les parlementaires modérés comme le président Molé, Omer Talon et Claude de Mesmes, le négociateur de la paix de Westphalie, qui cherchent un prétexte pour ouvrir des pourparlers avec la régente. C'est l'archiduc Léopold, gouverneur des Flandres, qui le fournit en envoyant au Parlement un émissaire chargé de proposer la paix à la France. Il ne peut, assure-t-il, traiter avec Mazarin désormais hors la loi.

À l'instigation de Retz, Molé et de Mesmes s'en vont à Saint-Germain informer Sa Majesté des conditions posées par l'Espagne pour un cessez-le-feu. Le temps presse car, de leur côté, Conti et son intraitable sœur ont envoyé un plénipotentiaire à Bruxelles pour supplier l'archiduc de lancer son armée vers Paris « sans le moindre retardement », les affaires de la Fronde étant réduites « à la dernière extrémité » après une nouvelle bataille perdue dans la plaine de Brie.

Devant la menace ennemie, Anne accepte de négocier la paix, non pas avec l'Espagne car rien ne presse de ce côté-là, mais avec le Parlement frondeur. L'heure est aux bonnes manières. Condé et Gaston s'engagent à laisser les chariots de blé entrer dans Paris dès que s'ouvriront les négociations. Mais qui fournira les blés ? Avec quels écus ? Personne n'a la réponse.

La conférence de paix est encore retardée par un nouvel obstacle : les parlementaires refusent tout simplement de débattre avec le cardinal qu'ils ont eux-mêmes récusé et banni. Les marchandages reprennent. Un stratagème est finalement trouvé : les deux délégations siégeront dans le château de Rueil, mais dans des pièces différentes. Et Mazarin restera invisible. Un rôle qu'il joue à merveille : celui de marionnettiste.

Mais à Paris, voilà que diverses nouvelles viennent ranimer la flamme des partisans de la guerre. Le duc de Bouillon apprend que son frère, Turenne, s'apprête à franchir le Rhin à la tête d'une armée de mercenaires allemands. Avec les renforts promis par l'archiduc, la Fronde peut espérer la victoire. Il est donc urgent d'attendre avant de déposer les armes. En outre, Condé et le duc d'Orléans adressent à Molé un démenti : non, prétendent-ils, ils ne se sont jamais engagés à permettre l'entrée des blés dans Paris. Pour en avoir le cœur net, le Parlement envoie à Saint-Germain un nouvel émissaire qui revient avec la promesse, cette fois écrite. Et le temps passe…

De Normandie, le duc de Longueville annonce l'envoi de sept mille hommes et trois mille chevaux. Le gouverneur du Poitou promet les mêmes renforts dès qu'il aura vidé les caisses royales à Poitiers et à Niort.

Les enragés du Parlement décident de rappeler les négociateurs. Nous sommes le 11 mars 1649. Au même moment, au péril de sa vie, Molé signe la paix de Rueil avec la régente. Il lui reste à obtenir l'aval de ses collègues.

Le 13 mars, dans une atmosphère explosive, le coadjuteur observe la scène et vante le courage du président du Parlement avec une admiration inhabituelle chez lui : « Il se voyait l'objet de la fureur et de l'exécration du peuple. Il le voyait armé ou plutôt hérissé de toutes sortes d'armes, en résolution de l'assassiner. Je ne lui vis jamais un mouvement dans le visage… qui ne marquât une fermeté inébranlable et une présence d'esprit presque surnaturelle. »

La foule, agglutinée derrière les portes, hurle et menace de jeter à la rivière tous ces mazarins à bonnet carré trop modérés. Molé doit promettre d'amender le traité de paix. Stoïque, le patriarche reprend le chemin de Rueil avec son collègue de Mesmes. Retz jubile : les armées de Turenne et de l'archiduc auront tout le loisir d'arriver jusqu'aux portes de Paris.

En effet, elles se rapprochent. Le 16 mars, les Espagnols sont à Cambrai avec vingt mille hommes. Leurs éclaireurs s'avancent jusqu'à Soissons. L'attaque ennemie est imminente. À Madrid, Philippe IV ne s'alarme pas trop du sort d'Anne : « Si la reine ma sœur est obligée de quitter la France avec son fils, écrit-il à ses ambassadeurs, j'entends qu'elle ne soit pas reçue dans mes États. Il faut éviter les embarras que nous causa jadis la reine Marie de Médicis. »

Mais le prestidigitateur Mazarin sort de sa manche huit cent mille livres qu'il propose aux mercenaires de Turenne pour qu'ils rebroussent chemin. Dans la nuit du 16 au 17 mars, un courrier arrive à Paris et annonce que les reîtres allemands ont abandonné leur chef qui s'est replié en Hollande.

Qui n'aspire à la paix ? La cour, le Parlement, la province dévastée dont les paysans devenus mendiants envahissent les villes en effrayant les bourgeois... Même Vincent de Paul, qui a soutenu la Fronde, adjure Mazarin de ne plus troubler l'ordre public. Le traité est rondement conclu, par Condé et Gaston. Le Parlement accepte de mauvaise grâce que Mazarin y appose sa signature. Tous les chefs de la Fronde sont amnistiés et récompensés. Le coadjuteur n'est pas homme à aller se jeter aux pieds de la reine pour lui demander pardon, comme se sont empressés de faire les princes frondeurs, Conti le premier. D'ailleurs, il a une trop haute idée de son génie politique pour se croire coupable. Il se contente d'une assurance sur l'avenir et envoie au jeune Louis XIV un billet d'impeccable courtisan : « Comme je n'ai rien fait dans le mouvement présent que ce que j'ai cru être du service du roi et du véritable intérêt de l'État, j'ai trop de raisons de souhaiter que Sa Majesté en soit bien informée à sa majorité pour ne pas supplier MM. les députés de ne pas souffrir que l'on me comprenne dans l'amnistie. »

Sitôt la paix de Rueil signée et approuvée par le Parlement fin mars 1649, Condé se jette dans les bras de la duchesse de Longueville. La réconciliation a lieu à Chantilly, sous le regard de leur mère, la princesse douairière. Entre ces deux tempéraments de feu, les querelles sont violentes mais elles ne peuvent durer. Le prince admire sa sœur aînée qui a une vraie tête politique. Elle règne à Paris sur le peuple, le Parlement, les princes. Défenseur de la Couronne et de l'enfant roi, il est le maître à la cour et au Conseil. Leurs retrouvailles ne peuvent qu'inquiéter Mazarin et irriter la reine.

Anne n'a pas le talent du cardinal pour jouer la comédie et se forcer à sourire. Elle est au chaud dans son lit lorsque la duchesse vient à Saint-Germain lui rendre une visite de paix, accompagnée de sa belle-fille, Mlle de Longueville, fille du premier lit de son mari. L'affrontement entre les deux ennemies est réduit au strict minimum. Anne et la duchesse échangent quelques mots à voix basse : « Cette conversation et cette visite si sèchement passée ne servirent qu'à augmenter le ressentiment que la reine avait contre cette princesse qui, n'ayant jamais pris soin de lui plaire, ne lui plaisait pas aussi », dit Mme de Motteville.

Pour s'assurer la protection de la reine, il suffit au signor Giulio de souffler à l'oreille de Sa Majesté que Condé est à nouveau entre les mains de la terrible Anne-Geneviève.

Le lien renoué entre le frère et la sœur brise les alliances d'hier et forme de nouvelles coalitions. Le coadjuteur est trop jaloux de M. le prince pour imaginer une cabale avec lui. À tout hasard, il fait transmettre à la reine par une de ses connaissances de vagues protestations de loyauté et d'obéissance. Anne répond qu'elle ne considère comme ses serviteurs que les bons amis de Mazarin. Retz n'a pas attendu ce conseil pour s'entendre avec le cardinal, de prélat à prélat, et obtenir quelques faveurs pour ses protégés.

Privé de ses conciliabules quotidiens avec la duchesse de Longueville, il ne tarde pas non plus à retrouver une autre égérie également portée aux conspirations : la fille de la Chevreuse. Dès la conclusion de la paix, la duchesse, exilée quatre ans à Bruxelles, rentre à Paris. Son premier soin est d'envoyer son mari, sourd et cacochyme, à Saint-Germain en ambassadeur. Mais le vieux duc n'obtient pas de la reine le retour en grâce de sa femme et celle-ci se rabat sur Retz dont elle n'a aucune peine à s'attirer les amabilités.

Après tant d'errances en terres étrangères, l'aventurière, dans sa cinquantième année, a beaucoup perdu de sa beauté. Mais elle est accompagnée de sa seconde fille, Charlotte-Marie, qui est belle quoiqu'un peu maigre, affirment les dames de la cour. Retz n'a pas grand mal à faire de la fille sa maîtresse et de la mère sa complice en machinations politiques alambiquées.

Il charge Beaufort d'obtenir pour les Chevreuse l'autorisation de demeurer à Paris, dans une maison à deux pas de son archevêché. Le prince chéri des femmes de la Halle s'amuse : « Vous ne voulez pas qu'elle sorte. Elle ne sortira pas. Elle a les yeux trop beaux. » Le coadjuteur, qui ne veut pas passer pour un libertin devant la postérité, prétend dans ses *Mémoires* qu'il voulait juste s'assurer les bons offices de la duchesse pour « aller aux Espagnols en cas de besoin ».

À Compiègne, la reine et ses fils tentent d'oublier ces jours et ces nuits de tourments. Le printemps arrive, la forêt verdit, la rivière fait entendre une musique de paix. Mazarin n'a qu'une affaire en tête : surveiller sans relâche, comme une bête féroce, l'impétueux Condé qui n'a peur de rien et se promène sans escorte dans ce Paris qu'il a affamé alors que courent sur le Mazarin d'affreux libelles que l'on appelle désormais « mazarinades ».

Homme de guerre et non d'intrigues, le prince a le regard fixé sur Cambrai où l'archiduc Léopold reste prêt à fondre sur Paris. Condé préconise une offensive de grande envergure afin de conquérir les Flandres, ce refuge des ennemis du roi, et surtout d'anéantir l'armée espagnole en guise de préambule à des négociations de paix avec Madrid.

Pourquoi le cardinal s'oppose-t-il à un si ambitieux projet qui aurait changé le cours de l'Histoire ? Toujours la peur de perdre son ministère et le flot d'or inépuisable qui y est attaché. Dans ses cauchemars, Mazarin voit le retour en France d'un Condé victorieux du roi d'Espagne. Rien ni personne ne s'opposerait à l'invincible général.

En repoussant le projet du prince, l'Italien se lance dans une guerre à mort avec ce jeune héros, sans doute éperonné par sa sœur qui porte une haine brûlante à « ce singe de Richelieu… qui a autant d'ennemis qu'il y a de Français, cet esprit faible que sa conscience épouvantait, cet étranger à qui un Parisien était un monstre, à qui un conseiller donnait de l'effroi, à qui l'image du Parlement, vénérable à tous les gens de bien, semblait plus effroyable que l'image de l'enfer ».

Mazarin ne fixe pour objectif que la prise de Cambrai et en confie le soin au maréchal d'Harcourt, brave homme à l'« esprit court » qui début juillet finit par lever le siège et se replie piteusement. Le cardinal, avec une malice voisine de l'insolence, ne manque pas de faire appel à plusieurs reprises à la prodigalité de Condé pour qu'il lui fournisse l'argent destiné aux troupes royales. Et M. le prince s'exécute… Mais pour cacher son dépit d'être si peu entendu, il s'en va dans son gouvernement de Bourgogne dont la population, qui ne le voit pas souvent, lui manifeste un attachement indéfectible. De là, il envoie des courriers à ses amis de la cour pour recommander instamment le retour du roi à Paris. Il finit par obtenir gain de cause, malgré l'épouvante du cardinal qui se croit « poussé au précipice » par son meilleur ennemi.

Le 18 août, Louis XIV et sa mère entrent par la porte Saint-Denis. Le peuple, les bourgeois, les parlementaires, tous n'ont d'yeux que pour leur roi de onze ans qu'ils n'ont pas vu depuis plus de sept mois. Il est la séduction incarnée, déjà tout rempli de sa royale majesté. Paris en oublie le Mazarin détesté qui n'en mène pas large, recroquevillé sur sa banquette. Le cardinal et Condé, côte à côte dans le même carrosse, partagent les acclamations des Parisiens incorrigiblement versatiles.

Le lendemain et les jours suivants, tous les frondeurs plus ou moins repentis viennent faire acte d'allégeance au roi et à sa mère. À la tête du clergé, le coadjuteur ouvre le cérémonial. Anne lui trouve la mine un peu « honteuse » et s'en amuse.

Lorsque vient le tour de Condé, la reine déclare à haute voix pour que la cour l'entende : « Monsieur, le service que vous avez rendu à l'État est si grand que le roi et moi serions des ingrats s'il nous arrivait de l'oublier jamais. » Hélas ! pour son fils, il n'y a point de serment qu'Anne ne soit disposée à trahir…

Les festivités se terminent par un grand bal à l'Hôtel de Ville pour l'anniversaire du roi. La duchesse de Longueville, reine, il y a quelques mois, de ce palais frondeur, est invitée à la demande pressante de son frère. Depuis ses couches, elle a recouvré son insolente beauté. Elle arrive de Chantilly où elle a pris les eaux et les réjouissances se déroulent sans l'incident redouté avec l'ennemi public.

Une fois éteints les lampions qui ont illuminé le retour du roi dans sa capitale, Mazarin écrit les premiers mots de sa nouvelle commedia. La Rochefoucauld l'observe : « Il ne parlait que d'abandonner les affaires et de sortir du royaume. » Mais en même temps, « il faisait tous les jours quelques nouvelles propositions aux amis de M. le prince ».

La Fronde a emprunté le nom d'un jouet d'écolier. Les péripéties qui suivent la fragile paix de Rueil méritent d'être qualifiées d'enfantillages, des bagatelles d'une incroyable frivolité alors que la guerre et la misère font mourir tant de Français. Cependant, la survie de la monarchie est bien l'enjeu de ces querelles de préséance, d'amour-propre, de vanité. Les gouvernements et les places fortes que la noblesse s'arrache représentent moins la richesse que le pouvoir. On verse son sang pour la puissance et l'éclat de sa famille. La duchesse de Longueville est tout autant que ses frères chargée de l'honneur de sa maison, la première de France après celle du roi. Que pèse un gredin de Sicile en face d'un Bourbon ?

La première escarmouche d'importance éclate à propos de Pont-de-l'Arche, place forte normande d'un grand intérêt stratégique sur la route de Paris. Condé la revendique pour son beau-frère, le duc de Longueville. Mais le 10 septembre, le cardinal, après des circonlocutions zozotantes, lui déclare que la reine refuse : Pont-de-l'Arche doit rester à la Couronne, à son fils. Son Éminence aurait presque l'air navré, comme si Sa Majesté lui brisait le cœur. Quatre jours plus tard, toujours aussi désolé, il lui confirme la décision de la régente. Alors Condé laisse éclater sa fureur :

il s'estime trahi par Mazarin et lui envoie un billet dans lequel il se déclare son « ennemi capital ».

Au messager porteur de cette algarade, le cardinal se dit étonné que « M. le prince se laisse ainsi gouverner par sa sœur ». Mais le dernier mot revient au guerrier. Croisant le prélat honni au Palais-Royal, le jeune homme, en allusion au malheureux siège de Cambrai, lance avec ironie un tonitruant « Adieu, Mars ! ».

Anne se montre magnanime : elle finit par accepter de donner Pont-de-l'Arche au duc de Longueville. Et la Provence à Conti. Condé obtient, lui, que toutes les nominations lui soient préalablement soumises.

Un point, toutefois, et il n'y voit pas malice : Mazarin demande au prince de lui griffonner un billet de sa main lui promettant « de le servir dans tous les intérêts de l'État et les siens particuliers, envers et contre tous ». Condé signe, le malheureux ! Dès qu'elle l'apprend, la duchesse de Longueville mesure en un éclair les conséquences de cette mascarade de réconciliation. Elle seule est en mesure de dire à son frère ses quatre vérités. Avec ce funeste papier, Condé va perdre le peu d'amis qui lui restent, lui que, depuis le blocus de Paris, le Parlement et le peuple regardent comme un monstre.

M. le prince n'est pas de taille à déjouer les fourberies du cardinal. C'est un bloc, hautain, volontiers méprisant, sans cesse bouillonnant. Il ne soupçonne pas, dans son fol orgueil, que dès ce moment où la vie a repris son cours à Paris, Mazarin a conçu le projet d'emprisonner un rival si redoutable.

Condé se laisse aisément prendre aux comédies larmoyantes que le cardinal joue et fait interpréter à Anne. Une page du carnet de Mazarin en dit long : « Il faut que la reine se souvienne de se plaindre de moi particulièrement à M. le prince. » La régente est une élève docile.

Pendant le mois de décembre 1649, le ministre monte des simulacres d'attentats pour persuader le prince qu'il est en mortel danger, si grande est la haine qu'il inspire de tous côtés. L'impulsif Condé accuse aussitôt le Parlement d'en vouloir à sa vie : « Le cardinal, dit La Rochefoucauld, eut le plaisir de le conduire lui-même dans tous les pièges qu'il lui tendait. »

Mazarin ne se montre jamais : il reste dans la coulisse et dicte à la reine jusqu'aux mots qu'elle doit prononcer. Il lui fait même jouer une assez vilaine bouffonnerie : elle doit réprimander devant toutes ses dames un fidèle de Condé qui se serait mis en tête, dit-on, de faire les yeux doux à la souveraine. Le galant s'est vu honteusement congédié. Mais là encore Condé s'empresse de réclamer et d'obtenir pour la victime de la farce, un capitaine des gardes nommé Jarzé, sa réintégration à la cour. Anne, furieuse, croit désormais son ministre quand il lui prédit qu'avec M. le prince, elle ne serait qu'une « reine de cartes » et le roi un « valet de comédie ».

Par un retournement d'alliance, à l'exemple de Richelieu, le magicien s'acoquine avec la duchesse de Chevreuse qui l'assure que Paris ne bougera pas en cas d'arrestation de Condé. Elle répond de Retz et donc du duc d'Orléans et du Parlement.

La reine se laisse convaincre que la couronne de son fils est à ce prix. C'est elle qui avertit Gaston et le coadjuteur du projet. Mais c'est Mazarin qui a conçu cette opération, « non seulement pour se voir délivré d'un prince du sang qui le méprisait, écrit Mme de Motteville, mais encore parce qu'il crut qu'il allait être le maître de la France ».

La date est fixée un jour de Conseil pour appréhender, en même temps que Condé, son frère Conti et son beau-frère Longueville, de peur que ceux-ci ne déclenchent une « guerre civile » pour libérer le héros de Rocroi. Ce matin-là, la reine est allongée sur son lit, prétextant un mal de tête, en vérité, selon sa dame d'honneur, « pour cacher le trouble de son âme », lequel augmente lorsqu'elle voit entrer dans sa chambre sa vieille amie, la princesse douairière de Condé.

Dès que la mère des princes a tourné les talons, la souveraine prend le petit roi par la main pour l'emmener à son oratoire. L'enfant, certes, ne se doute de rien. Anne prie pour le succès d'un coup d'éclat qui doit, croit-elle, sauver la monarchie absolue et assurer à Louis XIV un règne de gloire, de prospérité, de bonheur.

Mais elle n'a rien à craindre. L'opération a été confiée au fidèle Guitaut, un homme secret et un spécialiste. Dans la salle du Conseil, le chancelier et les secrétaires d'État assistent à l'arrestation sans desserrer les lèvres. À son habitude, Gaston a été retenu au lit par une colique. « Au nom de Dieu, retournez à la reine et dites-lui que je la supplie que je lui puisse parler », ordonne Condé à l'oreille de Guitaut. Et à haute voix, il s'écrie : « Messieurs, la reine me fait arrêter… J'avoue que cela m'étonne, moi qui ai toujours si bien servi le roi et qui croyais être si assuré de l'amitié de M. le cardinal. » Se tournant vers le chancelier, il lui demande, à son tour, de prier la reine de le recevoir et à Servien qu'il fasse la même démarche auprès du cardinal. Mais Guitaut revient. Anne refuse de parler au prince. Que pourrait-elle lui dire en effet ?

À Comminges qui l'attend avec douze hommes en armes dans le jardin, le grand stratège lance : « Vous êtes homme d'honneur et gentilhomme n'ai-je rien à craindre ? – Sur mon honneur, monsieur, il ne s'agit que du bois de Vincennes. »

À la lueur des torches, Condé reconnaît dans la nuit un officier qui était à ses côtés lors de la dernière campagne : « Ce n'est pas ici la bataille de Lens », persifle-t-il. À quelques lieues, le carrosse verse dans la gadoue et les ténèbres. Et comme les mousquetaires se précipitent pour l'encadrer, il dit à leur chef : « Ne craignez point, je ne prétends point me sauver… Personne ne doit venir à mon secours, car je vous assure que je n'ai pris nulle précaution contre ce voyage. » À Vincennes, on étale un peu de paille sur le sol de la chambre du donjon. On apporte deux œufs et un quignon de pain. Le vainqueur de Rocroi entame une partie de cartes avec Comminges et lui demande à brûle-pourpoint : « Comprenez-vous mon arrestation ? » L'autre, qui a de la culture, répond : « Monseigneur, rappelez-vous pourquoi Tibère ne pouvait souffrir Germanicus. » Jaloux des victoires de son neveu qui avait pacifié la Germanie, l'empereur romain l'avait envoyé, loin de Rome, en Syrie.

Mazarin est en compagnie de l'abbé de La Rivière, âme damnée de Gaston, lorsqu'on vient lui souffler à l'oreille que l'« affaire » est accomplie. Il en informe aussitôt son visiteur, qui éclate de rire, croyant à la dernière plaisanterie du cardinal. Alors celui-ci en fait autant. Et les deux hommes s'esclaffent en chœur, à grand bruit, sans pouvoir s'arrêter.

22

Prison de princes

Anne sort de son oratoire. Une fois encore, Dieu a protégé son fils. Elle ne met pas en doute le bien-fondé de cette arrestation. C'est le parrain du roi, seul, qu'elle écoute.

Pourtant, le cardinal n'a aucun motif sérieux pour emprisonner le jeune héros que l'Espagne nous envie. Sinon la peur de perdre sa place et les montagnes d'or et de joyaux qu'elle lui assure. Une fois encore, il se cache derrière la blanche et fine main royale qu'il baise avec transport vingt fois par jour, pour manœuvrer entre ses ennemis et écarter celui qui lui fait le plus d'ombre : « Le soir de ce jour si célèbre, la reine, se montrant à toute la cour, parla du prince de Condé avec une grande modération. Elle dit qu'elle était fâchée d'avoir été forcée pour le repos de l'État de le faire arrêter », écrit Mme de Motteville.

Autre jaloux, Gaston, remis de cette peur qui lui a tordu les entrailles, s'écrie joyeusement : « Beau coup de filet, on vient de prendre un lion, un singe et un renard. »

Avec Retz, le tête-à-tête du cardinal dure sept heures. Sous leur robe d'église, les deux hommes ne rêvent que de pouvoir temporel. La stratégie du coadjuteur consiste à s'appuyer sur le duc d'Orléans, pour prendre la place de Mazarin. Mais face au ministre, il jure ses grands dieux qu'il ne souhaite rien pour lui-même. Le cardinal fait mine de le croire. À menteur, menteur et demi. Retz écrit dans ses *Mémoires* : « La vérité jette lorsqu'elle est à un certain carat une manière d'éclat auquel on ne peut résister. Je n'ai jamais vu d'homme qui en fît si peu d'état que le Mazarin. » Sans doute le coadjuteur ne se regarde-t-il jamais dans un miroir !

À l'hôtel de Condé, c'est la consternation. En représailles, les officiers du prince veulent courir au Val-de-Grâce prendre en otage les petites Mazarines. Mais l'oncle, prévoyant, les a placées au Luxembourg sous la haute protection de Gaston ! La régente a envoyé son jeune secrétaire d'État, M. de Brienne, prévenir la princesse douairière. Et la prier de se retirer à Chantilly avec sa belle-fille et le petit duc d'Enghien.

Le cerveau de la famille, la duchesse de Longueville, cauchemar de Mazarin, doit être amenée au Palais-Royal pour comparaître devant la reine. Mais à son hôtel, les officiers ne trouvent qu'un grand désordre. La belle frondeuse est déjà en fuite. Au-delà des remparts, faubourg Saint-Germain, elle s'arrête dans la maison de son amie, la séduisante princesse Palatine, autre forte tête politique.

Plus intrigante encore que la Chevreuse, Anne de Gonzague est la fille du duc de Nevers et de Mantoue pour lequel Louis XIII est allé guerroyer en Italie. Sa sœur Marie a été le grand amour de Gaston puis de Cinq-Mars, autant dire qu'elle connaît toutes les passions qui agitent le royaume. Destinée dès l'enfance au couvent, Anne a été enlevée par l'archevêque de Reims, Henri de Guise, qui l'a vite trompée. À vingt-neuf ans, elle s'est mariée avec Édouard de Bavière, fils de l'Électeur palatin, un prince allemand ruiné qui la laisse mener à Paris une vie de galanterie. Mais la belle ne donne rien gratuitement. Elle se fait grassement rémunérer pour ses bons conseils politiques. Elle est enceinte du fils de l'ancien surintendant des finances, La Vieuville, un patriarche de soixante-huit ans, qui a fait entrer Richelieu au Conseil avant d'être emprisonné. Elle essaie de le replacer sur le devant de la scène.

La princesse est surtout une amie d'enfance et une grande admiratrice du vainqueur de Rocroi. L'arrestation des princes, sans procès, sans autre motif que la tranquillité de Mazarin, la scandalise. Pour donner le change, elle fait illuminer les fenêtres de sa vaste demeure comme si l'on fêtait le coup d'éclat du Palais-Royal.

La Rochefoucauld les rejoint et le plan de bataille est vite établi. Il ira dans son gouvernement du Poitou, la duchesse en Normandie pour soulever les provinces et obtenir la libération des illustres captifs. La princesse Palatine, elle, promet de ramener Retz et le Parlement de Paris dans le clan des princes.

Mazarin, qui pensait se rallier la capitale, vient de donner naissance à une nouvelle fronde. Cette fois, ce sont les provinces gouvernées par les princes emprisonnés qui se lèvent contre l'usurpateur italien. Un seul moyen de réduire les populations au silence et au respect : leur montrer en chair et en os l'enfant roi que Dieu a donné à la France. Sa mère ne doute pas qu'il fasse une fois encore des miracles. À l'approche de l'adolescence, Louis est taillé pour ensorceler les cœurs.

Douze jours après l'arrestation des princes, le cortège royal, escorté de gardes de mousquetaires et de canonniers, prend la route. Le 3 février, Louis XIV, sa mère et son parrain entrent dans Rouen où ils reçoivent un accueil sans fausse note. Pour honorer la capitale normande, la reine donne la charge de procureur du Parlement, dont le titulaire a été destitué comme frondeur, à son poète préféré, le Rouennais Pierre Corneille, âgé de quarante-quatre ans.

Au passage, le rapace Mazarin n'oublie pas de saigner à blanc la Normandie qui doit verser à la Couronne la somme astronomique de neuf cent mille écus dont cent mille vont tout droit dans la poche du cardinal pour lui permettre de remplacer son mobilier pillé par les Parisiens.

La reine est de retour à Paris le 22 février. Au Conseil, elle a nommé Châteauneuf, soupirant de la Chevreuse, garde des Sceaux. Mazarin s'ingénie toujours à s'attirer les bonnes grâces de la redoutable duchesse car, depuis l'arrestation des princes, le gredin de Sicile est plus que jamais bombardé dans la capitale par une grêle de poèmes insultants et obscènes dont il ne peut châtier les insaisissables auteurs.

Mazarin craint surtout une révolte des fidèles de Condé. Avec une vigueur qu'on ne lui connaissait pas, Anne repart, toujours accompagnée de son fils et du cardinal, en direction de la Bourgogne, fief de M. le prince. De Dijon, elle envoie à Paris l'ordre d'arrêter la jeune princesse de Condé et de l'expédier en exil avec son fils et sa belle-mère à Montrond, dans ses terres du Berry.

À vingt-deux ans, Mme la princesse porte sur ses frêles épaules le poids d'un mariage décidé par son oncle Richelieu. Son époux ne l'aime pas. Mais comment ne pourrait-elle pas adorer ce mari comblé par les dieux de la guerre ? Et s'en montrer digne. Apprenant qu'un lieutenant du roi, le sieur de Vouldy, est en route pour l'arrêter, la timide jeune femme monte une comédie de haut vol.

Une de ses filles d'honneur, une Anglaise nommée Gerbier, est couchée dans le lit de la princesse comme clouée par une forte fièvre, un bonnet enfoncé jusqu'au bas des joues. À son chevet joue en silence un enfant de l'âge et de la taille du petit duc d'Enghien, en fait le rejeton d'un des jardiniers de Chantilly. La princesse douairière est également alitée, victime de la fièvre sans doute contagieuse qui règne dans ce château de Chantilly. Embarrassé, M. de Vouldy doit attendre que les deux dames soient rétablies pour accomplir sa mission.

Entre-temps, à la nuit, la jeune princesse s'éclipse avec son fils en empruntant, dans le parc, une petite passerelle non gardée. Son carrosse, stationné à la lisière de la forêt, file vers Paris et, après une brève halte au faubourg Saint-Germain chez la princesse Palatine, entre trois jours plus tard dans la forteresse Montrond. Aussitôt, les fidèles de Condé accourent avec leurs troupes à pied et à cheval, pour se mettre aux ordres. Voilà la jeune femme métamorphosée en capitaine.

La reine est à mille lieues de deviner que la princesse n'est pas dans son lit mais à la tête d'une armée qui jure de libérer l'illustre prisonnier. À Chantilly, le sieur de Vouldy, fort bien traité, attend sans s'impatienter et sans se douter que la princesse douairière a pris, elle aussi, la poudre d'escampette. À Paris, le 27 avril, très éprouvée par les incroyables malheurs qui frappent sa famille, l'amie de la reine se rend à une séance solennelle du Parlement pour tenter d'émouvoir les bonnets carrés. Mais Monsieur qui, en l'absence du roi, gouverne Paris s'alarme et lui ordonne de rejoindre sa forteresse de Montrond.

Claire-Clémence ne s'y est pas attardée. Montée en croupe derrière le comte de Coligny, son petit duc d'Enghien attaché à l'arçon de la selle et entourée d'une cinquantaine d'hommes sûrs et armés, elle joue une nouvelle farce : l'enlèvement d'une jeune dame par un seigneur désireux de l'épouser contre le vœu de ses parents. Au bout de cinq jours, elle rejoint La Rochefoucauld qui l'attend dans le Poitou à la tête d'une dizaine d'escadrons de cavalerie. Là, Claire-Clémence peut se remettre de sa chevauchée au nez et à la barbe des armées du roi.

Pendant plusieurs jours et nuits, il n'y a que fêtes, bals, amourettes et libations. La timide princesse n'est pas la dernière à boire à la santé du prince en criant comme tous les hommes : « Vive le roi et foutre de Mazarin ! » Elle envoie des émissaires dans toutes les places fortes voisines pour mobiliser les hommes d'honneur valides au secours de Condé, « le seul prince du sang qui fût hors de la puissance de cet étranger ».

En Normandie, sa belle-sœur Longueville vit une expédition tout aussi rocambolesque. Déguisée en cavalier, la frondeuse a gagné Rouen, puis tenté de se réfugier au Havre alors aux mains d'un gouverneur et d'une garnison fidèles à la Couronne. Refoulée, elle a gagné Dieppe où, quoique malade et brisée, elle a conçu le projet de passer en Angleterre. L'histoire ne dit pas comment elle a eu la force de descendre du haut des remparts de la ville, de sauter sur un cheval pour filer au triple galop vers un petit port voisin où une tempête éclate. La mer est déchaînée, le marin qui la porte dans ses bras vers une petite embarcation la laisse tomber dans l'eau. Et elle ne sait pas nager ! La traversée est remise à un jour plus clément.

Déguisée en fringant gentilhomme pour échapper à la vigilance des mousquetaires qui ont reçu l'ordre de la capturer coûte que coûte, elle revient au Havre et réussit à embarquer sur un vaisseau anglais en partance pour Rotterdam. De là, par les Flandres, elle n'a guère de difficulté à rejoindre Stenay, près de Sedan, place forte frondeuse où l'attend Turenne le cœur battant.

Le militaire, à trente-neuf ans, est amoureux fou de la duchesse, mais ce n'est pas seulement pour ses beaux yeux qu'il a réuni une armée. Avec son frère, le duc de Bouillon, il est lui aussi engagé dans une lutte à mort contre le cupide Italien. À peine descendue de cheval, la séduisante Anne-Geneviève a la joie de trouver à Stenay « toute une noblesse dévouée et fière de servir contre le Mazarin la plus belle princesse de France, la sœur du plus grand capitaine de l'Europe ».

À l'abri des remparts qui dominent la Meuse, son premier soin est de rédiger, avec le concours de quelques plumes pugnaces, une *Apologie pour MM. les princes à l'intention des membres du Parlement de Paris*. Dans ce pamphlet, destiné à compromettre à jamais l'usurpateur, elle défend avec fougue son frère qui n'a songé qu'à sauver la Couronne. Le grand capitaine ne réclame pas la place de ministre mais l'épée de connétable à laquelle son génie de stratège et les batailles remportées depuis la mort de Louis XIII lui donnent assurément droit.

Point par point, elle démontre comment Mazarin ne fait que suivre les pas de son prédécesseur. Richelieu a supprimé la prestigieuse charge de connétable, jugée dangereuse pour la Couronne. L'Italien tient le même discours à la reine. Richelieu, jaloux, a coupé la tête de son oncle Montmorency après un procès truqué. Comme lui, Mazarin ne songe qu'à détruire la gloire de la maison Condé. Enfin, comme son maître à penser, Mazarin refuse de faire la paix alors que la France et l'Espagne y aspirent. Les cent trente-six pages, brillantes et féroces, sont imprimées à Bruxelles, une fois de plus vouée à abriter les rébellions des Français et à fabriquer leurs pamphlets.

Dans la foulée, la duchesse et Turenne signent un accord avec les Espagnols qui s'engagent à fournir hommes et ducats pour aider leurs troupes à libérer Condé. Le parchemin indique que l'aversion de Mazarin pour la paix est si grande « qu'elle l'a obligé à se porter à cette résolution extrême et violente de se saisir des princes sur le doute et la crainte qu'ils ne troublassent ou l'empêchassent de continuer l'injuste dessein qu'il fait de tenir toute la chrétienté dans le feu et dans le sang pour la seule considération de ses intérêts particuliers ».

Le ministre n'a jamais été en si mauvaise posture : une armée au nord avec la duchesse de Longueville et Turenne ; les Espagnols à quelques lieues de Paris pour libérer les princes ; la jeune princesse de Condé adulée à Bordeaux et approchée elle aussi par l'Espagne… L'ennemi est partout, assiégeant la Couronne.

Pendant que la reine rejoint à Compiègne les armées royales, le cardinal tente de conclure la paix avec les frondeurs du Parlement en distribuant un joli lot de charges et de prébendes.

Mais il sait qu'il ne peut pas guerroyer sur tous les fronts. D'autant que les « infâmes chansons » continuent d'attiser contre lui la haine de ce peuple de Paris qui s'en délecte. Ces mazarinades, obscènes, carrément pornographiques et parfois scatologiques, dénoncent, en termes orduriers, des relations orgiaques entre la régente, veuve de près de cinquante ans, et son Sicilien à qui sont prêtées toutes sortes de perversions sexuelles évidemment importées d'Italie.

Ce qui cause la guerre en France
À ce que dit Sa Sainteté
C'est la lam' de Son Éminence
Le fourreau de Sa Majesté.

Il fout notre régente
Et lui prend ses écus
Et le bougre se vante
Qu'il l'a foutue au c…
Faut sonner le tocsin

Din, din
Pour pendre Mazarin.

Je plains le sort de la reine
Son rang la contraint en tout
La pauvre femme ose à peine
Remuer quand on la f…

En cette fin de printemps 1650, Anne et son ministre ont bien d'autres sujets de s'alarmer : « Toute la province, assure Retz, était prête à se soulever. » Devant le coadjuteur qu'il tente d'apitoyer, le cardinal se montre « d'une consternation extrême ». Pour éviter de nouveaux débordements parisiens, il s'efforce de se rallier « les moindres frondeurs, ajoute le coadjuteur, avec des bassesses que je ne puis exprimer ».

Petit, mal bâti, noir de l'œil et de poil, mais avec des dents « fort belles » selon la reine, le coadjuteur joue les mouches du coche, va de l'un à l'autre, de Gaston à la reine, du cardinal à la Chevreuse. Il couche avec la fille après avoir goûté du lit de la mère. Il fait l'important, distribue les conseils, les promesses, les caresses, à l'affût de la prochaine conjuration. Il se vante d'avoir songé, il y a vingt ans, à poignarder Richelieu sur les marches de l'autel au baptême de Mademoiselle. Désormais, il a en main tout le clergé parisien. Les curés l'adorent. Son pouvoir est réel. Dans ses sermons d'une verve magistrale, il affecte de défendre la Couronne. Mais la reine le redoute au moins autant que Mazarin. Le coadjuteur ironise sur la peur qui s'est emparée de la cour : « Les coups de canon que l'on tira à Bordeaux avaient porté jusques à Paris, devant même que l'on y eût mis le feu. »

Il est grand temps d'amener le roi en Guyenne pour que sa présence rappelle le peuple et les échevins-jurats à leurs devoirs. Anne, que l'on dit indolente, paresseuse, qui n'aime rien tant que rester dans son lit à bavarder avec Vincent de Paul ou Robert Arnauld d'Andilly, se décide à repartir bravement à la guerre. Une nouvelle fois, il faut laisser Gaston à Paris en tête à tête avec le diabolique coadjuteur, ce qui n'est pas prudent. Mais la régente se rassure lorsque son beau-frère, devant toute la cour, embrasse le cardinal. Comme si les effusions de ce prince inconstant, frivole, rêvant sans cesse de complots qu'il est trop lâche pour conduire à leur terme, valaient davantage que ses serments.

Pour éviter que Turenne et les Espagnols ne viennent délivrer les princes, Gaston les transfère au sud de Paris à Marcoussis, à côté de Bourg-la-Reine. Les précieuses, Mlle de Scudéry en tête, se rendent en pèlerinage au donjon de Vincennes où Condé a été si injustement enfermé pendant six mois. Elle s'attendrit, rêveuse, sur les œillets que ce grand capitaine faisait pousser sur son balcon.

En voyant ces œillets qu'un illustre guerrier
Arrosait de sa main qui gagna des batailles,
Souviens-toi qu'Apollon bâtissait des murailles
Et ne t'étonne pas de voir Mars jardiner.

Dans ce siècle-là, en France, poète ou pornographe, tout finit par des rimes…

Sur la route cahoteuse, en Poitou, Anne et le cardinal font, eux, raser le château de Verteuil dont le seul crime est d'appartenir au rebelle La Rochefoucauld. Leurs carrosses brûlent presque les étapes pour arriver en Guyenne au milieu de leurs soldats, de leurs drapeaux, de leurs tambours. Le maréchal de La Meilleraye s'empare d'un petit fort et en fait pendre le capitaine. En représailles, le duc de Bouillon, qui commande avec La Rochefoucauld les forces frondeuses, fait subir le même sort à un officier du roi qui a été fait prisonnier. Son corps est attaché aux murailles de la ville.

Anne veut offrir à son fils une victoire de ses armes. Mais à Bordeaux, en septembre, la vigne est une souveraine toute-puissante. Les vendanges approchent. Et Mazarin juge que c'est aussi la saison des négociations. Une conférence se tient à Bourg tandis que la poudre continue de parler.

Les frondeurs offrent au cardinal de marier une de ses nièces à ce malheureux bossu de Conti promu monnaie d'échange durant toute la Fronde. Ils proposent aussi que Bouillon et La Rochefoucauld prennent la place des princes en prison. Le cardinal refuse. Mais comme la vendange n'attend pas, on négocie prestement une amnistie générale. Implorant la libération de son mari, la jeune princesse de Condé se jette aux pieds d'Anne, qui lui répond : « Je suis bien aise, ma cousine, que vous connaissiez votre faute. Vous aviez pris une mauvaise voie pour obtenir ce que vous demandez. Maintenant que vous allez en une toute contraire, je verrai quand et comment je pourrai donner satisfaction à votre requête. »

Dans Bordeaux, l'accueil est plus en grimaces qu'en sourires, comme le note Mme de Motteville : « La ville donna au roi et à la reine une collation fort mauvaise et un feu d'artifice de peu de beauté. Mademoiselle, qui avait suivi la reine en ce voyage quasi malgré elle, eut un bal. Et tout ce qui s'y passa de plus mémorable c'est que la reine s'y enrhuma de chaud. »

Épuisée, Anne, après dix jours, remonte dans son carrosse avec ses deux fils. À Poitiers, elle tombe malade. Elle a la fièvre et ne peut, durant deux jours, quitter son lit. À Amboise, elle s'évanouit pendant la messe. On la saigne à quatre reprises. Cette fois la fièvre dure douze jours. Elle rentre à Paris par petites étapes : « Elle était triste, tant parce qu'elle souffrait de sa fièvre que parce qu'elle n'était pas satisfaite de l'état de ses affaires. Avec tous ces maux, elle ne se plaignait point : elle voyait avec patience dans son carrosse les jeux du roi et de Monsieur… sans paraître être incommodée, quoiqu'en effet elle le fût beaucoup. Un jour que sa première chambre manqua d'arriver, cette grande princesse, avec un accès de fièvre fort violent et la lassitude du voyage, fut contrainte d'attendre quatre heures que son lit fût arrivé dans une méchante hôtellerie où pour tout meuble on ne trouva qu'une grande chaise de bois. La reine s'y mit et y demeura sans se plaindre, ni murmurer contre ses officiers, disant à Mme de Brienne qui lui tenait la tête : "Nous sommes toujours trop à notre aise, nous autres. Il est juste que nous souffrions quelquefois." »

Enfin Fontainebleau ! Hélas ! elle n'est pas au bout de ses tourments ! Dans le bouillonnant chaudron parisien, la situation empire tellement qu'on brûle l'effigie de Mazarin aux carrefours. Pour plus de sécurité, Gaston transfère cette fois les princes dans la citadelle du Havre.

Début décembre, Anne apprend la mort de la princesse douairière de Condé. Sa chère amie s'est éteinte de tristesse, dans son exil de Montrond. La duchesse de Longueville, Condé et Conti n'ont pas revu leur mère. De sa geôle, Condé écrit à son épouse qui a accompagné la vieille princesse dans ses derniers instants : « Il me tarde, madame, que je sois en état de vous embrasser mille fois pour toute l'amitié que vous m'avez témoignée qui m'est d'autant plus sensible que ma conduite envers vous l'avait peu méritée. Mais je saurai si bien vivre avec vous à l'avenir que vous ne vous repentirez pas de tout ce que vous avez fait pour moi. »

Le 15 décembre, à Rethel, Mazarin obtient enfin une victoire militaire contre Turenne. En proie à la goutte, il n'a pas assisté à la bataille mais il a dépensé beaucoup d'argent pour que les soldats aient des vêtements chauds et qu'il ne manque pas une paire de bottes. Il a surtout acheté le commandant de la forteresse, un ancien corsaire napolitain nommé Delli Ponti.

Contre toute attente, cette victoire déchaîne les fureurs : « On s'aperçut de plus en plus que le Parlement ne suivait pas le char de triomphe du Mazarin », écrit Retz. La haine du cardinal redouble. L'appétissante princesse Palatine a tenu ses promesses et a soudé la fronde parisienne à la fronde des princes en ralliant la Chevreuse que Mazarin a traitée trop légèrement. Gaston, comme toutes les girouettes, suit le sens du vent. Et Retz, frémissant de bonheur, voit enfin arriver son jour de gloire.

De son lit, où elle vient d'accoucher, la Palatine écrit une longue lettre à Mazarin pour lui dire qu'elle renonce à s'entendre avec lui. Plus tard, lors de la paix des Pyrénées, le cardinal dira à l'Espagnol don Luis de Haro : « Vous autres Espagnols, vous en parlez bien à votre aise : vos femmes ne se mêlent que de faire l'amour, mais en France nous en avons trois qui seraient capables de gouverner ou de bouleverser trois grands royaumes : la duchesse de Longueville, la princesse Palatine et la duchesse de Chevreuse. »

Le 20 janvier, la reine, toujours malade, reçoit une délégation du Parlement conduite par l'austère président Molé qui réclame la libération des princes emprisonnés arbitrairement : « Les pierres qui les enferment sont capables de s'élever et de porter leurs plaintes si haut qu'elles seront entendues dans toutes les provinces. »

Dix jours plus tard, dernier soutien du trône, Gaston refuse d'assister au Conseil tant que Mazarin y siégera.

Il signe avec la princesse Palatine et les fidèles de Condé un traité qui autorise la libération des princes. Le chapeau de cardinal est promis au coadjuteur. Et Conti s'engage à épouser la fille de la Chevreuse.

La défection de son beau-frère porte un coup de grâce à la reine. Monsieur ne veut même plus la voir ni au Palais-Royal ni au Luxembourg où elle se propose, dans un beau mouvement d'humilité, de se rendre. Mazarin accuse « la plupart de la noblesse et des conseillers de s'ériger en Fairfax et Cromwell ». Son ennemi, c'est désormais Retz : « La cause du mauvais état de la cour, c'est l'ambition déréglée du coadjuteur. »

Le Parlement, lui, est d'avis d'interdire aux étrangers de mettre leur nez dans le gouvernement de la France. Les conseillers parlent même d'arrêter Mazarin. Depuis un mois, l'Italien n'en dort plus. Dans ses carnets, il tient le compte de ses angoisses : « Beaucoup de monde s'est promené à cheval cette nuit par la ville. À six heures sont passés devant le Palais-Royal deux bandes de trente ou quarante chevaux chacune et quelques fusiliers à pied... »

Désormais, il ne s'agit plus des affaires du royaume, mais de sa vie. Il se voit pendu sur le Pont-Neuf, ses *coglioni* semées aux quatre vents comme celles du ministre-favori de Marie de Médicis. Une mazarinade se répand :

Rejeton de feu Concini
Pour tout dire Mazarini
Ta carcasse désentraillée
Par la canaille tiraillée
Ensanglantera le pavé...

Dans la nuit du 6 au 7 février 1651, enveloppé dans le manteau de son conseiller Millet, coiffé du chapeau à plumes du capitaine de ses gardes, le cardinal s'échappe de Paris avec cinq serviteurs par la porte Richelieu. Pour donner le change, il a fait envoyer des doublures en casaque rouge à toutes les portes de Paris.

Deux ans plus tôt, toute la cour suivait Son Éminence. Cette fois, il part seul pour Saint-Germain. Dehors, le peuple crie : « Aux armes ! »

Pour ne pas éveiller les soupçons, sa dernière entrevue avec la reine a eu lieu en public au Palais-Royal. Anne a fait preuve d'un parfait sang-froid : « Nous ne pûmes apercevoir aucune altération dans son visage. Sa gravité ne l'abandonna point. Son cœur, qui était touché sans doute de colère, de haine, de pitié, de douleur et de dépit, ne laissa rien voir au-dehors de tous ses sentiments. Et jamais je ne l'ai vue plus tranquille qu'elle ne parut alors », écrit Mme de Motteville.

Mais le lendemain soir, elle n'arrive pas à se mêler aux propos mondains de son cercle. Le destin tragique de sa belle-sœur Henriette, le crime du régicide Cromwell lui rappellent une fois encore que les couronnes sont fragiles. Elle avoue tout bas à sa confidente : « Je voudrais qu'il fût toujours nuit. Car quoique je ne puisse dormir, le silence et la solitude me plaisent parce que dans le jour, je ne vois que des gens qui me trahissent. »

23

Sans Mazarin

Anne est prisonnière au Palais-Royal avec ses deux fils. Pour l'heure, Gaston est le maître. L'oncle du roi a placé des piquets de cavalerie à tous les coins de rue de crainte que la reine et Louis XIV ne s'enfuient aussi à Saint-Germain. Selon une rumeur, le coadjuteur répète comme Machiavel qu'il ne faut pas être tyran à demi et aurait proposé au duc d'Orléans de s'emparer du roi, d'enfermer la mère dans un couvent et de gouverner en régent. Gaston a poussé de hauts cris. Mais redouble de vigilance.

Dans son oratoire, Anne a une longue conversation avec Mme de Motteville : « Que dites-vous de l'état où je suis ? – Je dis, Madame, qu'il est effroyable et que vous avez besoin d'une grande grâce de Dieu et d'une extrême sagesse pour vous en tirer. On vous arrache un ministre par force : c'est une marque de la faiblesse de votre autorité, et que peut-être si vous l'endurez, cette violence pourra la détruire tout à fait. » Sa confidente ayant déploré les fautes du cardinal, la reine répond : « Vous avez raison sur tout ce que vous me dites, mais il est assez difficile de trouver cet homme désintéressé qui ne soit de nulle cabale et discerner ce qui me convient. Ne le pouvant pas juger moi-même, je crois que je suis obligée de défendre un ministre que l'on m'ôte par force… Je sais comme vous dites qu'il a des défauts, et qu'il a fait beaucoup de fautes. Je sais aussi qu'il a certainement de très bonnes intentions pour le service du roi et le mien... que les cinq premières années de ma régence ont été heureuses... Et cela... m'oblige d'en avoir plus de pitié. »

Sa Majesté s'est fixé la nuit du 9 au 10 février pour rejoindre son ministre à Saint-Germain. Mais à la tombée de la nuit, Villeroi, gouverneur du roi et fidèle du duc d'Orléans, prévient le garde des Sceaux, Châteauneuf, qu'il se trame dans l'ombre d'étranges préparatifs. L'ami de la Chevreuse, qui rêve de prendre la place de Mazarin, sonne aussitôt le tocsin. La duchesse envoie sa fille prévenir Monsieur, déjà au lit avec son épouse. Gaston s'enfonce un peu plus sous ses couvertures et crie de courir chez le coadjuteur. Retz, lui, bondit au Luxembourg où il conseille de boucler toutes les portes de Paris.

Le duc d'Orléans refuse une telle extrémité et envoie le capitaine de ses Suisses, Des Ouches, « donner le bonsoir à la reine » et s'assurer que le petit roi est couché dans sa chambre. Mais Retz poste une compagnie de bourgeois à la porte Saint-Honoré et des patrouilles de cavalerie commandées par Beaufort galopent sur le pavé de la capitale. « Aux armes ! » crient les meneurs. « Le bruit augmentait à tous moments dans les rues et l'horreur des ténèbres le rendait plus effroyable », se souvient Mme de Motteville.

Il est minuit passé. La reine, qui craint qu'on ne lui enlève son fils, fait doubler la garde autour du Palais-Royal : « Je crois que chacun tremblait, dit la pauvre Motteville. Mais pour moi, je sus bien que j'eus une très grande peur et que les choses les plus funestes me passèrent dans l'esprit comme n'étant pas impossible qu'elles arrivassent. Et tout était à craindre des conseils violents du coadjuteur. La reine seule faisait bonne mine : elle disait que ce ne serait rien, que c'était une folle émotion du peuple qui s'apaiserait et qui n'avait nul fondement. Elle protesta à ceux qui étaient présents qu'elle n'avait nulle envie de s'en aller et leur dit à tous qu'elle promettait volontiers au peuple d'en donner telle certitude qu'on voudrait. En souriant quelquefois, elle disait que, n'ayant nulle pensée de s'en aller, tout ce bruit ne lui faisait point de peine, et qu'elle consentait que les portes de la ville fussent gardées avec toute la rigueur qu'on voudrait y observer. »

Sans se démonter, Anne se met à sa toilette. C'est dans sa tenue de nuit, avec son bonnet sur la tête, qu'elle reçoit le capitaine Des Ouches. Pour le rassurer, elle ouvre les rideaux du lit où le charmant Louis XIV, tout botté, fait semblant de dormir. Rassuré et ému, le militaire retourne au Luxembourg rendre compte de sa mission et dans les rues tente de calmer les bourgeois : « Il dit à tous qu'ils s'en devaient tenir en repos, qu'il venait de voir le roi qui dormait, et qu'il les conseillait de suivre l'exemple de leur maître commun qui pour lors ne pensait à rien. »

Méfiants et nullement convaincus par les propos de l'officier, les plus excités réclament à leur tour de voir l'enfant roi de leurs propres yeux. Devant leurs menaces et leurs cris, la reine fait ouvrir les portes pour les conduire dans la chambre de Louis : « Ces mutins furent ravis de cette franchise. Ils se mirent tous auprès du lit du roi dont on avait ouvert les rideaux. Et reprenant alors un esprit d'amour lui donnèrent mille bénédictions. Ils le regardèrent longtemps dormir, et ne pouvaient assez l'admirer. Cette vue leur donna du respect pour lui… Leur emportement cessa. Et au lieu qu'ils étaient entrés comme des gens remplis de furie, ils en sortirent comme des sujets remplis de douceur, qui demandaient à Dieu de tout leur cœur qu'il lui plût leur conserver leur jeune roi, dont la présence avait eu le pouvoir de les charmer. »

La reine, émerveillée par le pouvoir prodigieux de son fils, comprend qu'il n'y a pas de meilleure arme contre la colère du peuple. Elle envoie chercher deux officiers de la garde bourgeoise postés devant le Palais-Royal et les emmène elle-même devant le lit de son fils. L'un, nommé du Laurier, a été laquais de son maître d'hôtel. L'arrière-petite-fille de Charles Quint s'entretient avec lui et l'assure qu'elle se sent plus en sécurité avec eux deux qu'avec « les plus grands princes du monde ». Subjugués, du Laurier et son compère s'en vont pacifier les rues et dissiper les rumeurs.

Alors qu'autour d'elle la fatigue fait des ravages et que Mme de Motteville s'endort sur un tapis la tête contre le lit royal, Anne, en bonne Espagnole, propose de ne pas se coucher avant d'avoir entendu la messe pour remercier Dieu d'avoir protégé son fils.

En cette nuit de carême, par sa force d'âme, la régente a sauvé le trône de France. Louis XIV ne pardonnera jamais à Paris l'humiliation d'avoir servi de pièce à conviction. Mais entre les deux acteurs de cette tragi-comédie s'est noué un lien plus fort que l'amour naturel entre une mère et son fils. Le roi, toute sa vie, débordera d'une reconnaissance éperdue pour sa mère.

Pendant plus d'un mois, Anne reste avec ses enfants, cloîtrée dans ce Palais-Royal qui, à la différence du Louvre, n'est protégé des humeurs frondeuses par aucune douve, aucun pont-levis. Aux portes, les carrosses sont inspectés et les masques des dames levés pour s'assurer qu'il ne s'agit point de la reine. Elle ne peut même pas se rendre au Val-de-Grâce pour accomplir ses dévotions ni assister à la prise de voile de la sœur de Mme de Motteville, surnommée « Socratine » pour sa parfaite maîtrise de la philosophie grecque.

À sa confidente qui lui demande si elle a vraiment songé à s'enfuir à Saint-Germain, la reine répond les yeux au ciel : « Ah ! Mme de Motteville, où suis-je ? Et où ne serais-je pas mieux ? À votre avis, quel moyen de ne se pas souhaiter ailleurs ? » Dans un soupir, elle ajoute : « Vous le voulez, Seigneur, il vous faut obéir. » Avec sa foi de Castillane, elle est sûre que Dieu protégera l'innocence de son fils. Encore sept mois et il célébrera sa majorité ! Elle ne vivra plus sous la menace d'une régence de Gaston ou de Condé. Sept mois, Seigneur ! Est-ce trop vous demander ?

Dans la matinée du 10 février 1651, elle signe l'ordre de libérer les princes exigé par le Parlement. Avant de la quitter, quatre jours plus tôt, Mazarin lui a déjà fait parapher un parchemin identique qu'il a emporté avec lui. Le ministre désire ouvrir lui-même, avant les émissaires du Parlement, la porte de la forteresse du Havre pour tenter de négocier son retour avec Condé.

De Paris, Anne lui fait savoir qu'il n'a plus une minute à perdre. L'Italien part ventre à terre avec une escorte de cent hommes pour exiger du prince un accord en bonne et due forme : « Il ne tenait qu'à moi de les arrêter encore deux ans prisonniers », fanfaronne-t-il dans une lettre à un de ses hommes de confiance nommé Bartet. Hélas ! la dévote duchesse d'Aiguillon, qui rêve de paix et gouverne Le Havre, a donné des ordres. À son arrivée, le 13 février, le cardinal se voit refuser l'accès du fort pour sa troupe. Il a fait toute cette route pour rien. Il a beau tenter de persuader Condé qu'il n'a « pas eu la part principale dans la prison », le grand capitaine n'en croit pas un mot. Bon prince, il le retient à déjeuner, mais lorsque le prélat s'incline jusqu'à terre devant son carrosse, le héros de Rocroi éclate d'un rire tonitruant.

Les trois princes traversent la Normandie en triomphateurs après un an d'une prison sévère où même les promenades étaient comptées. Gaston a envoyé une lettre jurant ses grands dieux qu'il n'a « jamais rien tant souhaité que de contribuer de tous mes soins à votre liberté ». Le 16 février, Beaufort et Retz sont à ses côtés dans la plaine Saint-Denis pour attendre l'équipage princier. Paris allume des feux de joie et perce les barriques. Pacifiques, cette fois.

Monsieur mène les Condé au Palais-Royal où la reine, un peu souffrante, les reçoit dans son lit. Le roi embrasse son cousin. Mais sans effusion. Les compliments sont « courts ». Selon la Grande Mademoiselle, la reine « enrageait de voir toute la foule qui était dans sa chambre pour le voir arriver prisonnier, elle se plaignait sans cesse du chaud. Mais la cause lui était plus fâcheuse que le chaud même. Elle affecta néanmoins de paraître gaie quoique personne ne le crût et ne se laissât tromper à cette apparence ». Le soir, un grand dîner est servi au Luxembourg.

Le lendemain, les princes se rendent dans l'île de la Cité pour remercier le Parlement d'avoir tant œuvré à leur libération. Dix jours plus tard, les conseillers adoptent une ordonnance qui rétablit les innocents dans leurs privilèges, leurs domaines et leurs forteresses.

Condé est au plus haut de sa puissance. Ses malheurs ont rehaussé sa gloire. Son adoratrice, Mlle de Scudéry, célèbre ses vertus dans son épopée fleuve de trois mille pages, Le Grand Cyrus, directement inspirée des faits d'armes du prestigieux capitaine. Chaque semaine, elle en lit de nouveaux fragments à l'hôtel de Rambouillet qui se pâme en gloussant et bientôt baptisera M. le prince le « Grand Condé ».

Au héros du siècle, toutes les ambitions sont permises. Il lui aurait suffi de se baisser pour se saisir d'un pouvoir tombé des mains d'une reine captive et d'un ministre en fuite. Ses partisans le pressent d'enfermer Anne au Val-de-Grâce et de se proclamer régent. Mais s'il est l'homme des batailles, il n'est pas celui des coups d'État : « Je m'appelle Louis de Bourbon, et je ne veux pas ébranler la Couronne », répète-t-il au coadjuteur. Preuve de sa bonne foi, les traités signés avec l'ennemi espagnol par son épouse et sa sœur ont provoqué sa sainte colère.

Sur la scène de l'hôtel de Bourgogne, on joue Nicomède, la nouvelle œuvre de Corneille directement inspirée des derniers événements. Le Normand fait dire à son personnage libéré d'une geôle où il a été injustement prisonnier :

Rebelle ! C'est un nom que je n'aurai jamais.
Je ne viens pas ici montrer à votre haine
Un captif insolent d'avoir brisé sa chaîne
Je viens en bon sujet vous rendre le repos
Que d'autres intérêts troublaient mal à propos.

Après avoir été déclaré indésirable à Dieppe par le parlement de Normandie, Mazarin court désormais les routes gelées de Picardie. Depuis une semaine, le parlement de Paris a publié une ordonnance le mettant une nouvelle fois hors la loi et demandant à tous les Français de le chasser du royaume. Ce bannissement lui ôte son dernier espoir de diriger à nouveau le Conseil du roi. De Péronne, il écrit à la reine une lettre larmoyante, il s'efforce de la culpabiliser, lui rappelle qu'il tient de Louis XIII sa légitimité de ministre. Avec virtuosité, il joue, à son habitude, de la corde sensible du veuvage et de la fidélité au défunt roi.

L'Italien sait qu'Anne conserve les dernières volontés de son époux comme la plus sainte des reliques. Chaque jour, dans son oratoire, elle prie l'âme de Louis le Juste de l'éclairer. Chaque année, le 14 mai, date anniversaire de sa mort, elle s'enferme au Val-de-Grâce pour se recueillir et lui confier le destin de leur enfant roi. Dans ce tableau de la sainte Trinité, le cardinal parrain, depuis huit ans, remplace le père : « Dans mon malheur, si Votre Majesté a la bonté de conserver quelques souvenirs des services que j'ai rendus à l'État depuis que le feu roi de glorieuse mémoire me fit l'honneur de me confier la principale direction des affaires et de plus a prié Votre Majesté, plusieurs fois avant sa mort, de me maintenir dans la même place… Quand (les Espagnols) me verront errant parmi eux avec les personnes qui me sont plus proches pour chercher un abri, ils auront sujet de s'étonner qu'un cardinal qui a l'honneur d'être parrain du roi soit traité de la sorte, et que vingt-deux ans de service fidèle ne lui aient pu acquérir une retraite assurée, en quelque endroit d'un royaume dont les limites ont été assez notablement étendues par ses soins… » Il signe « Jule Card Mazzarino ». Pourquoi « Mazzarino » alors qu'il signe d'ordinaire « Mazzarini » ?

Plus que jamais, il est étranger, sans pouvoir et sans dignité. Il réclame de l'argent pour continuer son « errance ». Avec mille précautions, ses fidèles font sortir de Paris et dirigent vers Péronne ses nièces et son neveu Paul Mancini, qui, depuis le départ de l'oncle, sont restés cachés dans une chambre du Louvre. Grelottant, le convoi s'en va vers Bouillon, Sedan et les terres espagnoles où, comble de la disgrâce, don Antonio Pimentel, représentant de Philippe IV, lui offre sa protection. Le fugitif franchit le Rhin et s'installe avec sa famille dans le château de Brühl, résidence d'été de son ami catholique, l'archevêque de Cologne.

Le 13 mars, la duchesse de Longueville rentre à Paris, sous les applaudissements de la foule qui admire son courage. Son *Apologie des princes* a porté un coup fatal à la superbe du Mazarin. Elle a laissé Turenne consommer à la frontière la rupture avec Madrid. Non sans mal. Car l'archiduc, après avoir fourni hommes et ducats, s'est approprié la place forte de Stenay, prise par Condé au lendemain de Rocroi.

Elle se rend au Palais-Royal saluer Leurs Majestés. Louis XIV ne peut s'empêcher d'ouvrir de grands yeux énamourés devant sa belle et chevaleresque cousine. Monsieur, Mademoiselle et un cortège de dames vont lui rendre visite. L'hôtel de Condé ne désemplit plus. On y voit la Chevreuse et la Palatine toutes deux épanouies. Elles ont conçu une grande coalition des deux frondes qui doit à tout jamais barrer l'entrée de la France au Mazarin.

Un double mariage scellera l'union sacrée : une fille de Gaston est promise au petit duc d'Enghien âgé de huit ans. Et, surtout, le disgracieux Conti doit épouser la ravissante fille de la duchesse de Chevreuse.

Du fond de ses forêts rhénanes, Mazarin en a les poils de sa moustache qui se dressent. Entre Brühl et le Palais-Royal, un va-et-vient de courriers est organisé avec les fidèles Ondedeï, Millet et Bartet. Lettre après lettre, le signor Giulio dicte la conduite à tenir au milieu des mascarades et des chausse-trapes. Anne doit refuser le mariage. Elle suit aveuglément les ordres du marionnettiste exilé : « La reine fait expresse défense à Conti d'épouser Mlle de Chevreuse », note le 15 avril Dubuisson-Aubenay, maître d'hôtel ordinaire du roi qui tient avec une grande rigueur son *Journal des guerres civiles*.

La duchesse de Longueville a la bonne idée de jeter de l'huile sur le feu. Que son frère puisse se marier avec sa concurrente, la sublime Charlotte, elle aussi égérie de la Fronde, lui est tout simplement insupportable, comme le raconte Mme de Motteville : « Elle ne trouva pas à propos de mettre une personne dans sa famille qui, étant femme de son frère, l'aurait précédée partout et qui, plus jeune et aussi belle, l'aurait pu effacer ou du moins partager avec elle le plaisir de plaire et d'être louée. Elle ne voulut pas non plus qu'elle pût lui ôter le crédit qu'elle voulait avoir sur l'esprit du prince… Le duc de La Rochefoucauld avait fortifié Mme de Longueville dans ce mauvais dessein. Il haïssait les frondeurs et prétendait que Mme de Chevreuse n'avait pas reconnu les grands services qu'il lui avait rendus autrefois… » Quant à Condé, il raille son frère d'aimer une fille qui passe ses nuits dans le lit du coadjuteur. L'argument fait mouche. Le mariage projeté est rompu.

De loin, Mazarin se frotte les mains. Autre technique : enlacer Condé dans les faveurs pour le détacher des autres frondeurs. Il s'agit de diviser, de mentir au besoin, pour régner. On promet à M. le prince tout ce qu'il réclame : la Guyenne en échange de la Bourgogne, à Conti la Provence. Longueville retrouvera la Normandie. La Rochefoucauld s'installera à Blaye. Et au duc de Nemours qui lui succède dans le lit de la Longueville, on donnera l'Auvergne. Depuis le 3 avril 1651, la reine a aussi rappelé au Conseil Chavigny, ami de Condé et ennemi juré de Mazarin. Gaston s'est un peu fâché, mais ses colères ressemblent plus à des foucades qu'à des orages. Quelques jours plus tard, pour Pâques, Anne entraîne, dans ses dévotions, son beau-frère avec qui elle garde une affectueuse connivence.

En ce début de printemps, la vie reprend avec ses processions et ses fêtes. À Chantilly les Condé donnent des chasses somptueuses. Le 2 mai, toute la cour se retrouve au grand théâtre du Palais-Royal où le roi danse son ballet des *Fêtes de Bacchus*. Louis a hérité du talent de son père. À douze ans, avec ses cheveux bouclés sur ses épaules, c'est un vrai petit Apollon. Chaque jour, sa mère lui enseigne la grandeur de ses ancêtres d'Espagne et de Bourgogne. Elle lui transmet aussi sa passion pour la comédie. Comme elle, le jeune monarque adore les fêtes et ces longs spectacles qui durent toute la nuit à la lueur des chandelles. Plus que tout, il aime s'habiller, se mettre en scène, être le centre des regards, porter avec son frère les grands cierges blancs dans le chœur des églises et soulever devant les dames son beau chapeau à plumes. Pour son ballet, il ne fait pas moins de trente entrées. Durant ce joli mois de mai, à trois reprises, le petit monarque danse *Les Fêtes de Bacchus* devant sa mère éblouie et la cour réconciliée.

Hélas ! la Fronde reprend vite ses droits. Le 16 mai, au Palais-Royal, M. le prince prête serment pour la Guyenne. Ce jour-là, toutes les nouvelles nominations favorisant le clan Condé sont officielles. Gaston s'offusque de ne pas avoir été suffisamment consulté. Retz et ses belles amies crient au scandale.

La reine peut passer à la nouvelle étape du plan Machiavel-Mazarin : se réconcilier avec la Chevreuse et la Palatine. Le 12 mai, il lui a écrit : « Il ne faut pas que Votre Majesté ait aucun scrupule de se raccommoder avec des gens qui lui ont fait du mal… Car les princes les plus sages ont usé mille fois de la sorte… La règle de leur conduite ne doit jamais être la passion de la haine ou de l'amour mais l'intérêt de l'avantage de l'État et le soutien de leur autorité. »

Pour commencer, elle doit flatter son ennemi, le coadjuteur. Anne a déclaré à Mme de Motteville : « Je déteste cet homme. » Mais obéissant aux désirs du cardinal, elle lui envoie un émissaire. Dans le plus grand secret, le 31 mai, à minuit, le prélat retrouve dans le cloître Saint-Honoré le maréchal du Plessis qui le conduit par un escalier dérobé jusqu'à l'oratoire de la reine. Un quart d'heure plus tard, elle entre avec, dans sa blanche main, une lettre que le prestidigitateur italien lui a écrite pour qu'elle la fasse lire à Retz : « Vous savez, Madame, que le plus capital ennemi que j'aie au monde est le coadjuteur. Servez-vous-en, Madame, plutôt que de traiter avec M. le prince aux conditions qu'il demande. Faites-le cardinal, donnez-lui ma place, mettez-le dans mon appartement. Il sera plus à Monsieur qu'à Votre Majesté, mais Monsieur ne veut point la perte de l'État, ses intentions dans le fond ne sont pas mauvaises. Enfin tout, Madame, plutôt que d'accorder à M. le prince ce qu'il demande. S'il l'obtenait, il n'y aurait plus qu'à le mener à Rheims. »

Cette nouvelle missive montre de quels artifices et mensonges use le cardinal. Le vainqueur de Rocroi ne songe pas un instant à se faire sacrer à Reims. Sa seule ambition se résume en une phrase : « Servir le roi, l'épée de connétable à la main. »

Le coadjuteur, ravi de sa faveur nouvelle, avoue : « Je ne me souviens pas d'avoir vu une aussi belle lettre. » Anne lui demande : « Que ferez-vous pour moi ? – Madame, j'obligerai M. le prince à sortir de Paris avant qu'il soit huit jours. – Touchez là, vous êtes après-demain cardinal et de plus le second de mes amis », répond la reine. Et avant de le quitter, elle lui dit d'un air assez gai : « Allez, vous êtes un vrai démon, voyez la Palatine, bonsoir. »

Entre-temps, on retire aux Condé les avantages promis. Plus de Provence pour Conti, plus de Blaye pour La Rochefoucauld. L'amirauté, objet de toutes les convoitises, est confiée aux Vendôme et la Bourgogne au falot Mercœur qui désire se marier avec la nièce du cardinal, la brune Laura Mancini pour laquelle il brûle d'un amour incandescent. M. le prince, furieux de s'être fait berner, se permet quelques insolences avec la reine.

Fin juin, à minuit passé, Anne a une seconde entrevue dans son oratoire avec le coadjuteur. Leur conversation roule à nouveau sur Condé : « Elle convenait… que le plus court serait d'arrêter, s'il était possible, M. le prince, elle me commanda de lui en expliquer les moyens. Je n'ai jamais pu savoir la raison pour laquelle elle n'approuva pas celui que je lui proposai, qui était d'obliger Monsieur à exécuter la chose chez lui… Elle n'y voulut jamais entendre sous prétexte que Monsieur ne serait jamais capable de cette résolution, et qu'il y aurait même trop de péril à la lui communiquer. »

Par une indiscrétion, Condé apprend ces conciliabules qui visent à le priver de liberté. Il sait que s'il rentre en prison, cette fois personne ne viendra l'en tirer. L'idée du cachot éternel lui est insoutenable. Trop fier pour quitter Paris, il se borne à ne plus se rendre ni au Palais-Royal ni au Luxembourg.

Le 5 juillet, alors qu'il prend quelque repos dans son hôtel, on lui annonce que deux compagnies à cheval se dirigent vers le faubourg Saint-Germain. Aussitôt, il saute en selle et galope jusqu'à son château de Saint-Maur où tous ses amis le rejoignent. « Dans les premiers jours, cette cour ne fut pas moins grosse et remplie de personnes de qualité que celle du roi », note La Rochefoucauld. Au milieu des chasses, comédies et fêtes dans les somptueux jardins à la française, on aperçoit Bouillon et Turenne, rentré à Paris depuis un mois.

Aux différents parlements, Condé envoie une longue lettre justifiant son retrait du Conseil : « Le cardinal, ayant eu assez de crédit sur l'esprit de la reine pour la faire consentir à ma détention, a continué, par l'entremise de ses créatures, de me rendre de mauvais offices auprès de Sa Majesté et, sans considérer les suites fâcheuses de mon emprisonnement et les désordres qu'il a causés dans l'État, nous leur avons vu pratiquer les mêmes artifices dont on s'était servi auparavant que de m'arrêter. »

La reine tente une réconciliation par l'entremise du maréchal de Grammont, mais M. le prince renvoie le médiateur en exprimant son dédain pour les fausses promesses. Gaston joue les bons offices et Anne fait une dernière concession : le 19 juillet, elle retire leurs charges aux sous-ministres, Le Tellier, Servien et Lionne, créatures de Mazarin. Deux jours plus tard, le vainqueur de Rocroi se rend au Parlement pour le remercier d'avoir obtenu la disgrâce des « séides du cardinal ».

Le président Molé l'exhorte à rencontrer la régente. Mais le grand capitaine refuse de se rendre au Palais-Royal où il a trop peur d'être à nouveau arrêté ou même assassiné.

La duchesse de Longueville est la première à entretenir la brouille. Dans les salons Renaissance du château de Saint-Maur, elle rédige un traité : « Nous soussignés déclarons que nous persistons dans la volonté… de procurer la sûreté de M. le prince et de tous ceux qui signeront le présent écrit… même par les armes si besoin est… » C'est le premier pas vers la guerre civile. Turenne ne paraphe rien. Se battre contre la France, il en a fait l'amère et cruelle expérience.

La princesse part avec son fils pour Montrond. La duchesse de Longueville se retire chez les carmélites de Bourges. Condé donne des ordres pour renforcer les garnisons de ces deux places fortes.

Louis XIV, lui, profite de ce mois d'été pour se baigner : « Il sait si bien nager qu'avec son frère, il peut traverser la Marne », s'enthousiasme *La Gazette*. Début août c'est au bois de Boulogne en face du château de Madrid qu'il plonge chaque jour dans la Seine. Au retour d'une de ces baignades, le jeune roi sans escorte croise le carrosse de M. le prince, qui, surpris, n'a pas le temps d'arrêter pour saluer Sa Majesté. Aussitôt l'incident est monté en épingle par Mazarin comme un affront intolérable.

Ruminant son exaspération de ne plus être au pouvoir, l'Italien multiplie les lettres pessimistes : « Je tremble tant que je sais la reine et le roi à Paris », écrit-il le 11 août. Contre Condé, il envoie, une semaine plus tard, une longue déclaration royale à transmettre au Parlement. Pour éviter d'être démasqué, elle commence par une violente diatribe contre lui-même : « C'est avec un extrême déplaisir qu'après toutes les déclarations que nous avons ci-devant faites avec tant de solennité contre le retour du cardinal Mazarin, nous voyons que les ennemis du repos de l'État se servent encore de ce prétexte pour fomenter les divisions qu'ils y ont allumées… Nous voulons et entendons exclure pour jamais ledit cardinal, non seulement de nos Conseils, mais de notre royaume… faisant défense à tous nos sujets d'avoir aucune correspondance avec lui… » Suit alors le flot de reproches contre le vainqueur de Rocroi, accusé d'avoir des ambitions démesurées et d'entretenir des intelligences avec l'Espagne.

Gaston, à qui Anne a fait lire le texte incendiaire la veille au soir dans son oratoire, s'est déclaré horrifié par tant de calomnies. Condé, choqué que le cardinal se serve du roi pour écrire de tels mensonges sur un prince de sang, apporte au Parlement une déclaration du duc d'Orléans le lavant de toute accointance avec l'ennemi. Monsieur ajoute, et il est bien placé pour le savoir, que son cousin a toutes les raisons de s'inquiéter : « Nous, Gaston, fils de France, oncle du roi… déclarons encore que les soupçons et défiances de M. le prince ne sont pas sans fondement, ainsi que nous l'avons dit dans le Parlement, ayant su qu'il y avait eu quelques négociations faites à son préjudice. »

Les bonnets carrés entendent discuter du bien-fondé de la lettre du duc d'Orléans lors d'une séance extraordinaire le 21 août. Dès l'aube, les fidèles de Condé, tous armés, s'installent dans la chambre Saint Louis. Le coadjuteur, craignant d'être dépassé par les événements, a demandé à la reine de lui donner une escorte de ses Gardes. Les robins font savoir qu'ils ne siégeront pas dans de telles conditions. M. le prince demande à La Rochefoucauld de désarmer ses gens.

Le coadjuteur entre à son tour dans la chambre toute bruissante de clameurs. À la vue de la robe du traître, les amis de Condé sortent leurs épées des fourreaux. Affolé, Retz veut repartir, mais La Rochefoucauld lui ferme la porte au nez. Le prélat tempête, si fort que le duc entrouvre les battants. Retz passe la tête, mais son buste reste coincé entre les deux portes, que La Rochefoucauld repousse et laisse juste entrebâillées à l'aide d'un gros crochet de fer. Dans cette position, plus qu'inconfortable, le coadjuteur ne doit d'avoir la vie sauve qu'au président Le Platreux qui se plante devant la soutane pour éviter un fatal coup de poignard : « Ce fut une merveille que cette journée se passât sans malheur et sans carnage », commente Mme de Motteville.

Pour ne rien arranger, un fidèle de Condé vient d'intercepter sur la route de Cologne un courrier de M. de Noirmoutiers, gouverneur de Charleville et grand ami de la Chevreuse. Dans une de ses poches, il découvre un pacte secret signé entre Mazarin et le trio Retz-Chevreuse-Châteauneuf.

À sa lecture, la fureur de Condé redouble. Il y apprend que « le coadjuteur, pour se bien maintenir dans la créance des peuples, se réserve de pouvoir parler au Parlement et ailleurs contre le cardinal Mazarin, jusqu'à ce qu'il ait trouvé un temps favorable pour se déclarer pour lui sans rien hasarder… Que Mme de Chevreuse, et lesdits sieurs Châteauneuf et coadjuteur feront tous leurs efforts pour détacher M. le duc d'Orléans des intérêts de M. le prince… ». En échange de quoi Châteauneuf sera principal ministre. La Vieuville héritera de la charge convoitée de surintendant des finances dès qu'il aura versé quatre cent mille livres à Mazarin. Quant à la fille de Mme de Chevreuse, son mariage est désormais prévu avec Paul Mancini, neveu de Son Éminence.

Outré, M. le prince fait imprimer et distribuer au Parlement et dans Paris ce chef-d'œuvre de duplicité qui prouve que, de sa retraite, le « gredin » tire toutes les ficelles, commande chaque parole de la régente, chaque geste du petit monarque.

Le vainqueur de Rocroi ne s'en tient pas là. Le 29 août, point par point, il démonte devant le Parlement les accusations de la déclaration royale écrite par Mazarin ! Lui, vendu à l'Espagne ! Alors que depuis des semaines il réclame, sans succès, de commander les troupes qui lui permettront de chasser de Stenay la garnison de l'archiduc ! Non ! Il n'a jamais pillé le trésor de l'État mais au contraire financé lui-même toutes les campagnes qui ont apporté tant de gloire au royaume ! Et sans aucun avantage : « La reine m'est redevable encore de deux cent cinquante mille livres que feu Mme ma mère et moi lui avons prêtées dans ses plus grandes nécessités et dont j'ai encore les promesses en main. » S'il a accepté d'échanger la Bourgogne contre la Guyenne, c'est uniquement par souci de pacifier cette province comme Anne l'en a supplié.

En revanche, il livre volontiers au Parlement la liste de toutes les places fortes que le cardinal possède sous le nom de ses domestiques : « Pignerol en Savoie, Salses, Perpignan et Roses en Roussillon, Brest, Dunkerque, Mardyck, Bergues, Doullens, Bapaume, La

Bassée, Ypres, Courtrai, Porto-Longone et Piombino en Italie qu'il avait et qu'il a laissé perdre sans compter une infinité d'autres dont les gouverneurs sont dans sa dépendance, ce qui fait assez connaître qu'il n'y a point assez de paroles pour assurer l'éloignement hors du royaume d'un homme qui a trop de portes pour y entrer... »

Une semaine plus tard, le temps sans doute d'un nouveau courrier Paris-Brühl, Anne envoie au Parlement une lettre lavant Condé de toutes les accusations portées contre lui. Nous sommes le 5 septembre, jour anniversaire de la naissance de Louis. Mais sous prétexte de donner à ces excuses plus de solennité, elle exige d'en retarder la publication après la cérémonie prévue pour la majorité du roi. En contrepartie, elle autorise le Parlement à enregistrer une déclaration très hostile au cardinal accusé d'être « traître, voleur public et ennemi du repos de la chrétienté ».

De l'exilé, elle reçoit une lettre pleine d'amertume : « J'ai pris dix fois la plume pour vous écrire sans l'avoir pu et je suis si hors de moi du coup mortel que je viens de recevoir que je ne sais si tout ce que je pourrai dire aura ni rime ni raison... Je suis assuré que, quand la reine saura le déplorable état où ce coup m'a réduit... elle en aura du regret, mais cela n'empêchera pas, si elle n'a la bonté d'y apporter un prompt remède que, dans quinze jours, toute l'Europe ne soit persuadée que le cardinal Mazarin est le plus abominable de tous les hommes et qu'étant attaqué dans la partie la plus sensible, si je ne vois pas lieu de mettre mon honneur à couvert, je ne choisisse la mort... J'ai honte de me montrer à mes domestiques, je ne dors plus, je ne suis plus reconnaissable... Plût à Dieu qu'il me fût permis d'imprimer vos dernières lettres car... j'en tirerais beaucoup d'avantage, mais il faut pour mon malheur que cela soit secret et que la déclaration soit vue de toute la terre… Je n'en puis plus, je ne sais pas ce que je dis et je connais bien que je ne vous exprime pas la moindre partie de la douleur que je ressens… »

La reine aussi n'en peut plus. Depuis des mois, elle maintient un équilibre précaire entre les ambitieux Gaston et Condé, elle repousse la convocation des états généraux réclamée par l'assemblée de la noblesse, elle calme par ses sourires enjôleurs un coadjuteur prêt à mettre Paris à feu et à sang pour un chapeau de cardinal, elle contient la folie républicaine des boutefeux du Parlement… Fin juillet, place de Grève, la main du bourreau a encore brûlé le livre d'un Anglais, un certain Hamilton qui prône la destruction de la monarchie.

Sans Mazarin, elle n'a jamais faibli, répétant parfois les rôles qu'il lui dictait, montrant le plus souvent un courage exceptionnel quand autour d'elle ses dames tremblaient de peur devant les cris de Paris. Sa gaieté espagnole, sa piété et sa franche nature ont eu raison des ragots sur sa prétendue liaison avec l'Italien et des plus noires angoisses qu'une reine ait eu à éprouver face aux barricades de son peuple.

Demain Louis XIV, majeur à treize ans, sera enfin maître de son royaume. Le 25 août, dans les jardins du Palais-Royal, elle a fêté la Saint-Louis au son du canon, des fifres et des violons. Elle s'est aussi recueillie à Saint-Denis, devant les reliques du roi croisé, dont la mère, la reine Blanche, venait, comme elle, de Castille. Elle a demandé aux moines de l'abbaye de les garder exposées jusqu'au 7 septembre, jour de la cérémonie au Parlement, afin qu'elles attirent des grâces extraordinaires sur le roi, son fils.

24

Le sang et la cendre

Les miasmes de la Fronde sont pour un jour dissipés. En cette matinée d'automne, la France est unie. Elle est fière, comblée et transportée. À l'image d'Anne qui, dans quelques heures, portera le doux nom de « reine mère ».

Pour une fois, elle s'est levée tôt. Depuis l'aube, dans les jardins du Palais-Royal, les chevaux piaffent, les valets alignent les carrosses briqués et redorés pour la cavalcade. À huit heures, la régente, dans un grand frisson de soie noire, tenant par la main son second fils, s'avance vers la chambre de Louis XIV. Elle n'est pas assez vaste pour contenir toute la cour venue lui rendre un premier hommage.

Le roi se tient devant la balustrade de son lit. En le voyant si beau, si majestueux, si maître de lui-même, Anne sent son cœur déborder de fierté. De son fils, elle a fait l'héritier accompli de ses grands-pères, rois de France et d'Espagne.

Son habit est si couvert de broderies d'or qu'on n'en distingue plus l'étoffe. Sa courtoisie déjà fameuse, digne de Louis XIII, ne l'empêche pas de manifester avec éclat l'exceptionnelle affection qu'il porte à sa mère. Tendrement, il embrasse Anne devant les dames de la cour, qui retiennent leurs larmes. Il salue son oncle Gaston. Puis il donne l'ordre au maître de cérémonies de mettre à cheval ses courtisans.

En ce matin du 7 septembre 1651, les Parisiens crient : « Vive le roi ! » Et, pour une fois, oublient d'ajouter : « Point de Mazarin ! » L'ennemi public, qui crève de dépit et de rancœur dans sa retraite allemande de Brühl, est bien oublié. Et ses missives alarmistes à la reine semblent dérisoires face à l'enthousiasme de la foule. Pour voir passer la cavalcade qui se rend au Parlement, des fenêtres ont été percées dans les maisons. Et les plus hardis, qui n'ont pas trouvé de place aux balcons, grimpent sur les toits.

Deux trompettes ouvrent le défilé à la tête de huit cents gentilshommes aux chevaux aussi richement harnachés que leurs cavaliers. Suivent les chevau-légers, la compagnie du grand prévôt à pied, les cent Suisses avec leurs deux lieutenants en bas et habit de satin couleur feu, toque de velours noir.

Toute la France seigneuriale est là, couverte de dentelle d'or et d'argent, défilant entre les maisons à colombages de Paris. Les gouverneurs de provinces et de places fortes, les lieutenants généraux, certains en haut-de-chausse rouge, d'autres avec des éperons d'or. Puis viennent les chevaliers de l'ordre du Saint-Esprit, les premiers gentilshommes de la chambre et les officiers de la maison du roi.

Six trompettes annoncent le roi précédé par les hérauts en tunique de velours rouge semé de lys d'or, les maréchaux de France, le grand maître de l'artillerie, le grand écuyer qui porte l'épée royale dans son fourreau de velours bleu fleurdelisé.

Sous les clameurs émerveillées, le pur-sang isabelle de Louis XIV se cabre, rue, saute. Excellent cavalier, le monarque s'en amuse. Domptant sa monture, il danse avec elle, lève son chapeau à plumes blanches vers ses sujets qui applaudissent, persuadés que ce nouveau monarque, si jeune et plein de grâce, va, d'un coup de baguette magique, supprimer la disette et tous les malheurs.

La reine, radieuse, sourit à la portière de son carrosse où ont pris place Philippe, Gaston, la duchesse d'Aiguillon et quelques dames. Seul Condé brille par son absence. Le prince vient de faire porter une lettre que le roi a donnée sans l'ouvrir à son grand écuyer.

Encore quelques minutes, et il sera le maître. La messe dite à la Sainte-Chapelle, il entre dans la chambre Saint Louis où sont réunis tous ces MM. du Parlement avec leurs clans et leurs cabales. Mademoiselle est dans une tribune avec sa tante Henriette d'Angleterre et la princesse Palatine.

La régente s'assied à la droite de Louis. Tous les regards se tournent vers cette mère exemplaire, jadis accusée par Richelieu d'être une espionne à la solde de l'Espagne, et qui s'est révélée d'un patriotisme irréprochable. Malgré la Fronde, malgré la pénurie financière, malgré la révolution anglaise qui donne des ailes aux robins « républicains », elle fait preuve d'une fermeté d'âme à toute épreuve. Refusant de se plaindre alors que Mazarin l'incite dans ses lettres à attirer la pitié en accompagnant « ses discours de larmes si possible ». Mais au contraire, riant parfois et pardonnant toujours aux libelles qui la traînent dans la boue. Ne se plaignant que lorsque ces mazarinades n'épargnent pas la « personne sacrée du roi ».

Sa dignité impressionne. Et sa compassion qui, récemment, l'a encore fait se pencher sur le sort d'une femme surnommée « dame Anne », incarcérée parce qu'elle récitait des couplets licencieux sur la « reine Anne » aux carrefours. Comme la dévote Mme de Brienne déplorait qu'elle fût dans sa prison aux portes de la mort, la régente a exigé que la malheureuse reçoive des soins dans une chambre.

La charité est pour elle la première des vertus. Elle n'a de cesse, depuis la mort de son mari, de faire ravitailler les populations martyres du Nord, de la Lorraine et de l'Alsace, d'ouvrir sa bourse à Louise de Marillac et aux œuvres de Vincent de Paul. Chaque jour, par sa piété, elle suscite l'admiration et l'amour des Parisiens. Mais aussi la confiance du parti dévot, ces Brienne, ces Fouquet, ces Lamoignon et tous ces parlementaires, comme le président Molé, restés fidèles à la monarchie dans la tourmente de la Fronde et de cette guerre sans fin.

Grâce à elle, Louis XIV sera un jour ce Roi-Soleil qui fera rayonner sur le monde la culture et les arts de la France. Grâce à elle, il peut aujourd'hui prononcer ses premiers mots de monarque : « Messieurs, je suis venu en mon Parlement pour vous dire que suivant la loi de mon État, j'en veux prendre moi-même le gouvernement. Et j'espère de la bonté de Dieu que ce sera avec pitié et justice. Mon chancelier vous dira plus particulièrement mes intentions. » On lui a appris qu'un roi doit être économe de ses mots. Au contraire du garde des Sceaux dont le pompeux discours est interminable.

Dans son fauteuil, Anne se tourne vers son fils pour ses dernières paroles de régente : « Monsieur, voici la neuvième année que, par la volonté dernière du défunt roi, mon très honoré seigneur, j'ai pris soin de votre éducation et du soin de votre État, Dieu ayant, par sa bonté, donné bénédiction à mon travail et conservé votre personne qui m'est si chère et précieuse et à tous vos sujets. À présent que la loi du royaume vous appelle au gouvernement de cette monarchie, je vous remets avec grande satisfaction la puissance qui m'avait été donnée pour la gouverner et j'espère que Dieu vous fera la grâce de vous assister de son esprit de force et de prudence pour rendre votre règne heureux. »

Louis, les yeux débordants d'amour, répond : « Madame, je vous remercie… Je vous prie de continuer à me donner vos bons avis et je désire qu'après moi, vous soyez le chef de mon Conseil. » Anne se lève et veut lui faire la révérence, mais son fils l'en empêche et, pour la seconde fois, l'embrasse. Son frère Philippe plie un genou pour lui baiser la main, puis Gaston, puis Conti et tous les autres princes, le chancelier, les ducs et pairs, les évêques, les conseillers…

L'austère premier président Molé rend aussi hommage à la mère du roi : « Un très grave discours sur la sage conduite de la reine pendant sa régence, sur ses royales vertus dont elle avait composé un auguste modèle à Sa Majesté, enfin sur toute la bonne éducation qu'elle lui avait donnée », indique la zélée Mme de Motteville.

Les portes sont ouvertes sur ordre du chancelier. En présence du peuple, le garde des Sceaux donne lecture des édits pris contre les duels et de la déclaration royale qui innocente Condé : « Tous les avis qui avaient été donnés que ce prince tramait contre le service du roi des intelligences tant dedans que dehors du royaume, avec les ennemis, n'étaient pas crus par Sa Majesté… »

Paris chante, Paris danse, Paris boit aux carrefours, car le sieur François, intendant général des fontaines et aqueducs de France, a changé « le cours des eaux pour laisser la liberté à celui du vin ». Louis XIV, pour la première fois seul dans son carrosse, traverse sa capitale au milieu des feux de joie et des milliers de lampions aux fenêtres.

Au Palais-Royal, il y a comédie, puis un feu d'artifice dans les jardins, suivi d'une sérénade que la cour écoute dans l'air parfumé des tilleuls. Dehors on crie encore : « Vive le roi ! » Anne déclare à ses dames que désormais, sa tâche accomplie, elle ne demande rien d'autre que de se retirer au Val-de-Grâce : « La reine vit la fin de sa régence avec une véritable joie, écrit Mme de Motteville, sa confidente. Et si elle était mêlée de quelque chagrin, c'était de ne pas remettre entre les mains du roi, son fils, l'autorité souveraine aussi absolue qu'elle l'aurait souhaité. Elle avait tant de tendresse pour lui... que je lui ai entendu dire en plusieurs occasions : "Qu'il soit le maître, et que je ne sois plus rien." Mais la jeunesse de ce prince et l'état où était la France l'empêchaient de le voir sitôt tout à fait affermi sur son trône. »

Le lendemain, Louis XIV nomme en son Conseil Châteauneuf, soixante-dix-huit ans, ami de la Chevreuse, La Vieuville, quatre-vingt-deux ans, ami de la Palatine, le sévère président Molé, soixante-huit ans.

Ainsi les papiers saisis sur la route de Cologne disaient vrai ! Le pacte secret entre Mazarin et les frondeurs se réalise malgré les protestations royales au Parlement assurant que le cardinal était définitivement chassé du royaume.

Condé y voit une déclaration de guerre : « Le choix de ces trois ministres, ennemis particuliers de M. le prince, achevait de lui ôter toute espérance d'accommodement », écrit La Rochefoucauld dans ses *Mémoires*. Jaloux de son pouvoir, le parrain du roi divise pour régner, comptant sur le temps, la frayeur des rentiers devant les excès des rebelles. Mais sur Paris, « il gronde toujours un petit air de fronde », il pleut des libelles appelant les bons Français à faire rouler les barriques contre le « fauteur de troubles ».

À Saint-Maur, M. le prince attend « une lettre du roi lui ordonnant de venir près de lui et lui assurant tous honneurs et sûreté dus à sa qualité ». Mais rien ! Le 9 septembre, il est, avec son frère Conti, à Chantilly où il espère encore un message du duc d'Orléans. Mais toujours rien !

Une semaine plus tard, Condé part pour Bordeaux après avoir envoyé une dernière lettre à Louis XIV, « le suppliant de trouver bon qu'il demeure en son gouvernement de Guyenne ». Ses douze mois de geôle inexplicables ont brisé sa belle ardeur de capitaine. Plus tard, il dira : « Je suis entré en prison innocent, j'en suis ressorti le plus coupable des hommes. »

À Montrond, la duchesse de Longueville est intraitable. « Ce fut là qu'il fut comme forcé de se déclarer contre le roi. Et pour dire comme les choses se passèrent, ce fut une femme qui... l'emporta contre le plus grand capitaine que nous ayons eu de nos jours », s'indigne Mme de Motteville.

En écartant délibérément le prince du commandement de l'armée royale, en l'accusant d'être vendu à l'Espagne, en répétant à la reine que le vainqueur de Rocroi ne songe qu'à sauter de son cheval pour s'asseoir sur le trône, Mazarin porte la lourde responsabilité de l'avoir poussé dans les bras ennemis. C'est contre son gré que le Grand Condé se lance dans cette guerre des pots de chambre qui lui répugne tant. Sa décision prise, le prince demande à tous ses fidèles « qu'ils se souviennent qu'il tirait l'épée malgré lui, mais qu'il serait peut-être le dernier à la remettre dans le fourreau ».

Le 16 septembre, avec La Rochefoucauld, il prend la route de Bordeaux. La ville est toujours à la merci d'une fronde plus portée aux pillages et aux viols qu'à la contestation de l'autorité royale. On l'appelle l'« Ormée » parce que ses chefs tiennent leurs réunions sous un orme. Devant l'ennemi du Mazarin, les portes s'ouvrent à deux battants. Le Sud-Ouest se rallie à son fougueux panache.

Mais pour faire la guerre, l'argent manque. Le 1er octobre, M. le prince saute le pas. Il envoie à Madrid son fidèle Lenet demander des subsides au roi Philippe IV. Bien entendu, dans le traité, il ne s'agit que du désir de Son Altesse et de Sa Majesté catholique de donner enfin la « paix au monde ».

Le 24 septembre, Anne et ses deux fils s'en vont avec Châteauneuf à Fontainebleau, laissant la capitale aux mains du duc d'Orléans et de son âme damnée, le coadjuteur qui réclame toujours son chapeau de cardinal. Dans une lettre, le prélat trublion promet en échange à Mazarin de tout faire pour séparer Gaston de Condé. Curieusement, à aucun moment l'exilé de Brühl ne conseille à la reine de rechercher par tous les moyens un accord pour sauver la France de la guerre civile. Sur son lit de mort, Louis XIII a pourtant dans un dernier souffle exhorté la famille royale à rester unie !

Déjà de mauvaises nouvelles arrivent de la frontière des Flandres. Les Espagnols, profitant des désordres, ont repris Furnes, Bourbourg et quelques places fortes autour de Dunkerque. Châteauneuf conseille de se rendre d'abord à Poitiers pour nettoyer le Sud-Ouest avant de remonter vers le Nord. Le 2 octobre, il confie l'armée de Guyenne au comte d'Harcourt qui fait des merveilles contre les troupes de Condé. Une à une les places fortes reviennent dans le giron royal : Cognac, La Rochelle, Agen… En Champagne, en Bourgogne et en Berry, les partisans du prince essuient les mêmes échecs. De part et d'autre de la Charente, les deux armées campent désormais face à face et, dans cette région riche, s'occupent plus de piller que de se combattre.

À Brühl, le cardinal bout d'impatience mais aussi d'inquiétude qu'on ne l'oublie. De Poitiers, la reine Anne lui a envoyé son émissaire habituel, un prêtre italien nommé Ondedeï, pour l'inviter à rejoindre la cour. Elle a hésité, affirme Mme de Motteville, craignant que ce « retour précipité n'empire ses affaires ». Mais lettre après lettre, Mazarin répète comme Richelieu que ses ennemis sont ceux de l'État : « Il était toujours le maître et Châteauneuf se plaignait qu'on n'avait pas assez de confiance en lui. »

Pourtant la missive d'Anne reçue le 6 novembre ne suffit pas au parrain du roi qui entend revenir la tête haute, avec un ordre formel en bonne et due forme signé non seulement de la reine et de Louis, mais contresigné par le Conseil.

Cette signature, il l'obtient par un tour de passe-passe en faisant nommer au Conseil trois de ses fidèles, le maréchal du Plessis-Praslin qui lui doit toute sa carrière, le duc de Mercœur qui vient d'épouser sa nièce et l'insignifiant prince Thomas de Savoie-Carignan qu'il connaît depuis toujours. La reine rappelle aussi le fidèle Le Tellier chassé à la demande de Condé. Enfin, la majorité est acquise ! Brienne rédige l'ordre de son retour et le contresigne. Le texte en a été dicté par Mazarin lui-même et contient en outre une rétractation de la déclaration royale du 5 septembre le déclarant « traître et voleur », au sujet de laquelle Anne et Louis expriment des regrets.

L'exilé veut rentrer en France en généralissime et il s'emploie à recruter des reîtres allemands. Avec quel argent ? Secret d'État. Les quatre cent mille livres de La Vieuville sont arrivées bien à propos. Dans ses lettres à la reine, il ne manque jamais de pleurer misère, conformément à une méthode très italienne : forcer les cœurs pour ouvrir les coffres. Toujours est-il qu'Anne répond généreusement à ses larmoyants appels, par l'intermédiaire de l'intendant de génie que Le Tellier a recruté pour remettre de l'ordre dans la déjà belle fortune de Mazarin : comptable et fils de drapier rémois, Jean-Baptiste Colbert, âgé de trente-deux ans, s'est vite révélé indispensable.

Enfin, à la mi-décembre, le cardinal a en main le précieux ordre de mission. À la tête de trois mille hommes pas plus français que lui, il franchit la frontière et retrouve le 25 décembre, à Sedan, son ami Fabert qui fait tonner le canon pour saluer son arrivée.

À Paris, ses ennemis sont prêts à le dépecer comme Concini. Quatre jours après Noël, le Parlement met sa tête à prix pour cinquante mille écus. Et pour financer cette prodigieuse récompense, les plus enragés dispersent sa bibliothèque, ou ce qu'il en reste, par petits lots et à des prix dérisoires. C'est la lie du calice : « Je n'aurais pas cru, écrit douloureusement le cardinal, les Goths, les Vandales, et des nations encore plus barbares capables d'un procédé pareil. »

Deux conseillers du Parlement sont envoyés en robe et à cheval, la plume à la main, pour interdire de donner passage au « rouge tyran ». Dans les villes, ils font rompre les ponts sur sa route. Considérablement retardé, le cardinal, à bout de nerfs, écrit à la reine : « Tout périra ou je vous verrai dans quinze jours. En disant cela, je suis hors de moi. » Monsieur a envoyé ses troupes pour l'empêcher de passer la Loire. Condé et Gaston, réconciliés par le retour du « hors-la-loi », viennent de signer un traité pour le bouter à nouveau « hors du royaume ».

Mais à Poitiers, le 28 janvier, le roi s'avance à deux lieues de la ville pour accueillir son parrain avec, à la main, une couronne de laurier. Quant à Anne, elle semble si transportée de joie que même le peu expansif Le Tellier écrit : « Ou elle est envoûtée par le cardinal, ou elle est mariée avec lui. »

Plusieurs biographes datent de Poitiers les relations sexuelles que la reine mère aurait eues avec le prélat. Cette absence de presque douze mois les aurait précipités dans les bras l'un de l'autre. Ces mêmes historiens précisent : « Mais on ne peut y apporter nulle preuve. » Et pour cause !...

Cette légende, confortée par les libelles anti-Mazarin, ne résiste pas à une analyse de simple bon sens. Anne, à cinquante-deux ans, est devenue une matrone espagnole. Elle vit dans une dévotion extrême et n'imagine pas une minute qu'il puisse y avoir un lien physique hors du sacrement du mariage. De surcroît, coucher avec un cardinal est un péché. Un scandale même. Vincent de Paul, qui a tant d'influence sur elle, y aurait mis bon ordre. Quant à Mazarin, elle-même affirme qu'il est enclin au « mal italien », ainsi qu'on appelait à l'époque l'homosexualité.

La thèse, ou plutôt la folle hypothèse d'une liaison entre la reine et son ministre, se fonde essentiellement sur l'abondante correspondance dont il reste surtout des lettres de Mazarin à Anne. Celles-ci sont en effet d'un lyrisme, d'une chaleur, d'une ivresse qui seraient, de nos jours, les signes manifestes d'une passion amoureuse débridée. Mais le prélat employait les mots de son temps, le style sublimé par Mlle de Scudéry et sa géographie de la carte du Tendre. Selon Retz, peu suspect de sympathie, le cardinal se payait et se grisait de mots, qu'il ne fallait pas prendre au pied de la lettre. C'était un séducteur par le verbe[1].

Divers témoignages de l'époque indiquent que la reine était loin d'éprouver pour son ministre des sentiments qui auraient fait rougir son confesseur. À plusieurs reprises, Mazarin a craint d'être renvoyé, ce qui arrive à tous les favoris. Voulant éloigner ce péril, mortel pour lui, il n'hésitait pas à offrir son cœur et toute sa personne ! Durant son exil, s'il se mourait

1. Voir Annexe.

d'angoisse à l'idée de ne plus la revoir, c'est qu'il tenait son pouvoir d'elle seule.

En revanche, une chose est sûre : par fidélité, par manque de confiance en elle, Anne s'appuie trop sur l'homme que son époux défunt a donné pour parrain à son fils. Et c'est ce qu'on peut lui reprocher. À trente-cinq ans d'écart, la régente semble répéter les erreurs de Marie de Médicis. Ce pouvoir du parvenu italien sur le roi a quelque chose d'inconcevable pour un prince de sang comme Condé. Mais aussi pour les Français qui ont déjà souffert du Concini.

En réalité, le retour de Mazarin soulage la reine du poids de cette couronne qu'elle ne veut pas porter. De ce pouvoir que son fils est encore trop jeune et inexpérimenté pour assumer. À la grande fureur de toute la noblesse de robe et d'épée, cette royale trinité – la mère, le fils, le parrain – résiste à tous les assauts, à tous les traquenards : indissolublement unie, et le demeurant jusqu'à ce que la mort la déchire.

Dépité, le vieux Châteauneuf démissionne. Le cardinal reprend les rênes du Conseil. Il obtient surtout le concours du génial Turenne. Un titre de prince et quelques terres font basculer l'ancien frondeur dans le camp royal. Désormais, il est avec d'Hocquincourt à la tête des troupes royales qui ratissent la Loire : Tours, Amboise, Blois… Seule Orléans résiste. Elle fait partie de l'apanage de Gaston, duc d'Orléans, qui comme d'habitude est cloué au lit par des coliques très politiques.

À l'exemple de Jeanne d'Arc, n'écoutant que son courage, sa fille Mademoiselle, monte en carrosse soutenir le combat contre le cardinal. Elle soudoie quelques bateliers qui fendent à coups de hache une vieille porte. Le 27 mars 1652, elle entre dans la ville, tombe dans la boue. Deux hommes la portent en triomphe dans un fauteuil en bois aux cris de : « Vive le roi, vive les princes, point de Mazarin ! » La pucelle de vingt-cinq ans laisse éclater sa joie : « Tout le monde me baisait les mains et je me pâmais de rire de me voir en si plaisant état. Après avoir fait quelques rues portée en triomphe, je leur dis que je savais marcher et que je les priais de me mettre à terre, ce qu'ils firent. » Elle reçoit une lettre de félicitations de Condé. Et quelques mots de son père : « Vous m'avez sauvé Orléans et assuré Paris et tout le monde dit que votre action est digne de la petite-fille de Henri le Grand. »

M. le prince vient, avec La Rochefoucauld, de quitter la Guyenne, tous deux déguisés en valets. Son armée compte douze mille hommes. Celle du roi quatre mille. Dans la nuit du 6 au 7 avril, il fond sur le maréchal d'Hocquincourt. Il écrit à Mademoiselle : « Tout le bagage pris, et le butin va à deux ou trois mille chevaux, quantité de prisonniers, leurs munitions de guerre… nous n'avons pas perdu trente hommes. »

Il ne lui reste plus qu'à s'emparer de Gien où se trouve l'ennemi public. Anne éclate en sanglots : « Rien ne fut égal à la consternation de la cour », écrit Mademoiselle. Le cardinal parle de se replier à Bourges. Mais à Bléneau, les canons de Turenne empêchent le vainqueur de Rocroi de s'emparer du Mazarin.

Le siège d'Étampes dure tout le mois de mai. C'est à Paris, au siège du Parlement, que se jouera la bataille décisive. Le duc de Lorraine, beau-frère de Gaston et fameux soudard, s'en approche, appelé à la fois par l'Espagne au secours de Condé, et par Anne pour la défense de son fils. Cantonnée à Lagny, son armée pille la fertile Beauce et sème la terreur. Sur l'étendard du duc, cette devise flambe en lettres d'or : « Frappe fort, prends tout et ne rends rien ».

Harcelée par Turenne, l'armée frondeuse dévale les collines de Saint-Cloud. Condé a décidé de gagner Charenton par le nord à la demande de Gaston qui ne veut pas que son palais du Luxembourg soit menacé. Dans la nuit, les troupes traversent le bois de Boulogne et longent les fossés des Tuileries. En prêtant l'oreille, Mademoiselle peut entendre les tambours, les trompettes et les différentes marches des régiments.

Le procureur général du roi au Parlement, Nicolas Fouquet, en avertit le cardinal. Turenne ne perd pas une minute pour se mettre en place. Certains croient qu'une paix est encore possible. Le 2 juillet, les armées sont face à face à Charenton. Jadis, devant Casale, Mazarin n'a-t-il pas forcé les Italiens et les Espagnols à faire la paix sur le champ de bataille ? Mais il y a longtemps que l'archange de la paix a disparu des almanachs. Ce que le cardinal veut, c'est mettre Condé à genoux.

Le 2 juillet au matin, les Français se battent à la porte Saint-Antoine qui refuse obstinément de s'ouvrir. Pour se distinguer, les frondeurs portent une paille à leur chapeau, les soldats du roi un morceau de papier. Cela ne tempère pas la férocité des uns et des autres. Le cardinal et Louis XIV suivent le carnage du haut de la colline de Charonne. On se bat au corps à corps dans les maisons du faubourg. M. le prince est acculé. Mais sauvé à la dernière minute lorsque enfin la porte de la capitale s'ouvre grâce à l'impétueuse Mademoiselle, à l'Hôtel de Ville, qui a obtenu gain de cause après avoir menacé le gouverneur de Paris, le maréchal de L'Hôpital, un mazarin, de le faire mourir de sa main : « Le plus affreux spectacle qui se puisse regarder, c'était M. le duc de La Rochefoucauld qui avait un coup de mousquet… les deux yeux étaient offensés, il semblait qu'ils lui tombassent tant il perdait de sang… il soufflait sans cesse comme s'il eût eu crainte que celui qui lui entrait pas la bouche (ne l'étouffât)… Son fils le tenait par une main et Gourville par une autre car il n'y voyait goutte… Je trouvai à chaque pas que je fis dans la rue Saint-Antoine des blessés… sur des chevaux, à pied, et sur des échelles, des planches, des civières et des corps morts… M. le prince… était dans un état pitoyable. Il avait deux doigts de poussière sur le visage, ses cheveux tout mêlés… Il se jeta sur un siège, pleurant et me disant : “Pardonnez à la douleur où je suis” », écrit Mademoiselle qui devient « Grande » ce jour-là. À la duchesse de Nemours, fille de la Longueville, elle dit : « Si j'étais en sa place, j'étranglerais les gens qui m'y ont mis pour leurs intérêts particuliers. » Puis elle monte pour la première fois à la Bastille : « Je me promenai longtemps sur les tours et je fis changer le canon qui était tout pointé du côté de la ville… » Avec une longue-vue, elle aperçoit les carrosses du roi et de Mazarin sur la colline de Charonne, et toute l'armée ennemie dans le fond vers Bagnolet. « On tira de la Bastille deux ou trois coups de canon comme je l'avais ordonné. » Pendant tout ce temps, son père, Gaston, se ronge les poings dans son hôtel du Luxembourg où Retz, qui a obtenu de Mazarin son chapeau de cardinal, le « tient en léthargie ».

À Saint-Denis, la reine prie dans la chapelle des carmélites pour l'heureuse issue du combat. La grande salle du couvent a été transformée en hôpital. Et elle passe la nuit à soigner les blessés. Le neveu du cardinal, Paul Mancini, a reçu un coup de mousquet mortel. Maître de camp à seize ans, très doué, il était l'ami du roi et Mazarin voyait déjà en lui un successeur. C'est au tour du ministre de sangloter. On annonce que Condé est prisonnier. Anne veut lui envoyer son carrosse. Mais la rumeur, comme beaucoup d'autres, est fausse.

Les Parisiens sont bouleversés par le nombre de morts : plus de deux mille et deux fois plus de blessés. Mais dans les rues, ils crient encore : « Vive le roi, point de Mazarin ! » Deux jours plus tard, une assemblée d'échevins et de robins se tient à l'Hôtel de Ville pour discuter de la continuation des combats et d'une union avec les princes. Sur la place de Grève s'est massée une foule considérable. Vite incontrôlable.

Un trompette du roi demande que l'assemblée soit repoussée à huit jours. Des sifflets et des cris l'accueillent. Les princes, eux, sont pris à partie par le maréchal de L'Hôpital. Des cris s'élèvent : « Égorgez, tuez les mazarins ! » Des hommes prennent de grandes poutres qu'ils entassent devant la porte et y mettent le feu. Des fenêtres des maisons, les soldats commencent à tirer. Les parlementaires, tremblants de peur, se terrent dans les bureaux tandis que la populace envahit l'escalier. Le lendemain Paris compte une nouvelle fois ses morts.

Beaufort est nommé gouverneur de la capitale et le vieux Broussel prévot des marchands. Mais la grande majorité des magistrats modérés, le procureur général Nicolas Fouquet en tête, quittent Paris. Ce dernier conseille à Mazarin d'instaurer un nouveau Parlement à Pontoise. C'est fait par un décret du 31 juillet. En échange de ses généreux et loyaux services, Fouquet sera nommé surintendant.

Condé, lui, n'a plus un sou. Lorsqu'il passe son armée en revue, le 9 août, elle ne compte pas deux mille cinq cents hommes. Mal payés, ils commencent à piller Paris. Une nouvelle fois, M. le prince fait appel aux Espagnols. Le comte de Fuensaldana entre en France à la tête de vingt-cinq mille hommes.

Les guerres, depuis une quinzaine d'années, ont saigné le royaume. Des villes, des villages ont été rayés de la carte, comme Issoudun dont Condé a fait détruire sept cents maisons pour punir la petite cité d'avoir pris le parti du roi. Les prairies et les champs ne sont que cendres et les paysans, réduits à la mendicité, meurent de faim. Le duc de Lorraine, prince des reîtres sans foi ni loi, répète : « Chacun de mes soldats a un diable au corps et ce diable, à la vue du pillage, se multiplie par trois ou quatre qu'il est impossible de dompter. »

Les femmes et les filles se vendent pour un quignon de pain. Les survivants, à demi nus, se nourrissent d'herbes. Les cadavres, hommes et bêtes mêlés, s'entassent dans les ruisseaux. La mère Angélique Arnauld, abbesse de l'abbaye janséniste de Port-Royal, écrit à son amie Marie de Gonzague, devenue reine de Pologne : « La barbarie des soldats est telle… qu'entre Port-Royal des Champs et Port-Royal de Paris, il n'y a pas une âme. »

Vincent de Paul supplie le ministre de s'éloigner pour mettre fin aux horreurs et aux souffrances qui frappent le royaume. Il lui écrit : « Il est fort à craindre, monseigneur, si cela continue, que l'occasion se perde et que la haine se tourne en rage. » À soixante-quinze ans, le saint homme organise des missions partout où passent les armées pour soigner les blessés, inhumer les morts, recueillir les orphelins.

Une fois encore, Mazarin écrit sa *commedia*. Avec son accord, le 10 août, le parlement de Pontoise réclame au roi son départ. Deux jours plus tard, Louis XIV, par un nouveau décret, ordonne à son ministre de quitter le royaume. Mais en préambule, Sa Majesté, entonne un hymne à la gloire de son parrain, pour faire savoir au monde entier combien elle est satisfaite de ses succès. Et c'est seulement pour démontrer l'impuissance des rebelles à gouverner la France que celui-ci consent à s'éloigner. Le 18 août 1652, Mazarin se replie à Bouillon chez son ami l'Électeur de Cologne dont il a déjà occupé la résidence d'été à Brühl.

Le duc de Lorraine, avec ses terrifiants mercenaires, est prêt à envahir la capitale. Et Condé avec lui. On voit dans les rues des uniformes espagnols jaune et rouge. Mais à Paris, plus personne ne veut de la Fronde. Les bourgeois ne parlent que de rappeler le roi dans sa bonne ville. Le 9 septembre, Retz se rend à Compiègne avec un grand cortège de carrosses pleins d'ecclésiastiques pour plaider le pardon des princes. Il ne songe plus qu'à une chose : prendre la place de Mazarin. Le soir, il a une audience secrète avec la reine. Mais le cardinal a supplié Anne de se méfier. « Les absents et les morts n'ont pas d'âme », dit un proverbe espagnol qu'il aime à répéter.

Le 12 octobre, le Parlement ne veut plus voir un soldat dans Paris et Condé, malade et désespéré, plie bagage et part pour Bruxelles. Le lendemain, Beaufort cède sa place de gouverneur à son prédécesseur, le maréchal de L'Hôpital.

Huit jours plus tard, la cour fait son entrée dans Paris à la lueur des flambeaux. Louis XIV, qui est accompagné du duc d'York, futur roi d'Angleterre, est follement acclamé : « Il n'y a que les Français qui puissent passer si vite d'un extrême à l'autre », écrit le père Berthod. Cette fois, la famille royale s'installe au Louvre.

Le roi a demandé à son oncle de s'éloigner de Paris. Gaston a commencé par fanfaronner : « Je ferai danser l'Espagnole », promet-il avant de s'incliner prestement, de peur d'être arrêté par les mousquetaires de Sa Majesté. Mademoiselle est priée d'aller méditer sur ses exploits dans son château de Saint-Fargeau.

En revanche, la reine fait embrasser Retz par le roi à son arrivée. Le cardinal est aux anges. Il ne doute plus d'être appelé au ministère. Mais le 26 octobre, le roi écrit à son parrain de revenir le plus vite possible.

Auparavant, Mazarin se débarrasse de son dernier concurrent. Retz, le 19 décembre, fait une visite au Louvre. La reine l'accueille avec le sourire : « Oh ! monsieur le cardinal, on me dit que vous avez été malade… » Mais déjà Louis a donné les ordres. Le coadjuteur est conduit à Vincennes par Miossens qui, trois ans plus tôt, y enfermait les princes.

À Notre-Dame, le clergé ordonne les prières des quarante heures pour la libération de son archevêque. Trois jours durant, le saint sacrement est exposé sur le maître-autel. Mais Paris ne bouge pas. Pour éviter tout conflit avec le Vatican, Mazarin, en bon disciple de Machiavel, écrit une lettre au roi dans la laquelle il décline toute responsabilité dans l'arrestation du cardinal et plaide chaudement pour sa libération. Lorsque le nonce Bagni la réclame à son tour, la reine lui demande comment il se fait que lorsqu'un an auparavant la tête de Mazarin était mise à prix, il n'ait rien entrepris en sa faveur.

À l'exilé, elle écrit : « La vue de ce qu'on aime n'est pas désagréable… Si 16 (Mazarin) savait tout ce que je souffre sur ce sujet, je suis assuré qu'il en serait touché. » Lettre d'amoureuse ? Mais on sait qu'il y a quelques mois le maréchal Plessis-Pralin écrivait à son protecteur des missives tout aussi ambiguës : « Nous comptons les heures : elles nous paraissent longues comme un amant qui attend sa maîtresse. » Ces onze lettres d'Anne, Mazarin les conserve précieusement. C'est en maître qu'il revient, bien décidé à faire payer à la France, et même à la reine, tous les affronts. *E finita la commedia !*

25

Ballets, fleurs et amours

Heureuse, sans doute surprise, peut-être indignée, Anne entend Paris acclamer le cardinal. Le 3 février 1653, le peuple de la capitale, procureurs et harengères, artisans et étudiants, tous joyeusement mêlés en ce début de carnaval, oublie comme par enchantement les torrents de boue qu'il déversait hier encore sur la robe écarlate de l'usurpateur italien.

De Paris, la reine connaît toutes les chapelles, tous les autels qu'elle a anoblis de ses prières et de ses larmes. C'est ici et nulle part ailleurs que son fils démontrera au monde qu'il est à nouveau le maître, le souverain. Louis XIV rendra plus tard hommage au courage de sa mère : « La vigueur avec laquelle cette princesse avait soutenu ma couronne dans les temps où je ne pouvais encore agir m'était une marque de son affection et de sa vertu. Et les respects que je lui rendais de ma part n'étaient point de simples devoirs de bienséance. »

Au Louvre, la reine mère s'est installée dans les anciens appartements de Marie de Médicis. Elle réserve ceux du premier étage, à côté du roi, à la future reine dont Dieu seul connaît le nom. Elle l'implore d'y placer sa nièce, l'infante, fille de son frère et de sa belle-sœur Élisabeth de France.

Elle joue avec sérénité son rôle de reine mère. Avec son goût du confort et du faste, elle réaménage au rez-de-chaussée face aux allées de buis du jardin de l'Infante, la suite que sa belle-mère a constamment dédaignée. Grand cabinet, petit cabinet, salon, chambre à coucher, oratoire et boudoir sont ornés de marbres de différentes couleurs, d'amours joufflus, de cornes d'abondance, de coquilles d'or et de guirlandes de fleurs qui créent l'illusion d'être toujours dans le jardin. Dans sa chambre, elle a placé la table en argent, pièce maîtresse du trousseau qu'elle a apporté d'Espagne. Et sur les murs de son boudoir dont le plafond a été peint par Le Sueur, des portraits de sa famille. Au centre, à côté de la table de toilette, trône une baignoire car la reine ne manque pas de plonger régulièrement en chemise dans l'eau bien chaude. Dans son cabinet, les toiles représentent les femmes de la Bible : Judith qui libère son peuple, Esther qui le sauve de l'extermination projetée par Assuérus.

D'autres peintures évoquent les vertus d'Anne : la charité, la foi, l'espérance, la tempérance. Elle a rassemblé dans la chapelle d'innombrables reliques et pierreries pour donner plus de prix à ses oraisons.

Et comme l'été, au Louvre, on étouffe, la reine mère dispose aussi d'un appartement au frais dont l'aménagement est confié à un peintre italien amené de Rome par le cardinal Barberini. Romanelli a superbement décoré le palais Mazarin.

Depuis qu'il s'est enfui de nuit, il y a deux ans, le cardinal n'y a jamais remis les pieds. Durant son exil, le prévoyant Colbert a transféré ses trésors et ses coffres au fort de Vincennes pour les soustraire au pillage et à la confiscation votée par le Parlement. Le ministre, qui redoute toujours les violences de Paris, s'installe au deuxième étage du Louvre, juste au-dessus des appartements royaux. Là, il est mieux protégé par les gardes et les mousquetaires du roi qu'en son logis. Chaque matin, son filleul monte dans son cabinet pour y prendre sa leçon d'art politique.

Désormais le trio est réuni. La reine et le cardinal peuvent surveiller jour et nuit le jeune monarque qui, à quatorze ans, semble avoir hérité des ardeurs de son grand-père Henri IV. À qui confier l'initiation amoureuse de Louis ? La reine mère a une femme de chambre particulièrement délurée et dont les conquêtes sont innombrables. Fille d'un fripier des Halles, Catherine Bellier a épousé le baron de Beauvais, mais cède volontiers aux avances d'hommes séduisants comme le comte de Guiche et Nicolas Fouquet, le nouveau surintendant des Finances. Dans ses *Mémoires*, Saint-Simon rend justice à ses talents : « Créature de beaucoup d'esprit, d'une grande intrigue, fort audacieuse, qui avait eu le grapin sur la reine mère et qui était plus que galante. » Mme de Motteville, pourtant peu indulgente, lui reconnaît également d'autres qualités. La reine mère, dit-elle, appréciait Catherine de Beauvais « non pas par ses vertus, non par la beauté de son âme ou celle de son visage, mais à cause de l'adresse de ses doigts et de son extrême propreté ». Bref, toutes ces qualités, en dépit d'un œil de verre, font d'elle l'éducatrice idéale du roi.

Plein d'entrain, de grâce, de courtoisie, Louis est un monarque de roman de chevalerie, le digne disciple de l'Amadis qui faisait tant rêver sa mère. Toutes les jeunes filles de la cour, toutes les dames en âge de plaire retiennent leur souffle dès qu'il pose sur elles son regard conquérant. Comme Anne, il est gai, il aime les fêtes et danser. Il n'a pas appris le latin mais il connaît la musique et il adore mettre en scène les fastueuses représentations dont il est l'étoile ou plutôt le soleil. Depuis son plus jeune âge, il est habitué à voir satisfaits ses moindres désirs. À six ans, pour sa première page d'écriture, il recopiait : « L'hommage est dû aux rois. Ils font ce qui leur plaît. »

En février, le carnaval reprend ses droits au Louvre. Lully, arrivé de Florence et abandonné par la Grande Mademoiselle lors de son départ pour Saint-Fargeau, a tout juste vingt ans. Désormais chef de la bande des Petits Violons, l'orchestre de chambre de Louis, il compose la musique du *Ballet de la Nuit*, apothéose du carnaval, dans lequel le roi fait quarante-cinq entrées. Le monarque, resplendissant dans sa tunique d'or avec des rayons qui illuminent sa chevelure brune, incarne le Soleil qui chasse les sombres mystères de la Nuit. Chaque soir, il y a dîner, bal, comédie. Le cardinal joue un jeu d'enfer. Et la reine se mêle aux parties sans craindre les reproches de son confesseur.

Mazarin est rentré en France, décidé à reconstituer intégralement sa fortune. Il dispose de deux auxiliaires de haut vol, Colbert et le surintendant Fouquet qui n'a pas son pareil pour mettre en confiance les financiers, créer de nouveaux impôts et apporter au cardinal les sommes colossales qu'il réclame sans cesse, soi-disant pour la poursuite de la guerre, en fait pour acheter diamants, tableaux et tapisseries qu'il accumule avec frénésie. Désormais rassuré sur son avenir, l'Italien met aussi la main sur des domaines immenses comme la Mayenne, acquise pour une bouchée de pain au duc de Nevers. Pour ne pas éveiller les soupçons, il achète l'Auvergne en se cachant derrière le nom de la reine.

Pour son ministre, Anne a encore toutes les indulgences, même si, en son âme et conscience, elle se scandalise de cette cupidité quand le royaume meurt de faim. Elle apprécie l'élégant Fouquet, fidèle au roi durant ces tragiques années et dont les parents sont un modèle de dévotion. D'une famille de marchands de soie d'Angers, le père de Nicolas, devenu maître des requêtes, a épousé la pieuse Élisabeth de Maupeou.

C'est avec elle que Vincent de Paul a créé, en 1634, l'œuvre des dames de la Charité, chez elle qu'il a tenu ses premières réunions : « Si par malheur l'Évangile était perdu, on en retrouverait l'esprit et les maximes dans les mœurs et les sentiments de Mme Fouquet », aime-t-il à répéter. Le couple a eu quinze enfants dont douze ont survécu. Les six filles sont religieuses, deux garçons sont évêques, un autre, l'abbé Fouquet, attaché à Mazarin, espionne les amis des anciens frondeurs pour le compte du ministre. Les trois autres ont été tonsurés.

Charmeur, éloquent, persuasif, Nicolas a vite abandonné la soutane pour courir les routes du Dauphiné comme intendant. Courageux, il a pris le parti des pauvres « trop accablés d'impôts ». Ce qui lui a valu une première disgrâce. Anne est intervenue pour que le fils de son exemplaire amie retrouve un poste en Catalogne. Mazarin, qui a vite remarqué son doigté dans la récolte des impôts, l'a nommé intendant des armées du Nord. Depuis, les deux hommes ont lié leur destin. De l'argent, bien ou mal gagné, la France en a plus que jamais besoin… La guerre continue en Lorraine et à Bordeaux, qui ne signe sa reddition que début août. En Guyenne, la Fronde, soutenue par l'Espagne, tarde à rendre les armes. Il faut aussi organiser au plus vite la cérémonie du sacre.

Au printemps 1654, la reine et la cour se transportent à Reims, accompagnées par le clergé venu des quatre coins du royaume. De Saint-Denis, on a acheminé la grande couronne de Charlemagne, l'épée, le sceptre et la main de justice. Le 7 juin, Louis XIV revêt la camisole de satin rouge et or ouverte sur l'épaule, l'estomac et les bras pour recevoir le saint chrême, la robe d'argent, les bottines. Les mains jointes, l'air grave, il entre dans la cathédrale enveloppé du grand manteau royal bleu semé de fleurs de lys et doublé d'hermine.

Anne est au premier rang, sur une estrade, à côté de l'autel avec son second fils Philippe. Elle ne cesse d'invoquer l'aide de son mari pour qu'il donne à son aîné le sens du devoir, l'esprit de sacrifice, l'amour de son peuple, trois vertus que Louis XIII a portées au plus haut point. Les cérémonies religieuses durent trois longues journées, les *Te Deum* succédant aux vêpres et les vêpres aux messes. Anne, ne résistant pas à son culte espagnol des reliques, tient à contempler de ses yeux la sainte ampoule et fait ouvrir la châsse de saint Rémi. Au milieu de ces exercices de piété, les jésuites, eux, font jouer *Le Lys sacré roi des fleurs ou le Sacre de Louis XIV*, une comédie que *La Gazette* qualifie de « fort divertissante ». Renaudot est mort neuf mois plus tôt mais son fils, qui a pris sa succession, veille à l'obligation de révérence du journal.

Condé, Monsieur, Mademoiselle, la duchesse de Longueville, la plupart des princes de sang sont absents pour cause de fronde contre le Mazarin. Le ministre ne veut revoir personne à la cour avant d'avoir donné au royaume la paix avec l'Espagne. Agenouillé sur le banc des cardinaux au premier rang du clergé, il rêve de laisser dans l'histoire un nom aussi célèbre que Richelieu. Si son prédécesseur a déclaré la guerre, il veut être celui qui la terminera.

Les cierges à peine éteints, il s'empresse de repartir. Car le 15 juin, son ami don Antonio Pimentel, ambassadeur extraordinaire de Philippe IV, arrive à Paris pour des premières discussions. Son Éminence loge l'Espagnol dans son propre palais où il est magnifiquement traité par l'infatigable Colbert qui prépare en son honneur un dîner avec un « divertissement de vingt-quatre violons ». Et comme les grands chantiers diplomatiques commencent par des cadeaux, l'intendant, qui veille à tout, a choisi comme présents de bienvenue de magnifiques tapisseries.

Entre deux conversations en espagnol sur les nouvelles frontières, les diplomates évoquent l'idée du mariage du roi de France avec l'infante, union à laquelle Anne consacre toutes ses prières. La reine ne veut plus s'occuper de politique, mais elle entend bien avoir le dernier mot sur ce point du traité. On la dit dolente, paresseuse même selon Mme de Motteville, mais elle ne renonce jamais quand il s'agit de l'avenir du roi.

Louis ne songe pas à se marier. Mais plutôt à chasser, à danser, à jouer à colin-maillard avec les nièces de son parrain qu'il aime tant serrer contre son cœur, toutes palpitantes, quand il les attrape. Elles sont italiennes, elles ont le sang chaud et sont poussées par leur oncle qui ne pense qu'à établir sa famille pour asseoir sa puissance. Après avoir marié l'aînée, Laure Mancini, au duc de Mercœur, coup de maître, il a uni la deuxième, Anne-Marie, au prince de Conti. Une troisième est devenue duchesse de Modène.

Au Louvre, elles sont de toutes les fêtes et le roi les voit chaque jour. La reine mère leur préfère Henriette d'Angleterre, déjà intelligente et vive à onze ans. Elle aimerait que son fils dirige ses regards vers une personne comme elle, de qualité et digne d'un roi. Et comme son frère, Philippe IV d'Espagne, ne semble pas favorable à un mariage avec l'infante qui est sa seule héritière, Anne organise pour Henriette qu'elle aime tendrement un bal dans ses appartements. Elle choisit elle-même, avec soin, les quelques invitées. Louis doit ouvrir le premier branle avec sa cousine.

Hélas ! la jeune princesse anglaise a du mal à rivaliser avec les pulpeuses Mazarinettes et le roi invite à danser la jolie duchesse de Mercœur, l'aînée des

Mancini. Cette fois, Anne est hors d'elle, comme le raconte Mme de Motteville : « La reine, surprise de cette faute, se leva brusquement de sa chaise, lui alla arracher Mme de Mercœur, et lui dit tout bas d'aller prendre la princesse d'Angleterre. » La mère d'Henriette s'interpose et prétend gentiment pour excuser le roi que sa fille a mal aux pieds : « La reine lui dit que si la princesse ne dansait, le roi ne danserait point du tout… Il fut grondé le soir en particulier par la reine sa mère. Mais il lui répondit qu'il n'aimait point les petites filles. »

La veuve de Louis XIII, obsédée par son rêve de mariage espagnol ou anglais, n'est pas au bout de ses tourments. Les sœurs du cardinal, Mmes Martinozzi et Mancini, sont arrivées au Louvre avec une nouvelle fournée d'héritières à marier auxquelles Mme de Motteville donne cérémonieusement une particule. Ces nouvelles Mazarinettes, qui n'ont pas connu la Fronde et l'exil avec leur oncle, sont plus rusées et arrivistes que le premier contingent.

Louis est immédiatement tombé amoureux de l'aînée du quatuor, Olympe, une beauté de dix-sept ans. Joueuse et dénuée de scrupules, elle ne cesse de l'aguicher et de butiner autour du jeune monarque comme une fine guêpe autour d'une fleur de lys. L'amourette tourne vite à quelques étreintes brûlantes. Des courtisans s'inquiètent mais la reine laisse faire. Pas une seconde elle n'imagine que l'idée folle d'un mariage d'une « nièce Mancini » avec le roi puisse effleurer le cardinal. D'ailleurs Louis n'aime pas Olympe et c'est la jeune Italienne qui s'offusque de ne servir qu'à augmenter encore plus, toujours plus, la fortune du ministre : « Elle n'était pas satisfaite de voir que le cardinal Mazarin, son oncle… négligeait de la marier et se servait d'elle seulement pour conserver son crédit auprès du roi. » Elle exige un mari. Un prince ou au moins un duc, comme ses cousines. Mazarin, qui est resté très ami avec la famille de Savoie, lui offre le prince Eugène, qui hérite du titre de comte de Soissons. Voyant discuter le cardinal avec la mère d'Eugène de Savoie, Anne confie à Mme de Motteville : « Ne l'avais-je pas bien dit qu'il n'y avait rien à craindre de cet attachement ! »

Le mariage d'Olympe a lieu moins de deux mois après l'enterrement en grande pompe de sa mère. Le cercueil de Mme Mancini, morte au Louvre le 29 décembre 1656, est descendu, comme pour les princesses de sang, par le grand escalier devant toute la cour. Dans son oraison funèbre, l'évêque de Montauban ne manque pas d'évoquer l'illustre naissance de la défunte : « Les louanges qui se donnèrent au nom de Mazarin et Mancini y furent excessives », note Mme de Motteville. Comme si le Ciel ramenait le cardinal aux réalités terrestres, la perte de sa sœur est suivie de la mort en couches de la duchesse de Mercœur, le 8 février 1657 : « Cette mort si prompte et si surprenante, qui paraissait triompher d'une jeune princesse, saine, belle et nièce d'un favori si puissant à qui toute la France était soumise, étonna les plus endurcis, fit faire des réflexions aux plus enjoués, et fut à tous un grand exemple de la vanité qui se trouve dans les grandeurs et les fausses joies de la terre », ajoute encore la sentencieuse Motteville.

Serait-ce au contraire pour le jeune roi une incitation à cueillir, sans attendre, la pomme du paradis terrestre ? Louis entame au galop une fameuse carrière de séducteur. À peine voit-il Olympe au bras de son cousin Eugène qu'il jette son dévolu sur une fille d'honneur de la reine, Mlle de la Motte-Argencourt. Comme toujours, Mme de Motteville juge cette nouvelle venue sans pitié : « Elle n'avait ni une éclatante beauté ni un esprit fort extraordinaire. Mais ses yeux bleus et ses cheveux blonds, avec la noirceur de ses sourcils et le brun de son teint, faisaient un mélange de douceur et de vivacité si agréable qu'il était difficile de se défendre de ses charmes. » Cette fois, l'amour et son foudre frappent le Roi-Soleil en plein cœur : « Sitôt qu'elle fut admise à un petit jeu où le roi se divertissait quelquefois les soirs, il sentit une si violente passion pour elle que le ministre en fut inquiet. » Car les regards échangés, les gestes tendres nourrissent aussitôt les ragots de la cour. Les ambassadeurs révisent leurs hypothèses diplomatiques. Mazarin voit déjà rompue sa grande œuvre de négociations avec l'Espagne. La reine craint que cette amourette n'offusque son frère qui vient d'avoir un nouvel héritier mâle et ne serait plus hostile à une alliance matrimoniale. Elle réprimande Louis vigoureusement, parle de péché mortel, alors que l'infante, porteuse de paix, lui est destinée par la divine Providence.

Le cardinal lui rappelle aussi ses devoirs. Jusqu'ici, il l'avait plutôt encouragé à se distraire, disant que sa mère était « trop scrupuleuse et avait trop de rigueur ». Cette fois, il l'emmène faire une retraite à Vincennes pendant que la belle Argencourt est expédiée au couvent où elle finira sa vie.

À point nommé revient la saison de la guerre qui, chaque année, interrompt celle des amours. À la fin du printemps, la reine mère et Louis partent pour Sedan soutenir Turenne qui assiège Montmédy. Pour la première fois, Philippe les accompagne. Son gouverneur, le maréchal du Plessis-Praslin, qui le mène à son baptême du feu, fait un rapport très élogieux au cardinal sur sa vaillance et ses qualités de grand capitaine que Louis n'a guère déployées jusqu'ici. Hélas ! sa place de frère du roi ôte au prince cadet tout espoir d'occuper le devant de la scène.

Très longtemps, Philippe a été habillé en fille. L'abbé de Choisy, qui lui aussi portait des robes, des diamants, des mouches et avait les oreilles percées, raconte dans ses *Mémoires* : « Le petit Monsieur venait au logis deux ou trois fois la semaine... Dès qu'il arrivait, suivi des nièces du cardinal Mazarin et de quelques filles de la reine... on lui ôtait son justaucorps pour lui mettre des manteaux de femme et des jupes. Et tout cela se faisait, dit-on, par ordre du cardinal qui voulait le rendre efféminé de peur qu'il ne fît de la peine au roi, comme Gaston avait fait à Louis XIII. »

Raffiné, cultivé, Philippe est, comme son oncle, plus Médicis que Bourbon. S'il a hérité de la petite bouche d'Anne, ses cheveux noirs à grosses boucles naturelles et son goût pour les études font de lui un prince florentin. En adoration devant sa mère, enfant, il assistait à sa toilette, s'amusait même à la coiffer. La reine en l'embrassant l'appelait en riant « ma petite fille ». Elle s'énervait aussi de le voir toujours au milieu de ses demoiselles d'honneur et occupé comme elles à choisir rubans et colifichets. Mais que pouvait-il faire d'autre, tenu en laisse par Mazarin et confiné dans des boudoirs avec le fantasque et débauché Philippe Mancini ?

Au lendemain de la Fronde, alors que la reine s'installe au Louvre, avec Louis et le cardinal, Philippe est relégué au château des Tuileries abandonné par Mademoiselle. Il y tient une petite cour qui adore la musique, le théâtre et surtout les mascarades. Son gouverneur, le brave Plessis-Praslin, se plaint de voir ainsi gaspillés dans des jeux de dame les dons de son brillant élève.

Jaloux l'un de l'autre, les deux frères se disputent souvent. En 1652, lors de l'année terrible de la Fronde, ils partageaient à Corbeil une chambre minuscule : « Le matin lorsqu'ils furent réveillés, raconte La Porte, le roi sans y penser cracha aussitôt sur le lit de Monsieur qui cracha tout exprès sur le lit du roi, qui un peu en colère, lui cracha au nez. Monsieur sauta sur le lit du roi et pissa dessus. Le roi en fit autant sur le lit de Monsieur. Comme ils n'avaient plus de quoi ni cracher ni pisser, ils se mirent à tirer les draps l'un de l'autre dans la place et, peu après, ils se mirent à se battre. Pendant ce démêlé, je faisais ce que je pouvais pour arrêter le roi mais, n'en pouvant venir à bout, je fis avertir M. de Villeroi qui vint mettre le holà. » En concluant, le premier valet de chambre montre la différence de caractère des deux frères : « Monsieur s'était plus tôt fâché que le roi mais le roi fut plus difficile à apaiser que Monsieur. »

Mademoiselle, revenue à la cour à Sedan, le prendrait bien pour mari. Mais elle fête ses trente ans. Et Philippe, qui n'en a pas seize, a désormais son cœur ailleurs : « Les amitiés masculines l'occupaient déjà beaucoup », note son aumônier. Sans rancune, sa cousine lui laisse les Tuileries et s'installe au Luxembourg. Au fin fond de son château de Saint-Fargeau qu'elle a pourtant magnifiquement restauré, Mademoiselle a perdu de sa superbe. Anne, l'apercevant, s'est étonnée de ses cheveux blancs. Elle lui apprend comment les cacher.

Car la reine, qui a longtemps conservé ses belles tresses blondes, voit chaque matin dans son miroir des fils d'argent de plus en plus nombreux parsemer sa chevelure. Ses deux enfants lui donnent tant de soucis. Indignée de voir Philippe s'efféminer chaque jour davantage, elle brave le cardinal et écarte Philippe Mancini des Tuileries. Mais au Louvre, cette fois, c'est la Mancini qu'on n'attendait pas, Marie, la moins jolie, qui vient chambouler les plans royaux.

Un astrologue avait prédit à Mme Mancini que sa fille serait « cause des plus grands maux ». Sur son lit de mort, la dévote sœur du cardinal a exigé de son frère qu'il enferme Marie au couvent de la Visitation.

L'ambitieuse en est vite sortie. Comme Olympe, elle n'a aucune affection pour Mazarin qui, loin de jouer les tuteurs attentifs, attend de ses nièces qu'elles divertissent le jeune monarque pendant que leur oncle s'adonne à sa passion pour la politique. Intelligente, la jeune Italienne a lu Dante, saint Augustin, Ovide, Sénèque et *Le Grand Cyrus* de Mlle de Scudéry. L'hôtel de Rambouillet la considère comme la « perle des Précieuses ». À Louis, elle fait découvrir la poésie, les histoires fantastiques et les romans de chevalerie italiens. Elle lui prête ses livres, lui rapporte les ragots sur la prétendue et secrète liaison de Mazarin avec la reine, lui récite des vers grecs et latins qui l'incitent à devenir le plus grand roi de l'univers.

À dix-huit ans, elle est devenue belle, avec des yeux de braise qui traduisent son tempérament passionné. Lors des fêtes du carnaval de 1658, elle ne quitte pas le jeune monarque. Dans les ballets, on la voit à ses côtés. Dans les bals, ils dansent encore ensemble. La reine, une fois de plus, s'agace. Et même Olympe, pourtant casée, s'en montre jalouse.

La nouvelle campagne du printemps 1658 ne rompt en rien l'idylle naissante. Marie suit la famille royale qui s'installe à Calais avant Pâques. L'année précédente, à Valenciennes, Turenne s'est heurté sans succès à l'armée de Condé. L'Espagne a relevé la tête. Mazarin a vite imaginé de nouvelles *combinazione* et a assigné aux troupes françaises de prendre Dunkerque avec l'aide des Anglais : « Le projet était de la laisser à Cromwell quand elle serait prise. Ce projet parut odieux à tous les gens de bien et on ne manqua pas de blâmer le ministre… Sans compter l'intérêt de la religion, il y avait encore à craindre que ce ne fût donner des forces à des voisins qui ne pouvaient nous aimer et que cette place mettait en état de nous faire un jour la guerre », note Mme de Motteville.

Sur la côte du Nord, pillée, brûlée, ravagée par les armées de cette guerre sans fin, la désolation est extrême : « On manquait d'eau et la chaleur était excessive. Le cardinal qui, en toutes occasions, avait toujours pour principale occupation de gagner de l'argent s'avisa d'être le vivandier et le munitionnaire de l'armée. Il faisait vendre… le vin, la viande, le pain et l'eau et regagnait sur tout ce qui se vendait. Il faisait la charge de grand maître de l'artillerie… Les souffrances, par cette raison, furent grandes en ce siège et même à Calais où toutes les denrées nécessaires à la vie étaient fort chères… » Louis, de son côté, n'a pas une pistole en poche à distribuer aux soldats. Et il y a bien longtemps que pour payer leur solde, on lui a supprimé ses cuisiniers : « Le roi, quand il allait visiter son armée, vivait comme un particulier. Il dînait chez le cardinal Mazarin ou chez le vicomte de Turenne. Il n'avait point d'officiers et manquait de service et d'argent. »

Pour amadouer la reine, le ministre emmène le monarque assister aux préparatifs du siège et, dans une lettre, fait son éloge : « Il est toujours à cheval, s'informant de toutes choses et donnant lui-même des ordres pour avancer les travaux. » Philippe, lui, a été prié de rester avec les dames. Quelques jours plus tôt les deux frères se sont encore disputés. En plein carême, le prince cadet, prenant des airs de libertin, prétendait manger un dessert. Louis, qui tentait de l'en empêcher, a reçu le plat à la figure. Trop heureux de ce prétexte, le cardinal a puni Philippe et refusé de l'emmener au siège avec le roi.

Le 14 juin 1658, face à Condé, le génial Turenne gagne la bataille des Dunes. Les armées espagnoles ont été si mal manœuvrées par le gouverneur des Flandres, don Juan, que M. le prince, ulcéré, a déclaré à son entourage : « Vous allez voir comment on perd une bataille. » À ses côtés, les princes anglais, fils d'Henriette d'Angleterre, ouvraient le feu contre les républicains de Cromwell. Ce méli-mélo d'alliances hâtives et secrètes n'empêche pas Dunkerque de capituler quelques jours plus tard.

Avec le cardinal, Louis XIV se rend à Mardyck pour féliciter ses soldats. Les morts couvrent encore les ruines noircies des murailles. Dans la campagne, les cadavres des années précédentes, couverts de mouches, finissent de se décomposer. L'odeur est épouvantable. Au milieu de cette pestilence, le 22 juin, Louis tombe malade. Son médecin, le docteur Vallot, diagnostique une fièvre infectieuse et tente aussitôt de se disculper : « Le roi a refusé les saignées préventives... Il en est résulté que le roi a contracté petit à petit un venin caché qui le fit tomber dans un état inquiétant. »

Le cardinal, affolé, rapatrie immédiatement son royal filleul à Calais. Très vite, les remèdes de la Faculté aggravent l'état du malade. Durant deux semaines, il subit une purge et un lavement par jour, certains jours même deux saignées. Il délire. Dans la nuit du 6 au 7 juillet, on lui apporte la communion. Il se sent si faible qu'il confie au cardinal : « Je vous prie de m'avertir lorsque je serai à l'extrémité car la reine n'osera pas le faire de peur que cela n'augmente mon mal. »

Anne, après avoir ordonné les prières des quarante heures dans toutes les églises, s'abandonne aux larmes et à Dieu, comme le note Mme de Motteville : « Elle forma le dessein... si elle le perdait, de se retirer au Val-de-Grâce. » Lorsqu'elle annonce à Philippe qu'il ne peut rester auprès de son frère au risque d'être à son tour contaminé, le jeune homme éclate en sanglots. De Paris, Colbert écrit à Mazarin : « Nous sommes ici dans la dernière inquiétude de la maladie du roi… Si les nouvelles sont bonnes, nous travaillerons à les rendre publiques. Si elles sont mauvaises, nous les tournerons comme il nous paraîtra plus avantageux pour le service du roi et de Votre Éminence. »

À Bruxelles, les rumeurs annoncent la mort du roi de France. À Compiègne où la cour s'est retirée dès la victoire des Dunes, Marie Mancini sanglote « à s'en tuer » dans sa chambre. Autour de Philippe, une cabale de dames se forme déjà contre Mazarin. On arrêtera le ministre dès que le roi aura cessé de vivre, et tous ses biens seront immédiatement confisqués. Philippe exècre le cardinal, mais il ne songe à cet instant qu'à consoler sa mère. Anne en est touchée : « Dès ce moment elle l'aima beaucoup plus tendrement qu'elle ne l'avait fait par le passé. »

Désespéré, le docteur Vallot ne sait plus à quel saint se vouer ! On lui parle d'un médecin d'Abbeville qui accomplit des miracles. Le docteur du Saussois arrive au chevet de Sa Majesté plus épouvanté que flatté de l'honneur qu'on lui accorde. Il prescrit un vin émétique de sa composition. Ce remède fait vomir et peut guérir le patient. Il peut aussi le tuer. Après une nuit d'angoisse, on voit poindre sur le front du monarque les premières gouttes de transpiration. Il ouvre les yeux. Il n'est point mort. Bientôt, il retrouve quelques couleurs. Il est sauvé ! Le 22 juillet, il arrive à Compiègne. Marie Mancini peut sécher ses pleurs. Louis, informé de son désespoir, en a aussitôt le cœur qui s'enflamme.

Lorsque la cour prend ses quartiers d'été à Fontainebleau, duchesses, ministres et laquais ne parlent plus que de cette romance. « Elle ne quittait point le roi, elle le suivait partout, et le roi paraissait se plaire avec elle. L'assiduité qu'ils avaient l'un pour l'autre commençait même à déplaire à la reine et, dans ce temps-là, je remarquai qu'elle avait beaucoup de chagrin », écrit Mme de Motteville.

À la différence de ses amies de l'hôtel de Rambouillet, Marie n'entend pas faire suivre au roi les méandres embrouillés de la carte du Tendre. Sa Majesté ne tarde pas à lui déclarer son amour, un jour qu'ils escaladent ensemble les gros rochers. Dans ses *Mémoires*, la jeune Italienne avoue avec une pudeur toute racinienne : « Ayant fait un voyage à Fontainebleau avec la cour, je connus au retour que le roi ne me haïssait pas… Le témoignage de mes yeux ne me suffisait pas… Les gens de cour avaient su aussi bien que moi démêler l'amour que Sa Majesté avait pour moi. »

Anne, elle, est au comble de l'exaspération. À Madrid, l'infante attend toujours des nouvelles du roi qui lui est promis. Durant quelques jours, elle l'a cru mort. La pieuse reine mère a d'ailleurs vu dans cette terrible maladie comme une « voix du Ciel exigeant la paix ». Mazarin ne sait plus par quel miracle satisfaire sa souveraine et sauver sa fortune. Car le nouvel héritier du trône espagnol, issu d'une lignée de mariages consanguins, ne semble pas très vaillant et, pour l'instant, son père préfère garder à ses côtés son aînée, María-Teresa. Ministres et grands d'Espagne se révulsent à l'idée que l'infante puisse apporter dans sa corbeille de noces la couronne de Charles Quint à la France. Anne n'y verrait aucun inconvénient. Pour Louis Dieudonné, rien n'est trop beau !

Comment faire plier le roi d'Espagne ? En joueur virtuose, le cardinal imagine la plus grande fourberie jamais conçue pour des noces royales. La France va demander la main de Marguerite de Savoie. Alarmé par cette union menaçante aux portes de l'Italie, Philippe IV ne pourra qu'offrir sa fille en gage de paix. La princesse Christine, mère de Marguerite et grande amie de Son Éminence, accepte de participer au complot. Pour prix de sa complaisance, la Savoie récupérera la citadelle de Turin, bon prix pour une mascarade.

Anne entre de mauvaise grâce dans cette nouvelle diablerie mazarinesque. Ce voyage à Lyon en plein hiver est une péripétie qui ne lui dit rien qui vaille. Elle n'aime pas sa belle-sœur Christine qui, après son veuvage, s'est longtemps affichée avec un aventurier. Et Louis, qui ne songe qu'à mettre une épouse dans son lit à baldaquin, pourrait bien tomber amoureux de sa cousine Marguerite !

Le 23 octobre 1658, avant-veille du départ, Molière et sa troupe sont présentés à la cour. Après *Nicomède*, ils jouent *Le Docteur amoureux*, une farce dont les répliques font s'esclaffer la famille royale. Dans son répertoire, le génial baladin n'aurait pu imaginer une plus impertinente comédie que celle que Mazarin va faire jouer au roi à Lyon !

26

Une infante et la paix

Quel métier que celui de mère de roi ! Depuis qu'elle est régente, combien de jours Anne a-t-elle passés, sur des routes cahoteuses, brinquebalée dans son carrosse ! Combien de semaines et de mois dans le grondement des mousquets et les flammes de la guerre ! Combien de nuits dans des maisons peu hospitalières, dans des lits de fortune et des draps rugueux, elle qui ne supporte sur sa peau douce d'infante que le linge de batiste le plus fin !

En cet automne 1658, Anne a hésité, jusqu'à la dernière minute, à remplir une nouvelle fois ses coffres, assure Mme de Motteville : « La reine, d'abord par le dégoût qu'elle avait de ce mariage, n'eut point d'envie d'aller à Lyon. Puis elle se ravisa et voulut y aller pour travailler à le rompre. » Sa dame d'honneur, la vieille Mme de Sennecey, et même sa belle-fille la comtesse de Fleix refusent de la suivre dans une telle équipée en une saison si froide. Mais elles supplient Sa Majesté de les avertir si le roi se mariait afin d'accourir à la cérémonie : « Tenez-vous en repos. J'espère que je ne vous manderai point », répond Anne dans un grand soupir.

Tous les jours, le départ est retardé pour des bagatelles d'intendance et cela dure deux semaines. Enfin, il ne manque pas une plume aux feutres gris des mousquetaires qui accompagnent le long cortège des cent carrosses, cent dix fourgons, cent vingt chariots, drapeaux déployés, tambours capuchonnés.

Chaque samedi, la reine mère se rend à la messe à Notre-Dame et ce voyage ne lui fait pas renoncer à sa pieuse habitude. À sa sortie, tandis que sonne le bourdon de la cathédrale, le soleil est radieux et Louis le plus gai du monde, « comme un homme qui est bien aise de se marier », note sa cousine, la snobissime Mademoiselle qui, à trente et un ans, se cherche toujours un roi à épouser.

Après une première nuit à Corbeil, les carrosses traversent la forêt de Fontainebleau. L'automne met de l'or aux branches des arbres. Et dans cet air qui invite à la galanterie, Louis propose aux jeunes filles de monter à cheval. Marie Mancini s'élance à sa suite. C'est ici qu'il y a quelques semaines le roi lui a déclaré son amour. Et bien qu'ils soient en route pour son mariage, elle ne doute pas d'être pour toujours la première dans son cœur. L'an passé, durant son séjour en France, ils ont conversé avec l'extravagante Christine de Suède âgée de trente ans qui, après ses longues discussions avec Descartes, a abandonné son trône à son cousin pour pouvoir voyager librement. À Bruxelles, la fantasque Nordique s'est convertie discrètement au catholicisme. Avant de quitter la France, elle a tenu à rencontrer Ninon de Lenclos, reine des beaux esprits, alors en train d'écrire son roman *La Coquette vengée*. Habillée comme l'as de pique avec un grand chapeau d'homme, elle a aussi visité l'orangerie de Vaux du surintendant Fouquet en compagnie du roi et de Marie. Là, elle s'est écriée qu'un monarque devait épouser une femme qu'il aimait.

Tout à leur rêve de bonheur, sur les routes vallonnées de Puisaye, Louis et sa précieuse Romaine laissent, loin derrière eux, le carrosse de la reine mère où Olympe a pris place : « Le roi fut toujours auprès de Mlle de Mancini à lui parler le plus galamment du monde », écrit Mademoiselle à l'affût du moindre cancan. Dans ses *Mémoires*, Marie reviendra souvent avec nostalgie sur cette triomphante chevauchée vers Lyon qui restera à jamais son seul moment de bonheur.

Après cinq jours de voyage, le cortège passe la Toussaint à Auxerre où l'abbé Amoretti, envoyé de la princesse de Savoie, vient saluer la reine mère. On évite le sujet du mariage. On parle davantage de la citadelle de Turin, cadeau royal à la Savoie. Comme au jeu, il faut laisser ouvertes toutes les opportunités. Et si le cardinal lâche un peu la bride à l'intrépide Marie qui irrite tant la reine, c'est que la nièce amoureuse peut faire échouer le mariage savoyard. À Dijon, Louis XIV préside l'assemblée de ses États de Bourgogne tombés dans son escarcelle depuis l'exil de Condé chez l'ennemi espagnol. Chaque soir, il danse avec Marie. Pour ne pas rompre leur tête-à-tête, il refuse même de dîner avec Anne et Olympe avant l'épreuve de Lyon.

Place Bellecour, les cris d'allégresse saluent l'arrivée du roi et de sa mère. Dans cette capitale des Gaules, parée d'arcs de triomphe et de chandelles aux fenêtres pour les noces royales, la reine a vécu à vingt-neuf ans une des pires angoisses de sa vie. Lorsque son époux Louis XIII avait failli mourir à l'archevêché. Marie de Médicis occupait alors, dans la presqu'île, l'abbaye bénédictine d'Ainay où la régente s'installe aujourd'hui. Entre ces pieux murs, Henri IV a défloré sa grosse banquière sans attendre la bénédiction religieuse. Louis, qui a hérité de la verdeur galante de son grand-père, comme lui, n'en peut plus d'espérer l'infante et la paix. Mme de Navailles écrit au président Hénault : « Il faut se presser de marier convenablement cet homme, sans quoi il épousera le première blanchisseuse qui lui plaira. »

L'arrivée de Marguerite est prévue cinq jours plus tard, le 28 novembre. Pour son entrée dans Lyon, la princesse Christine de Savoie a mobilisé une imposante escorte de gardes et de courtisans, de litières cramoisies et de pages en velours noir. Seule des filles d'Henri IV à ne pas être reine, elle se fait appeler « Madame Royale ». Lyon ne doute pas d'être à nouveau le cadre de réjouissances historiques. Et personne n'imagine que l'Espagne puisse troubler la fête.

Le cardinal part le premier à la rencontre de la future mariée. Puis Philippe, le frère du roi. À midi, Louis monte dans son carrosse avec sa mère et Mademoiselle : « Comme l'on sut Madame Royale proche, on le vint dire au roi qui monta à cheval et s'en alla au-devant d'elle. La reine me dit : "J'avoue que j'ai bien de l'impatience de savoir comme le roi trouvera la princesse Marguerite." Elle ne témoignait pas une grande passion pour ce mariage... Je pense qu'elle aurait mieux aimé encore la princesse d'Angleterre, mais comme le roi y témoignait avoir une grande aversion, elle n'osait en parler. » Hélas !... « Le roi revint au galop, mit pied à terre et s'approcha du carrosse de la reine avec une mine la plus gaie du monde et la plus satisfaite. La reine lui dit : "Eh bien, mon fils ?" Il répondit : "Elle a la taille la plus jolie du monde. Elle a le teint..." il hésita... "olivâtre, mais cela lui sied bien. Elle a de beaux yeux. Enfin, elle me plaît et je la trouve fort à ma fantaisie." »

Madame Royale s'avance à la rencontre de sa belle-sœur et lui baise les mains. « Je vis la première la princesse Marguerite, dit Mademoiselle, que je trouvai bien mais pas belle. » Après quelques effusions, les deux mères et leur progéniture prennent place dans le même carrosse : « Le roi se mit... à parler avec la princesse Marguerite comme s'il l'eût vue toute sa vie. Et elle de même, ce qui me surprit au dernier point, le roi étant fort froid de son naturel et fort peu aisé à apprivoiser », dit Mademoiselle qui tend l'oreille pour écouter la conversation. Louis vante les qualités de ses mousquetaires et autres chevau-légers : « Je jugeai par là qu'il avait plaisir à l'entretenir car ce sont ses chapitres agréables étant fort entêté de ces choses-là… Il lui parla des plaisirs de Paris et elle de ceux de Turin. » Pendant ce temps, la reine est saoulée par sa bavarde belle-sœur « à qui la bouche ne ferma pas ! »

Le cortège s'arrête pour une légère collation à l'abbaye d'Ainay. Puis le roi conduit Marguerite et sa mère à leur résidence de l'archevêché. Anne les voit s'éloigner avec amertume : « La reine de son côté était demeurée extrêmement triste de l'entrevue de Mme de Savoie. Elle n'avait point trouvé la princesse Marguerite à son gré. Elle ne l'avait pas trouvée belle. Et quand elle l'aurait été, elle voyait par ce mariage la guerre s'établir entre la France et l'Espagne plus fortement que par le passé », écrit Mme de Motteville, confidente des heures sombres.

Le soir Anne tente, sans succès, de raisonner son fils. Louis XIV lui tient tête et répond qu'à vingt ans il est le maître : « La reine, qui ne pleurait pas souvent, jeta des larmes et sentit une vive douleur. » Une fois de plus, ses yeux verts implorent le Ciel. Elle charge son confesseur de faire dire des prières dans tous les couvents et églises de la ville pour que la divine Providence empêche ce mariage.

Le miracle s'appelle Pimentel, arrivé à Lyon dans le plus grand secret. Car à Madrid, la mascarade a fait mouche. Lorsqu'on lui a annoncé que la cour de France était en route pour célébrer le mariage de Louis XIV, et que cette union avec la Savoie risquait de compromettre la paix, le roi d'Espagne a enfin laissé tomber de ses grosses lèvres de Habsbourg : « Cela ne peut pas être et ne sera pas ! » Une phrase que María-Teresa se répète, refoulant ses larmes.

Pour ne rien compromettre, le cardinal loge son ami espagnol dans l'appartement contigu au sien. Il le fait passer pour un cavalier liégeois venu à Lyon pour affaires personnelles. Lors des premiers entretiens, l'Espagne ne propose qu'un cessez-le-feu d'une année et Mazarin garde la princesse Marguerite dans son jeu pour obliger l'ambassadeur à abattre la carte de l'infante et à s'engager sur le mariage.

Après quelques jours, les discussions sont tellement avancées que Son Éminence entre joyeusement dans la chambre de la reine : « Madame, je viens vous donner une bonne nouvelle. La paix est conclue et il n'y a que le pape qui la puisse empêcher », raconte l'évêque de Valence, spectateur de la scène dans l'encoignure d'une fenêtre. Pourquoi le pape ? Lui seul peut autoriser un mariage entre Louis et l'infante, doublement cousins.

Le roi, qui déjà voit Marguerite dans son lit, se rend aux arguments politiques de sa mère et de son parrain. Le jeune homme s'est surtout fait chapitrer par la jalouse Marie Mancini : « N'êtes-vous pas honteux que l'on vous veuille donner une si laide femme ? »

La princesse de Savoie fait les frais de cette volte-face, écrit Mademoiselle, désormais Grande Pipelette de la cour : « Le roi alla, le lendemain de l'arrivée de Madame Royale, la voir le matin, et entra dans la chambre de Mme la princesse Marguerite. On crut qu'il la voulait surprendre pour lui voir la taille déshabillée à cause qu'on lui avait dit qu'elle était bossue. Mais il ne témoigna pas y prendre garde. Il fut aussi froid le matin qu'il avait paru empressé le jour de l'arrivée, ce qui étourdit fort Madame de Savoie. Pour Mme la princesse Marguerite, elle fit la même mine. Le soir chez la reine, il causa toujours avec Mlle de Mancini devant elle, sans lui dire un seul mot. »

Le 2 décembre, Pimentel, introduit discrètement à l'abbaye d'Ainay, remet à Anne une lettre de son frère. La cour bruisse déjà de rumeurs de mariage espagnol. Madame Royale s'alarme. Certains lui assurent que Pimentel était à Lyon le jeudi 28 novembre, quand elle faisait avec Marguerite son entrée triomphale. Au désespoir, elle s'écrie que le nombre 28 ne lui a jamais porté chance.

Devant Mazarin, elle sanglote « à s'en évanouir ». À cette fille de France, le cardinal parle de paix pour la chrétienté. Il la console avec des pendants d'oreilles en diamants et la promesse signée du roi qu'en cas d'échec avec l'infante il épousera sa fille. Marguerite, de son côté, fait preuve d'une abnégation qui attendrit la reine.

Le 8 décembre, la cour de Savoie reprend la route des Alpes. Un départ qui ravit la reine mère et Marie Mancini, deux ennemies désormais face à face. L'Histoire ne dit pas combien la comédie a coûté à la France.

Après cette semaine éprouvante, le cardinal est cloué au lit par la goutte et la gravelle. La cour attend son rétablissement plus d'un mois. La reine consacre ses matinées aux églises, ses après-midi à Mazarin et ses soirées au jeu. Le roi ne quitte plus sa Mancini. Chaque soir, après le bal ou la comédie à l'hôtel de ville, il la reconduit à son logis : « Au commencement, il suivait le carrosse, puis il servait de cocher et à la fin se mettait dedans. Et les soirs de beau clair de lune, il faisait plusieurs fois le tour de la place Bellecour », ironise Mademoiselle. Marie loge avec ses sœurs, à deux pas du roi, dans un rez-de-chaussée. Leur gouvernante, Mme de Venelle, n'en dort plus.

La cour a hâte d'être à Paris pour le carnaval. Le 13 janvier 1659, la reine et ses fils quittent enfin Lyon, laissant le cardinal prendre le coche d'eau sous la garde de sa nièce Olympe.

À Moulins, Anne rend visite à sa vieille amie la duchesse de Montmorency qui, depuis vingt-cinq ans, pleure toujours son beau mari décapité par Richelieu. Elle s'est retirée dans le couvent des Visitandines où, en 1641, Jeanne de Chantal est morte. À la grille, elle a fait édifier le tombeau du duc pour l'avoir constamment sous les yeux : « Quand elle vit la reine… elle fut longtemps sans pouvoir parler. Comme M. de Montmorency avait eu un attachement particulier au service de la reine, cela la fit pleurer », dit Mademoiselle. Les deux veuves échangent de douloureux souvenirs et, le lendemain, assistent ensemble à la messe.

À Paris, les espérances de paix embellissent le carnaval et la reine ne regrette pas son équipée lyonnaise : « Elle était persuadée que le roi, sans elle, aurait épousé la princesse Marguerite. » Mais à présent, elle se ronge les sangs. Louis, plus que jamais ensorcelé par les yeux de braise du démon Mancini, risque bien de compromettre son mariage avec l'infante. Déjà à Lyon, don Antonio Pimentel a questionné Mme de Venelle sur la nature de cette romance.

Anne tient à rencontrer son neveu don Juan. Bien que fils naturel de Philippe IV, il est de « son sang », comme elle aime à le répéter, et pourra pousser son père à hâter les noces royales. Depuis la défaite des Dunes, le prince espagnol n'est plus généralissime de l'armée des Flandres. Il retourne à Madrid. Le cardinal accepte qu'il s'arrête à Paris, mais incognito pour éviter les fastes protocolaires qui pourraient faire croire la paix déjà conclue. Car l'armée de Turenne campe désormais aux portes de Bruxelles et Son Éminence entend en tirer profit lors des négociations.

La première rencontre a lieu en petit comité au Val-de-Grâce. Voilà quarante-cinq ans que la reine n'a vu un membre de sa famille. Don Juan, fruit des amours du roi avec une célèbre actrice, la Calderon, est tout l'opposé de son père. Il est brun, petit, gros et enjoué. En costume de voyage, il porte un habit gris et un justaucorps de velours noir à boutons d'argent.

Colbert lui a réservé les beaux appartements du palais Mazarin où la cour défile pour assister à son dîner. On est en plein carême et la reine est chagrinée d'apprendre que son neveu mange de la viande, ce qui, de son temps, était impensable à la cour d'Espagne. La Motteville trouve une bonne excuse : « Le poisson est plus rare à Madrid qu'à Paris. »

Au Louvre, Anne reçoit le prince dans son boudoir. Le marquis de Monglat observe la scène : « La reine lui fit voir les portraits de toute la maison d'Autriche qui étaient d'un côté de son cabinet, parmi lesquels était celui de l'infante Marie-Thérèse. Et puis elle lui montra de l'autre côté ceux de la maison de France et une place vide auprès du roi qui était destinée à celle qu'il épouserait. Don Juan, voyant cela, dit galamment à la reine que cette place était aisée à remplir et qu'il n'y avait qu'à y mettre le tableau de l'infante qui était de l'autre côté. » Anne, ravie, fait entrer Louis pour que son neveu en fasse l'éloge à Philippe IV. Un nouvel héritier vient d'ailleurs de naître à Madrid.

Mais une fois encore, la Mancini risque de gâcher ces grands espoirs. Dans sa suite, don Juan a une femme nommée la Pittora, c'est-à-dire « la bécasse ». Laide et bigleuse, elle est habillée en homme, avec un chapeau, une épée, et a infiniment d'esprit. Elle amuse beaucoup la reine, Monsieur et Mademoiselle. Le roi l'adore. Elle lui parle de l'infante, ce qui exaspère la jalouse Marie. L'Italienne la traite de « folle », l'Espagnole lui répond qu'elle est laide, ce qui fâche Louis :

la Pittora est priée de ne plus se montrer au Louvre. Nul doute qu'avec sa langue de sorcière elle ne tardera pas à révéler à la cour de Madrid l'affront dont elle a été la victime à Paris.

Depuis sa guérison, le monarque, écarté de la politique par son parrain, veut du moins gouverner les élans de son cœur. Dans ses appartements, Marie Mancini se comporte désormais en maîtresse régnante, négligeant même le respect dû à la mère du souverain : « Le roi ne paraissait plus à ses yeux sans Mlle de Mancini. Elle le suivait en tous lieux, et lui parlait toujours à l'oreille en présence même de la reine. » Anne juge de son devoir d'en parler à son fils. Elle le met en garde contre le péché qui rôde autour de lui. Louis répond « avec quelque aigreur ». Mme de Motteville résume l'affrontement par un euphémisme : « Mlle de Mancini n'était pas également aimée de la mère et du fils. »

À la différence de ses sœurs, la rebelle admet mal qu'elle ne puisse être reine en France. Ne l'est-elle pas déjà dans le cœur du roi ? À son oncle, elle se vante des serments enflammés de Louis. Elle lui répète l'hommage qu'il a rendu à son élégance à l'occasion d'un bal à la cour : « Comme vous voilà belle, ma reine ! »

Mazarin, à l'apogée de sa puissance, n'écarte pas cette extravagante hypothèse. Il y a cinq ans, il a marié sa nièce Anne-Marie Martinozzi, âgée de treize ans, à Armand de Conti, prince du sang et frère du Grand Condé. Lors des fêtes organisées dans ses appartements du second étage, il a reçu la cour en maître du Louvre. À cette occasion, les invités, ébahis, ont découvert devant le lit du ministre une balustrade en or, privilège royal extorqué à Louis deux semaines auparavant par lettres patentes.

Ses nièces servent à assouvir sa folie des grandeurs. Alors, pourquoi Marie ne monterait-elle pas sur le trône puisque la passion du roi le commande ? « Il ne voulut pas se refuser à lui-même le plaisir d'éprouver une si belle aventure, et en parla un jour à la reine en se moquant de la folie de sa nièce, mais d'une manière ambiguë et embarrassée qui lui fit entrevoir clairement ce qu'il avait dans l'âme », observe la fine Motteville.

La reine sent le sang de ses aïeux lui monter aux joues. Elle qui s'est résignée à toutes les audaces du clan Mazzarini, qui a soutenu son ministre sans compter pendant la Fronde, qui depuis le laisse piller la France aux dépens du roi son fils, ne transige pas quand il s'agit de l'avenir de la dynastie. Sa réponse claque comme un soufflet dans une pièce de Corneille : « Je ne crois pas, monsieur le cardinal, que le roi soit capable de cette lâcheté. Mais s'il était possible qu'il en eût la pensée, je vous avertis que toute la France se révolterait contre vous et contre lui, que moi-même je me mettrais à la tête des révoltés et que j'y engagerais mon fils. » L'Italien tourne sur-le-champ sa casaque rouge. Dès cet instant, il devient l'adversaire le plus résolu des rêves de sa nièce et l'artisan le plus opiniâtre du mariage espagnol qui couronnera sa grande œuvre de prince de la paix. Don Antonio Pimentel est d'ailleurs de retour à Paris pour poursuivre les négociations entamées à Lyon.

Le 18 mai 1659, le secrétaire d'État Hugues de Lionne, qui a longtemps séjourné à Madrid, donne en son honneur une grande fête dans sa demeure de Berny, à deux lieues de Paris : « La reine trouva en arrivant le bal, la comédie, toute sorte de musique », raconte Mademoiselle en déplorant la bousculade qui désorganise les réjouissances. Car de Paris on est venu en foule saluer les deux héros de la soirée, le roi et cet Espagnol porteur de tant d'espérances. Au diplomate, Mademoiselle vante les vertus de son cousin : « Il était si aimable, avait tant de grandes qualités… Nous parlâmes aussi un peu d'Espagne, de l'infante et de la paix. » Le lendemain, Pimentel s'inquiète pourtant auprès de Mazarin des feux du Roi-Soleil pour Marie Mancini. Avec onctuosité, le ministre apaise son ami. Le 5 juin, les deux hommes signent les préliminaires de paix.

Le cardinal s'est engagé à partir dans les quinze jours pour Saint-Jean-de-Luz afin de régler les derniers détails avec le ministre de Sa Majesté catholique, don Luis de Haro. Le mariage avec l'infante faisant l'objet de l'article 23 du traité des Pyrénées, le sacrifice de Marie est désormais inéluctable.

Sous la garde de l'inévitable Mme de Venelle, elle part avec ses deux sœurs, Hortense et la petite Marianne, cacher ses larmes derrière les remparts de La Rochelle, dont Mazarin est gouverneur. Elle y sera sous la surveillance du frère de Colbert qui gère là-bas les revenus considérables qu'à la suite de Richelieu le ministre tire du commerce maritime et du sel de Brouage. Toute la cour suit le dernier acte de cette tragédie.

Le 21 juin 1659, veille de la séparation, la reine entraîne son fils dans son oratoire pour une conversation dont Dieu seul sera le témoin : « Après qu'ils eurent été une heure ensemble, écrit Mme de Motteville, le roi sortit avec quelque enflure aux yeux. » Anne, émue, avoue à sa confidente : « Le roi me fait pitié. Il est tendre et raisonnable, mais je viens de lui dire que je suis assurée qu'il me remerciera un jour du mal que je lui fais. » Mazarin écrira plus tard à la reine que Louis lui a proposé de renoncer à l'infante pour épouser Marie qu'il ne peut supporter de voir souffrir.

Les adieux des deux amoureux se déroulent dans la cour du Louvre. Selon une belle légende, la jeune fille, en larmes, prononce une phrase que Racine mettra presque mot pour mot dans la bouche de Bérénice : « Vous êtes empereur, seigneur, et vous pleurez ! »

Mazarin prend quatre jours plus tard la route de

Saint-Jean-de-Luz. Pour ce grand voyage qui doit apporter la paix au royaume, le cardinal s'est fait aménager une litière spéciale. Car ses crises de goutte et la gravelle qui ne le quitte plus lui arrachent des cris de douleur à chaque cahot. Par un curieux mimétisme, il revit le calvaire de son maître Richelieu.

Anne voit avec soulagement s'éloigner son imposant cortège composé de cent gardes à cheval, trois cents fantassins, cent cinquante gentilshommes accompagnés de leurs laquais, sans compter les mules pour ses parades de cardinal, les chevaux, les carrosses, les chaises à porteurs et nombre de charrettes à bras… Malade et insatiable, Mazarin est devenu invivable. Anne n'a plus avec son Giulio les tendres relations qui ont suscité tant de sales moqueries. Elle avoue à sa chère Motteville « qu'il devenait de si mauvaise humeur et si avare qu'elle ne savait pas comment à l'avenir on pourrait vivre avec lui ». Et comme sa confidente s'indigne que le cardinal lui laisse si peu de pouvoirs, la reine répond : « Il a une légitime excuse car il sait que je ne me soucie pas d'en avoir. »

Le roi part cacher son gros chagrin d'amour à Chantilly. Anne se rend chez ses amis Jeanne Séguier et Walter Montagu : « La reine s'en alla… à Pontoise faire une petite course de trois jours tant par dévotion que par plaisir… à dessein de visiter… la mère Jeanne, carmélite de grande réputation, sœur du chancelier. Elle visita aussi l'abbaye de Saint-Martin du mylord Montagu qu'elle aimait et qu'elle considérait particulièrement. » À son retour, elle trouve une lettre de son fils. Louis la remercie de l'avoir aidé dans cette épreuve et souhaite la revoir le plus vite possible : « Le roi est si bon. Je vous assure, il est si bon… », dit-elle les larmes aux yeux.

27

Mon frère, roi d'Espagne

Que ne ferait-elle pas pour son fils, pour son roi ! Elle l'a autorisé à écrire à Marie des lettres transmises par Colbert. Et même à la revoir, ce qui fait hurler le cardinal malmené par l'intraitable Luis de Haro. Le ministre espagnol négocie âprement chaque ville, chaque forteresse des frontières, chaque clause du traité qui doit aussi régler le statut du duché de Lorraine, le retour du Grand Condé et l'indépendance du Portugal. Cet homérique marchandage se déroule au beau milieu de la Bidassoa, terrain neutre qui n'appartient ni à la France ni à l'Espagne et où, il y a quarante-quatre ans, Anne a scellé son destin. À cette époque, l'échange des deux princesses s'était déroulé sur un ponton décoré luxueusement.

Aujourd'hui, les deux ministres s'installent dans l'île des Faisans, un morceau de terre voisin, suspendu entre ciel et eau, où ne vivent que les oiseaux, vite rebaptisée « île de la Conférence ».

Une haie tient lieu de frontière. L'aménagement du pavillon de bois suscite un débat pointilleux. Dans la salle des négociations, deux tables sont placées l'une contre l'autre et leur ligne de contact marque elle aussi la frontière. Devant chacune d'elles, un fauteuil : ainsi don Luis et le cardinal se font face sans quitter leur pays. Le soir, l'Espagnol dort à Fontarabie et le ministre d'Anne à Saint-Jean-de-Luz. Dans l'île, chacun dispose en outre d'un petit appartement. Don Luis orne le sien de couvertures de mulet en velours cramoisi et or frappées à ses armes, celle des Guzman, une des familles les plus puissantes d'Espagne. Mazarin, dont les origines sont des plus modestes, se rattrape en étalant sur ses murs les plus belles tapisseries parmi les quarante séries qu'il possède. Colbert a fait expédier les *Actes des Apôtres*, huit pièces représentant les femmes illustres, et *L'Enlèvement des Sabines* en laine et soie rehaussées d'or. Le cardinal, qui feint de négliger « ces bagatelles », surpasse l'Espagnol par la somptuosité de son équipage : trente carrosses à six chevaux pour lesquels il a fallu renforcer les pontons. Chaque ministre est accompagné de soixante personnes qui, tout protocole banni et au grand dam de Mazarin, fraternisent, les palefreniers avec les secrétaires, les mousquetaires avec les tercios, tant est grand leur désir de paix.

Le cardinal est à bout de forces. Chaque jour, son barbier le maquille et le frise pour donner le change aux Espagnols. Ses crises de goutte le martyrisent même la nuit. Et pour comble de malheur, le roi Philippe IV et son sourcilleux ministre ont récusé son ami Pimentel, jugé trop conciliant, et l'ont remplacé par don Pedro Coloma, patriarche de soixante-quinze ans, dont l'esprit alerte ne laisse rien passer.

À Paris, la famille royale et la cour sont déjà à la fête : « On se fit faire les plus beaux habits du monde comme pour aller aux noces ! Et quelles noces ! » s'écrie Mademoiselle. Avant de partir, le roi et la reine mère rendent visite à Fouquet, le 19 juillet 1659, dans son magnifique château de Vaux où Mazarin les a précédés il y a trois semaines. Plus que jamais les talents du surintendant se révèlent précieux. Car les gardes suisses qui, depuis des mois, n'ont pas touché leur solde ont pris en otages les bijoux de la Couronne.

Les coffres pleins de pourpoints d'or et de robes brochées d'argent, le cortège royal quitte dix jours plus tard Fontainebleau où, il y a tout juste un an, le roi promettait à sa brûlante Romaine un bonheur éternel : « Il me serait trop dur de ne pas voir Marie alors que nous allons passer à proximité de La Rochelle », s'écrie-t-il devant sa mère.

Mazarin sait par Mme de Venelle que dans le cœur de sa nièce le feu n'est pas éteint, que personne autour d'elle n'a le droit d'être heureux, qu'elle a entraîné ses deux sœurs à quelques kilomètres, à Brouage, où elle marche à grands pas sur les remparts face à l'Océan dont les vagues rythment sa douleur. À longueur de journée, elle interroge sur son destin un astrologue maure et écrit au roi des lettres pathétiques qu'elle baigne de ses larmes.

L'orgueilleux Louis n'aime rien tant que d'être aimé. Il s'est mis en tête de galoper jusqu'à La Rochelle où Marie l'attend avec ses sœurs. Sa mère, craignant un scandale espagnol, le raisonne une fois de plus. Les trois Mazarinettes viendront à Saint-Jean-d'Angély sous prétexte d'une visite de courtoisie à la reine. Peine perdue. Les amoureux s'étreignent longuement sans un mot tout au long de ces deux jours. La passion du jeune monarque s'enflamme à nouveau. Épouvanté, le cardinal écrit au roi : « Marie est plus folle qu'elle n'a jamais été depuis qu'elle a eu l'honneur de vous voir… Et se tient plus assurée qu'elle n'a jamais été de pouvoir disposer entièrement de votre affection… Elle prétend de rendre pour toute sa vie malheureuse la princesse qui vous épousera… »

À Bordeaux où il rejoint la famille royale, Mazarin reproche à Anne sa faiblesse. Louis vient encore d'envoyer à Brouage un chiot de Friponne, la chienne de la reine que Marie aime tant, avec sur le collier ces mots : « Je suis à Marie Mancini. » Et cela alors que la dot de l'infante fait l'objet d'interminables négociations. L'Espagne s'engage à verser cinq cent mille écus d'or si la France renonce préalablement à faire valoir ses droits à une éventuelle succession d'Espagne. Mais comment être sûr qu'après le mariage la dot sera intégralement versée ? Le royaume attend toujours celle de la reine Anne… Et nul n'ignore qu'avec la guerre, la perte du Portugal et des sacs d'or du Pérou chaque année moins nombreux, le Trésor espagnol n'est plus qu'un souvenir. La dette publique absorbe le tiers des revenus du pays.

Pour ces discussions historiques, Fouquet est arrivé en renfort. Mais c'est le secrétaire d'État aux Affaires étrangères Hugues de Lionne qui, dans une géniale inspiration, exploite d'un mot la faille espagnole : « Don Pedro Coloma dit qu'ils n'avaient qu'à ordonner à leurs secrétaires de copier mot à mot le contrat du feu roi avec la reine mère puisqu'il n'y avait rien de différent ni pour la somme de la dot ni sur le point des renonciations. Le sieur de Lionne dit… qu'il désirait seulement y changer une clause… qu'à la tête de l'article de la renonciation, on mît les paroles suivantes : "Moyennant le paiement desdits cinq cent mille écus d'or… la sérénissime infante Marie-Thérèse renonce…" » Don Coloma flaire aussitôt le piège. Mais Lionne, qui a pratiqué l'orgueil espagnol, lui lance : « Auriez-vous quelques pensées de ne point payer cette dot ? » Le vieux diplomate se récrie ! Cette renonciation avec son explosif « moyennant », qui permettra à Louis XIV de placer son petit-fils sur le trône d'Espagne, occupe cinq pages du traité.

Le sort de Condé fait l'objet d'un document séparé. Le cardinal ne tient nullement à voir son ennemi revenir en France avec ses gouvernements et son arrogance.

Selon l'acte signé à Paris avec Pimentel, le prince, après avoir licencié ses troupes, rendu ses places fortes et demandé pardon au roi selon des termes fixés par Mazarin, retrouvait ses biens sauf Chantilly, confisqué par la Couronne. Philippe IV, en remerciement de la gloire offerte par le grand capitaine à l'Espagne, tient à ce qu'il retrouve tout son éclat de prince du sang : « Vous pouvez être très assuré que dans cette affaire, j'aurai une très particulière attention à tout ce qui sera le plus convenable à votre personne », lui a écrit le roi d'Espagne. C'est une question d'honneur. Mazarin tape du plat de la main sur la table : « Ce serait un exemple pernicieux pour porter tous les princes à la révolte. » Mais il accepte de négocier. Don Luis propose de lui donner Avesne. Le cardinal semble intéressé… Le maréchal de Grammont se met en route vers Madrid pour demander officiellement la main de l'infante.

Trois semaines plus tard, le 7 novembre 1658, la paix des Pyrénées est signée. La reine s'en va à Toulouse par voie d'eau, emmenant le roi et la cour. Le bateau s'arrête au château de Cadillac, au bord de la Garonne, qu'elle a connu du temps du duc d'Épernon, il y a vingt-cinq ans, quand Richelieu rêvait de séduire la duchesse de Chevreuse. C'est le fils du duc d'Épernon qui les reçoit aujourd'hui, avec une prodigalité qui ravit Mademoiselle : « De grands jardins… de superbes meubles… M. d'Épernon y reçut Leurs Majestés avec la dernière magnificence. Rien ne fut égal à la bonne chère, à la somptuosité et à la grandeur qui parurent en tout. »

Dûment chapitrée par le cardinal qui lui reproche son indulgence pour les folles amours de Louis et de Marie, Anne entre dans une nouvelle machination mazarinesque. Le diabolique prélat incite l'intrigante Olympe à reconquérir le roi. Bartet, l'espion du ministre, écrit à son maître : « Le roi a repris avec Mme la comtesse, recommence de lui parler et de rire avec elle… Ils ont dîné tous les jours dans le carrosse sans en sortir. » Il ne reste qu'à pousser la perverse comtesse de Soissons à annoncer cette victoire à sa sœur. Cette fois, l'orgueilleuse Marie rend les armes. Elle a trop souffert. Elle quitte Brouage… et rentre à Paris avec Hortense et Marianne en larmes d'être privées du mariage du roi. La provocatrice s'installe au Louvre, dans les appartements fastueux de son oncle, au-dessus de ceux de Louis. Le comte de Soissons, mari d'Olympe, compte, lui, sur la générosité de Sa Majesté. Et c'est en batifolant avec cette Mazarinette de rechange que le futur marié suit le carrosse de sa mère.

À Toulouse, la famille royale retrouve le cardinal épuisé. Outre la goutte et la gravelle, ses jambes se couvrent d'ulcères. Les fards n'arrivent plus à masquer sa pâleur mortelle. Pour combattre sa mauvaise haleine, il suce des pastilles à la violette.

Le traité des Pyrénées, enfin signé par les ministres, a été porté à Madrid. Mais la saison est maintenant trop rigoureuse pour que Philippe IV puisse affronter jusqu'à San Sebastian le froid, la neige et les montagnes du nord de son pays. Comment occuper Louis et son énergie débordante encore six mois ? Et même sept puisque Anne refuse d'envisager un mariage en mai, mois consacré à la Vierge Marie : « Comme le roi d'Espagne ne devait partir de Madrid qu'aux premiers jours d'avril… on parla que l'on irait passer le reste de l'hiver à Paris. On dit aussi que l'on irait en Languedoc et en Provence où il y avait encore eu quelques petits troubles. On fut quelques jours à savoir ce qu'on ferait car à la cour on dit souvent les choses avant qu'elles arrivent et surtout en matière de voyage », écrit Mademoiselle.

Après plus de deux mois à Toulouse, la reine décide de montrer le roi à ses provinces du Midi. Ce voyage se déroule sans hâte et sans incident. On est le 5 janvier à Montpellier, le 8 à Nîmes. Mais à côté des magnifiques églises et forteresses, certains villages sont si déserts que les loups habitent les maisons et se nourrissent des cadavres. Ces vingt-cinq années de guerre ont carbonisé les terres huguenotes. Les rares provinces épargnées sont dévorées par la peste et par le fisc.

À Aix, où la famille royale loge à l'archevêché, Anne apprend qu'à Madrid son frère a ratifié le traité des Pyrénées. Enfin la paix ! Et l'infante !

Grâce au roi d'Espagne, Condé a recouvré tous ses biens, les gouvernements de la Bourgogne et de la Bresse. Et même Chantilly. Son honneur est sauf. Des Flandres, il a écrit à Louis une lettre de repentance. Et une autre au cardinal dans le style humble et ampoulé de l'époque : « J'espère que, quand je vous aurai entretenu une heure, vous serez bien persuadé que je veux être votre serviteur. » Néanmoins, il garde au fond de son cœur la haine de l'Italien.

Bruxelles lui a fait des adieux solennels et il a pris avec une orgueilleuse lenteur la route d'Aix où il arrive seul après avoir laissé sa femme chez sa sœur, la duchesse de Longueville. À cinq lieues, il est accueilli par son frère Conti, marié à une petite Mazarine, qui l'emmène aussitôt chez Son Éminence. La dernière fois qu'ils se sont vus, c'était il y a huit ans au Havre, où le cardinal l'avait libéré avant de prendre la fuite. Le vainqueur de Rocroi avait éclaté de rire. Aujourd'hui, à trente-huit ans, de son regard d'aigle, il scrute avec satisfaction la silhouette décharnée de son ennemi qui cache sa maigreur dans les amples plis de sa robe rouge, le visage diaphane où la mort se lit déjà…

À l'archevêché, Mazarin l'introduit dans la chambre de la reine. Louis XIV dévisage son glorieux cousin sans un mot. Mais Anne s'exclame avec son francparler : « Je vous avoue que je vous ai bien voulu du mal et vous me ferez bien la justice d'avouer que j'avais raison. »

Autre prince de la Fronde, Gaston d'Orléans quitte la scène sans repentir et sans bruit. Il meurt d'un « transport au cerveau », à cinquante-deux ans, dans son château de Blois où, depuis le retour du cardinal, il menait auprès de sa femme une vie toute de dévotion. Il y a six mois, Anne l'a revu à Chambord où son beau-frère a reçu le cortège royal an route pour les noces de Louis. Une rencontre sans chaleur. Gaston a longtemps rêvé que le roi épouse une de ses filles. Mais la reine déteste sa belle-sœur. À Aix, Mademoiselle se contente de faire dire une messe au couvent des Carmélites mais tient à affirmer, comme en tout, son originalité : « Étant une chose très désagréable d'être toujours dans les chambres tendues de noir, je fis faire un ameublement gris... Tout était vêtu de deuil, jusqu'aux marmitons et les valets de tous mes gens, les couvertures de mules, tous les caparaçons de mes chevaux et de mes sommiers. Rien n'était si beau que la première fois que l'on marcha, de voir tout ce grand équipage de deuil. »

Le ciel d'azur sèche vite les larmes. Sur la route de Toulon, Anne retrouve les senteurs de son enfance, les orangers, les oliviers. À Marseille, Louis franchit à cheval une brèche percée dans les remparts, scène que les peintres fixent pour la postérité comme un fait d'armes digne du Roi-Soleil. Dans le port s'alignent les galères et la reine embarque dans l'une d'entre elles en compagnie de ses deux fils et de leur cousine : « Elles sont peintes et dorées. Il y a de jolies chambres, s'exclame Mademoiselle. Mais de voir cette quantité d'hommes nus, sans chemise hors une espèce de caleçon, enchaînés... cela donne une idée de l'enfer... Tout le monde vomissait, était en faiblesse. Il n'y eut que la maison royale à qui l'air de la mer ne fît point de mal. » Anne reste dans sa galère et regarde ses fils et sa nièce monter dans une chaloupe pour visiter le château d'If. Bien lui en prend car, à leur arrivée, une grosse vague les inonde de la tête aux pieds.

Après une nouvelle semaine à Aix, la cour quitte le 16 mars la Provence et ses mimosas en fleur. La pieuse reine ne veut pas manquer le pèlerinage d'Apt avec la relique du corps de sainte Anne, sa patronne. À l'étape de Malemort, elle loge dans une méchante hôtellerie : « Il fallait passer par son antichambre pour aller au grenier quérir du foin et de l'avoine pour nos chevaux ! » s'exclame Mademoiselle, qui se délecte des moindres incidents du voyage. Dieu merci, le lendemain, à Apt, le gîte est meilleur. En revanche, à la cathédrale, les reliques sont « dans une vilaine châsse de bois… Sans cesse on l'ouvre. On en donna à la reine ». Elle en demande d'autres au couvent des cordeliers : « On lui en donna aussi de saint Elzéare et de sainte Delphine. Elles étaient bien mieux tenues. »

Nouvel arrêt à L'Isle-sur-la-Sorgue, avant d'arriver à Avignon où les pénitents, pieds nus, célèbrent la Semaine sainte par des processions nocturnes en portant de grandes croix et des capuchons pointus juste percés de deux trous pour les yeux en signe d'humilité : « Nous fûmes aux stations, aux chapelles des pénitents : il y en a de blancs, de noirs, de bleus, de violets et de gris. La nuit du Jeudi saint, ils se promènent par les rues… avec quantité de flambeaux. Ce sont des dévotions qui viennent d'Espagne et d'Italie. Il y en a beaucoup en Languedoc. »

À Perpignan, la reine est presque dans son pays natal : « Les hommes et les femmes y sont habillés à l'espagnole et vivent de même. Leurs maisons sont bâties à la mode d'Espagne. Il n'y a de cheminée qu'à la cuisine. » De sa fenêtre, elle assiste au combat d'un ours et d'un âne et, à l'hôtel de ville, à un bal où cymbales et violons rythment les danses des hommes. Son frère Philippe IV lui a envoyé de Madrid une troupe de comédiens qui jouent des pièces religieuses, costumés en moines et en nonnes. Guitares et castagnettes sont de la partie. Anne est aux anges.

Mais il est temps de prendre la route de Saint-Jean-de-Luz. Le 7 avril, le peintre Vélasquez, maréchal du palais et surintendant des Bâtiments, a quitté Madrid en avant-garde pour mettre en scène les solennités du mariage de l'infante.

À María-Teresa, l'Espagne voue un véritable culte. Sa mère, Élisabeth, gaie et dynamique, a épaulé son mari dans les pires défaites de la guerre. Depuis la mort de son frère Balthazar, il y a quatorze ans, l'infante a longtemps incarné tous les espoirs dynastiques. Mais plus qu'une héritière, seule survivante des enfants que son père a eus avec sa première femme, dans ce pays mystique, elle est comme une vivante relique des grandes heures de la monarchie espagnole. Les femmes se pressent lorsqu'elle se rend pour la dernière fois dans une église ou un couvent, comme le rapportent les chroniques : « On comprend bien qu'en disant adieu aux autels de Madrid, les yeux de notre infante se soient mouillés de larmes… Cependant ces larmes pourraient bien être en réalité de sincères sourires. » Souvent Philippe IV a songé à marier sa fille avec son cousin Léopold de Habsbourg, futur empereur d'Autriche. Mais l'infante a toujours refusé. Dans son enfance, sa mère lui répétait « que pour être heureuse, il fallait être reine en France ». À l'occasion de la fête de Pâques, Anne lui a écrit : « Madame ma fille et ma nièce, Votre Majesté croira facilement quelle est la satisfaction et la joie avec laquelle je lui écris en lui donnant ce nom que j'ai désiré de lui donner toute ma vie. Dieu par sa bonté infinie m'a accordé cette grâce. »

Le roi et sa fille mêlent leurs larmes à celles de la foule venue assister à leur départ : « Le jour que le roi d'Espagne sortit de Madrid avec l'infante, on dit que… les peuples pauvres et riches pleuraient dans les chemins avec tant d'emportement qu'un Français… se mit à pleurer comme les autres », raconte Mathieu de Montreuil, secrétaire de l'évêque de Valence qui prépare déjà l'homélie du mariage.

Dans l'île aux Faisans, Mazarin et don Luis de Haro sont à nouveau à la table des négociations pour tracer la frontière définitive entre la France et les Flandres. C'est le dernier point de détail de ces noces laborieuses.

Depuis des mois, l'infante entasse trousseau et bijoux dans des coffres gainés de velours et frappés aux armes des deux pays.

Le cortège s'étire sur trente-deux kilomètres. Il a fallu charger sur des mules toute la nourriture, car les contrées traversées sont aussi exsangues que les provinces françaises. Et pourtant, le roi et l'infante traversent les villages au milieu de haies de paysans à genoux qui, à chaque étape, leur offrent des fêtes, des feux d'artifice et des corridas.

Le 11 mai, la suite royale laisse derrière elle les dernières montagnes et franchit les remparts de San Sebastián. La reine Anne est installée à Saint-Jean-de-Luz où Mazarin a réservé pour Sa Majesté la maison Joanoenia, construite en 1640, avec une gracieuse façade à l'italienne et de magnifiques décors peints sur les murs. Dans ce gros village de pêcheurs, les bâtisses en pierre ne sont guère nombreuses. Louis habite l'hôtel d'un armateur enrichi dans la pêche à la baleine et à la morue. Un grand balcon en fer forgé permettra au futur couple de se faire admirer de la foule.

De Paris, Colbert expédie lits, dais, portraits, ainsi que la couronne de la future reine. Il choisit les étoffes de sa chambre. Louis réclame un grand carrosse pour le jour du mariage. L'intendant craint qu'il n'arrive en piteux état et rechigne devant cette nouvelle dépense. Heureusement, le 23 avril, les Suisses ont enfin rendu les bijoux de la Couronne. Et il peut remplir la corbeille de mariage que le roi doit offrir. Il ajoute un cœur en diamants et d'autres joyaux commandés à grands frais aux orfèvres de la cour. Le roi, la reine et Monsieur en veulent aussi. Le majordome en perd la tête, il se désespère d'avoir envoyé à la reine de mauvaises oranges et écrit au cardinal : « J'avoue à Votre Éminence que cela m'étourdit de telle sorte que je ne sais plus ce que je fais. » Mazarin le supplie de se calmer : « Je me plains de vous que vous vous arrêtiez à cette sorte de bagatelles étant satisfait au dernier point de tout ce que vous faites incessamment pour mon service. »

La « présentation de l'infante » est prévue pour le 4 juin. À quatorze heures, Philippe IV embarque avec sa fille sur une somptueuse galiote que deux cent huit rameurs emmènent vers l'île aux Faisans où les attend la reine avec Monsieur et le cardinal. Le jeune marié ne doit pas encore se montrer.

Anne serre dans ses bras ce frère chéri qu'elle n'a pas vu depuis quarante-cinq ans. Le seul de sa famille à être encore vivant. Avec sa « gravité » espagnole, le monarque recule dignement la tête lorsqu'elle tente de poser ses lèvres sur sa joue. Dans son habit gris et argent, il reste majestueux mais, à cinquante-cinq ans, c'est un vieillard, impressionnant de maigreur et de pâleur. Deuils, défaites et vie dissolue ont eu raison de son imposante stature.

Depuis qu'il s'est séparé d'Olivares, son orgueilleux favori et ministre, il traverse des crises de mysticisme. Lors de la cuisante défaite de ses armées à Rocroi, il a quitté Madrid pour se rendre en Aragon. Sur la route, il s'est arrêté au monastère de l'Immaculée Conception, à Tarazón, où une religieuse, María d'Agreda, l'a exhorté à revenir dans le chemin de la piété et du devoir. Depuis, il correspond avec elle et lui confesse ses fautes. La mort de sa femme Élisabeth l'a plongé dans le remords mais depuis cinq ans, malgré son remariage, il a repris la litanie de ses exploits galants et de ses mea culpa.

Avec lui, Anne s'attriste de cette trop longue guerre : « Hélas ! Madame, c'est le diable qui l'a faite », répond-il. Sa sœur sourit : « Je crois que Votre Majesté me pardonnera d'avoir été si bonne Française : je le devais au roi mon fils », dit Anne. Son frère lui répond : « Je vous en estime. La reine, ma femme, en a fait autant, car étant française, elle n'avait dans l'âme que l'intérêt de mes royaumes et le désir de me contenter. »

Après les compliments viennent les projets d'avenir. Anne et Philippe évoquent leurs futurs petits-enfants. La reine s'attendrit devant les yeux bleus et le grand nez Habsbourg de l'infante. Avec sa perruque à nœuds et sa robe plus large que haute, María-Teresa semble sortie d'un tableau de Velásquez. Pour Anne, sa belle-fille a toutes les grâces. Elle est de son sang. Elle lui ressemble. Mme de Motteville est moins enthousiaste que Sa Majesté : « Dans le visage de cette grande reine, on pouvait facilement connaître la joie intérieure de son âme. Ce qui la rendait si belle qu'à cinquante-neuf ans elle aurait quasi pu disputer de beauté avec la reine sa nièce. Qui, dans le vrai, n'avait pas une beauté si parfaite que celle que la reine sa tante avait eue à son âge… La reine mère avait les traits du visage plus beaux, elle était plus grande, elle avait une plus grande mine, beaucoup plus de majesté… Elle la surpassait encore en la beauté admirable de ses mains et de ses bras. »

Au milieu des effusions, Mazarin a imaginé une belle entrée de théâtre : la porte s'ouvre sur Louis XIV dans toute la splendeur de ses vingt et un ans. La reine rougit. L'infante encore plus. Seul Philippe IV sourit à ce gendre qui, telle une statue, reste immobile. Après un bon quart d'heure, la porte se referme sur le beau cousin à plume bleue qui cache à peine sa déception : « Le roi dit à M. de Turenne... que d'abord la laideur de la coiffure et de l'habit de l'infante l'avait déçu », nous informe Mme de Motteville.

La pointilleuse étiquette espagnole oblige à des enfantillages. Anne questionne son frère sur les impressions de l'infante. Philippe IV répond qu'elle ne peut rien dire encore du bel « inconnu ». Alors Monsieur s'enhardit et demande tout bas à sa belle-sœur, en espagnol, comment elle a trouvé la porte qui vient de se refermer : « Elle me paraît belle et bonne », murmure María-Teresa. Mais déjà elle se lève pour suivre son père qui remonte sur sa galiote. Les quelques grands d'Espagne qui n'ont pas revu Anne depuis son mariage s'agenouillent devant elle, se disputent ses mains légendaires, les couvrent de baisers. Louis XIV galope sur la berge, salue sa jeune épouse en faisant de grands moulinets avec son chapeau et force son beau-père à sortir de sa réserve : « Il se mit à la fenêtre de la chambre de son bateau et le salua fort bas tant qu'il put le voir. »

Le dimanche 6 juin 1660, dans la salle de la Conférence, les deux plus grands rois du monde, à genoux, jurent de respecter la paix. La bordure des tapis délimite la frontière. Chaque monarque a sa table, son écritoire, son livre d'Évangile et son crucifix : « Le tout si égal qu'il ne pouvait se distinguer que par la différence des personnes. » Anne pleure, naturellement. Louis XIV est impressionné par la « grandeur » du protocole espagnol que sa mère lui a tant vanté. Il s'en inspirera à Versailles.

Le lendemain la reine et son fils, suivis d'une armée de courtisans en carrosse, de cavaliers, de mousquetaires, retournent pour la troisième fois dans l'île aux Faisans afin de prendre livraison de la nouvelle reine. Cette fois, la grandeur espagnole en prend un coup et les visages sont inondés, comme le raconte Mme de Motteville : « Après que les deux rois, les deux reines et Monsieur eurent été longtemps ensemble, ils se séparèrent avec beaucoup de larmes. Le roi d'Espagne et la reine sa fille se quittèrent avec une sensible douleur, et la reine sa sœur montra par sa tendresse la force du sang. Le roi et Monsieur, en embrassant le roi d'Espagne comme leur oncle, pleurèrent et s'attendrirent de voir la jeune reine dans une extrême affliction. Elle se mit trois fois à genoux devant le roi son père pour lui demander sa bénédiction et ce prince pleura en la quittant. »

Le magnifique carrosse réclamé avec insistance par Louis à Colbert attend, « tout en broderies d'or et d'argent ». L'intendant, qui pourtant veille à tout, n'a pas imaginé la volumineuse architecture de la robe espagnole que l'on comprime tant bien que mal à côté d'Anne. Il n'y a plus de place pour le jeune mari, contraint de suivre dans un autre carrosse. Il est dix heures du soir lorsque la famille royale se retrouve enfin pour dîner en toute intimité dans la maison Joanoenia. María-Teresa y dort à côté de sa belle-mère.

Anne garde un souvenir si atroce de sa nuit de noces sous le regard impérieux de Marie de Médicis qu'elle a retardé de deux jours la consommation du mariage. Ainsi, l'infante devenue reine a tout le loisir d'apaiser son cœur et ses yeux rougis par les larmes. Dès le lendemain, sa dame d'honneur l'habille à la mode de Paris et boucle ses longs cheveux blonds enfin débarrassés de leur perruque, et le roi la trouve déjà plus à son goût. Mais la reine mère entend aussi donner une leçon de morale à son fils trop enclin à suivre ses fringales sexuelles. Les nouveaux mariés auront une nuit de noces sans témoins, mais seulement après la bénédiction dans l'église Saint-Jean-Baptiste. Ils auront ainsi l'occasion de se parler et de mieux se connaître. Supprimée aussi la traditionnelle séance de propos grivois destinés à exciter le jeune marié. À vingt-deux ans, Louis n'en a nul besoin. Depuis des mois, il n'a qu'une impatience : mettre son épouse dans son lit dès la fin de la cérémonie religieuse.

Une galerie a été construite depuis la maison Joanoenia pour épargner les bousculades au cortège dûment protégé par une double haie de gardes suisses et français. Sous un ciel sans nuages et un soleil royal, Mademoiselle, en deuil de son père, défile en noir avec huit rangs de perles. Monsieur porte un manteau à traîne comme son nouveau titre lui en donne le droit. Le roi, précédé de son parrain le cardinal, est en habit et manteau de drap d'or couvert de dentelles noires. La reine mère, dont la traîne est relevée par sa dame d'honneur, la comtesse de Flex, s'installe sur une estrade tapissée de velours noir installée à la droite de Louis XIV. Elle revit ses propres noces et, lorsque sa nièce monte à l'autel dans son grand manteau de velours bleu à fleurs de lys d'or, elle pense « que cette seule tête au monde était digne de cette couronne ». Elle remercie le Ciel de lui avoir permis de vivre ce grand jour, peut-être le plus heureux de sa vie. Mme de Motteville corrige un peu son euphorie : « Elle n'avait à demander à Dieu que la durée de ce bonheur… Mais, par les fâcheuses expériences que chacun doit avoir de l'instabilité du bonheur des hommes, elle avait toujours sujet d'appréhender ce qui arrive souvent dans la vie. »

La cour, qui suit avec un intérêt passionné les amours de son jeune roi, guette le lendemain matin sur le visage de Louis le « succès » de la nuit de noces. Mademoiselle est pleinement rassurée : « Louis XIV riait, sautait, et allait entretenir la reine avec des marques de tendresse et d'amitié qui faisaient plaisir à voir. » Mme de Motteville affirme même que le roi, ce matin-là, remercie sa mère « de lui avoir ôté du cœur Mlle de Mancini... pour lui donner l'infante qui vraisemblablement allait le rendre heureux ». D'ailleurs, il ordonne à son maréchal des logis Froullay de le loger toujours avec la reine, « quelque petit que le logis puisse être ». Sur la route du retour pourtant, première infidélité : sous prétexte d'aller inspecter le port de La Rochelle, il ne peut s'empêcher de se rendre à Brouage, voir la chambre où Marie a versé tant de larmes en soupirant son nom. À Paris, la fière Romaine rêve toujours d'occuper la première place dans le cœur de « son » roi. Mais voulant éviter la commisération de la cour, elle se laisse courtiser par le duc Charles de Lorraine. Mazarin se fait un plaisir d'en informer Louis afin de piquer au vif son orgueil. Le roué cardinal fait mouche une fois de plus : dépité de ce qu'il prend pour une trahison, le roi détourne le regard quand Marie fait sa révérence à la nouvelle reine, le 13 juillet 1660 à Fontainebleau, devant la cour curieuse, amusée, frémissante.

Avec le cardinal, Anne regagne Paris qu'elle a quitté il y a plus d'un an. Elle veut vérifier les derniers détails de décoration dans les appartements de la jeune reine et veiller à la fastueuse entrée du couple dans la capitale. Depuis des mois, les échevins ont réquisitionné les meilleurs artistes du royaume comme les peintres Charles Le Brun et Simon Vouet pour offrir au roi « le plus superbe de tous les triomphes ». Sur le pont Notre-

Dame, les Parisiens peuvent admirer les portraits géants et les devises des soixante-deux prédécesseurs du roi qui, depuis Pharamond au début du Ve siècle, se sont succédé sur le trône de France. Arrivés en foule, les provinciaux, vêtus de leurs plus beaux pourpoints, dépensent sans compter et font la fortune des aubergistes comme des artisans. Sur le parcours du cortège royal, fenêtres et balcons se louent à prix d'or.

La splendeur du cérémonial doit exalter la nouvelle puissance de Louis XIV et illustrer sa volonté d'assurer la paix et la prospérité du royaume. Mais surtout effacer les horreurs de la Fronde. L'itinéraire habituel des cortèges royaux a été modifié par Mazarin. Louis et Marie-Thérèse n'entreront pas par Saint-Denis mais par l'est de Paris et la porte Saint-Antoine où Mademoiselle a fait tirer le canon contre l'armée royale. Au carrefour de Picpus et de Vincennes, là même où le neveu préféré du cardinal, Paul Mancini, est tombé sous le feu des troupes de Condé, une place est aménagée, avec un trône au sommet d'une estrade de vingt marches. C'est aujourd'hui la place de la Nation d'où part l'avenue du Trône, ainsi nommée pour rappeler à jamais ce grandiose événement.

Le 26 août, le couple royal s'y assoit à l'aube d'une journée qui marque les vraies retrouvailles des Français avec leur monarque. Cinq heures durant, les dignitaires du royaume, dans un tourbillon de plumes rouges et d'éperons d'or, se prosternent à ses pieds. Au début de l'après-midi, Louis saute à cheval et pénètre dans Paris aux côtés de sa jeune épouse : « La reine était dans un char triomphant, plus beau que celui que l'on donne faussement au Soleil. Et ses chevaux auraient emporté le prix de la beauté sur ceux du dieu de la fable. Cette princesse était habillée d'une robe noire, en broderie or et argent, avec quantité de pierreries d'une valeur inestimable. La couleur de ses cheveux argentés et l'incarnat de son teint qui convenait au bleu de ses yeux lui donnaient un éclat infini. Et sa beauté parut extraordinairement… Le roi était tel que les poètes nous représentent ces hommes qu'ils ont divinisés. Son habit était en broderie d'or et d'argent. » L'enthousiasme de Mme de Motteville est encore dépassé par celui de *La Gazette* qui consacre soixante pages à cette chevauchée fantastique.

Anne a pris place, rue Saint-Antoine, dans le splendide hôtel de sa première femme de chambre, Mme de Beauvais. L'appétissante initiatrice de Louis est aussi experte à faire entrer les écus dans sa bourse. Au surintendant Fouquet, elle a revendu sa fameuse propriété de Saint-Mandé pour investir dans la pierre parisienne. Sur le balcon, autour de la reine mère, il y a foule. Et quelle foule ! La reine d'Angleterre et sa fille Henriette, Mademoiselle, qui fait grise mine dans ce faubourg si glorieux et si désastreux pour elle, les Mazarinettes au grand complet, y compris Marie Mancini et sa grande amie, la future Mme de Maintenon, alors épouse du poète libertin Scarron très apprécié de l'hôtel de Rambouillet et devenu, grâce à Marie de Hautefort, le protégé de la reine mère. Figurent également dans cette loge royale la duchesse de Chevreuse et sa fille, le nonce Barberini et le maréchal de Turenne vêtu de noir. Le cardinal est là, assis, trop malade pour participer à la cavalcade. Il est majestueusement représenté en tête par son propre cortège décrit par l'ambassadeur de Venise : « Tout d'abord deux trompettes en bleu et rouge puis soixante-douze mules… les vingt-quatre premières caparaçonnées de housses rouges, les vingt-quatre suivantes de couvertures de soie qui traînaient jusqu'au sol et les dernières de couvertures de velours cramoisi brodées aux armes de Mazarin d'or ou d'argent, puis venaient les écuyers du cardinal avec vingt-quatre pages. Suivaient encore douze chevaux d'Espagne couverts de housses de velours rouge brodées d'or et d'argent, puis onze voitures à six chevaux de différents modèles, la plupart vides. Le carrosse du cardinal bien que vide également était escorté de cinquante seigneurs de haut rang à cheval. » De méchantes langues affirment que c'étaient seulement des domestiques richement vêtus.

De son chapeau inondé de plumes blanches, le roi salue sa mère avec un sourire de triomphe. Devant ce fils si douloureusement désiré, qui incarne en ce jour glorieux toutes les bénédictions divines, Anne éprouve une émotion telle que Mme de Motteville peine à la décrire : « Sa joie se peut aisément deviner. »

Les poètes, bien moins laconiques, font assaut de dithyrambes et de sonnets. Le jeune Racine compose une ode à Marie-Thérèse, célébrée en « Nymphe de la Seine ». La Fontaine, ami de Fouquet pour qui il a écrit *Le Songe de Vaux*, se lance dans une piètre célébration du soleil qui a su tempérer ses ardeurs :

Ce jour-là le soleil fut assez matineux,
Mais pour laisser mieux voir ce pompeux équipage
Il tempéra son éclat lumineux
En quoi je tiens qu'il fut fort sage...
La cour ne se mit pas seule sur le bon bout,
Et le luxe passa jusqu'à la bourgeoisie.
Chacun fit de son mieux. Ce n'était qu'or partout.

Au milieu de la liesse générale et de cette débauche de richesse, la jeune reine apparaît un peu pâle. Elle avouera à son confesseur avoir rêvé la nuit précédente que son carrosse était un char funèbre la menant au tombeau et que son manteau royal recouvrait son cadavre comme un suaire. L'infante espagnole porte le poids de la piété de ses ancêtres, pleine de superstition et de culpabilité tragique.

Louis Dieudonné, lui, avance radieux et confiant. Il a hérité de la gaieté, de la robuste santé de sa mère tant physique que morale. Comme elle, il se sent assuré des grâces du Ciel. Son entrée triomphale n'est entachée d'aucun drame, d'aucun incident. Le feu d'artifice sur la Seine, une heure durant, termine cette journée en chatoyante apothéose. Place Dauphine, à côté du Parlement, dans un majestueux décor, deux gigantesques toiles peintes honorent les deux héros de la paix : Anne trône en Junon aux côtés de son fils en Hercule.

28

Le cardinal sans fleurs ni couronne

Les jours du cardinal sont comptés et lui-même compte ses écus. Au second étage du Louvre, dans sa royale caverne d'Ali Baba, il se nourrit de lait, de bouillon, de perdreau et de pilules d'opium. Outre ses maux, il souffre d'une néphrite aiguë et d'un œdème pulmonaire. Dans son jargon, Mme de Motteville diagnostique : « L'humeur des gouttes était retombée des jambes jusqu'à l'estomac et renfermée au-dedans… L'état où il était ne l'empêchait pas de penser à ses trésors… Il s'occupait souvent à peser les pistoles qu'il gagnait pour remettre les légères, le lendemain, au jeu… » Chaque soir plus blême, plus faible, plus décharné, pour tromper la mort et le diable qui l'attendent, il joue de grandes poignées de pièces et garde pour lui les plus lourdes qui valent leur pesant d'or.

Son avarice, comme sa richesse, est colossale. Il a la première fortune d'Europe. Il bat Richelieu de plusieurs coudées. La France entière le sait et le hait. Pour corriger cette fâcheuse légende, il a offert à la nouvelle reine des cadeaux dignes du Grand Turc : un service d'assiettes en or massif, un carrosse rouge et argent avec dix chevaux russes, un autre vert et or avec six chevaux indiens et une cassette de splendides bijoux. Mais vite le naturel revient au galop. Mazarin, déjà surintendant de la maison d'Anne, a exigé de contrôler aussi celle de Marie-Thérèse. Ainsi, les deux souveraines sont à sa merci : « La reine n'avait point d'argent. Toute la dépense de sa maison se faisait par l'ordre de Colbert… qui épargnait sur toutes choses… » Les requêtes d'Anne n'ébranlent pas la porte du coffre-fort : « Lui que l'on trouva peu après sa mort avoir rempli de trésors innombrables toutes les places de sa domination… eut la hardiesse de reprocher à sa bienfaitrice, à la mère de son roi, à la mère de la France et des pauvres mille deux cents écus qu'elle souhaita qu'il fût donné à la reine selon que le feu roi son mari avait accoutumé de les lui donner à elle. » Et pendant ce temps, il laisse sa nièce Olympe, comtesse de Soissons, ex-galante du roi, jouer des sommes immenses. Les Mazarinettes doivent assurer sa splendeur. Belle revanche sur ses humbles débuts, Marie Mancini va épouser le prince Colonna et régner sur l'illustre palais romain où le père du cardinal était jadis majordome.

Pour sa préférée, Hortense, la plus gracieuse, la plus fantasque, il rêve d'une couronne, et pas n'importe laquelle, celle d'Angleterre. Charles II vient de récupérer son trône et ses caisses sont vides. Le cardinal Crésus propose une dot de cinq millions qui serviront à payer l'armée et à soudoyer le Parlement ! La reine mère d'Angleterre traverse la Manche pour transmettre l'offre à son fils. Mais à Londres, l'ordre règne et le jeune souverain préfère l'infante du Portugal. Dans le royaume britannique, l'alliance signée par Mazarin avec Cromwell fait maudire la France. Notre ambassadeur, dont le carrosse a été renversé par une foule en colère, a dû plier bagage en hâte et les Anglais renforcent en canons les remparts de Dunkerque dont ils sont les maîtres.

Au Louvre, les Conseils se tiennent dans la chambre du cardinal et chaque jour, sitôt habillé, le roi s'y rend pour s'instruire des affaires de l'État. Mais l'État, ce n'est pas encore lui. « Si le cardinal est occupé, rapporte l'ambassadeur de Venise, le roi daigne faire antichambre et attendre. » La reine mère est encore plus mal traitée. Leurs relations sont exécrables. Il n'hésite pas à la critiquer devant son fils. Mme de Motteville, une fois de plus, corrige l'autoportrait en rouge et en dentelle de Son Éminence : « Sa réputation doit être noircie par l'ingratitude qu'il a eue pour la reine mère, sa bienfaitrice, d'avoir voulu mettre de la sécheresse, du dégoût, de la défiance pour elle dans l'esprit et le cœur du roi, afin de le posséder tout entier, jusqu'à la blâmer de ce qu'elle faisait trop d'aumônes et trop de cas des dévots. » Il est bien passé, le temps de la Fronde, lorsque, dans son exil, le Méphisto en camail pourpre l'assurait sur tous les tons de sa gratitude et de sa fidélité ! Il est le maître absolu : c'est lui qui décide de toutes les nominations du royaume en s'octroyant son dividende au passage, comme le raconte le marquis de Monglat : « La charge de premier président de Bretagne vaqua : la reine mère la demanda pour d'Argouges, intendant de sa maison, et le cardinal lui promit. D'Argouges étant allé chez lui pour le remercier, il lui dit qu'il était vrai qu'il avait promis à la reine cette charge pour lui, mais qu'il ne le pouvait faire s'il ne lui donnait cent mille écus… La reine, surprise, dit… : "Ne sera-t-il jamais saoul d'or et d'argent ?" »

Ce n'est pas encore *L'Avare* mais *Les Précieuses ridicules* et *L'Étourdi* que Molière et sa troupe jouent à la fin d'octobre 1660 dans la chambre du prélat malade, où la famille royale s'est rendue à l'encontre des règles du protocole. Fardé, parfumé et couvert de bijoux comme un acteur de l'hôtel de Bourgogne, le cardinal, dont les ulcères rongent les jambes, reste allongé sur sa chaise longue.

Pour le carnaval, il a décidé d'offrir en l'honneur de la jeune reine un grand ballet dans la galerie des Peintures du premier étage, à côté des appartements du roi. Il s'est mis en tête de draper la salle aux couleurs de l'Italie. Des artisans milanais accrochent des tentures de soie vert et rouge brodées d'or. Louis XIV doit danser. Lors d'une dernière répétition, dans la nuit du 6 février 1661, un incendie éclate et en un instant les flammes dévorent le décor, les portraits des rois peints par le Flamand Pourbus, et jusqu'à la voûte.

La famille royale fuit le Louvre en feu. Le cardinal, hagard, abandonne ses trésors aux flammes. Quatre hommes le portent sur une chaise et lui font descendre le grand escalier. Les gardes suisses se relaient avec des seaux d'eau, mais le sinistre n'est maîtrisé que grâce au courage d'un moine : monté sur le toit, il s'élance au bout d'une chaîne, arrache les tentures et les poutres en feu, les jette sur le sol où on les inonde. À cette époque, les capucins sont les pompiers de Paris.

Anne et ses enfants s'installent à Saint-Germain dans des chambres glacées, comme aux pires jours de la Fronde. Le ministre reste à Paris dans son palais Mazarin au milieu de ses chères collections. Le jeune Brienne le surprend le lendemain : « J'étais dans la petite galerie qui était tapissée de *Scipion*... la plus belle tapisserie du cardinal. Je l'entendis venir au bruit de ses pantoufles, qu'il traînait comme un homme fort languissant et qui sort d'une grande maladie. Je me cachai et je l'entendis qui disait : "Il faut quitter tout cela... Que j'ai eu de mal à acquérir ces choses, puis-je les abandonner sans regrets ?" »

Le 8 février, presque mourant, il se fait transporter dans son donjon de Vincennes. Durant son exil, le fidèle Colbert y a entassé chefs-d'œuvre et livres rares. Depuis son retour en 1653, Le Vau lui a construit des appartements confortables et les plus belles écuries du royaume. Pour le protéger, le vainqueur des féodaux de la Fronde a l'enceinte de Saint Louis et de Charles V, ses mousquetaires à cheval et trois cents gardes portant ses armoiries sur l'épaule. Son Éminence dispose aussi d'une ménagerie dans les fossés où lions, tigres et ours grognent et dissuadent quiconque d'approcher.

Trois jours plus tard, au plus mal, il appelle le roi, qui accourt à son chevet avec la reine mère. On lui donne du vin émétique qui lui procure quelque répit. Anne s'installe dans la chambre voisine de celle du cardinal. La nuit, elle est réveillée par ses étouffements et ses cris.

Le 3 mars, il dicte son testament à son notaire. Comme Richelieu, il lègue ses biens au roi. Seule différence, mais notable, il lui demande de tout laisser aux Mazarinettes et à son neveu. Il exprime la volonté de voir à sa suite la perverse Olympe de Soissons occuper la charge de surintendante de la maison de la jeune reine. Anne est furieuse : « Cette princesse ne lui plaisait pas », observe Mme de Motteville qui ajoute, étonnée, que la famille royale accepte comme des « oracles » toutes les paroles du cardinal. La reine mère hérite elle d'une autre nièce, la princesse de Conti : « Mme de Flex, sa dame d'honneur, en fut fâchée. » Quant à Colbert, il reçoit la maison où il demeure. Avant de mourir, le cardinal le nomme intendant des finances et conseille au roi de se méfier du surintendant Fouquet. Les deux ambitieux, qui se détestent cordialement, sont ses exécuteurs testamentaires. Par une ironie de l'histoire, Fouquet est montré du doigt par Mazarin et Colbert au moment où eux-mêmes mettent en sûreté un butin beaucoup plus considérable.

On ordonne les prières des quarante heures, ce qui n'est d'usage que pour les rois. Le ministre meurt avant l'aube du 9 mars 1661 après s'être beaucoup confessé.

Anne a eu droit aussi à quelques paroles de contrition, comme elle en fait part à l'inévitable Mme de Motteville : « Elle ajouta quelques particularités du regret que le cardinal avait de lui avoir déplu en sa conduite dont il lui avait demandé pardon avec des marques d'un grand repentir. »

Elle pleure un peu. Et moins encore les Mazarinettes, excédées de la tyrannie de leur oncle. Le lendemain, les larmes sont séchées. Louis et sa mère rentrent aussitôt au Louvre. Marie-Thérèse fait le trajet en chaise à porteurs. Car déjà une grande nouvelle efface l'autre : la reine est grosse. « Ces trois royales personnes, se voyant ensemble, éloignées de l'objet de la mort, commencèrent à respirer en repos. Le plaisir de la liberté, qu'ils envisagèrent avec ses charmes ordinaires… les consola de leur affliction. La reine mère fut la première qui dit à ceux qui sans cesse faisaient revivre le discours de la mort du cardinal qu'il n'en fallait plus parler. »

Persécutée par Richelieu, tyrannisée par Mazarin, l'arrière-petite-fille de Charles Quint retrouve toute sa grandeur et sa majesté. Elle souffle au roi de ne plus se soumettre à un favori. Le lendemain, après s'être recueilli au Val-de-Grâce, Louis XIV fait dans la chambre de sa mère ses débuts d'homme d'État. Aux princes et aux ministres qui l'entourent, il annonce que, désormais, il gouvernera seul avec un Conseil restreint composé de Fouquet pour les Finances, Le Tellier pour la Guerre et Lionne pour la Diplomatie. Ce roi tenu en tutelle par un parrain boulimique a compris d'instinct les leçons de l'histoire et de la reine Anne : « Sa mère, qui avait senti l'incommodité du joug qu'elle s'était imposé, ne voulait pas se soumettre à d'autres puissances qu'à celles du roi son fils. Si bien qu'elle souhaitait qu'il voulût travailler lui-même pour lui-même. »

Les Parisiens, incorrigibles frondeurs, ont composé cette épitaphe au cardinal :

Ci-gît l'éminence deuxième.
Dieu nous garde de la troisième.

Anne n'a plus qu'une tâche à accomplir : marier son second fils, Philippe, avec sa nièce chérie, Henriette d'Angleterre, qui vient de fêter ses seize ans. La reine en a fait la demande à sa belle-sœur dès son retour des noces de Saint-Jean-de-Luz. La petite princesse martyre, abandonnée à sa naissance en pleine guerre civile par sa mère, est arrivée en France à l'âge de deux ans déguisée en mendiante. Elle a partagé avec la reine en exil les nuits glaciales dans des palais sans feu et les pénuries de la Fronde. C'est une adolescente maigrichonne trop pâle, peu maquillée et mal attifée. Le roi, qui partage avec volupté la couche de sa boulotte Espagnole gavée de chocolat et de massepain, se moque de son frère qui va épouser un « sac d'os ».

Sans un écu, la frêle Anglaise traverse la Manche pour implorer le Parlement de lui voter une dot. Elle est accueillie comme la plus belle des princesses par son frère Charles II, qui l'adore. Les jeunes lords se disputent ses sourires. Le plus audacieux est le duc de Buckingham, fils du fameux Boukinkan aimé jadis de sa future belle-mère Anne.

Le séjour anglais d'Henriette dure trois mois. Le brouillard mais surtout les hommages et les fêtes données en son honneur lui remettent du rose aux joues. La métamorphose tient du miracle. C'est une fiancée rompue à l'art de la séduction, vive, spirituelle, gaie que Philippe retrouve à son retour. Elle est environnée de jeunes lords et, parmi eux, le beau George de Buckingham devenu « si passionnément amoureux d'elle qu'on peut dire qu'il en perdit la raison », écrit

Mme de La Fayette. La reine mère, quoique attendrie et nostalgique, demande à son cher lord Montagu d'intervenir et de le renvoyer en Angleterre.

Le mariage a lieu trois semaines après la mort de Mazarin au Palais-Royal, où vit désormais la reine douairière d'Angleterre. Noces intimes auxquelles assiste quand même Condé, enfin débarrassé de son pire ennemi. Le jeune couple princier s'installe aux Tuileries sacrées sur-le-champ l'endroit où l'on s'amuse. Henriette, devenue Madame, est la reine des dîners et Philippe le grand maître des bals et des comédies. Le roi y vient souvent. Les filles d'honneur de sa belle-sœur sont toutes ravissantes et, comme elle, à peine sorties de l'adolescence. Dans cet essaim bourdonnant, Louise de La Vallière est l'une des plus discrètes, timide mais avec un regard de biche dont le bleu est comme voilé de mystère. Elle est une protégée de Mme de Choisy, mère du futur abbé de Choisy, dans son enfance le compagnon de jeux dépravé de Philippe d'Orléans. Orpheline de père et de petite noblesse, elle arrive de Blois où elle a reçu l'éducation nécessaire pour faire un beau mariage. C'est une brindille infatigable à cheval et au bal. Elle boîte légèrement, ce qui fait onduler avec grâce les plis de ses longues robes décolletées.

Fin avril, le roi entraîne sa cour sous les frondaisons de Fontainebleau. La reine, enceinte de trois mois, a besoin de grand air et Louis de fêtes. Après tant d'années sanglantes, le monarque veut placer son règne sous le signe de la splendeur retrouvée. Dans son château préféré, Anne fait aménager pour sa belle-fille d'Espagne un appartement contigu au sien, dont les hautes fenêtres donnent sur le romantique bassin aux carpes. Pendant plus de six mois, comme au temps de François Ier, Fontainebleau devient la capitale du royaume, de la danse et des réjouissances. Le siècle de

Louis XIV s'ouvre sur une grande saison de madrigaux, d'intrigues galantes, d'amours furtives, de billets glissés dans les corsages par des hommes jeunes et fougueux libérés du fardeau de la guerre.

Tandis que Marie-Thérèse, entre deux siestes, promène son gros ventre à petits pas, sa belle-sœur Henriette conduit une sarabande de jeunes filles en fleur et d'adorateurs parmi les labyrinthes, les grottes et les bosquets avant un pique-nique champêtre ou une promenade jusqu'à la Seine : « Madame s'allait baigner tous les jours, elle partait en carrosse à cause de la chaleur et revenait à cheval suivie de toutes les dames habillées galamment avec mille plumes sur leur têtes… Au souper, on montait dans des calèches et, au bruit des violons, on s'allait promener une partie de la nuit autour du canal », raconte Mme de La Fayette. Le roi de vingt-deux ans, contraint à l'abstinence par la grossesse de son épouse, découvre que le misérable petit sac d'os est devenu l'enchanteresse qui fait danser les cœurs et tourner les têtes. Avec elle, il orchestre les jours et les nuits, les comédies, les bals et les longues échappées au clair de lune dans ces allées où son cœur a tant battu pour Marie Mancini il y a quelques mois.

On se réjouit bien et beau
Maintenant dans Fontainebleau
À tout chagrin on fait la moue
On court, on rit, on danse, on joue
On cause au bord des claires eaux
On y fait concerts et cadeaux
L'on s'y promène, l'on y chasse
Bref, le temps si bien on y passe
Qu'on dirait qu'il n'est rien de tel.

se délecte l'infatigable Loret qui, depuis la Fronde, compose une gazette imprimée en vers sur l'actualité heureuse de la cour. Sur une musique de Lully, Henriette et ses comparses répètent avec le roi le *Ballet des saisons* au bord de l'étang. Une toile de Mignard célèbre l'apothéose de Madame à Fontainebleau. Entourée de nymphes et d'amours, sous une pluie de roses, Henriette en bergère mythologique trône à la place de sa belle-sœur auprès d'Apollon-Louis XIV.

Quelle revanche pour la petite princesse anglaise que son beau cousin refusait d'inviter à danser ! À défaut d'avoir pu coiffer la couronne de France, elle règne à dix-sept ans sur la cour et les plaisirs du roi. Quel bonheur pour Louis que cette exubérante et spirituelle belle-sœur, si délicieusement différente de sa pieuse épouse aux tristes phrases espagnoles !

Les éclats de rire de Madame, les empressements du roi, alarment la jalouse Marie-Thérèse : « La reine mère d'abord condamne ses frayeurs et lui dit qu'il n'est pas juste qu'elle veuille contraindre le roi, et que les honnêtes plaisirs qu'il prend ne lui devaient pas faire de la peine. » Mais très vite, la prude Motteville est requise : « Leur continuation alla néanmoins jusqu'à une telle extrémité qu'enfin la reine mère me commanda de conseiller à Madame d'apporter quelque modération dans ses divertissements. » Peine perdue ! En juin, les nuits sont trop longues pour n'en pas profiter. La duchesse d'Orléans imagine un stratagème pour détourner l'irritation de sa belle-mère, la rage de son mari et les ricanements de la cour. Avec la complicité d'Olympe de Soissons et de son favori, le débauché comte de Vardes, elle pousse Louise de La Vallière dans les bras du roi. Sa fille d'honneur doit juste jouer le rôle d'amante de paille pour laisser à Henriette tout le loisir de s'amuser avec Sa Majesté. Infatigables séducteurs, Olympe et Vardes sont virtuoses dans l'art de la manipulation. Ils n'ont pourtant pas imaginé que le doux regard bleu de Louise troublerait vite l'insatiable jeune monarque. Cette intrigue échafaudée par trois esprits également pervers pourrait avoir inspiré à Choderlos de Laclos ses Liaisons dangereuses. Les disputes de Philippe, le furieux dépit de Madame, les ardeurs du jeune monarque alimentent les ragots.

Le jour, Louis fait son métier de roi. Il tient Conseil tous les matins avant la messe, de dix heures à midi. À présent, l'État c'est lui, mais il est ruiné. Le cardinal moribond a insisté à plusieurs reprises pour que le Parlement ne procède à aucun inventaire de ses biens. Son fidèle Colbert n'a pas intérêt à ce que le surintendant Fouquet, toujours procureur général, dévoile les détournements gigantesques effectués au profit de Mazarin. Mais il est bien convaincu que la France doit renoncer à un système financier qui la mène à la banqueroute. Il préconise la suppression de la charge de surintendant et la prise en main des finances par le monarque en personne : cela signifie que l'on ne prêtera plus l'argent des contribuables au roi considéré comme un particulier, mais que le produit des impôts lui sera remis directement comme au chef de l'État. C'est une révolution, la fin de la monarchie féodale.

Jour après jour, Colbert initie le jeune homme au grand registre des recettes et des dépenses. Après le « Conseil étroit » des ministres Fouquet, Le Tellier et Lionne, l'intendant, modestement vêtu, apporte le fameux registre dans un petit sac de velours noir qu'il tient sous le bras. Dans ses tête-à-tête avec Louis XIV, il critique avec méthode la gestion de Fouquet. Le roi demande au surintendant de lui en rendre compte quotidiennement. Le flamboyant grand argentier commet l'erreur de croire que le souverain se lassera bientôt des affaires. Il dissimule la réalité des chiffres sous des mensonges que Colbert n'a pas de mal à dénoncer soir après soir. Dès le 4 mai 1661, la décision est prise de retirer au surintendant l'administration des finances.

Anne ne veut pas en entendre parler. Fils d'une de ses plus chères amies, Fouquet lui a rendu trop de services dans les jours sombres. Le généreux surintendant la comble de prévenances et ne lui refuse jamais les sommes qu'elle lui demande pour parachever son cher Val-de-Grâce. Il se plaint auprès d'elle des mauvaises façons et de la jalousie de Colbert dont elle ne connaît que trop l'âpreté au gain.

Pour convaincre sa mère, Louis a trouvé une alliée, la duchesse de Chevreuse, qui dans une ultime cabale joue la carte Colbert, en attendant de marier son petit-fils à la fille aînée du comptable rémois. Son féerique château de Dampierre n'est qu'à quelques lieues de Fontainebleau. Elle y invite Anne qui, le 27 juin, emmène avec elle Henriette « pour mettre quelque interruption aux promenades qui lui déplaisaient ». Cernée par les ennemis du surintendant, la reine mère finit par promettre de ne pas s'opposer à sa disgrâce.

Mais son confesseur, lié aux Fouquet, trahit le secret et en informe le futur proscrit, qui se plaint aussitôt à Anne. Elle comprend vite d'où vient la fuite et, furieuse, défend à l'homme d'Église d'avoir « aucun commerce » avec le surintendant.

Le grand argentier pressent qu'il est perdu et se prépare une retraite sûre dans sa forteresse de Belle-Île d'où il pourra poursuivre son juteux commerce avec les Indes et les Antilles. Il a acquis la vice-royauté d'Amérique. Comme Richelieu avant lui, il a compris que la fortune vient des mers. Colbert incite Louis XIV à reprendre aussi la marine à son compte alors que Fouquet vient encore de prêter deux cent mille livres au marquis de Créqui, pour qu'il achète la charge de généralat des galères.

Comme un bouquet final au feu d'artifice de sa vie, le plus grand mécène du royaume veut inaugurer son château de Vaux par des réjouissances qui devront s'inscrire dans l'Histoire. C'est un fou de bâtisses, de théâtre, de fêtes. Il emploie une nuée d'artistes et il n'a pas son pareil pour découvrir des génies comme l'architecte Le Vau, le peintre Le Brun, le poète La Fontaine. Est-il aussi riche qu'on le dit ? Malgré les grosses fortunes de ses deux femmes successives, ses dettes l'emportent largement sur ses avoirs. Les livres de comptes de son maître d'hôtel, Vatel, ne disent-ils pas qu'il a dépensé cinq millions de livres pour Vaux et Saint-Mandé ? Mais il croit que la magnificence de ses dépenses tranquillise les créanciers de la Couronne.

Le 17 août, les files de carrosses encombrent la route de Melun. Des centaines d'invitations ont été lancées. La reine mère est venue avec Monsieur et Madame, suivis de « la plupart des seigneurs et dames de la cour », précise *La Gazette*. À six heures du soir, le roi arrive dans son carrosse tiré par six chevaux blancs. Il est sans Marie-Thérèse, dont la grossesse interdit la moindre secousse. La jeune reine est la seule à ignorer son idylle avec Louise de La Vallière qui, elle, est à Vaux avec la cour. Depuis un mois, Louis ne la quitte plus.

Lors du *Ballet des saisons*, dansé à cinq reprises, son cœur s'est embrasé à la vue de cette gracieuse nymphette de dix-sept ans. La jeune fille s'est donnée à son roi dans une petite alcôve complaisamment prêtée par M. de Saint-Aignan qui porte le titre adéquat de premier gentilhomme de la Chambre. Anne, immédiatement avertie, a une fois de plus fait sévèrement la leçon à son fils, « en lui représentant ce qu'il devait à Dieu et à son État, et qu'il devait craindre que beaucoup de gens ne se servissent de cet attachement pour former des intrigues qui pourraient un jour lui nuire ». Fouquet n'a-t-il pas déjà essayé de soudoyer la favorite de Sa Majesté pour qu'elle plaide sa cause auprès de son royal soupirant ? Et Louis XIV, tel Jupiter, en a été si outré qu'il voulait, dès la fête de Vaux, faire arrêter l'impudent surintendant. Sa mère s'est encore interposée contre une telle entorse aux règles de l'honneur.

La fête commence par une promenade dans les jardins créés par Le Nôtre. Entre les orangers, les broderies de fleurs, les rocailles peuplées de statues, les eaux font entendre leur doux murmure en retombant dans des coquilles ou des bassins superbement sculptés. Après le souper orchestré par l'inégalable Vatel, la cour se dirige vers le fond du parc où deux cents jets d'eau forment une « balustrade de cristal » et la forêt un écrin de verdure digne des dieux. Un théâtre a été dressé. Le décor en feuillage se confond avec ceux des arbres. Cent flambeaux éclairent la scène. Molière a écrit et répété sa pièce, *Les Fâcheux*, en deux semaines. C'est un tour de force dont il se sert dans un prologue qu'il vient interpréter lui-même en feignant de venir avertir Sa Majesté que le spectacle ne pourra avoir lieu : « D'abord que la toile fut levée, un des acteurs, comme vous pourriez dire moi, parut sur le théâtre en habit de ville et, s'adressant au roi, avec le visage d'un homme surpris, fit des excuses en désordre sur ce qu'il se trouvait là seul, et manquait de temps et d'acteurs pour donner à Sa Majesté le divertissement qu'elle semblait attendre. » La cour, émerveillée, voit alors apparaître un rocher qui se transforme en coquille d'où jaillit une Vénus qui n'est autre que la Béjart. Elle commande aux divinités de venir divertir le roi. Aussitôt, les fontaines et les statues qui ornent le théâtre s'entrouvrent sur des faunes et des naïades qui se mettent à danser. La Fontaine raconte : « Tout cela fait place à la comédie dont le sujet est un homme arrêté par toutes sortes de gens », tandis qu'il court à un rendez-vous amoureux. Louis XIV rit, la cour applaudit.

Cette nuit magique s'achève par un feu d'artifice. L'orage qui a suivi n'en gâche pas le souvenir. La fête de Vaux inspirera toutes les magnificences qui feront et font rêver l'Europe. Pour Versailles, Louis XIV va prendre à Fouquet Le Vau et Le Brun. Condé engagera Vatel à Chantilly où, pour une autre fête en l'honneur du roi et à cause d'un retard de la marée, le maître d'hôtel se transpercera le corps avec son épée. Le Nôtre dessinera les deux parcs.

Quant à Molière, huit jours plus tard, il est à Fontainebleau. Le roi est conquis par cet auteur comique qui contribue déjà à sa gloire. Il veut revoir *Les Fâcheux*, qui sont donnés à deux reprises les 25 et 27 août 1661. Le surlendemain, la fête est bien finie pour Fouquet. Louis XIV informe sa mère de sa chute imminente et lui confie les clefs du royaume avant de prendre la route de Nantes. La tenue des États de Bretagne sert de prétexte pour éloigner le futur disgracié de ses amis et de ses papiers. Colbert est déjà parti, emportant dans sa sacoche les plans de l'arrestation. Les ministres sont du voyage. Le surintendant malade est en route avec sa femme. Le dimanche 4 septembre, le roi convoque d'Artagnan, capitaine de ses mousquetaires, qui devra procéder à l'opération le lendemain. Âgé de cinquante ans, le soldat n'a jamais reçu d'ordre plus déplaisant. Arrivé chez Le Tellier, ministre des Armées, il se trouve mal et demande un verre de vin pour se remettre. Ce même soir, Colbert se rend au chevet du grand argentier et lui soutire encore quatre-vingt-huit mille livres.

Le lundi, dès l'arrestation, le roi envoie une lettre à sa mère pour la rassurer. Colbert la lui a soumise. Mais Louis, qui fête ce jour-là ses vingt-trois ans, l'a réécrite d'une plume tendre et filiale : « Du reste, avoue-t-il, j'ai déjà commencé à goûter le plaisir qu'il y a à travailler soi-même aux finances, ayant dans le peu d'occupations que j'y ai données remarqué des choses importantes dans lesquelles je ne voyais goutte. Et l'on ne doit pas douter que je ne continue. » La nouvelle frappe de stupéfaction la cour qui, quinze jours plus tôt, s'abandonnait aux délices de Vaux.

Aussitôt, Anne ordonne au chancelier et au capitaine de ses gardes de faire sceller à Fontainebleau la maison de l'ex-surintendant ainsi que toutes ses autres demeures. Elle charge son chevalier d'honneur, M. de Brancas, ami de Fouquet, de demander à sa femme de mener les enfants du malheureux chez leur grand-mère. La sainte femme tombe à genoux, comme le raconte Mme de Motteville : « Quand elle sut le malheur de son fils, elle remercia Dieu de ses disgrâces, espérant qu'elles rompraient les chaînes qui le tenaient attaché au péché et contribueraient à son salut. » La reine mère reçoit sa bonne amie à Fontainebleau, la console et la rassure. Lors du procès, elle interviendra pour que Fouquet n'ait pas la tête tranchée.

Comme sa dévote amie, Anne ne cesse de se tourmenter pour l'âme de ses deux fils. Le Ciel en soit loué, Madame est enceinte de deux mois. Mais Louis est plus que jamais entiché de sa douce La Vallière. Sa mère s'angoisse pour Marie-Thérèse : « Elle le pria aussi de lui aider à cacher sa passion à la reine de peur que sa douleur ne causât de trop mauvais effets contre la vie de l'enfant qu'elle portait… Et ce secret fut observé de toute la cour avec tant de soin, que la reine… acheva de passer le temps de sa grossesse sans le savoir. »

Mais l'heure de l'accouchement approche et la reine mère réclame un peu de décence. Madame obéit et rentre chez elle à Saint-Cloud, avec ses demoiselles d'honneur, Louise en tête.

Pour gouvernante de l'enfant royal, le jeune monarque a choisi l'« incomparable » Julie d'Angennes, fille de la marquise de Rambouillet, qui, dans le salon bleu de sa mère, a gouverné les beaux esprits. Le duc de Montausier a attendu quatorze ans qu'elle l'accepte pour mari. Pour la conquérir, il a fait composer *La Guirlande de Julie*, soixante madrigaux écrits par les habitués de l'hôtel de Rambouillet et parmi eux Corneille, Scudéry, Arnauld d'Andilly... Chaque poème accompagnait une fleur pour tresser une couronne sur le front de la belle Julie. Il y a quelques mois, Molière a fait rire tout Paris avec ses *Précieuses ridicules*. Y compris la reine mère qui se demande, avec bon sens, si la savante Julie est aussi douée pour surveiller les bouillies que pour discourir des belles lettres qui fascinent tant son fils. Mais Louis XIV ne doute pas que la duchesse de Montausier, toujours séduisante à cinquante-quatre ans, contribuera « par ses soins et sa raison à rendre » son héritier « aussi grand en vertus qu'il l'était par sa naissance », comme l'affirme Mme de Motteville.

Souvent, avec sa mère, le roi dispute de sa couronne qu'il veut plus glorieuse que celle des Habsbourg. Un incident diplomatique lui permet de le démontrer. À Londres vient de se dérouler un « grand combat » entre les carrosses des deux ambassadeurs de France et d'Espagne. Louis XIV a ordonné au comte d'Estrades de passer « en toutes occasions au-devant des ambassadeurs étrangers et à quelque prix que ce fût, [qu']il précédât celui d'Espagne ». Affolé des désordres possibles dans les rues, le roi d'Angleterre a suggéré de faire arriver les diplomates par la Tamise jusqu'à Whitehall. L'ambassadeur d'Espagne a refusé et a poussé la « canaille » à briser les roues de son rival français. Outré, le roi de France a ordonné au comte de Fuensaldagne, ambassadeur extraordinaire d'Espagne en France, de sortir du royaume et interdit à l'ambassadeur ordinaire, le marquis de Las Fuentes, de se présenter à Paris. Ne craignant pas de mettre en péril la chrétienté, Philippe IV a riposté en expulsant de Madrid l'ambassadeur français, l'archevêque d'Embrun, Mgr d'Aubusson. On a fait la guerre pour des incidents plus futiles.

Mais Marie-Thérèse reçoit une lettre de son père adoré qui lui assure vouloir maintenir la paix à tout prix, y ajoutant beaucoup de « douceurs » pour son gendre, « disant qu'il était père et le plus vieux, qu'il aimait le roi comme son fils et que c'était à lui d'être le plus sage ». Louis XIV ne s'en contente pas. Il veut des excuses publiques. Le marquis de Las Fuentes s'exécute solennellement. Mme de Motteville crie victoire : « Toute l'Europe en fut étonnée. Cette glorieuse réparation ne manqua pas de produire de grands effets… Comme le roi d'Espagne parut en cela déchoir de son ancienne fierté, la réputation du nôtre augmenta infiniment et le rendit redoutable à tous parce que l'on vit clairement… que son génie le portait à ne rien souffrir qui pût diminuer sa gloire. »

Marie-Thérèse ne s'interdit pas une scène de ménage avec son royal époux et défend son malheureux père qui vient de perdre son unique héritier. La reine mère y voit un nouveau signe du Ciel. Louis XIV, devenu le Roi-Soleil, pourra prétendre un jour au trône d'Espagne.

Dernier bonheur, le canon tonne à Fontainebleau le 1er novembre 1661. En haut de l'escalier en fer à cheval, le roi présente avec fierté son dauphin à la cour.

Comme Louis XIII, il a fait le vœu de se rendre en pèlerinage à Chartres.

Anne, comblée, s'écrie devant Mme de Motteville que « Dieu lui avait fait toutes les grâces qu'elle lui avait demandées, et qu'elle n'avait plus rien à désirer que son salut ».

29

Les feux du Soleil

Combien de fois n'a-t-elle pas, au cours de ces années, évoqué cette pieuse tentation de se retirer au Val-de-Grâce ! Comme sa grand-tante Jeanne d'Autriche, dernière fille de Charles Quint, qui a fondé à Madrid le couvent de Las Descalzas.

Mais la cour de France est tout l'opposé de celle de son enfance et la reine mère veut, par sa présence, contrecarrer les plaisirs de Louis XIV qui y règnent en maître : « Cette grande reine, écrit Mme de Motteville, se croyait obligée d'y demeurer… pour y maintenir la vertu et la piété, empêchant que la volupté ne se rendît la maîtresse sous un jeune roi qui avait une grande tendresse pour elle. » Les intrigues amoureuses s'y font et s'y défont autour du lit que Marie-Thérèse arrose de ses larmes. Jusqu'ici, grâce à la vigilance de sa dame d'honneur Mme de Navailles, de sa femme de chambre la Molina, et surtout de sa belle-mère, la jeune reine ignore l'objet des fugues de son époux. « On lui cachait par ordre de la reine mère toutes les galanteries du roi. » Anne et sa belle-fille ne se quittent pas, parlent de leur pays, courent les églises et les couvents. Et Dieu sait s'il y en a ! Marie-Thérèse s'est trouvé rue du Bouloi une petite maison de carmélites qu'elle affectionne. Elle s'y rend tous les jours et voudrait en faire son Val-de-Grâce.

Pendant que les deux reines se consacrent à leurs dévotions, le roi passe voir sa Louise adorée chez Madame. « Il venait le soir et l'allait entretenir dans un cabinet. Toutes les portes étaient ouvertes mais on était plus éloigné d'y entrer que si elles avaient été fermées avec de l'airain », raconte Mme de La Fayette. Henriette, dans les derniers jours d'une grossesse difficile, ne quitte pas son lit où elle tousse à fendre l'âme. Le 27 mars 1662, elle accouche d'une fille, Marie-Louise : « Qu'on la jette à la rivière ! » s'exclame-t-elle, désappointée de n'avoir pas un fils. Anne a des attendrissements de bonne grand-mère pour cette petite-fille. Elle est ulcérée par les frasques de la duchesse d'Orléans, désormais follement amoureuse du comte de Guiche, le meilleur ami de son mari. Elle est obligée d'ouvrir elle-même les yeux de Philippe. Le père de Guiche, le vertueux maréchal de Grammont, obtient du roi d'expédier son fils en garnison à Nancy.

Pour fêter la naissance du dauphin, Louis veut offrir devant les Tuileries un carrousel aussi beau que celui donné à l'occasion des fiançailles de ses parents et dont Anne lui a parlé tout au long de son enfance : « La reine mère, qui n'avait point vu celui qui avait été fait pour elle, nous en faisait de belles descriptions sur ce qu'elle avait ouï dire à ses vieux courtisans. » Cette fois-ci, c'est elle qui est à l'honneur sur l'estrade. Elle qui remet un diamant au vainqueur de la course de bague : « Quoiqu'elle approchât de soixante ans… on pouvait dire qu'elle avait de grandes beautés… Ses belles mains et ses beaux bras n'avaient rien perdu de leur perfection et les belles tresses de ses cheveux étaient de même grosseur et de même couleur qu'elles avaient été à vingt-cinq ans. Sa santé, jointe à la douceur de son naturel, la rendait commode et propre à tous les plaisirs où elle pouvait prendre part. »

Hélas ! ce grand carrousel où le roi paraît en César ne réussit pas à masquer les drames, réels ou frivoles, de la cour. Ainsi de la guerre en dentelle qui fait rage dans la maison de la reine entre la surintendante, la perverse Olympe de Soissons, et la dame d'honneur, Mme de Navailles, une ultradévote qui s'évertue à empêcher Louis XIV de puiser dans les filles d'honneur de la reine comme le sultan dans son harem. Plus qu'une banale querelle de préséance, c'est la moralité du règne qui est en jeu.

Pour le carême de cette année 1662, la reine mère fait appel à Bossuet qui prêche l'humilité, la chasteté et la noble obligation pour les princes de vivre mieux que les autres mortels : « Ô cour vraiment auguste et vraiment royale, que je puisse voir tomber l'ambition qui t'emporte, les jalousies qui t'ensanglantent, les délices qui te corrompent, l'iniquité qui te déshonore ! » Prise de remords, la pure Louise de La Vallière s'enfuit, court à pied le long de la Seine jusqu'au couvent de Chaillot, où elle tombe évanouie sur les dalles glacées. Le roi, venu l'en arracher pour la reconduire chez Madame, laisse ostensiblement son prie-Dieu vide lors des derniers sermons. Une fois encore, Anne étouffe le scandale et élude les questions de Marie-Thérèse assidue à ses côtés aux prédications de Bossuet.

Ces belles homélies qui transportent la mère de Louis XIV ne font que chatouiller l'oreille de la comtesse de Soissons. La terrible Mazarinette, jalouse de la douce La Vallière, incite le roi à courtiser une fille d'honneur de la reine, Mlle de La Mothe-Houdancourt. Rien de plus facile que d'enflammer ce jeune soleil. Quand il n'est pas chez Madame, Louis passe ses soirées à l'hôtel de Soissons. Il y est plus libre que sous la férule des dévots. À Saint-Germain, Sa Majesté furète du côté des chambres de la jeune escorte de

Marie-Thérèse. À la tête de l'espiègle troupeau, Mme de Navailles a fort à faire. Elle veut poser sur le toit du château des grilles qui disparaissent comme par enchantement : « Ce sont les esprits », dit le roi qui a trouvé le moyen de venir parler à sa belle à travers le trou d'une cloison. « La reine savait cet amour-là, elle ne savait point cela de La Vallière, écrit la Grande Mademoiselle. De sorte que La Mothe, que le roi n'a aimée qu'en passant, a eu le malheur d'être toujours l'objet de la jalousie de la reine. Cela faisait pitié de voir tout ce que la reine s'imaginait sur son sujet. On en riait avec le roi. »

La reine mère, elle, ne s'en amuse pas du tout. Marie-Thérèse pleure dans ses bras en gémissant que Louis ne l'aime plus. Anne tente de consoler sa belle-fille à nouveau enceinte et fait enfermer Mlle de La Mothe-Houdancourt au couvent. Fiasco pour Olympe qui avait fait promettre à sa protégée d'exiger du roi le renvoi de Louise.

En octobre, la reine Marie-Thérèse met au monde une fille, Anne-Élisabeth, du nom de ses deux grand-mères. Au lendemain de Noël, cette petite princesse meurt d'une fluxion. La famille royale, réunie dans le chagrin, se recueille devant le cercueil. Anne ne peut s'empêcher de soupirer « qu'il aurait été à désirer que Dieu l'eût prise, elle qui ne pouvait plus avoir guère d'années à vivre et dont la vie était inutile ». Les larmes aux yeux, elle demande au roi le cœur de la petite défunte, qu'elle porte le lendemain en carrosse au Val-de-Grâce et tend de ses belles mains à l'abbesse : « Ma mère, voilà un cœur que je vous apporte pour le joindre bientôt au mien. »

Une semaine plus tard, le 8 janvier 1663, le roi danse le *Ballet des arts*. Louise est à ses côtés, en bergère. À la fin du mois, il donne une pension de quatre mille livres à son frère, le marquis de La Vallière, âgé de vingt et un ans. Cette fois, la jalouse Olympe repart à l'attaque contre la favorite et décide d'informer la jeune reine de son infortune. Avec son amant Vardes, elle rédige une lettre anonyme qu'elle fait traduire en espagnol par Guiche. La rouée surintendante enferme la missive empoisonnée dans une grosse enveloppe arrivée de Madrid et subtilisée dans la chambre de Marie-Thérèse. Par hasard, ou par bonheur, la Molina tombe sur le curieux paquet, l'ouvre et court montrer la lettre à la reine mère, qui lui ordonne de la porter sur-le-champ à Louis XIV : « Elle alla heurter à la porte de son cabinet où il était au Conseil… Après que le roi eut lu la lettre, il devint rouge et parut surpris de cette aventure car il ne croyait pas qu'il pût y avoir personne dans son royaume assez hardi pour se mêler de ses affaires malgré lui », relate Mme de Motteville.

Durant le carnaval, Louis refuse de mener sa femme au bal masqué chez Monsieur au Palais-Royal. Indignée, la reine mère y conduit elle-même Marie-Thérèse après avoir passé la journée à prier au couvent des Grandes Carmélites. Cela choque ses amis dévots : « Elle sut qu'elle en avait été blâmée. Cette vertueuse princesse en souffrit doucement la confusion et me fit l'honneur de me dire en confidence qu'elle était persuadée qu'on avait raison, avouant que l'amitié qu'elle avait pour la reine avait eu trop de pouvoir sur elle en cette occasion. »

Pour expier cette faute, et peut-être celles de Louis, la reine mère jeûne plus que d'habitude. À Pâques, elle est épuisée. Le 10 avril, malade, elle doit garder le lit. Elle se sent fiévreuse. Elle a mal au cœur, mal aux bras, mal aux jambes. Une semaine plus tard, elle ne résiste pas à une cinquième saignée et s'évanouit en posant le pied par terre : « Monsieur alors la tenait d'une main, la comtesse de Flex de l'autre. Comme cet aimable prince sentit que la reine sa mère allait tomber en faiblesse, et qu'il ne pouvait la retenir, il se laissa glisser adroitement sous elle, de peur qu'elle ne se blessât. » Affolée, Marie-Thérèse court vers le cabinet des bains et annonce au roi que sa mère est morte. Louis se précipite pour relever Anne, qui recouvre ses esprits. Une fois couchée, elle lui parle à voix basse, en tête à tête, certainement pour l'exhorter à fuir le péché. Monsieur s'inquiète de ce long aparté qui risque de l'affaiblir davantage : « Elle lui répondit que non, qu'elle ne s'en repentait pas, qu'elle en était fort satisfaite, et qu'elle ne voudrait pas ne l'avoir point fait. » Chaque jour, elle communie, mais la fièvre ne baisse pas : « Le roi la veilla plusieurs nuits... Il se faisait apporter un matelas qu'il faisait mettre à terre sur le tapis de pied du lit de cette princesse, et tout habillé se couchait quelquefois dessus... Il l'assistait toujours avec une application incroyable, il aidait à la changer de lit, et la servait mieux et plus adroitement que toutes ses femmes. » Monsieur ne la quitte pas davantage : « Aussi la reine mère... dit un jour en faisant une grande exclamation qu'elle avait de bons enfants. »

Les églises du royaume, elles, ne désemplissent pas. Les dévots mais aussi « les pauvres qui la regardaient comme leur mère et les affligés comme leur protectrice » réclament à Dieu sa guérison. Le dimanche, les artisans entrent dans la salle des Gardes du Louvre pour demander de ses nouvelles.

Le palais semble transformé en hôpital. Marie-Thérèse a la rougeole. Et Louis se partage entre les appartements des deux malades. Pour la changer d'air, il emmène son épouse à Versailles. Mais alors, c'est lui qui se couvre de boutons rouges. L'éruption est si forte qu'on craint aussi pour sa vie. Le roi appelle Le Tellier, lui demande de prévenir sa mère qu'il se meurt. Le ministre refuse. Une telle nouvelle achèverait Anne. Quelques jours plus tard, le jeune monarque a recouvré sa belle santé alors que l'état de la reine mère inspire toujours les plus vives inquiétudes.

Au quarantième jour de fièvre, après avoir hésité entre l'émétique et la poudre de vipère, ses médecins se décident enfin à lui administrer du quinquina qui fait immédiatement tomber la fièvre mais la laisse somnolente, en proie à des rêveries, durant deux semaines.

Une nouvelle purge décidée par les hommes en noir fait remonter la fièvre. Mais Anne refuse toujours l'émétique que la Faculté condamne comme contraire aux voies de la Providence. Le roi oblige sa mère à en prendre à deux reprises. Enfin, elle se sent mieux.

C'est hélas pour assister, fin juin, au mariage du frère de Louise, le marquis de La Vallière, avec une riche héritière bretonne. À sa suite, soixante personnes de la cour et même le petit dauphin signent le contrat. Après sa rougeole, le roi, qui a vu la mort de près, a décidé de donner à son beau-frère de la main gauche la charge de cornette des chevau-légers de son fils. Une façon de doter Louise. Cette montée en grâce mine Anne.

C'en est trop aussi pour Olympe de Soissons. Avec l'accord de Madame, fatiguée d'entendre sa belle-sœur se plaindre qu'elle lui prend son mari, la Mazarinette décide d'ouvrir les yeux bleus et candides de Marie-Thérèse sur la favorite. Elle craint aussi que Mme de Navailles ne la discrédite dans l'esprit de la reine en lui révélant qu'elle a poussé le roi dans les bras de la belle Houdancourt : « La reine mère étant alors convalescente, la reine allait se promener et souvent ses plus grands voyages se terminaient aux petites carmélites de la rue du Bouloi… Ce fut alors que la comtesse de Soissons lui ayant demandé une audience secrète, elle lui fut accordée en ce lieu… Elle apprit enfin par cette voie l'amour que le roi avait eu pour Mlle de La Mothe-Houdancourt et ce qu'elle n'ignorait pas tout à fait de Mlle de La Vallière, mais dont la certitude lui fit jeter beaucoup de larmes. »

Par son silence, Mme de Navailles s'est montrée d'une fidélité exemplaire à Louis XIV. La reine mère ne manque pas de le faire remarquer à son fils. La dame d'honneur s'en défend d'ailleurs devant le roi et accuse la surintendante de troubler la maison de la reine. Vardes les surprend en pleine conversation dans le cabinet d'Anne. Il court aussitôt à l'hôtel de Soissons où Sa Majesté doit passer. La perfide Olympe n'est plus à un mensonge près. Elle assure à Louis que si elle a bien ouvert les yeux de Marie-Thérèse, celle-ci était déjà informée de ses fredaines par Mme de Navailles : « Le roi ne pouvant discerner clairement la vérité d'avec le mensonge douta et demeura indécis. »

Louise, elle, est enceinte. En décembre 1663, elle accouche d'un gros garçon prénommé Charles dans une maison que le roi lui a louée sur le Palais-Royal. Colbert prend l'enfant le soir même et le confie à un couple de domestiques de sa famille, les Beauchamp, en leur disant qu'il s'agissait « d'un enfant que son frère avait fait à une femme de qualité ». Le 25 décembre, à peine sur pied, la favorite se rend à la messe de minuit aux Quinze-Vingt avec toute la cour qui, devant sa pâleur, bruisse de mille ragots. Louis tient à épargner les deux reines. Et surtout sa mère.

Anne est toujours la première dame de France. Le 29 janvier 1664, dans ses appartements, Molière crée à son invitation *Le Mariage forcé*, sa seconde comédie-ballet, une grosse farce dont la famille royale, selon le gazetier Loret, rit « jusqu'à s'en tenir les côtés ». Le roi y danse avec le marquis de Villeroi, tous deux en costume d'Égyptien. Les Égyptiennes sont le marquis de Rassan et trois danseurs professionnels : « Elles sont gaillardes ! » s'exclame Sganarelle joué par Molière.

Pour le carnaval, le roi est l'étoile du *Ballet des amours déguisées*, avec Louise auprès de lui.

Depuis deux ans, le monarque embellit Versailles. Avec sa belle, il y chasse à perdre haleine : « Elle pique le mieux du monde, ne quitte jamais les chiens et il est impossible à un homme d'aller plus vite », écrit Mme de La Fayette. Au charmant petit château de son père dont il ne veut rien toucher, il a ajouté deux ailes en brique et pierre. Il y organise des expéditions de privilégiés dont nul ne peut faire partie s'il n'a obtenu la casaque bleue brodée d'or. Le bleu est la couleur préférée de Louise. L'uniforme confond le roi avec ses sujets et écarte les importuns ou les ragots.

Louis XIII rêvait d'installer Louise de La Fayette dans son « château de cartes ». Le jeune monarque brûle d'y régner avec sa Louise. Au printemps 1664, il y organise, dix jours durant, de splendides réjouissances en l'honneur des deux reines, mais en réalité dédiées à l'amour. Le duc de Saint-Aignan a choisi le thème de l'*Orlando furioso* et le palais de la magicienne Alcine inspire le titre du divertissement, *Les Plaisirs de l'île enchantée*, qui doivent révéler à la cour les charmes du « palais enchanté de Versailles », et surtout les jardins et bosquets imaginés par Le Nôtre où vont se dérouler les festivités. Molière a écrit les comédies et Vigarani imaginé de féeriques machineries italiennes.

Le roi et ses six cents invités arrivent le 5 mai 1664. Deux jours plus tard, à sept heures du soir, la magicienne Alcine invite les chevaliers à une course de bague. Louis XIV est Roger, le héros, suivi des grands noms du royaume pareillement transfigurés et chevauchant leur monture. Sur le char d'Apollon trône le dieu du soleil entouré d'acteurs représentant les siècles d'or, d'argent, d'airain et de fer. Les signes du zodiaque dansent un ballet orchestré par Lully et ses musiciens qui s'avancent et s'installent de chaque côté du dais sous lequel ont pris place les deux reines. Quatre mille flambeaux illuminent le jardin d'où surgissent le Printemps sur un coursier arabe, l'Été sur un éléphant, l'Automne sur un chameau et l'Hiver avec un ours. Quarante-huit valets déguisés en faunes portent sur la tête de grands bassins chargés de mets des quatre saisons. Vingt autres les suivent avec les viandes « de la ménagerie de Pan et de la chasse de Diane ».

Le lendemain, le spectacle se déplace dans un grand théâtre de verdure où les chevaliers donnent, pour Alcine qui les retient prisonniers, un spectacle, *La Princesse d'Élide*, autre comédie-ballet de Molière inspirée d'une pièce espagnole intitulée *Dédain pour dédain*.

Le troisième jour, le 9 mai, un grand ballet montre Alcine tentant de retenir ses captifs dans son palais-île. Lully et son orchestre occupent deux autres petites îles, les violons d'un côté, les trompettes et les timbales de l'autre : « Mais ce qui surprit davantage fut de voir sortir Alcine de derrière le rocher, portée par un monstre marin d'une grandeur prodigieuse. » Deux nymphes récitent des vers à la louange de la reine mère :

Son cœur noblement généreux
Écoute avec plaisir la voix des malheureux
Mais on ne voit jamais éclater sa puissance
Qu'à repousser le tort qu'on fait à l'innocence.

L'une des nymphes est Armande Béjart, la jeune épouse de Molière qui a écrit tous les textes. Alcine, vaincue, voit son château livré aux flammes, occasion d'un grandiose feu d'artifice. Vigarani s'est tellement surpassé qu'il sera à jamais impossible de reproduire un spectacle aussi fabuleux.

Le samedi, il y a course de têtes, un jeu d'adresse à la mode allemande, et le dimanche Molière et sa troupe jouent Les Fâcheux, créés à Vaux, qui rappellent insidieusement que Fouquet croupit depuis trois ans dans sa prison de Nantes sans avoir été jugé.

Une loterie, avec pour les dames des bijoux, des meubles et des assiettes d'argent, clôture ces premières grandes fêtes dans les jardins de Versailles. Le soir, en apothéose, Molière joue sa dernière pièce qui fait déjà frissonner la rumeur : une comédie en trois actes sur les hypocrites, *Tartuffe*, un immense succès.

Mais à l'instigation des dévots, l'archevêque de Paris, Beaumont de Péréfixe, ancien précepteur de Louis XIV, s'inquiète des « mauvais effets » que pourrait produire cette comédie. Cinq jours plus tard, *La Gazette* annonce que Sa Majesté en interdit toute représentation publique. Une légende tenace assure que le roi a sacrifié *Tartuffe* à la pieuse reine mère. En vérité, elle y a ri avec son fils. Si elle passe des heures agenouillée devant les autels, elle ne confond pas piété et hypocrisie. D'ailleurs, Molière lui rendra dans une lettre cet émouvant hommage : « Je me réjouis de pouvoir encore obtenir l'honneur de pouvoir divertir Votre Majesté : Elle, Madame, qui prouve si bien que la véritable dévotion n'est point contraire aux honnêtes divertissements ; qui de ses hautes pensées descend si humainement dans le plaisir de nos spectacles, et ne dédaigne pas de rire de cette même bouche dont Elle prie si bien Dieu… »

En revanche, Anne est indignée d'avoir dû remettre une épée d'or à poignée de diamants au marquis de La Vallière, frère de Louise, grand vainqueur de la course de bague. Elle est surtout choquée d'avoir vu, pendant ces jours de fêtes, la reine de France jouer les figurantes pendant que, sur scène, les acteurs flattaient la favorite en exaltant devant toute la cour le péché d'adultère :

Dans l'âge où l'on est aimable
Rien n'est si beau que d'aimer.

Ou pire encore :

Et qu'il est malaisé que sans être amoureux
Un jeune prince soit et grand et généreux.
C'est une qualité que j'aime en un monarque ;
La tendresse du cœur est une grande marque
Que d'un prince à votre âge on peut tout présumer.

Les courtisans n'ont pas eu besoin de cette gracieuse exhortation pour pressentir qu'il fallait désormais entourer et cajoler la maîtresse autant sinon davantage que l'épouse. Mme de Brancas, la première, a senti le vent. Avec sa fille, elle trotte dans les allées sur les pas de la favorite. Et dire que son mari est le chevalier d'honneur d'Anne ! Celle-ci la réprimande vertement. La Brancas s'en plaint à Louis XIV : « Le roi fut fâché du chagrin que la comtesse de Brancas avait reçu pour lui avoir voulu complaire. Et cette bagatelle fut cause que lui et la reine sa mère furent quelque temps en froideur. »

Comme si les souffrances du corps devaient répondre au mal de l'âme, « ce fut dans ce voyage de plaisir, ajoute la confidente, que la reine mère sentit les premières douleurs de son cancer. Il parut d'abord par une petite glande au sein, dont elle ne s'inquiéta point. Ce fut la cause de sa perte ».

À Fontainebleau où la cour passe l'été, les relations de la mère et du fils virent à l'orage. La prude Mme de Navailles, qui a désespérément tenté de mettre un frein aux ardeurs du Roi-Soleil, est exilée de la cour avec son mari. Lorsque ses amis lui font ses adieux, Anne ne peut retenir ses larmes. L'affable Julie de Montausier hérite de la charge de dame d'honneur de Marie-Thérèse. Auprès de son épouse, le roi place et choisit lui-même, parmi les dames, Françoise de Montespan, dont la vivacité d'esprit, héritée de ses ancêtres, l'amuse follement. En précieuse qui ne craint pas le ridicule, la piquante a commencé par changer son trop banal prénom pour celui d'Athénaïs.

Cette fois, la brouille est consommée. Anne prend la ferme résolution de se retirer au Val-de-Grâce. Le Tellier et l'abbé Montagu tentent de rabibocher la mère et le fils. En vain… Ils ne s'adressent plus la parole : « Un de ces jours que leur chagrin était dans sa plus grande force, le roi étant avec la reine sa mère dans le cabinet de son appartement, Monsieur et Mademoiselle sortirent, avec intention, les laissant seuls, de se forcer de se raccommoder ; mais le roi, après y être demeuré assez longtemps tourné contre une fenêtre, fit une grande révérence à la reine sa mère et sortit sans rien lui dire », observe douloureusement Mme de Motteville.

Anne, en larmes, s'appuie sur l'épaule de Philippe pour gagner sa chambre : « Voyez comme il me traite ! » s'exclame-t-elle. Ils passent par la terrasse pour éviter les regards des courtisans. Le soir, elle se trouve mal et refuse de dîner en famille. Marie-Thérèse l'annonce à Louis, qui pâlit.

Le lendemain, la Molina trouve Anne dans son oratoire toujours en larmes : « *¡Ay, Molina, estos hijos!* [1] » s'exclame-t-elle. Son confesseur lui commande de parler au roi sans écouter ni son dépit ni sa colère. « Le roi de son côté, par son bon naturel, mal satisfait de

1. « Ah, Molina, ces fils ! »

lui-même, alla la trouver avec une intention sincère de se raccommoder avec elle. Mais l'envie que la reine sa mère avait d'obéir à Dieu fit que, voyant ce prince entrer dans sa chambre, elle se hâta vitement de parler à lui la première. »

Louis demande pardon à genoux en pleurant. Il avoue qu'il n'a pas dormi de la nuit. Et comme Le Tellier l'a informé du désir de sa mère de se rendre au Val-de-Grâce, il l'adjure de n'en rien faire avec « des sentiments si respectueux qu'elle eut alors sujet de bénir Dieu de lui avoir donné *estos hijos* qui la faisaient quelquefois souffrir… mais lui donnaient plus souvent encore beaucoup de sujets de joie et de consolation ».

Anne en profite quand même pour lui donner une leçon de vertu : « Elle lui dit qu'il était trop enivré de sa propre grandeur. Qu'il ne donnait point de bornes ni à ses désirs ni à sa vengeance… Il lui répondait cordialement avec des larmes de douleur qui partaient du fond de son cœur où il y avait encore quelque reste de sa piété passée qu'il connaissait son mal, qu'il en ressentait quelquefois de la peine et de la honte, qu'il avait fait ce qu'il avait pu pour se retenir d'offenser Dieu et pour ne se pas abandonner à ses passions mais qu'il était contraint de lui avouer qu'elles étaient devenues plus fortes que sa raison, qu'il ne pouvait plus résister à leur violence… Il avait longtemps discuté contre lui-même pour ne pas demander aux femmes de qualité de suivre Mlle de La Vallière. Mais qu'enfin il avait résolu que cela serait parce qu'elle le désirait et qu'il la priait de ne s'y pas opposer. »

Le cœur de sa mère fond : Anne se soumet, mais elle redouble de prières. Son séjour à Fontainebleau lui apporte pourtant une grande joie : un héritier chez son fils Philippe. Pour fêter l'événement, Monsieur et Madame invitent le roi et la cour dans leur château de Villers-Cotterêts. Pour ne pas croiser son fils au bras de sa maîtresse, Anne n'y passe que trois jours. Louise, qui attend un enfant, est plus ravissante que jamais. À son épouse enceinte de sept mois, Louis XIV promet qu'à trente ans il sera un « bon mari ».

À Vincennes, les deux reines se consolent en espagnol. Le 4 octobre 1664, lors d'une visite aux carmélites de la rue du Bouloi, si chères à sa belle-fille, Anne se trouve mal. On la transporte au Val-de-Grâce. À huit heures, le roi accourt au galop, alarmé de la savoir alitée.

Mais à Vincennes, alors qu'elle est toujours souffrante, il entre un soir dans sa chambre suivi de Louise et s'assied avec elle à une table de jeu où prennent place Monsieur et Madame. Marie-Thérèse, malade, envoie Mme de Motteville protester auprès de sa belle-mère. Anne s'est réfugiée dans son oratoire : « Aussitôt qu'elle me vit elle rougit… » Doucement, la dame de compagnie referme la porte et, sans un mot, la laisse à ses prières : « Le lendemain, elle en parla elle-même à la reine sa fille et je sais qu'elles demeurèrent satisfaites l'une de l'autre. »

La cour cancane de plus belle. Julie de Montausier s'exclame : « La reine mère a fait une action admirable d'avoir voulu voir La Vallière. » Mme de Motteville rétorque que Catherine de Médicis s'est « déshonorée pour avoir eu de pareilles complaisances pour les rois ses enfants ».

Une semaine plus tard, c'est sans la favorite que les deux reines se rendent à Versailles. Pour son épouse, Louis XIV a commandé un lit portatif. Marie-Thérèse s'arrête aux petites carmélites où elle se répand sur ses malheurs d'épouse trompée. Anne s'agace cette fois de ces perpétuelles récriminations qui durent tout le séjour. Au retour, elle s'arrête au couvent de Chaillot et, devant Louise de La Fayette, se plaint de « l'humeur chagrine et jalouse de la reine qui n'avait pas autant d’expérience des choses du monde et de force d’esprit pour s’y soutenir qu’elle lui en aurait souhaité ». Elle, au moins, est toujours restée en bons termes avec l’ex-amoureuse de Louis XIII.

Quelques jours plus tard, Marie-Thérèse a la fièvre, de grandes douleurs aux jambes. Elle accouche prématurément d’une petite fille affreuse : « Une petite Mauresque noire, velue » qui ne vivra que peu de semaines. La jeune accouchée est prise de convulsions. La reine mère lui suggère de recevoir l’extrême-onction. La reine n’ose refuser. Son premier aumônier en tombe évanoui, ce qui fait rire Condé et toute la cour. À commencer par Henriette, « ajustée avec mille rubans jaunes, comme si elle eût été au bal… », raconte Mademoiselle, toujours curieuse des petits riens du Louvre.

Tant d’angoisses et de frayeurs achèvent de mettre à mal la santé d’Anne. En novembre, *La Gazette* annonce officiellement que la mère du roi est malade. « On commençait à parler tout bas de son cancer. On me l’avait écrit comme une chose fort secrète », dit Mademoiselle qui revient de Normandie. Anne l’interroge : « “N’en avez-vous point entendu parler, ma nièce ?” Je ne répondis rien. Elle me dit : “Je ne le cèle plus.” Je répondis : “Ce ne sera peut-être rien, Madame…” Elle me répondit avec beaucoup de résolution et de piété, et me fit quasi pleurer. »

La malade n’en pratique pas moins ses dévotions avec son zèle habituel. Elle traverse tous les jours la Seine pour se rendre sur l’autre berge, dans l’église Sainte-Anne-des-Théatins pour la neuvaine d’avant Noël.

Toute sa vie, l’arrière-petite-fille de Charles Quint a montré un courage digne de ses ancêtres. Comme chaque année, elle passe les fêtes de la Nativité avec ses chères bénédictines du faubourg Saint-Jacques qui consacrent leur vie à Dieu. La première nuit est mauvaise : le lendemain matin, les médecins qui pansent son sein sont épouvantés par l'évolution de la tumeur. Ses dames se mettent à pleurer : elle les console, en leur parlant de la volonté de Dieu. Aucune plainte ne sort de ses lèvres. Mme de Motteville rapporte la nouvelle qui se propage aussitôt dans le royaume : « Ce fut à Noël, au Val-de-Grâce, que son mal se déclara tout à coup très grand et incurable. »

30

Ma mère, ce grand roi

Les longues robes noires des médecins et des chirurgiens dessinent des arabesques sur les dalles de marbre du Val-de-Grâce. Au chevet de sa mère, le roi a convoqué tous les grands noms de la Faculté. Après avoir examiné la tumeur sur le sein, et tenu à voix basse un conseil de guerre, leur sentence tombe : c'est un cancer. Sous les hauts chapeaux pointus, symboles de leur science, les visages trahissent le désarroi. Car si en ce milieu du XVIIe siècle le nom du terrible mal figure dans le vocabulaire des praticiens, ils sont bien incapables de le soigner.

Anne ignore, comme eux, que les fausses couches à répétition de sa jeunesse sont le signe d'un déséquilibre hormonal qui prédispose au cancer du sein. Au Val-de-Grâce, la reine mère a vu des religieuses en mourir dans la déchéance physique : « Elle avait toujours eu de l'horreur pour cette maladie si effroyable à sa seule imagination », se rappelle Mme de Motteville. Fière de sa beauté célébrée par Buckingham, Montmorency et les plus séduisants hommes de son temps, elle souhaite la préserver jusqu'au bout. À ses fils, plus anxieux encore que les médecins, elle demande « de ne point se troubler de cet accident, qu'elle était contente de mourir, que cela n'allait qu'à quelques années de moins et qu'elle s'estimait heureuse de ce que Dieu voulait par cette voie lui faire pénitence de ses péchés ».

Louis ne l'entend pas de cette oreille. Anne est fille, épouse, sœur et mère de roi : sa maladie est une affaire d'État. Mais qui peut la guérir ? Seguin, son médecin attitré, ne sait que saigner, saigner encore, saigner toujours. Le monarque lui recommande plutôt Vallot.

Hélas ! le premier médecin du roi applique de la ciguë sur la tumeur et ne fait qu'aggraver le mal. Mme de Motteville le lui reproche amèrement. Vallot répond qu'il le sait bien mais qu'il n'est pas seul à décider. Elle s'insurge : « Cette princesse, ne trouvant de secours en personne, fut contrainte de s'abandonner aux passions des hommes qui la tourmentèrent plus que son propre mal. »

En conflit avec son confrère, Seguin recommande de faire appel à un curé de la région d'Orléans, un certain Gendron. Parti en mission au Canada avec les jésuites pour évangéliser les Indiens hurons, ce Gendron a rapporté du lac Érié du sel pétrifié qui, dit-on, fait des miracles sur les tumeurs. Guy Patin, doyen de la Faculté, assiste au défilé des devins, guérisseurs et autres charlatans de province : « Ce sont des impostures… mais le monde veut être trompé. » À ses dames qui s'apitoient, Anne dit d'un pauvre sourire : « Il faut avoir patience. »

Sans rien laisser voir de ses souffrances, elle participe aux réjouissances et assiste au grand souper donné, le 6 janvier, par Louis pour la fête des Rois. Les viandes ont été dressées en pyramides. Il y en a une telle profusion que pour la première fois, *La Gazette* évoque ce que l'on sert dans les assiettes. Le fils de Théophraste Renaudot ne parle que des heureux événements. Depuis le début de cette année 1665, il n'a jamais mentionné la maladie de la reine mère. Le 31 janvier, il signale qu'elle accompagne le roi au

Palais-Royal où Madame est alitée pour une « légère indisposition ». Une semaine plus tard, Henriette est debout pour danser le *Ballet de la naissance de Vénus* aux côtés de Louise de La Vallière et d'Athénaïs de Montespan.

Le 15 février, dans son théâtre du Palais-Royal, Molière donne la première de *Dom Juan*, une pièce qu'il a écrite en hâte pour remplacer le *Tartuffe* interdit. Le succès est immense. Il y fustige les médecins, les dévots, mais son héros est surtout inspiré de Vardes, l'amant d'Olympe de Soissons. C'est le scandale du jour et la joie des salons.

Louis XIV enfin comprend que la lettre anonyme soi-disant envoyée d'Espagne à Marie-Thérèse pour lui révéler son infortune a été écrite par le comte de Guiche sous la dictée de la comtesse de Soissons et de son don Juan de Vardes. La surintendante de la maison de la reine a beau tenter de se justifier par de nouveaux mensonges, le roi l'exile dans ses terres avec son mari et enferme le séducteur à la Bastille.

Anne se réjouit de voir enfin triompher la vertu et réclame à Louis le retour en grâce de ses amis Navailles injustement punis pour avoir tenté de protéger Marie-Thérèse. Le roi promet.

Le premier dimanche de Carême, la reine mère fait ses dévotions aux carmélites de la rue du Bouloi. Le mois suivant, *La Gazette* la suit aux Feuillants, au Val-de-Grâce et encore chez ses bonnes carmélites pour la fête de l'Annonciation et les Rameaux. La Semaine sainte, elle retourne deux jours avec Monsieur au Val-de-Grâce où Louis XIV et la reine viennent leur rendre visite. Elle rentre au Louvre la veille de Pâques, le 4 avril.

Mais son état empire et elle accepte de voir Gendron avec son sel indien dont on dit tant de bien : « Cet homme lui promit qu'il endurcirait son sein comme une pierre et qu'ensuite elle vivrait aussi longtemps que si elle n'avait point eu de cancer. » Ce traitement inhumain la fait surtout souffrir. Elle n'en dort plus. Louis continue ses investigations : « Le roi ne négligeait rien de ce qui regardait la vie de la reine mère. Il faisait faire des expériences à ceux qui se présentaient pour la traiter. Il lui en parlait souvent et travaillait avec une grande application à lui trouver des remèdes et des médecins. »

Les premiers beaux jours donnent aussi à son fils des fringales de plaisirs champêtres : « Le printemps ayant fait naître, en l'esprit du roi, l'envie d'aller à Saint-Germain, beaucoup de personnes conseillèrent à la reine de n'y pas aller. Mais elle le voulut suivre, disant que si elle avait à mourir, elle aimait autant que ce fût en ce lieu-là qu'à Paris. »

La transhumance de la cour est fixée au 20 avril. Anne tient à passer par Sainte-Marie de Chaillot « pour voir encore une fois ce pauvre couvent » où sa vieille amie et rivale, Louise de La Fayette, vient de rendre sa belle âme immaculée à Dieu. Ce petit voyage l'épuise. La nuit à Saint-Cloud, chez Monsieur, est fort mauvaise. Le lendemain, pour lui éviter les cahots de la route, son fils Philippe l'emmène sur la Seine dans sa galiote dorée.

Pour l'Ascension, elle se rend avec Marie-Thérèse aux Loges, en pleine forêt de Saint-Germain où, il y a trente ans, Louis XIII a fait ériger un monastère des Augustins sur une ancienne chapelle dédiée à saint Fiacre. Combien de fois, seule ou avec son époux, est-elle venue prier le saint patron des jardiniers pour que le Ciel rende la Couronne fertile !

Le 27 mai, elle est à la messe dans l'église du château vieux où elle a passé les plus belles et les plus dramatiques heures de sa vie. Elle sent un grand frisson. Elle ne s'en plaint pas de peur de gâcher le plaisir de ses belles-filles qui se rendent à une fête. Mais après leur départ, elle se couche, elle a la fièvre. Le soir, elle a le bras et l'épaule couverts d'une plaque rouge d'érysipèle très douloureuse. Philippe ne quitte pas le chevet de sa mère, lui répétant qu'il souhaiterait, pour la soulager, souffrir la moitié de ses maux. Anne a le bras si enflé qui faut couper la manche de sa chemise pour la lui enlever. Le docteur Vallot s'affole.

Son fidèle d'entre les fidèles, l'abbé Montagu, lui parle de confession et de testament. Elle répond : « Vous me faites plaisir, ce sont là les plus solides et les véritables marques de l'amitié. » Anne charge le ministre Le Tellier de rédiger ses dernières volontés. Elle n'oublie ni ses dames ni ses domestiques. Elle désire laisser tous ses bijoux à sa petite Marie-Louise, la fille d'Henriette et de Monsieur. Elle sait que les enfants de Louis XIV seront plus richement dotés. Mais le roi proteste. Il réclame son fameux collier dont les perles, d'une grosseur extraordinaire, sont réputées dans toute l'Europe pour les ajouter aux joyaux de la Couronne. Au Val-de-Grâce, elle lègue son cœur et ses reliques. Elle demande qu'y soit célébrée chaque jour une messe à son intention. Enfin « elle appela le roi et fit sortir tout le monde de sa chambre dont la porte demeura ouverte. Il fut plus d'une demi-heure avec elle, puis… il alla se jeter à l'autre côté de la ruelle sur des sièges où il pleura fort amèrement… Nous sûmes depuis qu'étant auprès d'elle, comme il jetait beaucoup de larmes, cette vertueuse mère lui avait dit de se retirer parce qu'il l'attendrirait s'il continuait à lui montrer tant de douleur. Et le roi même avait été contraint de le faire parce que ses sanglots l'étouffaient ».

Une fois encore, la bonne nature d'Anne l'aide à surmonter son mal. Le 11 juin, pour la première fois, *La Gazette* fait une allusion à sa santé : « La cour est dans la dernière joie pour la convalescence de la reine mère qui se porte de mieux en mieux. » Deux jours plus tard, le journal indique que Louis en a profité pour organiser une fête dans son palais enchanté : « Le roi et toute la cour sont à Versailles pour un divertissement dans le petit parc ou cette si charmante maison. » À trois heures du matin, les carrosses sont de retour à Saint-Germain.

La Gazette se garde bien de préciser que, loin de sa mère, Louis se sent plus libre de passer quelques heures exquises avec sa favorite.

Par égard pour la malade, le jeune monarque de vingt-sept ans joue devant elle les époux fidèles. Mais le jour de la Saint-Jean, Anne parle de Louise de La Vallière avec Marie-Thérèse qui s'écrie : « Mes peines ne seront rien pourvu que Dieu me conserve ma mère. »

La reine suit son mari à Versailles où les fêtes succèdent aux plaisirs et aux drames. Le 9 juillet, Madame accouche d'une fille mort-née. Philippe arrive à Saint-Germain en pleurant : « Je trouvai Monsieur seul auprès d'elle… La reine sa mère mêla ses larmes avec les siennes et l'exhorta autant qu'il lui fut possible à se conformer aux volontés de Dieu. »

Une semaine plus tard, la fièvre la reprend. Henriette d'Angleterre, arrivée de Londres pour consoler Madame, s'arrête pour une courte visite à Saint-Germain et trouve sa belle-sœur à nouveau au plus mal. Sous le bras est apparue une nouvelle tumeur. Le lendemain, jour de la Sainte-Anne, le roi arrive de Versailles pour lui souhaiter une bonne fête. Elle ne peut s'empêcher de lui faire quelques reproches : « Il devait croire qu'en l'état où elle était les peuples murmureraient contre lui s'ils le voyaient occupé à se divertir dans un temps où elle était menacée d'une mort si prompte. Il lui répondit qu'elle avait raison, qu'il voyait bien que ses plaisirs l'emportaient trop loin et qu'il suivrait son conseil, ce qu'il fit en effet. » Il retourne à Versailles pour accueillir sa tante Henriette. Mais le vendredi 31 juillet, il est au chevet de sa mère.

Les médecins ont décidé de percer la tumeur le dimanche pour soulager leur royale patiente. Anne tend courageusement son bras aux hommes en noir, armés de leur lancette. Aucune plainte ne s'échappe de ses lèvres. Mais Mme de Motteville, qui entre dans sa chambre après la douloureuse opération, la trouve d'une pâleur de mort et craint le pire. Mademoiselle prend les eaux à Forges : « On m'envoya un courrier pour me dire que la reine mère se mourait. » Quand elle arrive à Saint-Germain, Anne a reçu l'extrême-onction, et bénit ses fils : « Je vous prie tous deux de vous aimer pour l'amour de moi. » Après un grand assoupissement, elle s'écrie : « Je ne veux pas m'endormir de peur de mourir sans y penser ! »

Après quelques heures de sommeil, pourtant, elle se sent plus forte. Le lendemain, on la purge, ce qui lui procure un léger mieux avant d'affaiblir à nouveau son pouls. Mais le mardi, les médecins la déclarent hors de danger.

Cette fois, Vallot conseille de recourir à un Lorrain, Jean-Baptiste Alliot, dont la pâte à base d'arsenic ramollit et mortifie les tissus malades qu'il racle ensuite à l'aide de couteaux ou de rasoirs. Auteur d'un *Traité du cancer*, le guérisseur prétend avoir sauvé une malade qu'il a présentée lui-même au premier médecin du roi. Mais Anne ne veut pas en entendre parler : « Elle avait ouï dire que ses remèdes étaient violents. Elle les craignait et ne pouvait se résoudre… Elle sentait qu'il était destiné non pas à la guérir mais à être son bourreau. » Elle souffre déjà atrocement, même si elle ne le laisse voir qu'à ses dames : « S'il entrait dans sa chambre quelque personne devant qui elle ne voulait point montrer ses peines, elle prenait aussitôt son visage riant. »

Louis XIV insiste auprès de la Faculté. Alliot et ses couteaux pourraient sauver le sein de sa mère troué par le sel pétrifié du curé Gendron. Les chapeaux noirs et pointus opinent. Mais alors Sa Majesté doit revenir à Paris.

Des menuisiers font aussitôt un lit à porteurs semblable à celui utilisé par Marie-Thérèse durant ses grossesses. Les tapissiers le recouvrent de velours noir. Le 11 août, Anne, enveloppée d'un grand manteau de taffetas gris, s'y allonge sous l'œil désabusé de Mme de Motteville : « Il me fut impossible de la voir dans cette espèce de tombeau sans m'attendrir sur elle par mille pensées différentes mais toutes fâcheuses et sans faire de grandes réflexions sur la misère humaine qui assujettit à ses dures lois et à ses souffrances les premières personnes du monde, souvent avec plus d'amertume et moins de liberté que les moindres créatures de la terre. » Le roi accompagne le cortège jusqu'au milieu de la forêt de Saint-Germain. Des officiers suivent avec du vinaigre et des cordiaux : « On crut que l'air la ferait s'évanouir. »

Au contraire, lorsqu'elle s'arrête pour le repas au monastère de Nanterre, elle mange de bon appétit un poulet aux câpres. Elle arrive faubourg Saint-Jacques, tout heureuse de retrouver son cher Val-de-Grâce où elle a toujours voulu mourir. À l'abbesse qui l'accompagne dans sa chambre, elle dit : « Me voilà contente. Que Dieu dispose de moi à sa volonté. » Hélas, son chemin de croix est loin d'être fini. La nuit est épouvantable. Son sein s'est infecté avec le voyage : « Le lendemain, la gangrène y parut. »

Les médecins affirment au roi venu au chevet de sa mère qu'ils ne peuvent dans un couvent apporter tous les soins indispensables à un mal si grave. Julie de Montausier s'écrie qu'on ne peut même pas y trouver un œuf ! Cette fois, Mme de Motteville s'indigne de la cruauté de la Faculté : « Je suis persuadée que si le roi eût cru que la reine sa mère eût tant de peine à quitter cette retraite comme elle en avait en effet, il n'aurait jamais souffert qu'on lui eût fait cette violence. » Avant qu'elle ne reparte dans son cercueil de velours, on lui verse de l'eau de chaux pour brûler sa plaie.

En cette fin d'été, Molière écrit *L'Amour médecin* qui viendra en septembre s'ajouter à son répertoire. Dans cette nouvelle pièce, il évoque les tourments de la reine mère et brocarde la bêtise et l'impuissance des quatre médecins de Louis XIV. Lisette, la servante, affirme : « Il ne faut pas dire : une telle personne est morte d'une fièvre et d'une fluxion de poitrine, mais : elle est morte de quatre médecins et de deux apothicaires. » Boileau lui a quand même conseillé de changer le nom des pédants en robe noire qui discourent autour du lit d'Anne.

Ses dames attendent le triste convoi devant le balustre d'argent de sa chambre : « On la mit au lit, on redoubla l'eau de chaux, ses douleurs redoublèrent aussi. Elles furent si extrêmes et si excessives que, de son aveu, elle se vit une des nuits suivantes prête d'entrer dans le désespoir… "Ah ! madame, s'écrie-t-elle à la comtesse de Flex, ne me dites rien, je sens que je perds la raison." » Alliot, appelé en renfort par les médecins, estime qu'elle n'est plus en état de recevoir son traitement.

Mais un léger mieux, le 22 août, fait sortir au barbare ses terrifiants remèdes : « Il commença pour notre malheur à les y appliquer le 24 du même mois. Et cette constante reine sortant d'un tourment rentra tout aussitôt dans un autre qui ne fut guère moins violent mais qui fut beaucoup plus long. » Deux fois par jour, le sieur Alliot mortifie la chair qu'il coupe ensuite par tranches : « Cette opération était étonnante à voir. Elle se faisait matin et soir en présence de toute la famille royale, des médecins chirurgiens et de toutes les personnes qui avaient l'honneur de servir cette princesse et de l'approcher quotidiennement. » Devant le visage d'Anne, on agite un éventail aux senteurs d'Espagne.

Mais elle n'oublie pas ses amis et réclame toujours à Louis le retour en grâce des Navailles. Elle est intervenue auprès du ministre Le Tellier pour qu'il soutienne sa démarche : « Monsieur Le Tellier, le roi mon fils est trop honnête homme et trop raisonnable pour manquer à la parole qu'il m'a donnée. » Le soir du jeudi 10 septembre, le monarque lui annonce publiquement qu'il confie au duc de Navailles le gouvernement de La Rochelle, de Brouage et du pays d'Aunis. Une fois encore le Ciel a répondu à ses prières.

Elle ne se lasse pas d'exiger l'impossible. Avant de mourir, elle veut aussi consolider cette paix entre son fils et son frère pour laquelle elle a tant œuvré : « Dans ce dessein, elle ordonna au marquis de Las Fuentes, ambassadeur d'Espagne en France, d'écrire à ce prince… que de bonne foi il fît raison au roi son fils sur les justes prétentions qu'il avait sur la Flandre, vu que, par les lois de ces provinces, elles paraissent devoir appartenir à la reine. »

Hélas, la dépêche qui arrive de Madrid le 27 septembre annonce que Philippe IV est mort dix jours plus tôt. C'est le dernier de ses frères et sœurs qui disparaît et, au milieu de ses larmes, Anne ne peut s'empêcher de murmurer qu'elle le suivra bientôt. Marie-Thérèse accourt à son chevet : « Quand elle sut que la reine venait la voir, elle nous commanda à toutes de sortir de sa chambre… Ces deux grandes princesses s'embrassèrent avec la douleur et les larmes que méritait la tendresse que ce prince… avait toujours eue et pour l'une et pour l'autre. L'ambassadeur d'Espagne, seul témoin de leurs douleurs, joignit ses larmes à celles que répandirent en cette occasion les deux premières femmes du monde en grandeur et en dignité. »

Après des semaines, à force de couper, le docteur Alliot, qui n'a jamais guéri personne, arrive à la chair vive. « Elle en vint à une telle extrémité de souffrance qu'ayant perdu l'usage de dormir, on lui faisait prendre toutes les nuits du jus de pavot », dit Mme de Motteville qui ajoute, comme la Lisette de *L'Amour médecin* : « Vallot et Guenaud, après l'avoir tant de fois condamnée, dirent qu'elle ne mourrait pas de son cancer, mais ils se trompèrent sur tout. » Le 29 novembre, Molière joue sa pièce une dernière fois. Par un privilège hérité de son père, tapissier du roi, il assiste chaque jour au lever de Louis XIV. Il sait que la reine mère est à toute extrémité. Il l'adore, il ne veut plus faire rire et met sa troupe en congé. Elle fera relâche pendant trois mois.

En ces derniers jours de l'année 1665, Anne voit enfin arriver le terme de son calvaire. La nuit, elle récite les litanies de la Passion et, sans témoin, se laisse aller à quelques plaintes. Mais le jour, elle reste fière, dure avec elle-même malgré l'odeur insoutenable provoquée par le traitement d'un nouveau charlatan venu de Milan. À Mlle de Beauvais, elle lance : « Ces larmes que vous voyez sortir de mes yeux, c'est la douleur qui les contraint de sortir car vous savez que je ne suis pas pleureuse. » Mais elle confie à Mme de Motteville : « Dieu veut me châtier d'avoir eu trop d'amour-propre et d'avoir trop aimé la beauté de mon corps. »

Sa vieille amie, la marquise de Rambouillet, vient de s'éteindre à soixante-dix-sept ans et avec elle disparaissent le salon bleu et cette époque de galanterie chevaleresque dont Buckingham aura été le fastueux symbole. Le 18 janvier, l'affolement règne au Louvre. Un nouvel érysipèle couvre de rougeurs la gorge, les mains, les beaux bras d'albâtre de Sa Majesté. Autour de son lit, les médecins et même le Milanais sont pétrifiés d'impuissance. Le lendemain, la fièvre redouble et l'angoisse également. Son grand aumônier, l'archevêque d'Auch, se penche et murmure à son oreille : « Madame, votre mal empire. On vous croit en danger. » Elle demande aussitôt son confesseur. Le soir, alors que le roi, la reine, Monsieur, Henriette, Mademoiselle reviennent dans la chambre, elle leur dit : « Retirez-vous, je n'ai plus besoin ni affaire de rien que de songer à Dieu. » Son fils Philippe ne s'y résout pas. « Il voulut éviter ce commandement et se cacha dans le cabinet des bains, puis fit semblant de s'en aller. Mais la reine, sa mère, prévoyant toutes ses louables finesses, le rappela et lui dit qu'elle le voulait absolument. Il fut donc contraint de ne plus paraître devant elle et demeura presque toute la nuit assis au pied de son lit. »

L'archevêque de Paris a donné l'ordre d'exposer le saint sacrement dans toutes les églises. Les pauvres qu'elle n'a cessé de secourir, les couvents qu'elle a si souvent visités, tous sont à genoux. Ils réclament que l'on apporte à leur reine bien-aimée la châsse de sainte Geneviève qui la sauvera à coup sûr : « Le roi nous consultait tout le soir dans le cabinet s'il le ferait, raconte Mademoiselle. Je lui dis qu'il semblait que l'on ne devait point mettre les miracles à tous les jours. Que le mal de la reine était d'une nature à ne pouvoir guérir, qu'il en faudrait un pour cela et que nous n'étions plus dans un temps qu'ils se faisaient. Que nous n'étions pas assez gens de bien pour nous attirer ces bénédictions. Il me dit : "C'est mon avis mais tout le monde le veut." » Le lendemain, le père Boulart, abbé de

Sainte-Geneviève, fait descendre le reliquaire de sa montagne alors que la foule afflue et que les processions sortent des innombrables paroisses et couvents de Paris.

Anne mourante demande qu'on lui change une dernière fois ses draps de batiste. À six heures du soir, son pouls est si faible que les médecins disent que l'heure est venue de lui administrer l'extrême-onction. Mais auparavant, on la panse : « Regardant sa main qui était un peu enflée, elle dit tout bas, comme se le disant à elle-même, en faisant un petit signe de la tête qui voulait beaucoup dire : "Ma main est enflée. Da, il est temps de partir." »

Elle veut parler au roi en tête à tête, puis à la reine, et enfin aux deux ensemble : « Il est à croire qu'en cette occasion elle leur souhaita le bonheur et la paix dans leur mariage avec la crainte de Dieu. » Elle fait s'approcher Monsieur pour lui recommander « que sa vie fût chrétienne, estimable au public, et sa conduite agréable au roi ».

Louis XIV suivi des hommes de la cour, de ses pages et valets de pied, tous portant un cierge à la main, se dirigent vers Saint-Germain-l'Auxerrois pour accompagner l'archevêque d'Auch qui porte en procession le saint viatique.

Son grand aumônier présente l'hostie et exhorte la reine à l'humilité : « Il lui fit voir la nécessité de s'anéantir devant Dieu, lui représenta l'inutilité de toutes les choses que l'on estime le plus dans le monde, et lui dit qu'encore qu'elle fût fille de tant de rois et d'empereurs, mère, tante et sœur des plus puissants princes de la terre, elle devait considérer qu'elle allait être égalée à la moindre créature : que toutes ses grandeurs ne lui serviraient plus de rien. »

Anne communie les yeux brillants, les joues roses d'une sainte émotion, à moins que ce ne soit la fièvre.

Louis XIV, debout au pied du lit, murmure à Mlle de Beauvais : « Regardez la reine ma mère, je ne l'ai jamais vue si belle. » La mourante bénit ses enfants et une deuxième fois Marie-Thérèse pour le petit dauphin et Philippe pour ses deux autres enfants. « Elle ne parla point à Madame en particulier car elle crut à ce qu'on s'imagine que les sentiments de cette jeune princesse étaient si fortement établis dans son cœur qu'il lui serait impossible de les changer. » Henriette se jette quand même à genoux avec son mari et le couple royal. Tous les quatre lui baisent la main en versant des flots de larmes.

Anne, elle, ne pleure pas. Elle fixe le roi et déclare « avec la majesté d'une reine et l'autorité d'une mère : "Faites ce que je vous ai dit. Je vous le dis encore, le saint sacrement sur les lèvres" ». Louis baisse la tête et répond qu'il n'y manquera pas mais, avoue Mme de Motteville, « jusqu'à cette heure on ignore ce que c'était ». Le confesseur qui, lui, a assisté à l'entretien a entendu la souveraine recommander à son fils de pardonner à ceux qu'il haïssait, notamment au dévot Fouquet et à son clan qui l'ont toujours aidée à remplir ses devoirs de charité.

Le Grand Condé, le vainqueur de Rocroi et de Lens, qui lui a apporté tant de gloires et tant de chagrins, s'écrie : « Je n'ai jamais rien vu d'aussi beau. Voilà une femme dont le mérite est digne d'une estime éternelle. »

Épuisée, Anne s'accorde un entracte d'un quart d'heure et fait tirer les rideaux de son lit. Quand ses dames les rouvrent, elle tend son bras à son premier médecin : « Tâtez mon pouls, il semble que je m'affaiblis. » Seguin acquiesce : « Oui, Madame. » Aussitôt elle se tourne vers son grand aumônier : « Ah ! mon Dieu, ne me laissez pas mourir sans l'extrême-onction. » Après l'avoir reçue, elle ferme les yeux, mais entendant la voix de son fils, elle les rouvre : « Ah ! voilà le roi ! » Elle le regarde, débordante de tendresse : « Allez, mon fils ! Allez souper. »

Vers minuit, Louis XIV, appuyé sur la table d'argent espagnole, reste silencieux. Alors, de la ruelle du lit, s'élève un grand cri : la tête de la reine s'est affaissée sur le côté. Le roi veut se précipiter, mais tombe « quasi évanoui » sur Mademoiselle : « M. le prince, M. de Créqui l'emmenèrent dans le cabinet. Il étouffait. On lui jetait de l'eau. Cela ne passait pas. Je m'avisai de le déboutonner, il n'étrangla plus », raconte sa cousine.

Philippe, prostré au pied du lit, ne quitte pas des yeux cette mère si forte jusque dans la mort : « Après être revenue de cette faiblesse, elle se remit dans sa posture ordinaire, à demi sur son séant, la tête appuyée sur de petits oreillers. De cette manière, elle nous fit voir en elle une gravité et une paix qui nous marquaient visiblement qu'après avoir fait toutes les actions d'une humble chrétienne et d'une véritable pénitente, elle voulait aussi mourir avec la majesté d'une reine. »

Les messes se succèdent dans son oratoire dont la porte reste ouverte. À quatre heures du matin, elle en réclame une de la Passion. À son chevet, l'archevêque d'Auch récite des psaumes et lui suggère de remercier Dieu de toutes les grâces qu'elle a reçues. Alors elle se réveille et murmure : « "Ah ! qu'il est bien vrai qu'il m'en a fait de grandes !" puis jetant ses yeux mourants sur mylord Montagu qui était aux pieds de son lit vis-à-vis d'elle et qui pleurait amèrement, elle ajouta et dit : "M. de Montagu, que voilà, sait ce que je dois à Dieu, les grâces qu'il m'a faites et les grandes miséricordes dont je lui suis redevable"… »

La confidente lève le voile sur les secrets d'Anne qui ont tant intrigué historiens et romanciers : « Ce seigneur anglais, qui était alors prêtre et dévot, avait été dans sa jeunesse le confident des folles adorations que les hommes avaient eues pour la beauté de cette princesse. Il n'ignorait pas la complaisance que l'amour-propre lui avait fait prendre en ces vanités. Il savait aussi que, Dieu lui ayant laissé voir le péril, il lui avait fait la grâce de le craindre… Mylord Montagu, me confirmant lui-même dans l'explication que j'avais faite de ces paroles, m'a depuis dit qu'il avait reçu de la consolation de ce témoignage qu'elle s'était rendu à elle-même ; ajoutant qu'il n'avait jamais connu de femme dont le cœur fût si pur, et les intentions si honnêtes et si droites. »

À nouveau, la reine avance son poignet vers son médecin pour qu'il lui prenne le pouls : « Il n'y en a plus », dit-elle. À genoux et en larmes, Philippe caresse ce bras où il s'est si souvent blotti quand il était enfant : « Mon fils ! » soupire Anne avec une infinie douceur. Puis : « Mon fils, recouvrez mon bras. » Le roi, incapable d'assister à la mort de sa mère, mais jaloux de son frère resté à son chevet, lui commande à deux reprises « de se retirer d'un lieu dont sa douleur l'avait chassé. Monsieur, par un contraire effet de cette même cause, ne pouvant se résoudre de quitter cette illustre personne qui lui était si chère, lui manda qu'il ne lui pouvait obéir en cela, mais qu'il lui promettait aussi que c'était la seule chose en quoi il lui désobéirait de sa vie ».

En ce 20 janvier 1666, il est bientôt cinq heures du matin. Anne vient de rendre son âme à Dieu. En sanglotant, Philippe étreint et embrasse une dernière fois la belle main de sa mère.

Dans la nuit noire, le gros bourdon de Notre-Dame, qui ne sonne que pour ponctuer l'Histoire, annonce aux Parisiens la mort de leur reine qu'ils s'étaient mise à adorer, après l'avoir raillée et frondée : « La cour perdit en elle son plus grand lustre, et diminua beaucoup de l'éclat où elle était auparavant », écrit dans ses *Mémoires* le marquis de Montglat, grand maître de la garde-robe de Louis XIII et de Louis XIV.

Philippe est déjà parti cacher son chagrin dans son château de Saint-Cloud. Le roi, après avoir lu le testament de sa mère, s'enfuit à Versailles où il pleure toute la nuit. Le lendemain matin, devant Julie de Montausier, il a ce cri du cœur : « La reine, ma mère, n'était pas seulement une grande reine, elle mérite d'être mise au rang des plus grands rois. »

De sa plume alerte, Mlle de Scudéry compose des strophes que ne renierait pas son ami Corneille :

Anne dont les vertus, l'éclat et la grandeur
Ont rempli l'univers de leurs vives splendeurs
Dans la nuit du tombeau conserve encore sa gloire
Et la France à jamais aimera sa mémoire.

Elle sut mépriser les caprices du sort
Regarder sans horreur les horreurs de la mort
Affermir un grand trône et le quitter sans peine
Et, pour tout dire enfin, vivre et mourir en reine.

Au Louvre, la mère du roi repose sur une estrade couverte de velours noir. Les Parisiens défilent devant la dépouille. À ses pieds, on a déposé une couronne en or mais, selon son désir, on l'a revêtue de la robe de bure des Franciscaines. Son grand aumônier porte au Val-de-Grâce le cœur de la souveraine posé sur un coussin noir. Dans le carrosse d'Anne, l'archevêque d'Auch est entouré des deux égéries de la Fronde : Mademoiselle et la duchesse de Longueville, désormais grande dévote pour se faire pardonner ses péchés de jeunesse.

À Saint-Denis, la reine Anne est enterrée aux côtés de son époux, Louis XIII le Juste, avec des sermons interminables et de grands embarras de carrosses malgré le vœu de la défunte. Dans ses *Mémoires pour l'instruction du dauphin*, Louis XIV s'en justifie : « Je fis soigneusement exécuter ses dernières volontés, excepté en ce qu'elle avait ordonné qu'on ne fît point de cérémonies à ses obsèques. Car ne trouvant pas d'autre soulagement à l'ennui que me causait sa mort que dans les honneurs qui se rendaient à sa mémoire, je commandai qu'on suivît, en cette rencontre, tout ce qu'elle-même avait fait pratiquer à la mort du feu roi mon père. »

Le Parlement au grand complet se rend à Notre-Dame le 23 février. Mais chaque église, chaque couvent célèbrent aussi sa mémoire par un service solennel, comme le précise pieusement La Gazette. La palme de la somptuosité revient à l'église des Feuillants : « On voyait une broderie de lumière… par le moyen de plus de cent pièces de menuiserie chargées chacune de sept cierges. Les grands piliers de la nef étaient couverts chacun d'un grand miroir… avec des bordures de vermeil doré et au-dessus un bras de bronze doré garni d'un cierge blanc. La poutre soutenant le grand crucifix traverse toute l'église au-dessus de deux pyramides et au milieu une chapelle ardente… encadrée de quatre-vingt-seize chandeliers d'argent et de vermeil. »

Dans ce royaume drapé de noir, Marie-Thérèse pleure son ange gardien. La favorite, elle, peut aussi porter le deuil à ses côtés au premier rang, comme le raconte Mademoiselle : « La crainte de la reine mère avait fait tenir l'affaire de Mlle de La Vallière un peu plus cachée. Lors, le roi ne se contraignit plus et cela parut fort. » Le frère de Louise, comblé de mille faveurs, croit déjà que le monarque est devenu son cousin. Il se permet de lui envoyer une lettre de condoléances en négligeant la voie hiérarchique. Dernière victoire posthume de la pieuse et vertueuse Espagnole, Louis XIV remet sèchement à sa place le capitaine des chevau-légers du dauphin : « Monsieur le marquis de La Vallière, ce que j'ai souffert en perdant la reine ma mère surpasse tous les effets de votre imagination et, pour vous répondre en un mot, sachez que la seule main qui m'a porté un si rude coup est capable de l'adoucir. » Nul autre que Dieu ne peut consoler le Roi-Soleil. Orgueil, grandeur et gloire, tel est le souverain qu'Anne a donné à la France. Il est son œuvre.

Annexe

De son exil de Brühl, Mazarin a écrit à la reine en mai 1651 : « Mon Dieu ! Que je serais heureux et vous satisfaite si vous pouviez voir mon cœur ou si je pouvais vous écrire ce qu'il en est et seulement la moitié des choses que je me suis proposé. Vous n'auriez grand-peine en ce cas, à tomber d'accord que jamais il n'y a eu une amitié approchante à celle que j'ai pour vous. Je vous avoue que je ne me fusse pu imaginer qu'elle allât jusqu'à m'ôter toute sorte de contentement lorsque j'emploie le temps à autre chose qu'à songer à vous. Mais cela est et à un tel point qu'il me serait impossible d'agir en quoi que ce pût être si je ne croyais d'en devoir user ainsi pour votre service.

» Je voudrais aussi vous pouvoir exprimer la haine que j'ai contre ces indiscrets qui travaillent sans relâche pour faire que vous m'oubliiez et empêcher que nous ne nous voyions plus… La peine qu'ils nous donnent ne sert qu'à échauffer l'amitié qui ne peut jamais finir. Je crois la vôtre à toute épreuve et telle que vous me dites mais j'ai meilleure opinion de la mienne, car elle me reproche à tout moment que je ne vous en donne pas assez de belles marques et me fait penser à des choses étranges pour cela et à des moyens hardis et hors du commun pour vous revoir… Si mon malheur ne reçoit pas bientôt quelque remède, je ne réponds pas d'être sage jusqu'au bout car cette grande prudence ne s'accorde pas avec une passion telle qu'est la mienne. »

La première lettre conservée d'Anne à Mazarin date de janvier 1653. Elle a cinquante et un ans. Elle vient d'affronter cinq ans de Fronde pendant lesquels elle a tenu le royaume seule d'une main ferme. Mazarin a fui au-delà du Rhin pendant un an du 6 février 1651 au 28 janvier 1652. Après la bataille du faubourg Saint-Antoine, il a dû s'exiler à nouveau en août 1652. Et elle s'impatiente de continuer à porter seule la charge de l'État.

« Je ne sais plus quand je dois attendre votre retour, puisqu'il se présente tous les jours des obstacles pour l'empêcher. Tout ce que je vous puis dire est que je m'ennuie fort et supporte ce retardement avec beaucoup d'impatience. Et si 16 (Mazarin) savait tout ce que 15 (la reine) souffre sur ce sujet, je suis assurée qu'il en serait touché. Je le suis si fort en ce moment que je n'ai pas la force d'écrire longtemps ni ne sais trop bien ce que je dis. J'ai reçu de vos lettres tous les jours presque, et sans cela je ne sais ce qui arriverait. Continuez à m'en écrire aussi souvent puisque vous me donnez du soulagement en l'état où je suis… Adieu, je n'en puis plus. Lui sait bien de quoi. »

Comme il était d'usage en pleine guerre civile, ce courrier est codé et les expressions ambiguës troublent les historiens. Une chose pourtant est sûre : les mots « amour » ou « passion » n'ont pas au XVIIe siècle le même sens qu'aujourd'hui (voir la confession d'Anne à son amie dévote Mme de Brienne, p. 286).

La relation entre la reine et son ministre repose sur la fidélité à la parole qu'Anne a donnée à Louis XIII sur son lit de mort. À plusieurs reprises, le roi l'a exhortée à garder Mazarin, qu'il avait pris dans son Conseil.

À la lumière de leurs caractères respectifs, on imagine aisément que le cardinal est impatient d'assouvir sa passion pour le pouvoir et ses splendeurs, qu'il tremble de se voir arracher. Quant à Anne, elle désire plus que tout le voir à nouveau à la tête du Conseil démêler les fils embrouillés de la politique.

Bibliographie

Aulneau, Joseph, *Les Grandes Dames du Palais-Royal*, Perrin, 1943.

Bailly, Christian, *Théophraste Renaudot*, Le Pré aux Clercs, 1981.

Barine, Arvède, *Princesses et grandes dames*, Hachette, 1909.

Baschet, Armand, *Histoire du mariage de Louis XIII*, Plon, 1933.

— *Le Roi chez la reinem, Aubry, 1864.*

Bassompierre maréchal de, Mémoires (quatre volumes), Vve J. Renouard, 1870-1877.

Batiffol, Louis, *Autour de Richelieu*, Calmann-Lévy, 1937.

— *La Duchesse de Chevreuse*, Hachette, 1913.

— *Au temps de Louis XIII*, Calmann-Lévy, s.d.

— *Le Roi Louis XIII à vingt ans*, Calmann-Lévy, s.d.

— *Richelieu et le roi Louis XIII*, Calmann-Lévy, 1934.

— *La Journée des Dupes*, Calmann-Lévy, 1925.

— *La Vie de Paris sous Louis XIII*, Calmann-Lévy, 1932.

Bertière, Simone, *La Vie du cardinal de Retz*, Bernard de Fallois, 1990.

— *Les Reines de France au temps des Bourbons*, De Fallois, 1996.

— *Mazarin*, De Fallois, 2007.

Bluche, François, *Louis XIV*, Fayard, 1986.
Bouyer, Christian, *Gaston d'Orléans*, Pygmalion, 2007.
— *La Duchesse de Chevreuse*, Pygmalion, 2002.
Brienne, Louis H. de, *Mémoires* (trois volumes), Renouard et Laurens, 1916-1919.
Brisson, Pierre, *Molière*, Gallimard, 1942.
Campion, Henri de, *Mémoires*, Mercure de France, 1989.
Capefigue, J.-B., *Marie de Médicis*, Amyot, 1861.
— *Anne d'Autriche*, Amyot, 1861.
— *Richelieu, Mazarin, la Fronde* (huit volumes), Amyot, 1835-1836.
Carmona, Michel, *Marie de Médicis*, Fayard, 1979.
— *Richelieu*, Fayard, 1983.
Carré lieut.-col. Henri, *L'Enfance de Louis XIV*, Albin Michel, 1944.
Castelluccio, Stéphane, *Le Style Louis XIII*, Éd. de l'Amateur, s.d.
Castelnau, Jacques, *La Reine Christine*, Payot, 1981.
Castillo, Michel del, *Dictionnaire amoureux de l'Espagne*, Plon, 2005.
Cervantès, *Don Quichotte*, t. 1 et t. 2, Folio classique, 1988.
Chaintron, Maria, *Le Duc d'Épernon*, Publisud, 1988.
Champier, Victor, *Le Palais-Royal* (deux volumes), Éd. de la Société de propagation des livres d'art, 1900.
Chaussinand-Nogaret, Guy, *La Vie quotidienne des femmes du roi*, Hachette, 1990.
Chérot, R. P., *La Première Jeunesse de Louis XIV*, Desclée de Brouwer, 1896.
Cheruel, Adolphe, *Histoire de la France sous le ministère Mazarin* (trois volumes), Hachette, 1882.
Chevallier, Pierre, *Louis XIII*, Fayard, 1979.

Chevet, Joelle, *Marie-Thérèse d'Autriche*, Pygmalion, 2008.

Cladel, Judith, *Mademoiselle de La Vallière*, Éd. d'art et de litté rature, 1912.

Cloulas, Ivan, *Philippe II*, Fayard, 1992.

Combescot, Pierre, *Faut-il brûler la Galigaï ?*, Grasset, 2006.Les Petites Mazarines, Grasset, 1999.

Courteault, Henri, *La Fronde à Paris*, Firmin-Didot, 1930.

Cousin, Victor, *La Duchesse de Chevreuse*, Perrin, 1886.Marie de Hautefort, Perrin, 1886.

Darmon, Pierre, *Le Mythe de la procréation à l'âge baroque*, Le Seuil, 1981.

Darricau, R., *La Mort du cardinal Mazarin*, Saint-Amand, 1960.

Debû-Bridel, Jacques, *Anne-Geneviève de Bourbon, duchesse de Longueville*, Gallimard, 1938.

Delamare, George, *Concino Concini*, Denoël, 1946.

Dessert, Daniel, *Fouquet*, Fayard, 1987.

Dethan, Georges, *Mazarin et ses amis*, Berger-Levrault, 1968.

Dominique, Pierre, *L'Inquisition*, Librairie académique Perrin, 1969.

Dubois, valet de chambre de Louis XIII, *Mémoires*, in collection Michaud et Poujoulat, 1re série, t. 11, 1836-1839.

Ducasse, André, *La Grande Mademoiselle*, Hachette, 1942.

Duchêne, Jacqueline, *La Femme du Roi-Soleil*, J.-C. Lattès, 2005.

Duchêne, Roger, *Molière*, Fayard, 1998.

Duclos abbé H., *Madame de La Vallière et Marie-Thérèse d'Autriche*, Didier, 1870.

Dufournet, Antoine, *La Jeunesse de saint François de Sales*, Grasset, 1942.

Dulong, Claude, *Anne d'Autriche*, Perrin, 2000.

— *Le Mariage du Roi-Soleil*, Albin Michel, 1986.
— *Mazarin*, Perrin, 1999.
Dumas, Alexandre, *Les Trois Mousquetaires*, Calmann-Lévy, 1920.
Duneton, Claude, *Petit Louis dit XIV*, Le Seuil, 1985.
Dupleix, abbé P., *Histoire de Louis le Juste*, 1635.
Erlanger, Philippe, *Buckingham ou le Favori*, Perrin, 1973.
— *Charles Quint*, Perrin, 1980.
— *La Reine Margot*, Perrin, 1972.
— *La Vie quotidienne sous Henri IV*, Hachette, 1958.
— *Louis XIII*, Gallimard, 1946.
— *Monsieur, frère de Louis XIV*, Perrin, 1981.
— *Richelieu*, Perrin, 1985.
Espezel, Pierre d', *Le Palais-Royal*, Calmann-Lévy, 1936.
Federn, C., *Mazarin*, Payot, 1978.
Ferrero, Juan A. Hernandez, *Les Palais des rois d'Espagne*, Éd. Place des Victoires, 2003.
Foisil, Madeleine, *Femmes de caractère au XVIIe siècle*, Bernard de Fallois, 2004.
Fontenay-Mareuil, *Mémoires*, in nouvelle collection Michaud et Poujoulat, 2e série, t. 5, 1836-1839.
Forestier, Georges, *Jean Racine*, Gallimard, 2006.
Gaxotte, Pierre, *Molière*, Flammarion, 1977.
Gazette (La), collection complète à la bibliothèque de l'Arsenal.
Gazier, Cécile, *Les Belles Amies de Port-Royal*, Perrin, 1930.
Geffroy, Gustave, *Rubens*, Henri Laurens, 1902.
Genlis, Mme de, *Mademoiselle de La Fayette*, Didier, 1843.
Goubert, Pierre, *L'Avènement du Roi-Soleil*, Fayard, 1967.
— *Mazarin*, Fayard, 1990.
Goudal, Jean, *Ninon de Lanclos*, Hachette, 1937.

Griselle, Eugène, *État de la Maison du roi Louis XIII*, Éd. P. Catin, 1912.
Guillon, Dr Paul, *La Mort de Louis XIII*, Éd. A. Fontemoing, 1897.
Guth, Paul, *Mazarin*, Flammarion, 1972.
Herbert, lord Edouard, *Mémoires*, Éd. J. Techener, 1863.
Héroard, Jean, *Journal*, t. 1 et t. 2, Fayard, 1989.
Hildesheimer, Françoise, *La Double Mort du roi Louis XIII*, Flammarion, 2007.
— *Richelieu*, Flammarion, 2004.
Hilleret, Jacques, *Le Palais du Louvre*, Minuit, 1969.
Kleinman, Ruth, *Anne d'Autriche*, Fayard, 1985.
Lacour-Gayet, Georges, *L'Éducation politique de Louis XIV*, Hachette, 1923.
— *Le Château de Saint-Germain*, Hachette, 1935.
Lacroix, Paul, *XVII*[e] *siècle*, Firmin-Didot, 1891.
La Fayette, Mme de, *Histoire de Madame*, Techener, 1853.
— *La Princesse de Clèves*, Le Livre de poche, 1999.
La Force, duc de, *Comédies sanglantes*, Hachette, 1930.
La Guette, Mme de, *Mémoires*, Mercure de France, 1982.
Lanson, Gustave, *Corneille*, Hachette, 1922.
La Porte, Pierre de, *Mémoires*, in collection Michaud et Poujoulat, 3e série, t. 8, 1836-1839.
La Rochefoucauld, *Mémoires*, Folio, 2006.
La Varende, Jean de, *Anne d'Autriche*, Éd. de France, 1938.
— *Versailles*, Henri Lefebvre, 1959.
Le Fèvre d'Ormesson, Olivier, *Journal* (deux volumes), collection Cheruel, 3e série, 1860-1861.
Le Gall, André, *Pierre Corneille*, Flammarion, 1997.
Le Gras, Mgr, *Procès-verbal du sacre de Louis XIV*, 1694.

Le Nôtre, Georges, *Les Tuileries*, Firmin-Didot, 1933.
Le Roy Ladurie, Emmanuel, *L'Ancien Régime*, Hachette, 1993.
Lorris, Pierre-Georges, *La Fronde*, Albin Michel, 1961.Le Cardinal de Retz, Albin Michel, 1956.
Losada, Juan Carlos, *Los Generales de Flandres*, Ed. La Esfera de los libros, 2007.
Louis XIV, *Mémoires pour l'instruction du dauphin*, Imprimerie nationale, 1992.
Magne, Émile, *La Fin troublée de Tallemant des Réaux*, Éd. Émile-Paul, 1922.
— *La Vie quotidienne au temps de Louis XIII*, Hachette, 1942.
Magne, Jacques, *Marie de Hautefort*, Perrin, 2000.
Mallet-Joris, Françoise, *Marie Mancini*, Hachette, 1964.
Mancini, Hortense et Marie, *Mémoires*, Mercure de France, 1965.
Masson, Dr A., *La Sorcellerie au XVIIe siècle*, Hachette, 1904.
Mauriac, François, *La Vie de Jean Racine*, Plon, 1928.
Mazarin, cardinal, *Lettres* (neuf volumes), Imprimerie nationale, 1872-1906.
— *Bréviaire des politiciens*, Éd. Café Clima, 1984.
Mazcarelle, Manuel Ríos, *Reinas de España*, Alderaban Ediciones, 2002.
McGowan, Margaret, *L'Art du ballet de cour en France*, Éd. du CNRS, 1963.
Mercure français (Le), collection complète à la bibliothèque de l'Arsenal.
Minella, Alain-Gilles, *Pour l'amour de l'enfant roi*, Perrin, 2008.
Miquel, Pierre, *Vincent de Paul*, Fayard, 1996.
Molé, Mathieu, *Mémoires* (quatre volumes), Éd. J. Renouard, 1855-1857.

Mongrédien, Georges, *Une aventurière au Grand Siècle : la duchesse Mazarin*, Amyot-Dumont, 1952.
Mongrédien, Georges, *Le Grand Condé*, Amyot-Dumont, s. d.
Montglat, marquis de, *Mémoires*, in collection Michaud et Poujoulat, 3e série, t. 5, 1838.
Montpensier, duchesse de, *Mémoires*, Librairie Fontaine, 1985.
Motteville, Mme de, *Mémoires*, Eugène Fasquelle, 1911.
Mouton, Léo, *Le Duc d'Épernon et le roi*, Perrin, 1924.
Muhlstein, Anka, *Cavelier de la Salle*, Grasset, 1992.
Murat, Inès, *Colbert*, Fayard, 1980.
Néret, Gilles, *Peter Paul Rubens*, Taschen, 2006.
Orléans, Gaston d', *Mémoires*, in collection Petitot, 2e série, t. 31, 1820-1829.
Patin, Gui, *La France au milieu du XVIIe siècle*, Armand Colin, 1901.
Pérez, Joseph, *Thérèse d'Avila*, Fayard, 2007.
Pernot, Michel, *La Fronde*, Bernard de Fallois, 1994.
Petitfils, Jean-Christian, *La Transparence de l'aube. Mémoires de Claire Clémence, princesse de Condé*, Perrin, 2007.
— *Louis XIII*, Perrin, 2008.
Pfandl, Ludwig, *Philippe II*, Hachette, 1942.
Poisson, Georges, *La Duchesse de Chevreuse*, Perrin, 1999.
— *Cette curieuse famille d'Orléans*, Perrin, 1976.
Pontis, M. de, *Mémoires*, Mercure de France, 1986.
Pujo, Bernard, *Le Grand Condé*, Albin Michel, 1995.
Reboux, Paul, *Madame se meurt ! Madame est morte !*, Flammarion, 1932.
Retz, cardinal de, *Mémoires*, Garnier, 1987.
Rey, François et Lacouture Jean, *Molière et le roi*, Le Seuil, 2007.

Richelieu, cardinal de, *Mémoires*, in collection Petitot, 2e série, t. 10 et 11 et 23 à 30, 1820-1829.
— *Lettres* (huit volumes), Librairie impériale, 1853-1867.
Ritter, Raymond, *Henry IV*, Albin Michel, 1944.
Robiquet, Paul, *Le Cœur d'une reine*, Félix Alcan, 1912.
Saint-René Taillandier, Mme, *La Jeunesse du grand roi*, Plon, 1945.
Saint-Simon, duc de, *Mémoires*, Éd. GEF, 1928.
Savine, Albert et Bournand, François, *Fouquet*, Louis-Michaud, 1908.
Schmidt, Marie-France, *Moi Chimène, épouse du Cid*, Albin Michel, 2006.
Simon, Alfred, *Molière, une vie*, La Manufacture, 1987.
Singer-Lecocq, Yvonne, *Un Louvre inconnu*, Perrin, 1986.
Tallemant des Réaux, Gédéon, *Historiettes* (neuf volumes), Garnier, 1932-1934.
Talon, Omer, *Mémoires*, in collection Petitot, 2e série, t. 60 à 63, 1820-1829.
Tapié, Victor L., *La France de Louis XIII et de Richelieu*, Flammarion, 1966.
Tharaud, Jérome et Jean, *La Tragédie de Ravaillac*, Émile-Paul Frères Éditeurs, 1913.
Van der Cruysse, Dirk, *Madame Palatine, princesse européenne*, Fayard, 1988.
Van Loo, Esther, *Le Vrai don Juan*, Sfelt, 1950.
Vanzype, Gustave, *P. P. Rubens*, Van Oest, 1926.
Vaunois, Louis, *Le Roman de Louis XIII*, Grasset, 1932.
— *Vie de Louis XIII*, Grasset, 1943.
Vignal-Souleyreau, Marie-Catherine, *Anne d'Autriche, la jeunesse d'une souveraine*, Flammarion, 2006.
Voltaire, *Le Siècle de Louis XIV*, Garnier, 1884.

Table

Achevé d'imprimer en mars 2011
sur les presses de Litografía Roses
à Gava (Espagne)

POCKET - 12, avenue d'Italie - 75627 Paris Cedex 13

Suite du premíer tirage: mars 2011

Dépôt légal : novembre 2010

S19849/02